CHINA FINANCE 40 FORUM

中国金融四十人论坛

致力于夯实中国金融学术基础，探究金融领域前沿课题，引领金融理念突破与创新，推动中国金融改革与发展。

中国金融四十人论坛书系
CHINA FINANCE 40 FORUM BOOKS

中国转型金融发展研究

王　信　等◎著

中国金融出版社

责任编辑：张　铁
责任校对：孙　蕊
责任印制：陈晓川

图书在版编目（CIP）数据

中国转型金融发展研究/王信等著．—北京：中国金融出版社，2024.6
（中国金融四十人论坛书系）
ISBN 978 - 7 - 5220 - 2440 - 0

Ⅰ．①中…　Ⅱ．①王…　Ⅲ．①金融事业—经济发展—研究—中国
Ⅳ．①F832

中国国家版本馆 CIP 数据核字（2024）第 102770 号

中国转型金融发展研究
ZHONGGUO ZHUANXING JINRONG FAZHAN YANJIU

出版
发行　　中国金融出版社

社址　　北京市丰台区益泽路 2 号
市场开发部　（010）66024766，63805472，63439533（传真）
网 上 书 店　www.cfph.cn
　　　　　　　（010）66024766，63372837（传真）
读者服务部　（010）66070833，62568380
邮编　100071
经销　新华书店
印刷　河北松源印刷有限公司
尺寸　170 毫米 ×230 毫米
印张　25
字数　325 千
版次　2024 年 6 月第 1 版
印次　2024 年 6 月第 1 次印刷
定价　88.00 元
ISBN 978 - 7 - 5220 - 2440 - 0
如出现印装错误本社负责调换　联系电话（010）63263947

"中国金融四十人论坛书系"专注于宏观经济和金融领域，着力金融政策研究，力图引领金融理念突破与创新，打造高端、权威、兼具学术品质与政策价值的智库书系品牌。

中国金融四十人论坛是一家非营利性金融专业智库平台，专注于经济金融领域的政策研究与交流。论坛正式成员由 40 位 40 岁上下的金融精锐组成。论坛致力于以前瞻视野和探索精神，夯实中国金融学术基础，研究金融领域前沿课题，推动中国金融业改革与发展。

自 2009 年以来，"中国金融四十人论坛书系"及旗下"新金融书系""浦山书系"已出版 180 余本专著。凭借深入、严谨、前沿的研究成果，该书系已经在金融业内积累了良好口碑，并形成了广泛的影响力。

本书课题组[*]

课题主持人：王　信

课题组成员：张　蓓　杨　娉　陈　济　程　琳
　　　　　　　李宏瑾　刘　鹏　张　伟　唐　滔
　　　　　　　杨小玄　刘川巍　任丹妮　秦亚丽
　　　　　　　葛兴安　蔡晓琳　黄礼堂　臧诗瑶
　　　　　　　林薛栋　韩庆潇

---

[*] 本课题于2023年结项，课题报告是课题组成员的学术探讨成果，不代表其所在单位的意见。本书出版前，作者对部分表述进行了更新。

前　言

我国力争 2030 年前实现碳达峰，2060 年前实现碳中和，是党中央作出的重大战略决策。绿色低碳发展是我国经济高质量发展的必由之路，任重道远，必须立足国情。金融既要支持经济及早绿色低碳转型，又要循序渐进，不搞"一刀切"，确保能源结构、产业结构有序调整，处理好发展和减排、转型和稳定、整体和局部、短期和中长期等方面的关系。

近年来，全球绿色金融发展较快，但金融支持主要着眼于"纯绿"或接近"纯绿"的经济活动，现已动员的资金距离实现《巴黎协定》目标还相去甚远。为有效应对气候变化，全球特别是发展中经济体，还应鼓励发展转型金融，支持高碳行业、企业和项目向低碳转型，更好地满足大规模能源结构、产业结构转型的投融资需求。

鉴于转型金融对全球及我国当前发展具有重大意义，国内外相关研究少且零散，我们将重点围绕转型金融标准、信息披露、激励约束机制、支持转型的金融产品和工具、公正转型五大支柱进行深入研究。本书还对金融支持绿色低碳技术研发应用，金融支持稻米、钢铁、建筑等高碳行业低碳转型案例，居民绿色环保生活方式转型，以及可持续金融相关能力建设进行有针对性的专题研究。

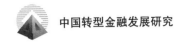

一、发展转型金融的重要意义

一是有助于进一步促进能源结构绿色低碳转型。在相当长时期内，我国以化石能源为主的能源结构难以改变，能源结构绿色化是实现"双碳"目标的关键，在此过程中，转型金融必须发挥重要作用。通过制定和完善转型金融标准或原则，强化企业和金融机构碳核算与气候环境信息披露，发展更多金融产品，动员各方面资金，发展更清洁的能源或通过技术进步实现传统化石能源的清洁高效利用，逐步降低化石能源占比，助力实现"双碳"目标。

二是为碳密集行业绿色低碳转型、促进经济结构优化提供投融资渠道。高碳行业低碳化是实现"双碳"目标的重点，也是经济结构转型升级的必由之路。能源、化工、钢铁、冶金、建筑建材等高碳行业在我国经济结构中占据重要地位，事关能源安全、产业安全，必须在保证产业链稳定的前提下推动其绿色低碳转型，实现产业结构优化升级。高碳行业和企业的低碳转型项目具有前期资金投入大、成本回收期长、初期回报速度慢等特性，需要长期、稳定的资金支持。转型金融可针对性地为"棕色"领域转型升级提供资金支持，涉及混合融资等金融产品和工具，以及各类风险分担机制的灵活运用，在推动绿色发展的同时，避免对碳密集型产业"一刀切"撤资而引发新的风险，推动国内产业结构有序调整优化。

三是有助于促进绿色低碳技术创新。绿色低碳技术是应对气候变化、实现碳中和的关键。国际能源署的研究发现，在支撑碳中和目标的必要技术中，已实现商业化的仅有一半，还有一半关键技术待各国努力开发，需要金融的大力支持。据国际能源署估计，为实现2050年净零排放目标，到2030年，全球对清洁能源技术的投资需增长两倍以上，从 2022 年的 1.4 万亿美元增加到 4.5 万亿美元。通过制定适当的货币金融政策、丰富金融产品、鼓励直接融资、组建专业机构、制定财税优惠和奖补政策等方式，加大对绿色低碳技术的支持力度，通过技术创新助力实现碳中和目标。

四是有助于创造更多就业机会，实现公正转型。研究表明，全球超过 8 亿个工作岗位（约占全球劳动力的四分之一）极易受到极端气候和经济转型的影响，且亚太、非洲低收入国家和地区的劳动者，以及妇女和儿童受气候变化和相关经济转型的影响尤为严重。2010 年，"公正转型"作为单独条款被正式写入《坎昆协议》。此后，联合国可持续发展目标（SDGs）、《巴黎协定》等相继明确"公正转型"要求。公正转型需要通过经济、产业、就业、社会保障等政策，为转型中的弱势群体提供必要的技术、资金、就业再培训、生活保障等支持和援助。这些要求有利于确保不同群体尤其是与高排放密切相关的人群参与绿色转型行动，提升转型过程中的社会稳定性。金融体系在公正转型中发挥着关键作用，一方面可通过发展壮大转型相关产业，创造更多就业机会，促进公正转型；另一方面可通过金融机构等投融资主体充分评估转型的社会影响，制定和实施合理的转型计划，可促进绿色低碳转型平稳发展。

五是有助于防范和化解气候变化相关金融风险。气候变化及相关政策调整容易引发物理风险和转型风险，对经济增长、通货膨胀等宏观经济指标产生影响，导致家庭、企业、金融机构和中央银行的资产负债表面临较大冲击，对央行维护金融稳定带来重大挑战。气候变化相关风险被忽略的时间越长，极端灾难性事件发生的风险就越大。通过进行敏感性分析和压力测试，制定和调整相关宏观审慎和微观金融监管政策，开发更多金融工具，可及时有效应对气候变化相关金融风险，保证绿色低碳转型行稳致远。

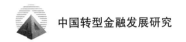

二、国际上转型金融日益受到重视

在绿色金融理论和实践的基础上，越来越多的国际组织和国家高度重视转型金融发展，对转型金融的定义、标准（或原则）、披露要求、政策激励约束机制、金融产品和服务、公正转型和金融风险防范等问题的研究日益深入，提出了更多的规范性指导文件，转型金融的应用实践也取得不同程度的进展。

2021年10月，二十国集团（G20）罗马峰会批准了由中国人民银行、美国财政部担任联席主席的可持续金融工作组提交的《G20可持续金融路线图》，首次将建立转型金融框架作为未来工作的重要方向。2022年2月，G20财长和央行行长会议强调发展转型金融以支持有序绿色转型，将建立转型金融框架纳入重要议程。2022年11月，G20巴厘岛峰会批准了《2022年G20可持续金融报告》，其中包括《G20转型金融框架》等重要内容。这是继2016年G20领导人在杭州峰会上就发展绿色金融达成共识后，首次就发展转型金融形成国际共识。《G20转型金融框架》共22条原则，由五个支柱构成，包括转型金融标准、信息披露、激励约束机制、支持转型的金融产品和工具、公正转型。这是框架性文件，对转型金融发展意义重大。但各经济体对转型金融各个支柱的具体内容认识不尽一致，实践上也千差万别。短期内重点是加强交流、相互借鉴，G20可持续金融工作组每年跟踪各国进展，推动有关标准或原则朝着互操作性的方向演进，但挑战很大。因此，本书重在梳理总结国内外最新实践，根据与《巴黎协定》相适应的绿色低碳转型发展的迫切要求提出政策建议，短期内，不求理论的深度和研究框架的完整性，更希望及时借鉴国外先进经验，推动我国相关实践，助力实现"双碳"目标。

中国人民银行于 2021 年开始牵头研究制定转型金融标准，探索重点行业的转型金融支持范围，为满足高碳行业低碳转型的合理融资需求提供标准依据。目前，初步明确了转型金融的基本原则。例如，转型金融支持领域在减缓或适应气候变化方面应有直接或间接的显著贡献，且对其他环境和可持续发展目标无重大损害；转型金融标准应与国家、地方和行业政策相协调，与国际通行标准相兼容；与标准相应的环境信息披露应简便易行，不给市场主体造成过重负担等。同时，组织有关机构首先启动了钢铁、煤电、建筑建材、农业四个领域的转型金融标准研究。我国一些地区开展了转型金融的探索实践。例如，浙江省湖州市推出地方版《转型金融支持目录（2022 年版）》，结合本地实际，将纺织业、造纸等行业的项目和企业纳入支持目录，同时规定了详细的低碳转型技术路径，在地方层面率先进行了转型金融的探索。

与此同时，社会各界对转型金融的研究不断深入，主要涉及转型金融标准、相关金融工具和服务、激励约束政策等，各方对转型金融的目标、支持范围、政策激励的作用等达成初步共识。但总体而言，相关研究还不够系统、深入，对绿色金融、转型金融、可持续金融的内涵、边界等还没有完全厘清，一些研究成果还存在争议。

三、绿色低碳转型要统筹兼顾碳减排与经济增长的关系

从我国当前情况来看，实现"双碳"目标仍面临着巨大挑战。在经济结构和技术水平不变的条件下，碳减排与经济增长通常难以兼得。碳减排政策行动过早、力度过大，将导致碳价快速升高，形成持续较大的通胀压力，侵蚀企业利润和家庭财富，抑制总需求和经济增长，加之高碳行业较快萎缩，将导致未来投资不足；碳减排政策行动延迟，

政策约束不足，实现"双碳"目标将面临较大压力，导致后期政策较为激进，给经济带来更大的负面影响。

因此，转型过程要统筹兼顾碳减排目标与保持经济合理增长。具体来说，时间表、路线图应清晰化，将整体的"双碳"目标尽可能落实为阶段性动态目标。在每一阶段内，要尽力实现当前目标，否则将加剧未来的减排任务；同时，尽量保持 GDP 不受损或少受损，维持一定的储蓄率，否则将影响未来的投融资。[①] 从中长期来看，绿色低碳技术创新是推动劳动生产率提升的关键，促进碳减排、实现"净零"等都需要在研发和设备制造方面投入大量资金。合理的 GDP 增长才可为经济绿色发展和低碳转型筹集足够的资金，转型才是可持续的。

四、转型金融的发展要注重国际合作

应对气候变化是全球共同面临的挑战。自《巴黎协定》签订以来，全球已有 139 个国家和地区提出碳达峰碳中和目标[②]，绝大部分国家和地区提出在 2050 年或 2060 年前实现碳中和。抑制碳排放、实现转型发展，密切的国际合作和协调必不可少。

深化转型金融的国际合作具有重要意义。一方面，促进全球转型金融标准互认、碳市场互联互通，将提升转型金融市场的流动性和透明度，推动解决信息不对称，优化金融资源配置，促进绿色低碳技术研发应用和整体经济绿色低碳转型。另一方面，国际供应链脱碳是全球应对气候变化的重要组成部分，这与国际协调合作密切相关。越来越多的跨国公司将"碳中和"纳入公司战略，通过绿色采购、绿色供

[①] 中国人民银行原行长周小川在本课题中期评审会上提出的重要观点。

[②] 数据截至 2022 年 10 月。

应链管理等方式，推动供应链上下游脱碳。这有利于带动更多中小企业绿色发展。产业链、供应链脱碳涉及上下游利益共同体的协同，需要加强国际合作，防止强行脱碳导致产业链不稳定甚至中断，影响国际贸易投资。在当前地缘政治博弈加剧、国际经济发展面临较大不确定性的情况下，转型金融的国际合作尤其重要。

中国绿色金融的发展与相关国际合作相辅相成。2016年中国担任G20主席国，中国人民银行与英格兰银行发起设立G20绿色金融研究小组。从2021年起，中国人民银行担任G20可持续金融工作组联合主席，牵头制定了《G20可持续金融路线图》《G20转型金融框架》；2023年，可持续金融工作组在气候融资、自然相关信息披露、可持续金融能力建设方面的成果已经G20财长和央行行长会批准发布。2022年6月，中国人民银行与欧委会有关部门共同发布《可持续金融共同分类目录》更新版，推动中欧绿色标准兼容，便利绿色资金跨境流动。中国与各方在央行与监管机构绿色金融网络（NGFS）等多边平台下深化合作，持续扩大《"一带一路"绿色投资原则》（GIP）影响力，推动"一带一路"可持续发展。我国继续通过多边、双边平台推动金融支持应对气候变化领域国际合作，有利于充分吸收借鉴国际经验，促进经济绿色低碳发展，同时积极贡献中国智慧和方案，为全球应对气候变化作出应有的贡献。

五、本书的研究架构和各章内容

本书分为上下两篇，上篇为综合研究，包括五章，主要探讨G20可持续金融工作组提出的转型金融五大支柱，包括转型金融标准、信息披露、激励约束机制、支持转型的金融产品和工具、公正转型。

转型金融的五大支柱大体上借鉴了绿色金融发展的成功经验，各支柱之间有较强的内在逻辑联系。转型金融标准是开展转型金融活动的基础，制定转型目录或原则，有利于明确转型金融研究和工作的方向，建立转型金融活动或投资项目目录，便于监管部门、金融机构等有针对性地开展工作。信息披露是识别、评估和管理气候环境相关机遇和风险的重要工具，有助于推动各类市场主体节能降碳、动员金融资源支持绿色低碳转型发展。不少发达经济体主要通过市场主体的信息披露形成激励约束，政府部门不直接对转型活动或项目提供支持；在中国等国家，政府部门进行顶层设计，积极采取措施支持绿色低碳转型发展，也强调信息披露的重要作用。气候环境信息更加公开透明，有利于提高政策和工具的有效性并及时进行评估。支持绿色低碳转型的金融产品和工具是转型金融的主体，只有通过综合运用各种转型金融产品和工具，才能动员各类资源支持绿色低碳转型。激励约束机制具有重要意义，由于转型活动及相关投资前期成本高、风险大，具有较强的外部性，需要政府通过建立和完善激励约束机制加以引导。公正转型的意义主要体现在转型涉及重大调整，需要付出较大代价，不及早研究公正转型问题，转型势必难以进行，甚至引发大的动荡，法国燃油税调整等是非常值得吸取的教训。我国要实现碳中和目标将面临巨大挑战，可能对部分地区、行业、人群造成较大冲击。应加快制定公正转型政策框架，系统评估碳达峰碳中和对就业、民生等方面的影响，协调好产业和区域发展等政策。

具体而言，第一章介绍总结国内外转型金融标准的制定。我国和欧盟制定转型金融标准的实践较有代表性，其他一些经济体则倾向于较宽泛的转型金融原则。本章概述 G20 转型金融框架中转型金融标准相关内容、国际转型金融标准对比、中国人民银行牵头制定我国统一的转型金融标准情况，以及我国地方转型金融标准制定的先行先试。

第二章总结梳理碳核算与环境信息披露新进展，为进一步提升信息透明度提供解决方案。碳核算和环境信息披露是识别、评估和管理气候环境相关机遇和风险的重要工具，有助于推动各类市场主体节能降碳、动员金融资源支持绿色低碳转型发展。转型金融对碳核算和环境信息披露提出更高要求。相比绿色金融，转型金融支持项目和经济活动更为复杂，量化目标更多。低碳转型相关计划制定、潜力评估和效果评价建立在碳核算的基础上，需要更加严格的环境信息披露以防范"假转型"。本章较全面地介绍国际碳核算及环境信息披露进展，分析我国当前碳核算和环境信息披露的进展及存在的问题，对新形势下强化和改进碳核算及环境信息披露提出政策建议。

第三章系统梳理支持绿色低碳转型的政策和工具。金融支持绿色低碳转型，必须通过各类行之有效的政策和工具来实现。本章系统梳理支持绿色低碳转型的价格型、非价格型政策和工具，分析各项工具的效果、综合成本和社会可接受度，以及各项工具之间的关系，以根据绿色低碳发展目标合理确定相关工具出台的时机、力度等。同时，绿色低碳发展需要巨额投资，通过公共资金尽可能撬动社会资金，以及混合融资与相关风险分担机制问题日益引起各方重视，也被G20可持续金融工作组作为2023年的重点研究问题之一。我国和其他经济体均有混合融资的实践，风险分担机制也有不同程度的运用，需要总结经验和问题，进一步加以强化和完善。

第四章重点梳理最新国内外支持绿色低碳发展的货币政策与金融监管政策的理论与实践。货币政策和金融监管政策支持绿色低碳发展的理论基础、传导机制、执行效果、国际协调等方面，还需要深入研究，包括碳价变化对自然利率的影响、货币政策支持绿色低碳发展的空间和力度等重大问题。本章概述气候变化及相关政策调整对宏观经济和金融稳定可能造成的影响，央行及金融监管部门在相关应对中应扮演的角色，我国支持绿色低碳发展的货币政策效果和存在的问题，

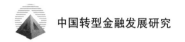

并提出政策建议。

第五章研究公正转型的重要意义及经验启示。在各国应对气候变化的目标下，全面考虑各方利益、提高社会公正性的"公正转型"问题日益受到重视，国际社会正积极探索公正转型的机制和路径。我国应加快制定公正转型政策框架，系统评估绿色低碳转型对就业、民生等方面的影响，协调产业和区域发展等政策，加大财政对产业转型升级、就业的支持力度，探索支持公正转型的投融资机制，保证绿色低碳转型平稳发展。

上篇的五章综合性较强，下篇为针对性更强的四章专题研究，分别为金融支持绿色低碳技术研发应用，金融支持稻米、钢铁、建筑等行业低碳转型案例，居民绿色环保生活方式转型及相关金融支持，以及绿色低碳发展的能力建设。其中，绿色低碳技术特别是早期技术的研发应用是促进经济绿色低碳发展、实现巴黎协定目标的关键，这对各经济体都至关重要，对受气候变化影响更大、低碳转型形势更严峻的发展中国家来说更是如此。绿色低碳转型要结合国际大趋势和本国实际，抓关键环节和主要矛盾，能源和一些重点产业碳排放量占比高，必须优先研究，推动低碳转型。关于煤电是否应该纳入转型金融，国际上有较大争议，我们认为煤电应被纳入转型金融的范畴，但在本书中，暂不作为金融支持重点产业转型的案例。居民绿色环保行为主要指个人及家庭在日常消费和行为中，坚持节约适度和绿色环保，对于从需求端实现绿色环保生活方式转变而言，降低居民碳排放水平意义重大，金融在其中可发挥积极作用。可持续金融能力建设是世界各国绿色低碳发展的重要基础，也是加强国际合作、共同应对气候变化的重要领域之一。能力建设的重点对象、具体内容、开展方式等方面还有许多重要问题值得深入研究。具体而言：

第六章重点讨论金融支持绿色低碳技术研发应用。各经济体通过制定专项货币政策、创新金融产品、鼓励直接融资、组建专业机构、制定财税优惠和奖补政策等方式，加强对绿色低碳技术的支持力度。但同时金融支持绿色低碳技术也面临诸多挑战。对此，要建立健全绿色低碳技术认定标准及信息共享机制，鼓励金融机构在绿色低碳技术领域丰富产品和服务，构建促进绿色低碳技术创新发展的政策支撑体系等。

第七章紧密结合我国实际，重点剖析金融支持稻米、钢铁和建筑行业低碳转型的三个案例，包括相关国际经验、国内实践、存在的主要问题和挑战等。本章选取的三个行业与目前我国正在制定的转型金融标准的行业基本对应。不同行业的低碳转型既有共同点，又有各自的特点。应充分借鉴国际经验，进一步完善金融支持高碳行业低碳转型的激励机制，提升相关主体承接优惠政策和各类资金的能力，鼓励金融机构丰富产品和服务，丰富其绿色低碳项目融资渠道。

第八章讨论居民绿色环保生活方式转型及相关金融支持。目前各方对低碳转型重点的关注集中在供给端、企业端，但随着经济增长和居民消费水平的提高，由居民生活消费所产生的直接和间接碳排放已成为碳排放上升的主要原因之一。近年来，不少经济体积极探索居民绿色环保生活新方式，通过丰富金融产品、拓宽融资渠道等有效推动居民生活方式低碳转变。我国在居民绿色生活方式转型方面也采取了一系列措施，取得了明显成效，但与实现碳达峰碳中和目标的要求相比，依然面临政策体系不健全、居民绿色低碳意识普遍薄弱、绿色商品和服务供给不足以及金融支持力度偏弱等问题。应将绿色消费作为释放内需的重要着力点，借鉴国内外先进经验，不断健全政策体系，强化宣传引导，切实发挥金融支持作用，着力推进我国居民绿色环保生活方式有序转型。

第九章强调应加强绿色低碳发展的能力建设。实现绿色低碳发展需要发展绿色金融、转型金融并加强相关能力建设，相关需求很大。但目前在全球范围内特别是在发展中国家，绿色低碳发展相关能力建设还面临资金支持不足、培训人员紧缺、培训内容针对性不强（尤其是转型金融能力建设的供求缺口很大）、相关各方缺乏统筹协调等问题。本章概述绿色低碳发展相关能力建设的重要意义，梳理国内外能力建设的做法和经验，特别是我国绿色金融改革创新试验区能力建设的有益经验，并针对存在的问题提出政策建议。

各章参与人员包括：前言：杨小玄；第一章：杨娉、刘川巍、葛兴安、熊英、王琰、杨博文、邓璐璐、李雅明、朱钟晖；第二章：蔡晓琳、黄礼堂；第三章：陈济、唐滔、刘纯发、吴琪锦、李雅婷、王忻、尚昊成；第四章：张伟、李宏瑾、巩冰；第五章：任丹妮、郑六江、林梦瑶；第六章：陈济、刘鹏、续猛、王子豪、厉鹏、张朔、许可、李雅婷、王琳、李金良、周梦璐、杨芷晴；第七章：臧诗瑶、林薛栋、秦亚丽、陈继明、杨娉、何志刚、高东胜、张丽莎、张苏丽、孙建如、李岩、魏鹏飞、刘伯酉；第八章：韩庆潇、刘翔宇、王运玺、关健、张清乐；第九章：程琳、刘薇、杨娉、胡资骏、韩鑫韬、张赶、汪会敏、牟思思、贺聪、陈佳敏、郭正江、逯贵双、熊天睿；结语：杨娉、杨小玄。

目　录

上篇　综合研究：转型金融的五大支柱

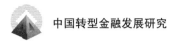
下篇　专题研究

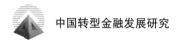

上篇

综合研究：转型金融的五大支柱

第一章　国内外转型金融标准的制定

近年来，为加速推动高碳排放行业的低碳转型，助力实现《巴黎协定》温控目标，国际社会积极研究和发展转型金融，围绕转型金融标准等重点问题开展了一系列探索。转型金融（Transition Finance）的概念最早由经济合作与发展组织（OECD）于 2019 年 3 月提出，其范围相对宽泛。2020 年以来，在二十国集团（G20）等国际组织的大力推动下，转型金融进入发展快车道，逐步形成了基本框架。据不完全统计，截至 2022 年末，全球已有 11 个国家和地区、3 个国际组织、7 家金融机构陆续发布了各自的转型金融标准，其中，中国、欧盟、英国、日本、加拿大、新加坡、南非等国家和地区已经明确将转型金融政策框架的建立纳入绿色和可持续金融发展任务。

第一节　转型金融的基本概念

一、转型金融的定义

转型金融的概念最早由 OECD 于 2019 年 3 月提出，是指支持经济主体向联合国 17 个可持续发展目标（SDGs）转型的金融活动。[1] 为应对气候

---

[1] OECD, Transition Finance 2019.

变化，迫切需要金融充分支持高碳排放行业向低碳转型，否则将危及《巴黎协定》温控目标的实现。自 2020 年起，欧盟、气候债券倡议组织（CBI）、国际资本市场协会（ICMA）和 G20 等国际组织开始推动以金融促进高碳排放行业向绿色低碳转型，并将此类金融活动称为"转型金融"。

目前，全球尚未形成统一的转型金融定义。较有代表性的转型金融定义来自 G20。《2022 年 G20 可持续金融报告》[①] 指出，转型金融是"在可持续发展目标下，支持整个经济向与《巴黎协定》目标相一致的低碳和净零排放、气候韧性（Climate Resilience）转型的金融服务。"欧盟、CBI 未直接给出转型金融的定义，但通过界定转型经济活动，将支持所界定转型经济活动的金融服务称为转型金融。不同国际组织、国家和地区、金融机构对转型金融的界定有所不同，但基本包含两个要素：一是转型金融支持高碳排放市场主体或经济活动，二是转型金融支持传统高碳排放市场主体向绿色低碳目标转型。

广义上，转型金融不仅应包含金融对经济向绿色低碳目标转型的支持，而且应包括金融体系为适应经济转型而主动进行转型调整，如金融机构通过加强转型金融能力建设、调整经营目标和策略、创新体制机制和转型金融产品等，更好地支持经济低碳转型。因此，转型金融应是经济和金融双向交互影响的动态发展过程。

表 1-1　　　　　　　　　　　转型金融定义一览表

国际组织/国家或 地区/金融机构	定义
二十国集团	在可持续发展目标下，支持整个经济向与《巴黎协定》温控目标相一致的低碳和净零排放、气候韧性转型的金融服务。

---

① 2022-G20-Sustainable-Finance-Report-2. pdf（g20sfwg. org）：https：//g20sfwg. org/wp-content/up-loads/2022/10/2022-G20-Sustainable-Finance-Report-2. pdf.

国际组织/国家或地区/金融机构	定义
欧盟	支持满足以下条件转型经济活动的金融服务：（1）没有技术和经济可行的低碳替代技术，且支持向符合《巴黎协定》1.5 摄氏度温控目标过渡（包括逐步淘汰温室气体排放，特别是固体化石燃料的排放）。（2）对缓解气候变化作出重大贡献，包括：①温室气体排放水平符合该部门或行业的最佳表现；②不妨碍低碳替代技术的开发应用；③考虑到资产的经济寿命，不会导致这些碳密集型资产被锁定。（3）不会对其他环境目标产生重大危害（DNSH）。（4）符合各项基本公约所规定的原则和权利（"最低限度的社会保障措施"）。
气候债券倡议组织	支持以下两类转型经济活动的金融服务：（1）该经济活动为实现 2030 年碳排放减半及 2050 年净零排放目标作出重大贡献，但在 2050 年后的净零经济情景下不被需要；（2）在 2050 年后的净零经济情景下仍被需要，但目前尚未拟定净零排放实施路径。
中国香港	旨在为产生低于常规碳排放结果，并支持向气候适应型经济转型的技术和活动提供融资，尽管这些结果不是该行业的最佳替代方案，或不是通常被认为与 2050 年"净零"目标相兼容的技术和方案，但它们有助于部分实现这一目标。
浙江湖州	为应对气候变化影响，以碳密集型行业低碳转型、高碳高效企业发展、低碳转型技术应用的金融需求为重点，运用多样化金融工具，为市场实体、经济活动和资产项目向低碳转型提供的金融服务。
中国银行、中国建设银行	根据各国（地区）碳中和目标的实现路径，通过技术改造及设备升级等手段，支持传统行业减少污染、实现向低碳或零碳转型的金融服务。

资料来源：作者根据相关资料整理。

二、转型金融与可持续金融、绿色金融、气候金融的关系

绿色金融、转型金融、气候金融均属可持续金融的范畴，是可持续金融的子集。在本书中，可持续金融内涵最广泛，是以实现联合国 17 个可持续发展目标为宗旨，支持解决贫困、饥饿、性别平等、气候变化等可持续发展问题的金融活动，相关问题包括传统环境保护、应对气候变化和其

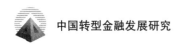

他经济社会问题。

绿色金融有狭义和广义的概念。狭义的绿色金融仅指对零碳和近零碳经济活动的金融支持，广义的绿色金融还包括对高碳行业低碳转型、环境保护、气候适应等领域的金融支持。

转型金融支持高碳行业向低碳、零碳、近零碳转型的经济活动。转型金融为狭义的绿色金融的补充和延伸，与狭义的绿色金融为平行并列关系。转型金融与狭义的绿色金融均聚焦应对气候变化，致力于碳中和和《巴黎协定》温控目标的实现。但转型金融服务于碳密集型行业，其所支持的转型经济活动在零碳经济情景下可被完全替代，但在转型过程中对减缓气候变化具有显著贡献；狭义的绿色金融则支持已达到零碳、近零碳的经济活动。

气候金融，即支持应对气候变化的金融活动。气候金融范围兼顾减缓气候变化和适应气候变化两个目标，包含狭义的绿色金融和转型金融。

第二节　转型金融标准制定相关实践

一、中国积极参与国际转型金融标准制定工作

（一）《G20 可持续金融路线图》中转型金融相关内容

2021 年 4 月，G20 可持续金融研究小组升级为 G20 可持续金融工作组（SFWG），由中国人民银行和美国财政部担任联席主席。当年 10 月，SFWG 发布《2021 年 G20 可持续金融综合报告》和《G20 可持续金融路线图》，后者成为引导市场资金支持应对气候变化的重要指引。

《G20 可持续金融路线图》提出可持续金融发展的重点领域和 19 项

具体行动建议,在重点领域达成三方面新共识。一是提升可持续金融界定标准的可比性、兼容性和一致性;二是支持建立全球一致的可持续披露标准体系;三是建立有公信力的转型金融框架。路线图纳入了对转型金融的考量,鼓励各国在可持续金融标准中容纳更多支持气候转型的经济活动。

(二)《G20 转型金融框架》中转型金融标准相关内容

2022 年,作为 G20 可持续金融工作组联席主席,中国人民银行牵头推动制定《G20 转型金融框架》。当年 11 月,G20 领导人巴厘岛峰会批准了 SFWG 提交的《2022 年 G20 可持续金融报告》,其中包括《G20 转型金融框架》,就发展转型金融达成重要国际共识。

《G20 转型金融框架》确定了转型金融的五大支柱,包括转型金融标准、信息披露、激励约束机制、支持转型的金融产品和工具、公正转型,并提出了转型金融 22 条原则。该框架建议推出"目录式"(Taxonomy-based)或"原则式"(Principle-based)标准,或通过其他方式,引导金融机构和实体企业更好地识别和理解转型活动及投资机会,降低识别障碍、成本和"假转型"风险,避免温室气体排放长期锁定风险。

表 1-2 《G20 转型金融框架》转型活动和转型投资的界定标准

原则	内容
原则 1	制定分类目录或原则性标准,或其他方法,用以指导金融和实体企业识别和理解转型活动或转型投资,减少识别障碍、成本和"假转型"风险。
原则 2	帮助确保转型活动或转型投资是基于透明、可信、可比、可问责和有时限的,且符合《巴黎协定》的温控目标,例如,气候恢复力或减少温室气体排放(如碳强度、能源效率)。
原则 3	适用于项目、实体、行业和组合(如投资组合、基金和指数)层级。
原则 4	包括转型活动和转型投资可验证性的有关明确建议(如提供关于透明度、基准或独立验证的指导),包括验证其与《巴黎协定》温控目标路径的一致性。
原则 5	动态反映和支持不断发展的科学、市场和技术、政策环境、减排成本曲线、发展需求和优先事项。

续表

原则	内容
原则6	考虑并采取能够促进有序、公正和可负担的转型措施，同时避免或减轻对就业和受影响的家庭、社区和其他可持续发展目标（包括环境保护和生物多样性）可能产生的负面影响，或对能源安全和价格稳定造成的风险。
原则7	根据《G20可持续金融路线图》中制定一致性方法的高级别原则，确保跨司法管辖区的方法的可比性和互通性，促进方法的跨境使用（如适用）。

资料来源：《G20转型金融框架》。

（三）中欧《可持续金融共同分类目录》

2020年7月，可持续金融国际平台（IPSF）发起设立可持续金融分类目录工作组，中国人民银行和欧盟有关部门担任共同主席。工作组对中国《绿色债券支持项目目录》和欧盟《可持续金融分类方案——气候授权法案》[Delegated Regulation（EU）2021/2139]开展全面细致的比较，详细分析了中欧编制绿色与可持续金融分类目录的方法论和结果，在此基础上编制了《可持续金融共同分类目录》。

2021年11月和2022年6月，IPSF分别发布了《可持续金融共同分类目录》的初版和更新版。更新版的分类目录包含中欧双方共同认可的72项对减缓气候变化有重大贡献的经济活动，其中包含转型经济活动。在更新版分类目录中，中欧标准趋同率达到80%。

中国人民银行高度重视《可持续金融共同分类目录》的完善和使用，鼓励市场主体积极利用该目录开发各类金融工具，提升中国绿色金融市场的国际认可度。一些市场主体已经基于《可持续金融共同分类目录》贴标发行绿色债券或发放绿色贷款。2023年7月，在中国人民银行的支持下，中国金融学会绿色金融专业委员会发布了首批193只符合中欧《可持续金融共同分类目录》的中国存量绿色债券清单，规模达2500亿元。

二、国际转型金融标准对比

(一) 国际转型金融标准制定概况

据不完全统计，全球已经有 11 个国家和地区、3 个国际组织、7 家金融机构发布了转型金融标准（见表 1-3）。国际转型金融标准主要分为两大类：一是原则式标准，二是目录式标准。部分国际转型金融标准同时涵盖了原则式标准和目录式标准。

表 1-3 全球转型金融标准一览表

发布单位类型	发布单位与标准名称	标准类型	发布时间	核心内容
国际组织	欧盟委员会《欧盟可持续金融分类法案》（Regulation (EU) 2020/852）、《气候授权法案》[Delegated Regulation (EU) 2021/2139]、《补充气候授权法案的特定能源行业授权法案》[Delegated Regulation (EU) 2022/1214]	目录式	2020 年	明确提出 5 大行业、25 类转型经济活动，并为各项经济活动设定定量的技术筛选标准。
	国际资本市场协会《气候转型融资手册》	原则式	2020 年	不为气候转型项目制定定义或分类方案，提出气候转型融资四大要素，对发行人的信息披露和第三方认证评估提供指引和建议：（1）发行人气候转型战略和公司治理；（2）在业务模式中考虑环境要素的重要性；（3）气候转型战略应基于科学的目标和路径；（4）执行情况有关信息的透明度。
	气候债券倡议组织《为可信的转型融资》白皮书	原则式	2020 年	为识别出可信且符合《巴黎协定》要求的转型经济活动提供了初步框架和五项转型原则：（1）符合 1.5 摄氏度温控目标的碳排放轨迹；（2）以科学为基础设定减排目标；（3）不计入碳抵销；（4）技术可行性优于经济竞争性；（5）设置详细保障制度确保转型活动可靠、在计划时间内得以落实。

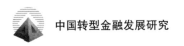

续表

发布单位类型	发布单位与标准名称	标准类型	发布时间	核心内容
	东盟分类目录委员会（ATB）《东盟可持续金融分类目录（第一版）》	—	2021年	目录分为两层，即基础框架和附加标准（阈值）；采用红绿灯分类系统，将经济活动分为红色、黄色（转型）和绿色3种标识，6个类别；部分列举可能的绿色和红色经济活动（非详尽）。
	《G20转型金融框架》	—	2022年	明确提出G20转型金融的定义和5个支柱。
	气候债券倡议组织《非金融机构实体与可持续挂钩债券认证》	原则式	2022年	将符合1.5摄氏度温控目标减排路径的非金融机构实体和非金融机构实体发行的可持续挂钩债券纳入气候债券认证，即所有企业通过制定可信的低碳转型计划和与《巴黎协定》相匹配的减排目标即可参与认证。
	气候债券倡议组织：钢铁、水泥、基础化品、低碳制氢4个行业认证标准	目录式	2022年	为高碳排放行业的转型投资提供可信的认证途径，合格的资产和项目相关的债券和贷款将有资格获得气候债券标准的认证。
	亚洲转型金融（ATF）工作小组《亚洲转型金融指南》	—	2022年	在ICMA原则框架下，提出亚洲区域内"可信的"转型金融支持对象的识别步骤和操作指引。
国家和地区（含地方）	香港绿色金融协会《气候转型金融指引》	原则式	2020年	明确提出气候转型金融的定义和实施框架，提出3项保障措施。
	韩国环境部《绿色金融分类目录》	目录式	2021年	对"转型活动"作出定义，提出3大行业、5个细分领域转型活动。
	加拿大标准协会《转型金融指南：原则和分类目录》	目录式	2021年	对转型活动进行总体界定，提出了5项基本原则和8个行业转型活动目录。
	日本《气候转型金融基本指引》	原则式	2021年	与ICMA《气候转型融资手册》基本保持一致，将转型活动分为针对特定项目或活动的转型（A类）和针对整个公司的转型（C类）。
	马来西亚央行《气候变化和基于原则的分类法》	原则式	2021年	提出5项指导原则，将经济活动分为气候支持、转型和观察名单3类。
	浙江省湖州市《转型金融支持目录（2022年版）》	目录式	2022年	包含9个行业，每个行业都有明确的低碳转型技术或路径。该目录还为每项转型活动设定了低碳转型基准值和目标范围。

发布单位类型	发布单位与标准名称	标准类型	发布时间	核心内容
	印度尼西亚金融服务管理局（OJK）《印度尼西亚绿色分类法1.0》	目录式	2022年	采用东盟分类法基础框架，将经济活动分为绿色、黄色（转型）和红色，根据减缓气候变化的贡献对活动进行分类和颜色编码；涵盖919个部门和子部门，其中422个子部门处于转型期。
	新加坡金融管理局（MAS）绿色金融行业工作组（GFIT）《新加坡和东盟绿色分类目录与有关标准》《不造成重大损害（DNSH）标准》（征求意见稿）	目录式	2023年	采用东盟分类法基础框架，将经济活动分为绿色、黄色（转型）和红色，并提出8个重点部门的绿色和转型活动分类的详细门槛和标准（阈值）。
	重庆市《转型金融支持项目目录（2023年版）》	目录式	2023年	包含能源、农业、化工、钢铁、建材和有色金属六大领域、共125项细分的转型活动。该目录还为转型活动设定了转型参考指标。
金融机构	法国巴黎银行《转型债券报告》	—	2019年	提出巴黎银行对于转型债券的认识和观点。
	新加坡星展银行《可持续和转型金融框架与分类目录》	目录式	2020年	对符合星展可持续和转型金融框架与分类目录的经济活动或资产给出4类标签，适用于贷款和发行债券两类融资工具。
	法国外贸银行Natixis《转型金融工具箱》	目录式	2021年	基于4项定性标准（意愿、准备、雄心和行动）确定合格的转型企业。该文件列举了转型企业可能所属的8个行业，并提到银行会将外部资源作为具体绩效评价指标的参考。
	法国安盛资产管理公司《转型债券指引》	目录式	2021年	提出了围绕募集资金用途、项目评估和选择流程、募集资金管理以及报告4项要素的转型债券披露指引，并列举了能源、运输和工业3个行业的部分转型活动。

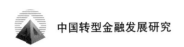

续表

发布单位类型	发布单位与标准名称	标准类型	发布时间	核心内容
	渣打银行《转型金融框架（2021）》	目录式	2021 年	该框架针对资产和活动层面的融资提出认定转型活动的原则性要求，同时提供 12 个部门的转型活动清单。
	中国银行《转型债券管理声明》	目录式	2021 年	参考 ICMA 与欧盟分类目录要求。包括一个覆盖 5 个行业的转型项目目录，包括每个行业子领域的具体项目及定量指标和阈值。
	中国建设银行《转型债券框架》	目录式	2021 年	参考 ICMA 与欧盟分类目录要求。包括一个覆盖 8 个行业的转型项目目录，相关阈值和量化指标将基于项目所在地的国家/地区标准确定。

资料来源：作者根据相关资料整理。

原则式标准以国际资本市场协会（ICMA）为代表。ICMA 的《气候转型融资手册》明确为气候转型融资时，对发行人信息披露提供指引和建议，主要用于发行人对其融资工具进行气候"转型"贴标。ICMA 要求发行人披露转型的四个方面关键要素：一是发行人气候转型战略和公司治理，二是在业务模式中考虑环境要素的重要性，三是气候转型战略应基于科学的目标和路径，四是执行情况有关信息的透明度。

目录式标准以《欧盟可持续金融分类目录》为代表。《欧盟可持续金融分类法案》［Regulation（EU）2020/852］列出了环境可持续经济活动必须满足的四项原则性标准，用以建立可持续经济活动清单。其中，环境可持续经济活动包括实质性贡献活动、转型经济活动和促进型经济活动三类。欧盟《气候授权法案》通过制定经济活动技术筛选标准（TSC），列明了对实现气候减缓目标最有帮助的 88 类可持续经济活动，以及对实现气候适应目标最有帮助的 95 类可持续经济活动，其中包括五大行业、25 类转型经济活动。

气候债券倡议组织（CBI）的转型金融标准同时涵盖了原则式标准和

目录式标准。CBI《为可信的转型融资》白皮书①为识别出可信且符合《巴黎协定》要求的转型经济活动提供了五项原则：一是符合 1.5 摄氏度温控目标的碳排放轨迹；二是以科学为基础设定减排目标；三是不计入碳抵销（Offsets）；四是技术可行性优于经济竞争性；五是设置详细保障制度确保转型活动可靠、在计划时间内得以落实。在上述原则下，CBI 进一步提出转型经济活动有关行业的气候债券认证标准，目前已经发布钢铁、水泥、基础化学品和低碳制氢 4 个行业认证标准，并正在制定石油和天然气、铝冶炼、矿业、航空等领域的行业认证标准。

其他有代表性的转型金融标准包括韩国、日本、加拿大、马来西亚、中国香港、星展银行、渣打银行等国家和地区及金融机构制定的标准（具体内容见本章第三节）。不同的转型金融标准关注重点有所不同，有的聚焦转型金融支持对象，如《欧盟可持续金融分类目录》，有的聚焦行业技术转型路径，如 CBI 制定的《气候债券行业认证标准》，有的主要为发行人提供指引，如 ICMA 的《气候转型融资手册》。

（二）国际转型金融标准比较分析

1. 原则式标准提出识别转型经济活动的一般原则，相对容易达成共识，目录式标准以清单形式明确支持的转型经济活动或企业，更具可操作性

当前，国际转型金融标准主要分为两大类：原则式标准和目录式标准。原则式标准提出了识别转型经济活动的一般原则，如 CBI 要求转型经济活动符合五项原则，ICMA 要求发行人在转型融资时满足四个关键要素。原则式标准制定过程简单，相对容易达成共识，但可操作性差，依据原则式标准认定转型经济活动具有较大的主观性，容易面临"假转型"风险。

---

① CBI. Financing Credible Transitions（White Paper），2020. https：//www. climatebonds. net/resources/reports/financing-credible-transitions-white-paper.

目录式标准则以清单形式明确金融支持的转型经济活动，如欧盟《气候授权法案》直接列明了 25 类转型经济活动。目录式标准更具备可操作性，投资者依据转型目录能够很容易识别转型经济活动；目录式标准采用"正面清单"方式，降低转型经济活动识别的随意性，可以有效防止"假转型"风险。但目录式标准制定难度大，需要确定每类转型经济活动应当满足的关键技术指标和量化目标。例如，欧盟《气候授权法案》建立转型活动技术筛选标准（TSC），详细列举了每一项转型活动满足"气候减缓重大贡献"的要求，并从工艺、技术或产品维度提出碳减排目标值及其参考依据。

2. 国际转型金融标准制定处于起步阶段，各有特色，尚未形成统一标准，但对标准的基本要素基本达成一致意见

当前，国际上转型金融标准制定处于起步阶段，不同的国家、地区和国际组织的转型金融标准关注点不同，对转型经济活动减缓气候变化贡献的要求不同，尚未形成统一的转型金融标准，但对转型金融标准的基本要素，国际社会基本达成一致意见，主要包括以下六个方面。

一是应符合《巴黎协定》1.5 摄氏度或 2 摄氏度温控目标。一般原则性标准要求参考现行公认的科学方法，目录式标准要求进一步提供与《巴黎协定》目标相一致的转型目标（定量化的阈值）。例如，CBI 要求转型活动目标和实现路径应符合《巴黎协定》1.5 摄氏度温控目标；欧盟提出转型活动应符合 1.5 摄氏度温控目标减排路径，且温室气体排放水平应符合该部门或行业的最佳表现。

二是覆盖范围包括识别"可信的"转型金融支持对象（经济活动或企业），且区别于目前绿色金融的支持范围。欧盟将转型活动作为可持续活动的三大类别之一，区别于"实质性贡献活动"（更接近"纯绿"经济活动）；并在可持续活动的界定原则上，进一步提出转型活动的界定条件：对减缓气候变化作出重大贡献，符合 1.5 摄氏度温控目标减排路径，符合

所属部门或行业的最佳表现；不妨碍低碳替代品的开发和应用；不会导致碳锁定。CBI 按"经济活动是否被零碳经济所需要（可持续性）"及其"短期和长期的脱碳潜力"两个条件，将转型经济活动分为两类，一类是为 2030 年碳排放减半及 2050 年净零排放目标作出重大贡献，但在 2050 年后的净零经济情景下不被需要的经济活动；另一类是将发挥长期作用，但目前尚未拟定净零排放实施路径的经济活动。香港绿色金融协会认为，转型活动虽不是该行业的最佳低碳替代方案，也通常不被认为是与 2050 年净零目标相兼容的技术和方案，但它有助于部分实现这一目标。

三是最低限度要求包括无重大损害原则与公正转型原则。无重大损害原则是不对气候转型目标以外的其他环境或可持续发展目标造成重大损害，公正转型原则是指推动转型成本和收益在不同国家、社区和群体间的公正分配，将社会可持续发展融入经济和环境的可持续发展中，充分关注并解决绿色低碳转型中的社会公正问题。

四是目标设定基于科学、可量化、跨越中长期的碳减排目标和路径。几乎所有的国际转型金融标准都强调，制定转型目标和路径应当参考国际认可的、基于科学的方法。无论是原则性标准还是目录式标准，融资主体都应当建立基于科学、可量化、跨越中长期的转型目标和路径，并与《巴黎协定》温控目标相一致。

五是信息披露要求更为严格。国际转型金融标准对转型金融的信息披露虽然要求各不相同，但对此都高度重视，提出相较于绿色金融更为严格和复杂的要求。

六是提出独立评估要求。当前，国际转型金融标准针对转型披露信息中的关键信息和量化指标，要求进行第三方独立审查、认证、保证或验证。目录式标准均强调建立定期审查机制。

各类国际转型金融标准也有自身的特色。例如，CBI 要求不计入碳抵销，除非抵销了不能以任何方式减少的碳排放；要求计入转型实体运营范

围内上游范围三 [①] 的碳排放；要求技术可行性优于经济竞争性。也有观点认为，全吸收型碳信用与碳抵销对于实现当年的碳排放目标是等效的，不应贬低碳抵销的作用。[②] ICMA 要求在发行人业务模式中考虑环境要素的重要性，强调气候变化轨迹是关乎核心业务模式未来能否成功的一个重要因素。香港要求制定气候转型中长期逐步淘汰计划，降低碳排放锁定风险。马来西亚强调"补救措施"，强调改进措施的重要性，并给出了尽职调查的评估要求和方法，促使企业业务与应对气候变化和其他环境目标保持一致。

表 1-4   全球代表性转型金融标准的异同

标准发布国家/地区/机构	符合1.5摄氏度或2摄氏度温控目标	设定科学、量化、中长期碳减排目标和路径	信息披露要求	第三方评估	量化指标要求	无重大损害	公正转型
气候债券倡议组织	✓	✓	✓（企业）	✓（企业）	✓	✓	
国际资本市场协会	✓	✓	✓	✓			
日本	✓	✓	✓	✓			✓
中国香港	✓	✓		✓		✓	
马来西亚				✓		✓	
欧盟	✓	✓	✓	✓	✓	✓	
韩国			✓	✓	✓	✓	✓
加拿大	✓	✓	✓			✓	✓
星展银行	✓			✓			

资料来源：作者根据相关资料整理。

3. 转型金融支持的对象涉及对具体转型经济活动的支持和对企业整体转型的支持

转型金融支持对象主要包含两个层级（见表 1-5）：企业层面及其具

---

① GHG Protocol 针对温室气体核算与报告设定了 3 个范围。其中，范围一是指组织所有或控制来源的直接温室气体排放；范围二是指组织使用所购买的能源（电力、蒸汽、供暖和制冷）产生的间接温室气体排放；范围三是指组织所有或控制来源以外的、由于组织活动而产生的所有其他间接排放。金融机构的大多数碳排放属于范围三的类别 15"投资（融资排放）的碳排放"。

② 中国人民银行原行长周小川在本课题中期评审会上提出的重要观点。

体的经济活动，经济活动又包括生产设施、脱碳措施等维度。欧盟分类目录仅包括经济活动，但对融资主体提出了强制性信息披露要求。CBI有关标准和金融机构转型分类目录较为重视对企业主体的转型金融支持。其中，CBI在行业认证标准中明确提出转型企业的认证标准，并且在信息披露和第三方认证方面提出较转型经济活动更为严格的要求；同时将非金融机构实体和可持续发展挂钩债券（SLB）纳入气候债券可认证对象，所有企业可以通过制定可信的低碳转型计划及其与《巴黎协定》相一致的减排目标来参与认证，包括已接近零排放（Near Zero）的企业和目前仍处于较高排放水平的企业。星展银行、法国巴黎银行、法国外贸银行Natixis均同时支持资产/活动层面和企业主体层面。日本环境金融研究院（RIEF）分类目录和星展银行分类目录也同时适用于企业实体和经济活动。韩国分类目录可适用于项目、资产和企业，并支持开展燃料转换、节能、提高资源效率等温室气体减排相关设施的建设和运营活动的中小企业。加拿大标准主要适用于特定经济活动。

表1-5　　　　　　　　全球转型金融界定标准支持对象

标准发布国家/地区/机构	核心内容	支持经济活动融资	支持企业主体融资
气候债券倡议组织	五项原则、4个行业	✓	✓
国际资本市场协会	四项原则	✓	✓
日本	六项原则	✓	✓
欧盟	5大行业、25类转型活动	✓	—
韩国	3个行业、5类转型活动	✓	✓
加拿大	8个行业、49类转型活动	✓	—
星展银行	10个行业	✓	✓
法国巴黎银行	4个部门（示例）	✓	✓
法国外贸银行Natixis	4个部门（示例）		✓
渣打银行	11个行业（示例）	✓	—

资料来源：作者根据相关资料整理。

4. 转型金融所支持的行业存在差异，主要涉及能源、工业、交通运输和建筑行业等，一些国际标准在有限条件下支持煤电行业转型

当前，国际转型金融标准所支持的转型经济活动或企业主要涉及能源、制造业、运输和建筑等行业（见表 1-6），且大部分目录式标准明确排除了煤电行业，RIEF、CBI 和渣打银行均仅在有限的条件下支持煤电行业转型。RIEF 提出，转型第一阶段涉及煤炭向天然气或生物质的转型，第二阶段涉及使用碳捕集、利用与封存（CCUS）技术达到净零目标；同时出于避免碳锁定的原则，明确排除从亚临界或超临界等低效率燃煤发电技术向超超临界的过渡。CBI 支持所有企业通过制定可信的低碳转型计划及与《巴黎协定》相一致的减排目标来参与气候债券认证，换言之，转型金融资金可用于支持煤电企业的整体转型。目前，CBI 为可靠的煤炭淘汰项目制定了指导方针，提出了燃煤电厂获得转型融资的最低要求[1]：（1）根据《格拉斯哥气候公约》，燃煤电厂的财务结算（Financial Close）或最终投资决策是在 2021 年 12 月之前提出的，目前几乎所有正在运行或正在建设的燃煤电厂都符合此条件；（2）燃煤电厂运营商必须有企业实体层级的承诺，将不会新建燃煤电厂或采购煤电；（3）评估并确保燃煤电厂的公允价值（Fair Valuea）[2] 为正。渣打银行转型目录包括利用 CCUS 技术的燃煤电厂（特别是在新兴经济体和发展中经济体），以及淘汰燃煤电厂、固体生物能源与煤共燃烧、与氨共燃烧的燃煤电厂。

表 1-6　　　　　　　　全球转型金融标准支持行业类别

序号	所属行业	活动名称	分类目录
1		水泥制造	欧盟、加拿大、日本、浙江湖州、中国银行、中国建设银行、渣打银行

---

[1] 《可信煤炭转型融资指南》，气候债券倡议组织网站，www.climatebonds.net。

[2] 又称公允市价、公允价格，是指市场参与者在计量日发生的有序交易中，出售一项资产所能收到或者转移一项负债所需支付的价格。

续表

序号	所属行业	活动名称	分类目录
2	制造业	铝制造	欧盟、加拿大、日本、浙江湖州、中国银行、中国建设银行、渣打银行
3		钢铁制造	欧盟、加拿大、日本、浙江湖州、中国银行、中国建设银行、渣打银行
4		炭黑制造	欧盟
5		纯碱制造	欧盟
6		氯制造	欧盟
7		化工	中国银行、中国建设银行、星展银行
8		有机基础化学品制造	欧盟、浙江湖州
9		硝酸制造	欧盟
10		纺织	日本、浙江湖州
11		造纸	日本、浙江湖州、中国建设银行
12		玻璃、陶瓷及其他非金属矿物制造	日本、浙江湖州
13		汽车制造	星展银行
14		初级型塑料制造	欧盟、浙江湖州
15	运输	客运城际铁路运输	欧盟、渣打银行
16		货运铁路运输	欧盟、渣打银行
17		城市和郊区交通、公路客运运输	欧盟
18		用摩托车、乘用车和轻型商用车辆进行运输	欧盟
19		公路货运服务	欧盟
20		内陆客运	欧盟
21		内陆货运水路运输	欧盟
22		内河客货运运输的改造	欧盟
23		海运及沿海货运、港口作业船舶及辅助活动	欧盟
24		绿色船舶建造	韩国
25		绿色船舶运输	韩国
26		沿海客运水运	欧盟
27		航空	日本、中国建设银行、星展银行
28		沿海货运、客运改造	欧盟

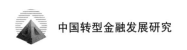

续表

序号	所属行业	活动名称	分类目录
29	建筑和房地产活动	现有建筑物改造	欧盟
30	信息与通信	数据处理、托管和相关活动	欧盟、星展银行
31	能源	化石气体燃料发电（不限于天然气）	欧盟、浙江湖州、中国银行、中国建设银行、星展银行
32		以液化天然气（LNG）和混合气为基础的能源生产	韩国
33		制氢	韩国、渣打银行
34		利用化石气体燃料进行高效的热/冷和电力联产	欧盟、中国银行、中国建设银行
35		原油和天然气开发与使用	加拿大
36		公用事业（发电、输电、配电）	加拿大、星展银行
37		燃煤发电	日本
38		生物质能	渣打银行
39		利用化石气体燃料高效制热制冷	欧盟
40	农业	作物种植	欧盟（多年生作物）、加拿大、星展银行、渣打银行
41		非多年生作物的种植	欧盟
42		水产养殖	浙江湖州
43		畜牧业生产	欧盟、加拿大、浙江湖州
44	林业	林业和伐木业	加拿大
45		支持林业活动	加拿大
46		木制品制造业	加拿大
47	矿产	挖掘	加拿大
48		铀的开采和加工	加拿大

资料来源：作者根据相关资料整理。

（三）国际转型金融标准对我国的启示

1. 明确转型金融定位，厘清转型金融与绿色金融、可持续金融的界限

可持续金融覆盖领域最广，以实现 17 个可持续发展目标为根本宗旨，使用金融工具来支持解决可持续发展问题。绿色金融是可持续金融的一部

分，涵盖两个层次：一是对环境保护、污染防治领域的支持，二是对应对气候变化领域的零碳或近零碳经济活动的支持。转型金融也可视为可持续金融的一部分，聚焦于减缓气候变化领域，支持高碳排放的企业、项目或者经济活动采取措施向低碳零碳转型，范围较窄。

从支持行业看，转型金融侧重于支持传统碳密集型领域或棕色领域。与绿色（零碳或近零碳）经济活动相比，转型经济活动在当前不一定完全符合碳中和目标的发展路径，且在零碳经济情景下可被完全替代，但在转型过渡期内对减缓气候变化具有显著贡献，对于所属部门未来转向"零碳"路径而言十分必要。国际转型金融标准均对转型经济活动和绿色经济活动进行了明确区分，如 CBI 将经济活动分为五大类，其中包括近零排放类和零碳转型类；欧盟在经济活动的界定标准中通过提出不同技术筛选标准来区分实质性贡献活动（绿色经济活动）和转型活动；韩国分类目录也明确提出绿色活动和转型活动的界定原则。

转型金融与绿色金融支持的经济活动存在显著差异，在"双碳"目标实现过程中发挥的作用不同。我国可参考国际转型金融标准，明确转型金融的定位，厘清转型金融与绿色金融的界限，在制定转型目录过程中明确区分转型经济活动和绿色经济活动。

2. 制定转型金融标准时，我国适合采用目录式标准，并对分类目录动态更新

参考国际经验，结合我国实际，目录式标准相比原则式标准更具可操作性，也更符合市场需求，能够有效防止"假转型"。我国在制定转型金融标准时，可主要采用目录式标准，明确转型金融应当支持的具体转型经济活动。在转型目录之外，可吸收原则式标准的有益内容，制定转型目录之上的转型经济活动应遵循的原则。

在目录式标准下，转型活动分类目录并非穷尽所有转型活动，而是在遵循一定原则的情况下，列出具有高置信度阈值的转型活动清单和技术规

范。国际典型的目录式标准均建立了定期审查与更新、逐步扩大目录覆盖范围的机制。随着低碳转型进程和技术变革，我国应当对转型金融标准的适用性、科学性及其与气候目标的一致性进行定期评估，以及时调整、扩展转型活动覆盖范围。

3. 制定转型金融标准应当吸收国际标准共识和通行原则，兼顾本地实际

虽然国际转型金融标准未统一，但国际社会对于界定转型活动的基本要素基本达成一致，形成了一些转型金融标准的共识和通行原则。我国在制定转型金融标准时，应当加以吸收。例如，转型经济活动对减缓气候变化具有显著贡献，且符合《巴黎协定》温控目标；无重大损害与公正转型原则；不会导致碳锁定；要基于科学设定碳减排目标和路径；针对转型经济活动要制定更加严格的信息披露和第三方核查制度等。国际上大部分转型金融标准均明确排除煤电行业，一些纳入煤电行业的转型金融标准也提出了更高的要求，这意味着我国在制定煤电行业转型目录时，需要制定严格的技术筛选标准。

另外，不同国家和地区制定的转型金融标准均充分考虑了本地实践。例如，韩国将天然气发电、中小型工业企业的转型活动在一定期限内纳入本国的转型活动分类目录。日本结合本地能源资源和结构调整需求，考虑将燃煤发电纳入转型活动目录。我国在制定转型金融标准时，应充分考虑本国实际，与我国碳达峰碳中和目标和"1＋N"政策体系实施路径保持一致。

三、中国人民银行牵头制定转型金融标准情况①

（一）中国人民银行牵头推动转型金融标准制定

2021 年以来，中国人民银行参考《绿色债券支持项目目录》，牵头工

---

① 资料来源：中国人民银行研究局。

业和信息化部、中国银行、中国建设银行、中国金融学会绿色金融专业委员会等，分别组建了包括监管部门、行业龙头企业、金融机构和研究机构在内的 4 个工作组，依据各领域控碳减排行动方案、技术标准和政策文件，明确了转型金融支持范围，初步确定了我国的转型金融标准基本原则（见表 1-7），形成煤电、钢铁、建筑建材、农业 4 个行业的转型金融标准初稿，并拟定了使用说明。

表 1-7   转型金融标准编制原则

原则	含义
显著贡献原则	转型金融支持项目在减缓或适应气候变化方面具有显著贡献，且对污染防控、资源节约和生态保护等其他环境目标无重大损害，不会导致"碳锁定"。
先进性原则	重点支持对标行业能耗指标优异或国际先进水平的经济活动，以及企业高标准的转型活动。
一致性原则	转型金融支持范围与我国碳达峰碳中和要求相适应，与国家、地方、行业政策相协调。
持续监管原则	便于管理部门依法对金融机构转型金融业务进行持续监管。
简便易行原则	标准清晰可操作、可验证、可测算、少争议，力求不给市场主体造成过重负担，有效降低金融机构的识别和使用成本。
动态性原则	不局限于支持明确列举的转型路径，对尚不清晰的转型路径，为权威第三方机构进行强认证预留空间。

资料来源：中国人民银行。

（二）首先选择四个重点领域制定标准

煤电是我国最主要的电力来源和碳排放源，发电量占比超过 50%。由于我国以煤电为主的电力结构短期内难以改变、未来煤电在电力调峰中还会发挥重要作用，尽早明确金融支持煤电低碳转型的范围，有助于打消金融机构支持煤电行业转型的顾虑。近年来，主要发达经济体和国际大型金融机构退煤呼声很高，有些还制定和实施了较为激进的退煤方案。俄乌冲突爆发后，国际能源格局深刻调整，欧洲一度出现能源危机，国际社会对煤电的态度趋于理性，开始兼顾退煤与维护能源安全、经济安全。我国应当实事求是，将煤电行业纳入转型金融支持范围，有利于"先立后破"，在国际转型金融标准制定和气候治理中争取主动，有序推动能源结构转型和应对气候变化。

钢铁、建材是国际公认的高碳排放行业，但它们在我国产业结构中占据重要地位，部分产品产销量在国际市场占比很高。考虑到我国钢铁、建材生产技术总体上全球领先，国内外就各项碳减排技术指标较容易达成一致意见，应尽早提出金融支持钢铁、建材低碳转型的较高标准，通过促进绿色低碳发展来巩固这些行业的国际竞争优势，为相关企业更好应对未来欧美碳边境调节机制等冲击创造良好条件。

建筑业是我国重要的碳排放源之一，碳排放主要来自产业链上下游，中游房屋建造环节产生的碳排放较少。我国城镇化还在发展阶段，建筑碳排放未来一段时期还将增长。尽早明确金融支持建筑低碳转型的范围，对推动建筑全产业链减碳具有重要意义。

农业排放的温室气体以甲烷为主。尽管在温室气体排放中甲烷排放量占比较小，但其对气候变暖的效应数十倍于二氧化碳。国际能源署（IEA）专家认为，减少甲烷排放是近期最直接、最有效的应对气候变化的措施之一。中美两国在 2021 年第 26 届联合国气候变化大会期间发表联合宣言，强调要大力控制和减少甲烷排放。科学设定农业低碳转型路径和金融支持范围，推动农业绿色低碳转型，对抑制气候变暖、维护粮食安全、实现共同富裕有重要意义。

（三）四项行业标准的主要内容及国际对比

1. 煤电行业标准

煤电行业标准包括节煤降耗改造、供热改造、灵活性改造等，聚焦存量煤电企业和项目的技术改造和设备更新，支持其向节能、降碳、减污、调峰方向转型。

我国燃煤电厂能效和污染物排放标准整体已达到国际先进水平，且有能力引领国际标准。2020 年，我国煤电平均煤耗为 306 克/千瓦时，性能优于大多数发达国家，仅略落后于日本。我国《火电厂大气污染物排放标准》（GB 13223—2011）对烟尘、二氧化硫、氮氧化物三项排放制定的明确限值要求已接近或达到发达经济体水平。同时，我国对重点地区的电厂制定了更严格的特别排放限值，许多燃煤电厂还制定了向"燃气轮机排放标准"看齐的"超净排放"标准，这比发达经济体的标准更加严格。

目前，国际上对将燃煤发电纳入转型金融支持对象持谨慎态度，只有日本等一些国家的转型金融标准将燃煤发电纳入支持范围，多数标准认为无 CCS 的燃煤发电与《巴黎协定》温控目标不兼容。我国制定煤电行业转型金融标准时需审慎设计并做好解释宣传工作。

从我国煤电行业减排技术发展路径来看，在支持的转型活动中，燃煤耦合生物质燃烧、煤电与新能源多能互补以及煤电安装 CCUS 符合国际转型金融标准中的煤电转型路径。节煤降耗改造、供热改造、灵活性改造在短期内对煤电行业有减排作用，但需继续配套其他措施，以促进煤电行业中长期减排。

2. 钢铁行业标准

钢铁行业标准界定了钢铁行业转型方向和具体技术路径，包含系统能效提升、清洁能源替代、资源循环利用、数字技术赋能等方面数十项具体技术路径，相关使用说明对标准制定原则及标准使用过程中涉及的转型主体认定、能效水平、企业战略、信息披露等内容进行了补充。

相比之下，CBI《钢铁行业认证标准草案》没有明确规定行业技术路线，只要求钢铁生产排放符合国际能源署的近零排放路径，并通过示例列举了一些符合上述路径的投资活动。

3. 建筑建材行业标准

建筑行业标准包括两方面内容：一是支持项目清单，包括绿色建筑、超低能耗、近零能耗、零能耗建筑，既有建筑节能绿色化改造项目，又有装配式建筑具体条目；二是支持低碳创新技术清单，包括场地太阳能光伏，风电站、光伏电站、生物质电站，可再生能源应用示范等具体条目。每项具体条目均有明确的准入条件。

目前国内标准草案有两个主要特点：一是支持范围更全面。欧盟标准包含新建建筑、既有建筑改造、建筑机电设备改造等。CBI 依据不同国家、不同建筑类型提出具体碳减排指标或建筑执行目标。国内标准包括一套项目清单和一套技术清单，不仅包括建筑单体和减碳技术，而且拓展到园区、基础设施及老旧小区改造等。二是技术要求更具体。欧盟标准仅提出转型技术大类，对技术细节、减排效益没有要求。CBI 标准限定了 2020—2050 年逐年的单位建筑碳排放阈值。国内标准给出项目具体准入条件，要求减排效果可量化、可评价。

建材行业标准覆盖水泥、石膏、玻璃、玻璃纤维等行业。标准清单各项指标均附解释说明和技术门槛界定。

该标准有两个主要特点：一是覆盖范围更大。CBI 标准与欧盟《可持续金融分类目录》只包含水泥行业。中国人民银行标准增加了廊道绿色运输、厂区绿色建筑和碳捕集、利用与封存等内容，纳入了玻璃、石膏、玻璃纤维等重点建材门类。二是明确了转型技术细节。欧盟未明确水泥行业转型技术，仅提出水泥生产中温室气体排放限值。CBI 标准对技术细节、减排效益等未做说明，也未引入相关评价标准。国内标准对相关转型技术细节进行了说明，更便于金融机构参考。

4. 农业标准

该标准对农业转型主体和转型项目分别进行了界定。其中，农业转型项目细分为种植业、林业、渔业、畜牧业、农副食品加工业、农业企业等方面，给出了农业转型路径和效益说明，明确减排效益标准，并提供标准依据。

目前，欧盟、CBI、新加坡星展银行、渣打银行已将农业纳入转型金融支持范围。前三者将部分农业项目纳入转型活动，但均未给出具体技术标准。其中，欧盟将多年生作物种植、非多年生作物种植和畜牧业生产纳入目录。CBI 的《农业与食物系统转型原则》提出转型原则与活动分类在农业与食物系统的应用，展示四类经济活动及减碳措施的示例，但未给出全面清单。国内标准尊重各国自然条件、农业基础和技术水平的差异，更多基于我国国情，选定的具体子领域与国外标准存在一定的差异。

（四）转型金融标准制定面临的主要困难

1. 转型金融标准制定缺乏权威依据

国内部分行业碳达峰行动方案尚未公布，大部分行业现行管理制度未包含硬性的碳减排要求，因而金融支持相关行业低碳转型活动缺乏充分的制度保障。各产业部门对开展转型金融工作的重要性和紧迫性的认识还不统一，跨部门协调存在一定困难。

2. "目录式"标准阈值确定和动态更新存在困难

一是煤电、建筑、钢铁标准的参考指标以技术指标为主，但其与碳减排的直接对应关系还不够明确。农业、建材标准给出了排放限值或减排标准，但金融机构可能缺乏相关专业知识，难以准确判断融资企业或项目的技术是否达到排放标准。二是"目录式"标准需根据技术进步等条件动态更新，但更新过程复杂、耗时长，也增加了金融机构学习相关标准的难度。如何在标准时效性和使用便利性方面取得平衡，面临一定的挑战。

3. 实施转型金融标准的基本条件不尽完善

一是气候和环境信息披露等基础性工作滞后。碳排放信息的核算和披露是发展和运用转型金融工具的必要前提。但目前各类主体采集碳排放基础数据、核算碳排放等能力仍有待提升。尤其农业涉及大量小微主体，其绿色发展意识、减排技术应用等能力偏弱，温室气体排放监测、核算面临更大困难。二是缺乏成熟、专业的第三方机构。落实转型金融标准，需开展对支持对象的评审等工作。金融机构对相关行业转型技术细节的认识普

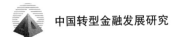

遍不足，而第三方机构数量有限、实力偏弱，无法满足市场需求。

（五）继续推动完善国内转型金融标准

1. 积极推动四项标准及时出台

进一步完善煤电、钢铁、建筑建材、农业四项转型金融标准。制定所有行业适用的转型金融标准使用说明，规范标准的使用主体、应用范围、信息披露等要求。就标准通用使用说明和四项行业标准，加强研究和沟通协调，及时向社会公开征求意见。标准出台后，及时组织开展政策解读及行业培训，推动金融机构制定转型金融业务流程规范等，做好标准实施工作。

2. 有序拓展转型金融标准覆盖的行业

按照"成熟一项、推出一项"的原则，组织协调有条件、有意愿的行业协会、龙头企业、金融机构等研究制定其他高排放行业的转型金融标准，尽早按程序组织出台。

3. 完善金融支持绿色低碳转型配套制度安排

总结提炼我国绿色金融的有效模式和做法，将其运用到转型金融领域，做好绿色金融与转型金融的有效衔接。配合相关部门，完善或出台碳核算方法等基础性文件，为相关行业转型金融信息披露奠定良好的基础，逐步拓展碳核算和相关信息披露范围，提高披露的有效性。积极培育多层次第三方中介机构，提供专业高效、成本合理的转型金融认证等服务。

4. 积极开展转型金融国际合作

积极参与 G20 可持续金融工作组、央行与监管机构绿色金融网络（Network for Greening the Financial System，NGFS）等国际平台活动并发挥引领作用，大力推动中欧《可持续金融共同分类目录》等国际标准落地实施。进一步拓展转型金融国际合作领域，在化石能源高效利用等领域积极提出中国方案，充分反映和维护发展中国家的合理需求和切实利益。

四、我国地方制定转型金融标准的探索

在全国转型金融标准尚未出台的背景下，在地方层面开展转型金融标准探索，可为未来全国转型金融标准的制定及行业范围的拓展提供有益借鉴。待全国标准出台后，地方标准可以相应衔接调整。目前，浙江湖州、广东深圳和重庆在转型金融标准方面进行了探索。浙江湖州、重庆在全国率先制定了较为完备的转型金融支持目录，为全国转型金融目录制定打下了良好的基础；深圳围绕国际转型金融标准开展了深入研究，有利于我国转型金融标准制定及时充分借鉴国际经验。

（一）湖州市率先制定地方转型金融标准

浙江省湖州市在全国率先探索制定转型金融标准。2022 年 1 月 25 日，中国人民银行湖州市中心支行、湖州市人民政府金融工作办公室、中国银保监会湖州监管分局、湖州市发展和改革委员会、湖州市经济和信息化局、湖州市生态环境局联合发布《湖州市转型金融支持目录（2022 年版）》，确立了转型金融支持的九大行业、三十项细分领域。参照各行业碳达峰碳中和实现技术路径、国家重点节能低碳技术推广目录，将更多低碳转型技术和先进工艺纳入转型金融支持范围，形成首批 57 项低碳转型技术路径。湖州市相关经验被写入《2022 年 G20 可持续金融报告》。

（二）深圳市开展转型金融标准国际比较研究

2022 年，在中国人民银行研究局的指导下，中国人民银行深圳市中心支行委托深圳经济特区金融学会开展转型金融标准研究。2022 年 5 月至 2023 年 3 月，深圳经济特区金融学会专列《国际转型金融比较与中国借鉴研究》研究课题，作为学会最重要的年度课题，对国际转型金融标准进行详细梳理，对国际转型金融标准之间的异同进行深入分析。从转型金融的定义、界定活动、技术规范、审查和验证以及标准的性质五个方面进行对

比分析，并对我国借鉴国际转型金融的核心要点进行剖析，提出我国借鉴国际转型金融标准可能面临的重大难点及解决思路。该课题成果具有较高的参考价值，2023 年，深圳将继续在转型金融信息披露和第三方专业机构评估行为规范等领域深耕，力求在全国转型金融标准应用上先行先试。

（三）重庆市探索制定地方转型金融标准

2023 年 3 月，为加快构建转型金融服务体系，重庆市印发了《重庆市转型金融支持项目目录（2023 年版）》，涉及能源、农业、化工、钢铁、建材和有色金属六大领域。基于该目录，建立了转型金融支持项目库和统计监测数字化平台，通过"长江绿融通"绿色金融大数据综合服务系统持续向金融机构推送优质转型金融支持项目。未来将不断依据碳达峰碳中和工作重点任务、国内外低碳转型技术标准更新、转型金融工作进展等适时对目录进行动态调整和完善。

表 1－8　　　　　　　　重庆市转型金融支持项目目录

一级目录	二级目录
一、能源低碳转型	1.1 煤炭清洁生产高效利用
	1.2 天然气清洁高效使用
	1.3 节能减排技术应用
二、农业低碳生产	
三、化工行业节能降碳	3.1 石化行业节能降碳
	3.2 现代煤化工行业节能降碳
	3.3 基础化工原料制造业节能降碳
	3.4 化学纤维制造业节能降碳
	3.5 化工行业清洁生产
四、钢铁行业节能降碳	4.1 废钢资源回收利用
	4.2 钢铁行业技术改造
	4.3 钢铁行业余热余能梯级综合利用
	4.4 钢铁行业能量系统优化
	4.5 钢铁行业能效管理智能化
	4.6 钢铁行业循环经济低碳改造

一级目录	二级目录
五、建材行业节能降碳	5.1 水泥行业节能降碳
	5.2 平板玻璃行业节能降碳
	5.3 建筑、卫生陶瓷行业节能降碳
六、有色金属冶炼行业节能降碳	6.1 有色金属冶炼行业先进技术开发应用
	6.2 有色金属冶炼行业适用技术推广运用
	6.3 有色金属冶炼行业压减终端排放

注：三级、四级目录略。

资料来源：《重庆市转型金融支持项目目录（2023年版）》。

（四）湖南省探索开展转型金融标准地方规范研究

自2023年起，湖南省探索开展转型金融标准地方规范研究，制定《转型金融支持目录分类指南》，将于近期发布。该指南深度结合湖南省本土产业特色，从实际操作角度出发，较为全面地细化了支持目录及评价流程，对指导金融支持湖南省绿色转型发展具有重要意义。目录覆盖专用设备制造业，汽车制造业，非金属矿物制造业，黑色金属冶炼和压延加工业，有色金属冶炼和压延加工业，电力、热力生产和供应业，石油、煤炭及其他燃料加工业，化学原料和化学制品制造业，造纸和纸制品业九大行业领域。

第三节 国际上代表性转型金融标准介绍

一、气候债券倡议组织

气候债券倡议组织（CBI）的转型计划旨在通过促进高排放行业的转

型融资和相关扶持活动，动员全球资本采取气候行动，并对可信的转型方案提供指导，以引导投资者进行投资、引导资产所有者进行升级、引导政策制定者采取政策激励转型。CBI 的转型金融标准由两部分组成：一是适用于一切实体及其经济活动的五大转型原则，二是一系列针对"转型"行业的气候债券认证标准。

（一）五大转型原则

CBI 于 2020 年 9 月发布《为可信的转型融资》（*Financing Credible Transitions*）白皮书[①]，为识别出可信且符合《巴黎协定》要求的转型金融活动提供了初步框架和五项转型原则：一是符合 1.5 摄氏度温控目标的碳排放轨迹，二是以科学为基础设定减排目标，三是不计入碳抵销（Offsets），四是技术可行性优于经济竞争性，五是设置详细保障制度确保转型活动可靠、在计划时间内得以落实。

（二）转型金融支持对象的三个特征

白皮书还指出，"可信"的转型金融支持对象应具备的三个特征：一是雄心（Ambition），即符合《巴黎协定》全球 1.5 摄氏度温控目标；二是全球性（Global），即气候雄心应当根据全球减排要求进行评估，而不是根据国际计划或基于行业最佳实践；三是包容性（Inclusivity），即在符合性可以得到证明的情况下，允许所有符合原则的部门和经济活动参与。

（三）转型经济活动与转型标签

CBI 提出的转型经济活动包括两类：一是为 2030 年碳排放减半及 2050 年净零排放目标[②]作出重大贡献，但在 2050 年后的净零经济情景下不被需

---

① CBI. Financing Credible Transitions（White Paper），2020. https：//www.climatebonds.net/resources/reports/financing-credible-transitions-white-paper.

② 《巴黎协定》设置 1.5 摄氏度温室气体排放控制目标，在 2050 年前实现零碳排放，且在 2030 年前接近实现碳排放减半。

要①的经济活动；二是将发挥长期作用，但目前尚未拟定净零排放实施路径的经济活动。相较于其他国际标准的"转型活动"分类，CBI 主要将"转型"视为经济活动和金融工具的一种标签。CBI 首先根据不同经济活动转型路径与《巴黎协定》目标的匹配程度将所有经济活动分为五种不同的类型。同时，CBI 还提出"促进型活动"（Enabling Activities）类别，该类别横跨上述五类经济活动，其所生产的商品和服务对于使其他活动能够遵循与《巴黎协定》相一致的脱碳途径至关重要。其次，同一类别的经济活动和企业在满足不同要求时可以被贴上不同的标签（见表1-9）。

表1-9　　　　　　　　　CBI 经济活动类别及转型标签

类别	定义	支持对象	贴标要求	适用标签
近零排放类	已经达到或接近零碳排放的经济活动，可能需要进一步脱碳，但不需要重大转型，如风力发电类经济活动。	企业	（1）该实体已经达到或接近零碳排放； （2）符合五大转型原则。	绿色标签
		经济活动	（1）该经济活动所提供的产品或服务在2050 年前及2050 年后仍被需要（因不存在可行替代品）； （2）该经济活动可与《巴黎协定》温控目标保持一致； （3）已达到净零排放。	绿色标签
零碳转型类	2050 年后仍需开展的经济活动，已明确达到1.5 摄氏度温控目标的脱碳实施路径，如航运类经济活动。	企业	（1）该实体尚未达到近零碳排放； （2）已根据《巴黎协定》拟定可信赖的实体转型策略并加以实施； （3）符合五大转型原则。	绿色标签转型标签*
		经济活动	（1）经济活动所提供的产品或服务在2050 年前及2050 年后仍被需要（因不存在可行替代品）； （2）该经济活动可与《巴黎协定》温控目标保持一致； （3）符合五大转型原则。	绿色标签转型标签*

① 长期作用是指2050 年后该项经济活动仍被需要。

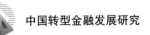

续表

类别	定义	支持对象	贴标要求	适用标签
不可转型类	2050年后仍需开展的经济活动,但到目前为止,未明确可在2050年前达到1.5摄氏度温控目标的脱碳实施路径,如长途客运航空类经济活动。	企业	(1) 该实体尚未达到近零碳排放; (2) 尚未根据《巴黎协定》拟定可信赖的实体转型策略并加以实施。	暂无适用标签
		经济活动	(1) 经济活动所提供的产品或服务在2050年前及2050年后仍被需要(因不存在可行替代品); (2) 该经济活动与《巴黎协定》温控目标不一致,但措施和项目短期可为减排作出重大贡献; (3) 尚未满足五大转型原则要求。	转型标签
暂时过渡类	当前需要开展,但应在2050年前逐步淘汰的经济活动,如城市垃圾发电类经济活动。	企业	(1) 该实体尚未达到近零碳排放; (2) 已根据《巴黎协定》拟定可信赖的实体转型策略并加以实施; (3) 符合五大转型原则。	绿色标签 转型标签*
		经济活动	(1) 该经济活动所提供的产品或服务在暂时过渡期内仍被需要,直到出现替代品; (2) 符合五大转型原则。	转型标签
搁浅类	无法与《巴黎协定》温控目标保持一致,但具有低碳替代方案的经济活动,如煤电类经济活动。	企业	(1) 该实体尚未达到近零碳排放; (2) 尚未根据《巴黎协定》拟定可信赖的实体转型策略并加以实施。	暂无适用标签
		经济活动	(1) 该经济活动在2050年将不被需要; (2) 措施和项目中短期可为减排作出重大贡献。	转型标签
促进型活动	跨上述所有类别,其所生产的商品和服务对于使其他活动能够遵循与《巴黎协定》相一致的脱碳途径至关重要,如风力涡轮机制造、金属回收、碳捕集与封存等。	企业	—	—
		经济活动	是供应链中必不可少的产品和服务,涉及所有类别,所属标签类型取决于其辅助的经济活动类型: ——对近零排放类的经济活动是必要的,适用于绿色标签; ——对不可转型类的经济活动是必要的,适用转型标签。	绿色标签 转型标签

注:*鉴于当前缺乏对于某些经济活动合理、科学的转型路径的共识,短期内可选择转型标签。

资料来源:气候债券倡议组织:《为可信的转型融资》白皮书。

针对企业对象，CBI 进一步将"转型"标签分为"绿色转型"和"过渡转型"两类，其中"绿色转型"是指企业的碳排放轨迹符合其所属部门/行业的净零排放目标和转型路径；"过渡转型"是指企业的碳排放轨迹正在朝着行业/部门共同的转型路径努力，但尚未达到。处于"过渡转型"期间的企业只能享有一定时限的"宽限期"，比如到 2025 年。在到期之前，所有企业都应从"过渡转型"发展到"绿色转型"。

二、国际资本市场协会

国际资本市场协会（ICMA）于 2020 年 12 月发布《气候转型融资手册》（CTFH)①，用于指导发行人为实现气候转型相关目的而在债务市场融资时开展市场实践、具体行动及信息披露。该手册主要是在发行人为气候转型融资时，对发行人层面的信息披露提供指引和建议，以增加其发行有特定募集资金用途的债券或可持续发展挂钩债券为气候转型进行融资的可信度。该手册可用于发行人对其融资工具进行气候"转型"贴标。ICMA 于 2022 年 6 月发布"气候转型金融（CTF）方法工具清单"②，列举一系列国际公认的科学方法和工具，专门帮助发行人、投资者和金融中介机构验证有关转型活动和转型企业的减排轨迹/途径是"基于科学的"。同时，ICMA 更新发布了《绿色、社会、可持续发展和可持续发展指南关联债券外部审查指南》③，便于第三方机构评估有关活动与《气候转型融资手册》的一致性。

（一）四个转型关键要素

ICMA 要求对以下四个要素的相关信息进行披露：

---

① ICMA. Climate Transition Finance Handbook. https：//www.icmagroup.org/sustainable-finance/the-principles-guidelines-and-handbooks/climate-transition-finance-handbook/.

② CTF-Methodologies-Registry _ FINAL _ 2022 – 06 – 23 – 290622. xlsx (live.com).

③ External-Review-Guidelines _ June-2022 – 280622. pdf (icmagroup.org).

一是发行人气候转型战略和公司治理。融资应以支持发行人实现其气候变化战略为目标。发行人的转型战略和公司治理应能够有效应对气候相关风险，尽力与《巴黎协定》目标保持一致。

二是在业务模式中考虑环境要素的重要性。发行人规划的气候转型轨迹应与发行人业务模式中具有环境要素重要性的部分相契合，在判断环境要素重要性时，应考虑可能影响这一判断的潜在未来情景。

三是气候转型战略应基于科学的目标和路径。其中科学的目标是指契合将全球平均气温较工业化前水平的升幅控制在2摄氏度以内的减排规模目标。[①] 同时，发行人规划的转型轨迹应满足以下条件：（1）可以量化及可测算（基于不会随时间而改变的、稳定的测量方法）；（2）若市场已有公认的[②]、以科学为依据的减碳轨迹，发行人应与之契合、对标，并用作参考；（3）公开披露（最优做法是在主要融资文件中披露），包括实施过程中主要节点对应的成果；（4）提供具有独立性的认证或验证报告。

四是执行情况有关信息的透明度。在市场沟通、信息披露方面，发行人应在切实可行的范围内，提高投资基本规划的透明度，包括资本和运营支出等方面的信息披露。这些可包括相关研发支出，被视为"非常规业务"的运营支出的详细信息，以及投资项目如何支持转型战略实施的其他相关信息等。

（二）信息披露建议

ICMA对上述四个方面关键要素进行了详细阐述，并考虑了如何与现行的相关指引、标准、方法进行衔接。ICMA提出了信息披露的指标建议，相关披露信息可在公司年度报告、框架性文件或投资者介绍中列示。此

---

① 是指可以参考基于与《巴黎协定》一致的方法论而设定的任何目标，科学碳目标倡议（SBTi）可以作为选择遵守以满足本手册信息披露建议的一种途径。

② "公认的"减碳轨迹包括但不限于：正向气候（Climate Positive）、2050年净零排放、《巴黎协定》2摄氏度气候情景、1.5摄氏度气候情景、国际能源署可持续发展情景以及转型路径倡议（Transition Pathway Initiative）的相关基准。

外, ICMA 建议实行独立评审、认证与验证, 并提出了独立评审应当关注的关键问题 (见表 1-10); 有关意见可以与发行材料一同进行披露, 或在发行人的 ESG (环境、社会、治理) 报告中披露, 特别是针对环境数据的认证和验证。

表 1-10　　　　　　　ICMA 信息披露关键要素及指标建议

关键要素	信息披露指标建议	独立评审、认证与验证
发行人气候转型战略和公司治理	• 与《巴黎协定》目标保持一致的长期目标 (如将全球变暖最好控制在 1.5 摄氏度以内, 并且至少控制在 2 摄氏度以内的目标); • 实现长期目标过程中的相关中期目标; • 披露发行人减碳的手段以及与《巴黎协定》目标相一致的长期目标战略规划; • 对于转型战略设有明确的监督体系及公司治理; • 证明其具有广度的可持续发展战略, 指导发行人减轻相关影响环境与社会的外部效应, 并为联合国可持续发展目标作出贡献。	对发行人的战略进行独立的技术评审: • 长期和短期目标与总体情景设想是否保持一致; • 发行人为达到目标所制定的战略是否可信。
在业务模式中考虑环境要素的重要性	• 在上述信息披露中, 阐述发行人规划的转型轨迹的环境重要性。 • 可参考市场中现有的衡量重要性的指引, 如会计准则制定机构提供的相关指南。	有需要时可向会计专业机构寻求指导。
气候转型战略应基于科学的目标和路径	• 符合《巴黎协定》的短期、中期和长期温室气体减排目标; • 计算减排使用的基准线; • 使用的情景与采用的方法论*; • 温室气体核算体系下所有范围口径 (范围一、范围二和范围三) 的温室气体目标; • 用强度和绝对数值表述的目标。	对发行人的量化"减碳轨迹"方案进行独立评审, 并对其与要素一中提到的参考轨迹的契合度提供意见。
执行情况有关信息的透明度	• 与要素一中描述的各种减碳手段相对应的资产/收入/支出/撤资的比例; • 与总体战略和气候科学相符的资本支出部署计划。	对结果与原定计划在多大程度上相符进行分析, 即支出是否按计划执行, 如果未按计划执行则说明原因。

注: *如评估低碳转型倡议 (ACT)、科学碳目标倡议 (SBTi) 等。

资料来源: 国际资本市场协会:《气候转型融资手册》。

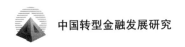

三、欧盟可持续金融分类目录

从 2020 年起，欧盟逐步建立起相对完整的可持续金融实施体系，并涵盖了转型金融相关实施框架。在标准方面，欧盟建立了《欧盟可持续金融分类目录》（EU Taxonomy），明确列举了有助于实现气候减缓目标的 88 类可持续经济活动（含 25 项转型经济活动）和有助于实现气候适应目标的 95 类可持续经济活动。在信息披露方面，欧盟明确提出从事可持续经济活动（含转型经济活动）的金融和非金融企业应披露的信息内容、环境可持续经济活动在其业务、投资或贷款活动中的比例和指标计算方法，以预防"洗绿"活动，提高可持续金融活动的透明度。

（一）欧盟分类目录中的转型经济活动

欧盟分类目录除了支持绿色低碳项目活动外，同样支持从棕色向绿色转型的转型经济活动。这些转型活动被认为在未来可以向低碳转型，或者在政策激励机制下可以为应对气候变化作出重大贡献。目前，欧盟分类目录包括五大行业、26 类转型活动，包括一类由可持续金融国际平台（IPSF）在其建议报告中提出。

转型经济活动需要满足环境可持续经济活动的四项原则性标准：（1）能够为实现一项或多项环境目标作出实质性贡献（substantial contribution），环境目标包括减缓气候变化、适应气候变化、水和海洋资源的可持续利用和保护、向循环经济转型、污染预防和控制、保护和恢复生物多样性和生态系统；（2）不会对其他环境目标造成重大损害；（3）执行过程能够遵循最低保障（minimum safeguards）要求，以确保该活动符合各项基本公约所规定的原则和权利；（4）符合技术筛选标准（TSC）。《欧盟可持续金融分类法案》［Regulation（EU）2020/852］第十条"对减缓气候变化的实质性贡献"第二款对支持从棕色向绿色转型的转型经济活动作出了明确定义，即以减缓气候变化为目的，某项经济活动没有技术和经济可行的低碳替代办法，但支持向气候中性经济转型，符合将温度上升限制在工业化前水平以上 1.5 摄氏度的路径，包括逐步淘汰温室气体排放，特别是固体化石燃料的排放，并在此基础上，该项活动：（1）其温室气体排放水平符合该部门或该行业的最佳表现；（2）不妨碍低碳替代品的开发和应用；（3）考虑到碳密集型资产的经济寿命，不会导致这些资产被锁定。

表 1–11　　　　欧盟《可持续金融分类目录》中的转型活动分类

序号	所属行业	活动名称	活动说明
1	制造业	水泥制造	水泥熟料、水泥或替代黏合剂的制造。
2		铝制造	通过一次氧化铝（铝土矿）工艺或二次铝回收来制造铝。
3		钢铁制造	钢铁和钢铁产品的制造。
4		炭黑制造	炭黑的制造。
5		纯碱制造	制造碳酸钠（纯碱、碳酸钠、碳酸二钠盐）。
6		氯制造	制造氯。
7		有机基础化学品制造	制造有机基础化学品。
8		硝酸制造	硝酸的制造。
9		初级塑料的制造	制造树脂、塑料材料和非硫化热塑性弹性体，定制化混合和共混树脂，以及非定制合成树脂。
10		铜制造	初级和二次材料制造基本金属（焙烧、熔炼和精炼）。（技术筛选标准由 IPSF 在其建议报告中提出）
11	运输	城际铁路客运	采购、融资、出租、租用和运营在广泛地理区域内的干线铁路客运、城际铁路客运以及作为铁路公司综合运营的卧铺车或餐车。
12		铁路货运	采购、融资、出租、租用和运营干线铁路网络和短线货运铁路。
13		城市和郊区交通、公路客运	采购、融资、出租、租用和运营城乡客运交通车辆以及道路客运交通车辆。
14		以摩托车、乘用车和轻型商用车辆运输	采购、融资、出租、租用和运营符合欧洲议会和理事会第 715/2007 号法规的 M1、N1 类车辆或 L 类车辆（两轮、三轮和四轮机动车）。

续表

序号	所属行业	活动名称	活动说明
15		公路货运服务	采购、融资、出租、租用和运营用于公路货运服务的、符合欧六E阶段排放标准或其后续标准的N1、N2或N3类车辆。
16		内河客运	采购、融资、出租、租用和运营内陆水域的客船，包括不适合海上运输的船舶。
17		内河货运	采购、融资、出租、租用和运营内陆水域的货船，包括不适合海上运输的船舶。
18		内河客货运输改造	对内陆水域货运或客运船舶进行改造和升级，包括不适合海上运输的船舶。
19		海运及沿海水路货运、港口作业及辅助的船舶	购买、融资、租船（有无船员均可）和运营用于海上或沿海货物运输或货物与乘客混合运输的船舶，无论是否有固定航班。采购、融资、租用和经营用于港口作业和辅助活动的船舶，如拖船、系泊船、引航船、救助船和破冰船。
20		海上和沿海客运水运	购买、融资、租船（有无船员均可）和经营用于海上或沿海乘客运输的船舶，无论是否有固定航班。此类经济活动包括渡轮、水上出租车和游船、游轮或观光船的运营。
21		海上和沿海客货水运改造	改装和升级用于海上或沿海货运、客运的船舶，以及港口作业和辅助活动所需的船舶，如拖船、系泊船、引航船、救助船和破冰船。
22	建筑和房地产活动	现有建筑物改造	建筑和土木工程或其准备工作。
23	信息与通信	数据处理、托管和相关活动	通过数据中心（包括边缘计算）存储、操纵、管理、移动、控制、显示、切换、交换、传输或处理数据。
24		化石气体燃料发电（不限于天然气）	建造或运营使用化石气体燃料发电的发电设施。
25	能源	利用化石气体燃料进行高效的热/冷和电力联产	使用化石气体燃料的热/冷和发电联合设施的建设、翻新和运营。
26		利用化石气体燃料高效制热制冷	建造、翻新和运营使用化石气体燃料并连接到高效的区域供热供冷系统的供热设施。

序号	所属行业	活动名称	活动说明
27		多年生作物的种植*	多年生作物的种植。
28	农业	非多年生作物的种植*	非多年生作物的种植。
29		畜牧业生产*	畜牧业生产。

注：* 技术筛选标准有关法案后续发布。

资料来源：欧盟《气候授权法案》。

（二）信息披露

《欧盟可持续金融分类法案》第八条对非金融实体企业的信息披露提出了具体要求。为进一步防止"洗绿"活动，提高金融机构可持续金融的透明度，2021 年 12 月，欧盟委员会发布《补充欧盟可持续金融分类法案第八条的金融机构可持续经济活动信息披露授权法案》[Delegated Regulation（EU）2021/2178]，进一步对金融机构和非金融实体企业的披露义务进行了详细规定。该法案与《公司可持续发展报告指令》（CSRD）、《可持续金融披露条例》（SFDR）构成欧盟可持续金融的信息披露依据，确保大型企业、上市公司和金融机构规范披露其环境信息及其与欧盟分类目录相符合的经济活动。

表 1 – 12　　　　欧盟可持续金融非金融实体企业和

金融机构信息披露主要内容

企业类别	定量披露信息	定性披露信息
非金融机构	营业收入 KPI：环境可持续经济活动相关产品或服务的营业收入比例	• 会计政策，包括计算原理、分子分母选取、解释说明等； • 对符合欧盟条例有关经济活动合规性的评估； • 经济活动的相关解释说明。
	资本支出 KPI：环境可持续经济活动相关资产或过程的资本支出比例	
	运营支出 KPI：环境可持续经济活动相关资产或过程的运营支出比例	
	转型活动有关 KPI	

续表

企业类别	定量披露信息	定性披露信息
资产管理者	每个环境目标的 KPI，以及企业或集团层面与欧盟分类目录相一致的全部经济活动的 KPI	
	识别转型和促进型经济活动，并披露企业或集团层面的全部经济活动 KPI	
	每种投资 KPI 的分子和分母	
	符合欧盟分类目录资格（Taxonomy-eligible）经济活动的 KPI	
	管理资产中不符合欧盟分类目录资格的经济活动比例	• 对披露的量化指标进行相关的背景信息说明；
	风险投资占总投资的比例	• 对金融企业中符合欧盟分
信贷机构	表内资产负债表（On-balance sheet）资产的总绿色资产比率（Green Asset Ratio，GAR），包括贷款和预付款、债务证券、股权持有和被收回的抵押品	类法六类环境目标的经济活动进行说明，并对该经济活动的未来可能产生的客观影响进行说明；
	表外资产负债表（Off-balance Sheet）风险敞口的 KPI，指信贷机构管理或撬动的、流向与分类目录一致的经济活动的表外资产风险敞口比率，且应考虑授信机构提供的财务担保以及为担保和被投资非金融企业提供管理的资产	• 对金融企业自身相关活动中（如业务战略、产品设计流程和交易客户）符合欧盟条例规定和要求的内容进行说明；
	根据环境目标和交易对手方类型的定量明细	• 对于不需要披露交易风险
投资公司（自营账户交易）	符合分类目录资格的经济活动有关资产占总资产的比例	敞口定量信息的信贷机构，需对其投融资组合及欧盟条
	与分类目录相一致的经济活动有关资产占符合分类目录资格的经济活动相关资产的比例	例中相关监管内容进行定性披露；
	符合分类法的经济活动相关资产在总资产中绿色资产的比例	• 支持金融企业相关活动的其他补充信息，以及披露涉
	与分类目录相一致的经济活动相关资产占总资产的比例（GAP）	及欧盟分类法中的经济活动占总融资的权重。
投资公司（非自营账户交易）	符合分类目录资格的经济活动有关服务和活动收入占投资服务和活动总收入的比例	
	与分类目录相一致的经济活动有关投资服务和活动收入占符合分类目录资格的经济活动相关投资服务和活动收入的比例	
	与分类目录相一致的经济活动相关投资服务和活动收入占投资服务和活动总收入的比例（GAP）	

企业类别	定量披露信息	定性披露信息
保险机构	与投资相关的 KPI 指标,体现其直接融资或关联投资与分类目录相一致的经济活动的投资的加权平均值,包括占比和绝对值	
	与承保相关的 KPI 指标,人寿保险业务以外的保险和再保险机构应计算与承保活动相关的 KPI,并解释环境可持续的承保活动在多大程度上分割给再保险承保,以及可持续的承保活动在何种程度上接受其他保险或再保险承保	

资料来源:《补充欧盟可持续金融分类法案第八条的金融机构可持续经济活动信息披露授权法案》。

四、韩国绿色分类目录

韩国环境部根据 2021 年 4 月修订的《环境技术及环境产业支援法》制定韩国绿色分类目录(K-Taxonomy),并于 2021 年 12 月发布规定绿色分类体系下绿色经济活动的分类原则及标准的《韩国绿色分类体系指南》①。该指南提出了某一活动能否被认定为绿色经济活动的原则和标准,不仅可以使更多的绿色资金投资于绿色项目和绿色技术,而且可用于判别"洗绿"行为。

(一)韩国绿色分类体系三项原则

韩国绿色分类体系提出了绿色经济活动应遵守的三项原则:

一是为环境目标做贡献。必须为实现六大环境目标中的一个或多个环境目标做贡献,六大环境目标的设定比照国际惯例(如 EU Taxonomy 等),包括温室气体减排、适应气候变化、水的可持续保护、资源循环、污染防治与管理、生物多样性保护。

二是不会对环境造成严重损害。在实现环境目标的过程中,不能对其

---

① 한국형녹색분류체계가이드라인(K-TAXONOMY). http://www.me.go.kr/home/web/policy_data/read.do?menuId=10260&seq=7853.

他环境目标造成严重损害（DNSH）。

三是满足最低限度的社会保障措施。不得违反人权、劳动、安全、反腐败、破坏文物等相关法规。

（二）韩国绿色分类目录的转型活动

韩国绿色分类目录由"绿色活动"和"转型活动"两部分组成。其中"绿色活动"是为碳中和、环境改善作出贡献的真正绿色经济活动，排除100%利用化石燃料的经济活动以及与之相联系的经济活动。"转型活动"是在向碳中和转型的中间过程、过渡时期必要的经济活动，并非实现碳中和目标的最终落脚点，不能视为真正的绿色经济活动，但在现阶段向碳中和转型的中间过程中构成了过渡时期必要的经济活动。

从分类目录来看，"绿色活动"由符合六大环境目标的64项绿色经济活动组成。"转型活动"包括3大行业、5个细分领域（见表1-13）。这些经济活动虽然使用部分化石燃料，但作为中间环节，是过渡时期必要的经济活动，因此暂时将其纳入分类目录。

表1-13　　　　　　　　韩国绿色分类目录的转型活动分类

领域（项）	经济活动	说明
工业	减少中小型企业的温室气体排放	在中小企业中开展燃料转换、节能、提高资源效率等温室气体减排相关设施的建设和运营活动。 ※ 2030 年之前暂时承认。
发电与能源	以液化天然气（LNG）和混合气为基础的能源生产	使用液化天然气（LNG）或混合气［沼气、氢气、氨气、副产气、液化天然气（LNG）中的两种或两种以上混合的气体］建造和运营发电设施、热电联产设施和热生产设施以生产和供应一种或多种电力和热力的活动。 ※考虑到 2030 年国家温室气体减排目标（NDC）、2050 年碳中和情景以及技术发展水平（非碳混烧、CCS 等），在 2030—2035 年获得认可。
	液化天然气（LNG）制氢（蓝氢）	以液化天然气（LNG）为基础，构建、运营生产氢气的设备的活动。 ※限时认可至 2030 年。

领域（项）	经济活动	说明
运输	绿色船舶建造	环保船舶的建造及构筑、运营所需设备的活动。 ※限时认可至2030年。
	绿色船舶运输	为旅客或货物的水上运输，引进环保船舶或改造为环保船舶，或构筑、运营相关船舶维护管理设施的活动。 ※限时认可至2030年。

资料来源：《韩国绿色分类目录》。

（三）信息披露

企业和金融机构可以判断拥有的资产、项目、企业活动是否符合分类目录，并对外公开其结果。企业和金融机构可以公开符合韩国绿色分类体系符合性判断标准的资产及销售额的规模和比重信息。以金融机构为例，可以对外公开债券、信贷、基金等不同金融产品满足分类目录符合性判断标准的绿色金融产品比重信息，也可以公开满足分类目录符合性判断标准的资产占全部资产的比重。但符合性判断结果及比重信息的披露，应当能够实现企业或金融机构之间的客观比较。

五、加拿大转型金融标准

2021年，加拿大标准协会（Canadian Standards Association，CSA）发布国家标准草案《加拿大转型金融指南：原则和分类》（CSA SPE-12000：21）[①]（以下简称加拿大指南）。该标准基于已有的分类目录（如欧盟分类目录）建立，旨在明确加拿大转型金融的定义，识别可获得转型融资的商业活动，帮助加拿大实现2050年温室气体净零排放的承诺。

[①] Canadian Standards Association. Defining Transition Finance in Canada, 2020. https：//www.csagroup.org/news/defining-transition-finance-in-canada/.

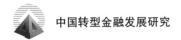

（一）加拿大转型金融五项原则

加拿大转型金融指南明确提出了转型金融应该遵循的五项基本原则：

一是承诺到2050年向净零排放经济转型。总体目标或计划是可测算、可量化、可报告的。

二是转型活动与最终净零排放承诺保持一致。符合从A点到B点这一转型路径的项目或活动可以是单个温室气体减排项目的"短"路径，也可以是具有复杂相互关联的中长路径。在任何一种情况下，只要能证明其与2050年实现净零排放经济的总体承诺保持一致。

三是资本直接用于减少温室气体排放。转型金融的根本原则是动员资本投入能减少温室气体排放，并到2050年实现净零排放的经济活动。

四是提供独立的外部审查。需要对转型承诺和履行这些承诺的进展情况进行独立的外部审查。

五是提供全面、透明的报告。应全面和透明地报告转型承诺和履行这些承诺的进展情况。

（二）转型活动分类目录

加拿大指南对转型活动进行了总体界定，包括：净零排放活动或低排放活动，需要证明其与温室气体减排目标保持一致，与全球2050年实现净零排放的战略保持一致。在此基础上，加拿大指南提出了8大类、49项转型活动分类目录（见表1－14），并列举了每个细分行业纳入目录的原因、应当遵循的转型原则及涉及的转型经济活动。与欧盟分类目录及其技术筛选标准不同，加拿大指南并未明确提出特定的性能标准或阈值要求，主要是要求证明在开展特定经济活动、采用特定技术或方法时能够显著降低温室气体排放量或排放强度，或消除温室气体排放的情况。

表 1-14　《加拿大转型金融指南：原则和分类》转型活动分类目录

行业	细分行业	
原油和天然气	上游	油砂中的原油生产（就地）； 油砂中的原油生产（采矿）； 传统来源的原油生产； 海上石油生产； 天然气生产； 可再生燃料的生物量、沼气和生物燃料的生产； 用于生产非燃烧产品的碳氢化合物升级。
	中游	液体和石油配送基础设施。
	下游	天然气输送、配送和封存基础设施； 天然气处理和升级； 精炼； 气体能源的生产、输送和配送。
	其他	碳利用或碳去除； 科研和开发。
公用事业（发电、输电、配电）	太阳能发电； 风力发电； 海洋发电； 水力发电； 地热能发电； 天然气发电； 生物能源发电（生物质、沼气和生物燃料）； 电力储存； 核发电设施； 碳捕集、利用与封存； 输电和配电。	
林业	林业和伐木业； 支持林业活动； 木制品制造业； 纸张制造。	
农业	作物生产； 动物生产。	

续表

行业	细分行业
铝	铝土矿氧化铝的生产； 氧化铝原铝的生产； 用惰性阳极的氧化铝生产原铝； 铝工业用煅烧石油焦的生产； 通过重熔过程生产铝； 铝轧制、拉拔、挤压和合金化。
水泥和混凝土	水泥制造； 混凝土制品制造； 研究和技术开发； 碳捕集、利用与封存。
矿产开采	挖掘； 铀的开采和加工。
钢铁	钢铁厂以及铁合金制造； 钢材产品由外购钢材制造； 氢气或可再生天然气的生产和使用； 生物量、沼气或生物燃料的生产和使用； 碳捕集、利用与封存； 科研开发。

资料来源：《加拿大转型金融指南：原则和分类》。

（三）信息披露

加拿大指南要求转型金融所支持的项目应根据项目承诺情况报告项目进展。同时，披露信息需要由第三方机构进行审查。

六、日本气候转型金融指南

日本环境金融研究院（RIEF）于 2020 年 10 月发布《转型融资指南》①，重点关注具有碳密集或重大环境影响特征且有强烈意愿向更具气候

---

① Research Institute for Environmental Finance（RIEF）. Transition Finance Guidance（Final Version）：by the Transition Finance Study Group in Japan（RIEF）. https：//rief-jp. org/book/107163？ctid=35.

和环境友好的商业模式型的经济活动和企业实体。2021年5月,日本经济产业省和环境省联合发布《气候转型金融基本指引》①,提出满足转型融资四个关键要素的金融工具都可视为转型融资。《气候转型金融基本指引》属于原则性标准,《转型融资指南》则属于目录式标准。

（一）日本转型金融四大要素

日本《气候转型金融基本指引》提出了转型金融的四大要素（见表1-15）。与ICMA《气候转型融资手册》相似,如果发行人想对特定资金用途工具（如债券）进行"气候转型"贴标,需要确保资金筹集者发行的债券满足日本转型金融指引的四个要素的定性要求、信息披露要求和独立评审、认证与验证要求。但在要素解释、信息披露及独立验证等方面,日本与ICMA有所区别,主要体现在:日本对每个要素及其实际应用情况进行了更为详细的解释,对相应的披露要求进行举例说明,并且提出"应该""推荐""被考虑"三种应用程度的解释说明,体现了日本在实施转型金融时渐进式的思考和要求。

表1-15　　　　　　　　　　日本气候转型金融四大要素

关键要素	具体内容
要素一	发行人的气候转型战略和治理。日本提出公司主体的战略规划可扩展至整个供应链,同时不局限于气候变化的考量,也可引入对社会、环境方面的影响,在具体操作方面建议转型战略与管理、商业计划保持一致,并在披露形式上提供多种参考。
要素二	在业务模式中考虑环境要素的重要性。日本和ICMA保持一致。
要素三	气候转型战略应基于科学的目标和路径。日本和ICMA保持一致,都说明了可量化、可衡量的以科学为依据的目标设定及轨迹的重要性,并要求独立的第三方验证。
要素四	有关执行情况的信息透明度。日本在资金支出透明性方面做了说明,强调"公正转型",并在资金支出的实际应用层面进行举例说明,使指南更有现实指导意义。

资料来源:日本经济产业省和环境省:《气候转型金融基本指引》。

---

① Japan. Basic Guidelines on Climate Transition Finance, 2021. https：//www. greenfinanceplatform. org/policies-and-regulations/basic-guidelines-climate-transition-finance.

（二）日本转型金融分类目录

日本环境金融研究院将转型活动分为针对特定项目或活动的转型（A类）和针对整个公司的转型（C类），并对纳入A类和C类的经济活动和行业进行了部分列举，包括17项经济活动及9类企业。值得关注的是，日本界定的转型活动包括燃煤电厂的转型活动，鉴于转型路径的阶段性，日本将其分为两个阶段：第一阶段涉及煤炭向天然气或生物质的转型，第二阶段涉及使用碳捕集、利用与封存技术达到净零目标。此外，日本明确提出从亚临界或超临界等低效率燃煤发电技术转向超临界技术不属于转型金融支持范畴，因为其终身排放的锁定效应将使短期减排成效变得没有意义。

表1-16　　　　　　　　日本《转型融资指南》A类和C类

支持对象分类	覆盖范围
商业活动的转型金融（A类）	燃煤电厂
	天然气发电厂
	汽车
	船舶
	飞机
	建筑物和房屋
	水泥产业
	金属和玻璃产业
	钢铁和化学产业
	棕榈油产业
	食品和饮料产业
	农业
	服装
	消费品
	房地产和土地利用
	服务
	其他

支持对象分类	覆盖范围
公司转型金融（C 类）	电力公司
	石油和天然气等化石燃料的能源开发商
	钢铁制造业
	化学品业
	金属与加工业
	水泥
	陶瓷和玻璃
	纸浆或纸张
	基础设施相关（如铁路、飞机相关等）

资料来源：日本环境金融研究院：《转型融资指南》。

（三）信息披露与第三方评估

日本《气候转型金融基本指引》在转型金融四个关键要素下提出信息披露的指标建议以及独立评审、认证与验证的相关要求（见表 1－17）。

表 1－17　　　　　　　　日本气候转型金融原则及其关键要素

关键要素	信息披露指标建议	独立评审、认证与验证
发行人气候转型战略和公司治理	• 披露文件。转型战略应在公司的综合报告、可持续发展报告、法定文件和其他投资者材料发布前披露（包括在网站上的披露）。这也适用于其他三个要素。 • 披露气候治理。可以披露有关治理的转型战略和要素，以确保转型战略的执行与报告框架相一致，如气候相关财务信息披露工作组的建议（TCFD）。 • 披露气候影响。如果转型战略的实施对气候变化以外的社会和环境产生影响，则建议资金筹集人解释其方法背后的观点，以减少负面影响，并披露整个战略如何有助于实现可持续发展目标，以便金融机构能够适当地评估其影响。	• 将短期目标、中期目标和长期目标（参见要素三）与总体情景保持一致； • 发行人达到目标的策略的可信度； • 转型战略管理和治理过程的适宜性。

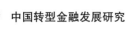

续表

关键要素	信息披露指标建议	独立评审、认证与验证
发行人气候转型战略和公司治理	• 披露重大调整。考虑到申请时间的长短和其他因素，在某些情况下，如果规划阶段假定的外部环境和相关条件发生重大变化，则需要修改转型战略和计划。在这种情况下，应及时披露修改的内容及解释根本原因。 • 披露治理架构。在治理方面，建议披露监督转型战略执行、评估和管理相关举措的组织结构；还建议披露组织结构和管理部门的具体作用，以及在管理部门中反映审议内容的过程。	
在业务模式中考虑环境要素的重要性	• 气候变化是在业务模式中考虑环境要素重要性的组成部分。 • 包括用于确定属于环境要素重要性的业务模式及与气候变化有关的情景的内容，以及选择这类情景的基本原因（如区域和工业特征）。	—
气候转型战略应基于科学的目标和路径	• 发行人设定的中期和长期目标，包括基准年等。 • 用于定义目标的方法或路径，包括潜在的原因（如针对地区或行业的特征）。特别地，当参考一个行业建立计划和路径图等时，解释应包括它们基于科学的方法或路径。 • 根据投资计划（要素四）和其他计划，披露走向长期目标的途径，以及途径上短缺的中期目标与转型战略之间的一致性。	• 长期目标是否与基于科学的目标相一致，所披露的信息是否解释了与《巴黎协定》的一致性。 • 短期目标到中期目标是否通过基于气候变化情景分析来预测温室气体排放，是否有场景等，以及在国际社会得到广泛认可的使用或引用。 • 目标所使用的指标的实际值是否采用一致的测量方法进行定量测量，是否制定了具体的温室气体减排措施，以实现与长期目标一致的中期目标。
执行情况有关信息的透明度	• 披露投资计划，将结果和影响与支出联系起来。 • 披露实施偏差，在获得资金后，报告最初计划与实际支出、结果和影响之间的任何偏差。对于任何偏差，建议解释其根本原因。	—

续表

关键要素	信息披露指标建议	独立评审、认证与验证
执行情况有关信息的透明度	• 披露资金用途，包括再融资在内的收益债券的使用，筹款人应对该框架或其他相关方法下设定的回顾期提供解释，以及潜在的原因和因素。 • 披露商业关系，例如，贷款传统上是基于借款人和银行之间的双边关系，建议披露相关信息以确保转型金融的透明度和可信度，也可仅向贷款机构或外部评估机构报告此类信息，而不向公众披露。 • 中小型企业要求，可简化披露内容，例如，总结上述投资计划、实施偏差、资金用途，进行部分信息披露。	

资料来源：日本经济产业省和环境省：《气候转型金融基本指引》。

七、马来西亚国家银行《气候变化和基于原则的分类法》

2021 年 4 月，马来西亚国家银行（BNM）发布《气候变化和基于原则的分类法》（CCPT）[①] 指导文件，提出 GP1—GP5 五项指导原则及其关键要素，并列举各项指导原则的应用示例及其评价标准，旨在促进对经济活动及其对气候和环境的影响进行强有力和一致的评估，提高马来西亚金融领域的适应能力，使其更有序地向更绿色环保的经济过渡。

（一）GP1—GP5 五项指导原则

在应用 CCPT 时，应将五项指导原则的关键要素嵌入对现有客户和潜在客户的尽职调查评估中。其中，GP1 和 GP2 用于交易层面的评估（如在信贷的发放和扩展、对金融资产的投资以及资本市场交易的结构上）。GP3、GP4 和 GP5 用于对客户的整体业务进行更全面的评估。同时，分类

[①]　Bank Negara Malaysia. Climate Change and Principle-based Taxonomy, 2021. https：//www. bnm. gov. my/documents/20124/938039/Climate + Change + and + Principle-based + Taxonomy. pdf.

法要求提高金融机构与其客户之间的透明度，以便于通过金融机构获取相关和可验证的信息，以支持开展这些原则的评估。

GP1：减缓气候变化。为以下目标作出重大贡献的经济活动可以被认为满足减缓气候变化的要求：（1）避免温室气体排放；（2）减少温室气体排放；（3）使其他人能够避免或减少温室气体排放。

GP2：适应气候变化。为以下目标作出重大贡献的经济活动可以被认为满足适应气候变化的要求：（1）采取措施，提高自身对气候变化的适应能力；（2）使其他人能够提高对气候变化的适应能力。

GP3：对环境无重大危害。金融机构应考虑到经济活动和整体业务对更广泛的生态系统的影响，必须实现以下环境目标：（1）预防、减少和控制污染（空气、水和土地）；（2）保护健康的生态系统和生物多样性；（3）以可持续和高效的方式使用能源、水和其他自然资源。

GP4：促进转型的补救措施。识别补救措施的目的是避免彻底排除目前没有促进气候变化目标和（或）不可持续的经济活动，以支持有序的转型。

GP5：禁止开展的活动。金融机构应核实并确保正在考虑和（或）资助的经济活动既不违反环境法，也不违反其他法律，分类法列举了相关法案以及与环境有关的禁止活动的例子。同时，分类法强烈要求金融机构确保企业未从事违反国家人权和劳动法的有关活动，并列举了有关法案。在发现客户参与非法活动时，金融机构应采取必要的行动，包括终止与客户的合作。

（二）CCPT 转型经济活动

CCPT 将经济活动分为三类：气候支持、转型和观察名单，并构建了 C1 – C5 的气候分类系统（见表 1 – 18）。其中，C1—C5 代表经济活动对气候和环境目标的不同贡献水平。分类系统中的"C2"和"C3"代表正处于逐步转型阶段的业务。即转型活动被界定为符合气候减缓和（或）气候适应目标，对环境可能存在重大危害但采取了补救措施的经济活动。

表 1 – 18　　　　　　　　马来西亚国家银行经济活动分类

分级		经济活动（交易级别）		整体业务	
		GP1 减缓气候变化	GP2 适应气候变化	GP3 对环境 无重大危害	GP4 促进转型的 补救措施
气候支持	C1	GP1 或 GP2 或两者兼有		✓	
转型	C2	GP1 或 GP2 或两者兼有		×	✓
	C3	×		×	✓
观察名单	C4	GP1 或 GP2 或两者兼有		×	×
	C5	×		×	×

资料来源：马来西亚国家银行：《气候变化和基于原则的分类法》。

八、香港绿色金融协会

2020 年 11 月，香港绿色金融协会（HK-GFA）发布《中国香港特别行政区气候转型金融》[①]，对比分析了中国内地和香港在气候转型金融、绿色金融等方面的差异，以及国际气候转型金融相关实践，明确提出了气候转型金融的实施框架。

（一）转型金融三项原则

考虑到气候转型活动仍会排放二氧化碳，香港对国际上现行的绿色债券、绿色贷款、可持续挂钩债券等原则进行了补充，形成以下三项保障措施，以确保气候转型活动对减排作出有效和重要的贡献。

一是制定可信的转型计划，以在精确的时间表内与《巴黎协定》目标保持一致（发行人/借款人在气候变化意愿方面的可信度）。发行人应作出

[①] Hong Kong Green Finance Association（HKGFA）. Navigating Climate Transition Finance，2020. https：//www. hkgreenfinance. org/research-report/navigating-climate-transition-finance/.

前瞻性承诺，获得基于科学目标的批准，并在适用的情况下明确披露和解释选定目标与公司战略的关系。

二是在运行过程中尽量减少碳排放和其他负面外部影响（尽可能减少损害）。必须确保排放量被最小化、监控和验证。气候转型活动应表现出有价值的碳减排效益。确保对水、空气污染、生物多样性、健康和安全等目标没有造成重大损害。

三是制定计划以逐步淘汰部分气候转型活动。由于气候转型活动与2050年后的净零路径不兼容，需要在中长期推动其逐步淘汰，以便为净零兼容技术和活动预留空间，降低碳排放锁定风险。

（二）实施路径

与欧盟等致力于明确转型金融标准的目的不同，香港提出了市场监管部门和参与主体在定义气候转型金融运营框架时应该考虑的重要原则，特别是在中国内地和香港。基于此，香港提出具体实施建议：一是建议遵循现有监管标准或市场认可框架（如《欧盟绿色债券标准》《绿色债券原则》《绿色贷款原则》）的形式和信息披露要求。二是除了上述要求外，建议发行人/借款人：解释其与《巴黎协定》保持一致的中长期计划；解释其在从事低碳活动时面临的限制因素；详细说明采纳的转型活动；解释为确保运营/活动/投资对非气候相关的可持续发展主题（包括社会伦理）"不造成重大损害"而采取的措施，并针对该部分技术和活动被淘汰时提出"损害最小"策略部署；为这些转型活动制定成熟可行的淘汰计划。

九、星展银行《可持续和转型金融框架与分类目录》

星展银行（DBS）制定了《可持续和转型金融框架与分类目录》。分类目录提出四类经济活动或资产标签：一是"绿色"标签，是指完全符合欧盟和（或）CBI 分类目录及技术筛选标准的经济活动，或符合 ICMA 绿色债券原则和（或）贷款市场协会（LMA）绿色贷款原则的资产对象；二是"与联合国可持续发展目标相一致"标签，指符合 17 项全球可持续发展目标要求的经济活动或资产，目标由 169 个具体目标组成；三是"转型"标签，其关键衡量标准是相较于行业的脱碳程度，且转型的时间限制对于考虑整个活动生命周期的环境影响非常重要；四是"转型企业"即公司层面的标签，是指对未指定资金用途的企业级融资。

（一）转型经济活动及企业

DBS 贴标的转型经济活动需要满足以下条件：

一是取代碳密集型方案，记录并独立验证相较于行业标准的温室气体减排程度（预测或已实现）；DBS 将考虑环境背景情况，因为该活动的碳排放轨迹应与《巴黎协定》目标一致，而不仅仅是降低碳密集程度；二是促进企业更广泛地应用或整合碳密集程度较低的方案。此外，鉴于"转型"的复杂性，DBS 将谨慎对待"转型"标签。

DBS 贴标的转型企业，在进行任何新交易的前 12 个月内满足以下三个标准中的任何一项。一是剥离：退出或清零碳密集型资产。二是多样化：随着时间的推移，减少来自碳密集型活动的收入份额，多样化的方式包括收购绿色/社会具有正效益的业务、研发投资等。三是脱碳化：通过独立验证证明温室气体排放强度总体降低；这对那些难以脱碳但其活动对经济至关重要的部门尤其重要，客户必须显著提高其绩效表现，即碳强度显著优于所属国家或地区的行业平均水平并长期保持该水平。

（二）分类目录

星展银行《可持续和转型金融框架与分类目录》涉及 16 个行业，其中涉及转型标签的有 10 个行业（见表 1 - 19）。星展银行在对一项经济活动或企业最终进行"转型"贴标前，还需要经过由星展银行关系经理（RM）、机构银行业务部（IBG）可持续发展团队、机构银行业务部管理委员会参与的三级审批程序。

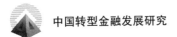

表 1-19　　　　　　　　　星展银行可持续和转型金融分类目录

涉及转型标签的 10 个行业	
汽车制造	金属和矿业
石油和天然气	能源
化学品	基础设施
食品和农业	航空
航运和海岸船只	电信服务

资料来源：星展银行：《可持续和转型金融框架与分类目录》。

十、渣打银行《转型金融框架（2021）》

2021 年 5 月，渣打银行（SCB）发布《渣打银行转型金融框架（2021）》，作为《渣打银行绿色和可持续发展的产品框架》的补充。结合国际能源署发布的《2050 年净零排放：全球能源行业路线图》、CBI 白皮书相关文件、欧盟可持续金融分类法和关于分类法扩展选项的咨询报告，渣打银行还制定了转型金融活动目录。符合渣打银行转型金融活动目录的资产和经济活动可以被赋予"转型"标签，从而获得融资支持。

（一）三个转型金融原则

一是与实现《巴黎协定》1.5 摄氏度温控目标的轨迹相兼容；二是不妨碍低碳替代品的开发和部署，也不导致对碳密集型资产的锁定；三是满足渣打银行的环境和社会风险管理框架中定义的最低保障措施。

（二）分类目录

渣打银行转型分类目录涵盖 12 个领域，涉及具体的设备设施、技术应用、能源种类等细分应用场景（见表 1-20）。此外，所有被标记为"转型"的资产仍需获得渣打银行可持续财务治理委员会（SFGC）的批准，SFGC 拥有将资产/活动标记为"转型"的最终决定权。

表 1 – 20 　　　　　　　　　　　　渣打银行转型分类目录

转型分类目录涵盖 12 个领域	
氢气　（先进的）生物质能	电气化
钢铁　碳捕集、利用与封存（包括在燃煤电厂中的使用）	低排放燃料
运输　资源有效利用（水泥）	铝制品
农业　减少现有化石燃料的排放（未包括其他地方）	其他（如核能、混动力等）

注：每个格子代表一个领域，按横向 3 列乘以纵向 4 行计算，一共 12 个领域。

资料来源：渣打银行：《渣打银行转型金融框架（2021）》。

第二章　碳核算与环境信息披露新进展

　　碳核算与环境信息披露是识别、评估和管理气候和环境机遇与风险的重要工具，有助于推动各类市场主体节能降碳、动员金融资源支持绿色低碳转型发展。环境信息披露是中国绿色金融体系的五大支柱之一，也是2022 年通过的《G20 转型金融框架》的五个支柱之一。

　　转型金融对碳核算与环境信息披露提出更高要求。相比绿色金融，转型金融支持项目和经济活动更为复杂，量化目标更多。低碳转型相关计划制定、潜力评估和效果评价都建立在碳核算基础之上，需要更加严格的环境信息披露以防范"假转型"。因此，全面了解国际碳核算与环境信息披露进展，充分认识我国当前有关实践与存在的问题，对于新形势下强化和改进碳核算与环境信息披露，推动转型金融发展，助力经济社会绿色低碳转型具有重要意义。

第一节　碳核算国际最新进展及重要特点

　　近年来，国际碳核算标准日趋完善，涵盖更多的机构和资产类型。部分发达经济体中央银行及全球系统重要性银行碳核算取得显著突破，国际碳核算整体呈现核算范围不断扩大、数据来源逐渐多元化的趋势。同时，相关国际组织和倡议围绕建立全球统一的信息披露指引框架积极开展合作，主要经济体也出台了一系列政策，不断提高企业环境信息披露要求。各经济体强制披露提速，第三方独立鉴证比例和保证程度上升，环境信息披露议题，尤其是转型相关信息披露要求不断强化。

一、碳核算国际标准概述

（一）碳核算主流国际标准①

目前，全球影响力较大的碳核算标准主要有 3 个。其中，温室气体核算（GHG Protocol）系列标准包括《企业核算与报告标准》和《企业价值链（范围三）核算和报告标准》，前者主要提供了企业范围一和范围二的温室气体排放核算方法，后者则对投资活动碳核算进行了规范，是国际上金融机构投资组合层面碳排放核算的重要依据。ISO 14064 国际标准由企业层面碳核算（ISO 14064 - 1）、项目层面碳核算（ISO 14064 - 2）和温室气体核查（ISO 14064 - 3）三部分组成，是国际社会广泛认可的企业层面和项目层面碳核算的基础标准。碳核算金融联盟（PCAF）基于 GHG Protocol推出《金融业温室气体核算和报告全球性准则》（以下简称 PCAF《准则》），这是全球首个也是最具影响力的金融机构碳核算与信息披露的重要技术文件，已获得气候相关财务信息披露工作组（TCFD）、科学碳目标倡议（SBTi）等国际主流倡议认可。截至 2023 年 5 月，全球共 391 家银行、资管、保险等金融机构加入 PCAF，合计管理金融资产超 90 万亿美元。

以上三个碳核算标准最大的不同点在于，GHG Protocol 和 ISO 14064不仅适用于金融机构碳核算，而且对其他行业企业的温室气体排放也给出了具体的方法学；PCAF《准则》不涉及对资金所投行业和项目（除金融

---

① 中国人民银行研究局课题组. 金融机构碳核算的现状、问题及建议——基于 PCAF 金融资产碳核算准则的思考［R］. 2022.

业外）碳核算方法学，仅针对金融机构自身运营和投融资，通过追踪资金流向、按照金融资产类型分别设定归因因子、依据 GHG Protocol 和 ISO 14064 等分行业碳核算方法，实现对金融机构范围三逐笔资金碳排放量的归因与核算（见表 2 - 1）。

表 2 - 1　　　　　　　　　国际主要碳核算标准对比

标准名称	发布时间	发布机构	核算范围	特点
GHG Protocol 系列标准	—	世界资源研究所、世界可持续发展工商理事会	范围一、范围二、范围三，企业可根据股权比例法或控制法自行选择是否核算范围三	国际广泛使用的温室气体核算工具，是其他核算标准的基础
ISO 14064	2006 年	国际标准化组织	范围一、范围二、范围三	国际认可的基础标准，企业温室气体核算的基本要求
PCAF《准则》	2020 年	PCAF	范围一、范围二、范围三	侧重于金融机构自身运营及投融资碳核算

资料来源：作者根据 GHG Protocol、PCAF 等网站信息整理。

（二）碳核算国际标准新动向

1. PCAF 发布第二版金融业全球温室气体核算与报告标准，涵盖资本市场交易、保险等金融活动

为扩大标准涵盖金融活动范围，PCAF 修订发布了第二版《准则》。第二版《准则》的主要变化：一是 2022 年 11 月，制定与保险/再保险承保相关的温室气体排放核算和报告标准[1]。二是 2022 年 12 月，发布关于融资排放的核算和报告标准[2]，新增核算主权债碳排放的方法，并就相关温室气体排放的碳清除量核算提供了指南。至此，PCAF《准则》适用的资产类别扩大到七大类。三是 2023 年 12 月，制定衡量和报告与资本市场交

---

[1] PCAF. PCAF launches the 2nd version of the Global GHG Accounting and Reporting Standard for the Financial Industry, 2022.

[2] PCAF. Financed Emissions: the Global GHG Accounting and Reporting Standard/Part A, 2022.

易相关的温室气体排放标准①。

另外，PCAF、碳风险房地产监测组织（Carbon Risk Real Estate Monitor，CRREM）和全球房地产可持续评估体系（Global Real Estate Sustainability Benchmark，GRESB）于 2023 年 3 月联合发布金融业关于"房地产业务温室气体排放的核算与报告"的协调技术指南②。该指南为 PCAF《准则》提供了关于与房地产运营温室气体排放相关的一系列技术、数据和标准问题的额外规范。

2. 国际气候倡议组织等发布《私募股权部门的温室气体核算与报告标准》③

该标准由环境资源管理组织（Environmental Resources Management，ERM）与国际气候倡议组织（Initiative Climat International，iCI）共同开发，于 2022 年 5 月 9 日发布。该标准是 GHG Protocol 和碳核算金融联盟（PCAF）标准在私募股权投资中的实际应用，共包括 3 个部分：（1）计算普通合伙人和每个投资组合公司的范围一、范围二和范围三的排放量；（2）投资组合的温室气体排放归因于普通合伙人和有限合伙人的融资排放计算；（3）汇总基金层面的排放量并向利益相关者报告。

二、碳核算国际实践最新进展

（一）发达经济体中央银行碳核算实践案例

1. 欧洲中央银行气候风险压力测试中的碳核算

欧洲中央银行（ECB）在气候变化相关行动路线图中提出，从 2021

---

① PCAF. Facilitated Emissions: the Global GHG Accounting and Reporting Standard/Part B, 2023.

② PCAF, CRREM, GRESB. PCAF, CRREM, and GRESB release the first version of technical guidance for "Accounting and Reporting of GHG Emissions form Real Estate Operations", 2023.

③ ICI, ERM. Greenhouse Gas Accounting and Reporting for the Private Equity Sector [R]. 2022.

年开始对金融机构投资组合的碳足迹指标进行统计。2021 年和 2022 年，ECB 连续两年基于企业碳足迹信息开展气候变化压力测试，以评估企业与银行面临的气候转型风险。① 具体方式是，利用第三方机构提供的企业历史排放数据集以及根据央行与监管机构绿色金融网络的情景和公司减排目标，获得范围一、范围二和范围三的温室气体历史排放数和未来预测数；而对于未披露碳足迹信息的公司，则根据欧盟产业分类体系（NACE）对其排放数据进行估算；通过将公司排放数据与欧盟中央信贷分析系统（ECB analytical credit database，简称 AnaCredit）和银行证券持有统计库（SHS-G database）中银行风险敞口数据相匹配，获得了大约 230 万家欧洲公司完整的财务和气候风险信息，其中银行风险敞口样本占欧盟中央信贷分析系统中约 1600 家欧元区银行总风险敞口的 80%。

此外，欧洲中央银行每年对外发布环境声明，对其自身运营的环境影响进行分析和披露，包括对范围一、范围二、范围三的碳排放进行统计。根据 2021 年发布的环境声明，其范围一、范围二、范围三的排放量分别为 2759.7 吨二氧化碳当量、1863.3 吨二氧化碳当量、1275.7 吨二氧化碳当量。②

2. 芬兰银行非金融企业贷款（NFC）碳核算

芬兰银行根据 PCAF《准则》，利用芬兰统计局空气排放账户数据、芬兰能源管理局 ETS 数据和国家信贷银行数据测算了非金融企业贷款（NFC）投资组合碳足迹。③ 对于未获取到数据的企业，使用来自空气排放账户的行业级别排放信息进行估算。基于此方法学，芬兰银行对银行业 2018 年和 2019 年的非金融企业贷款进行了碳排放强度核算，结果分别为每欧元贷款排放量 154.44 克二氧化碳和 124.4 克二氧化碳。同时，通过对

① 种高雅，赵一凡. 金融机构碳核算的国际经验及政策建议［J］. 西部金融，2023（4）.

② ECB. 2021 Update of the ECB's Environmental Statement，2021.

③ Antti Hirvonen，Anu Karhu，Ville Tolkki. Measuring the Carbon Footprint of Loans to Domestic Financial Corporations（NFC）by Banks［R］. 2021.

各行业碳排放强度的分析，芬兰银行识别了贷款的主要碳密集型行业，为金融机构在零碳路径下调整资产结构提供了依据。

（二）全球系统重要性银行碳核算实践

1. 积极参与国际碳核算标准实践

截至 2023 年 5 月，共有 16 家全球系统重要性银行加入 PCAF①，分别为：花旗银行、摩根士丹利、加拿大皇家银行、巴莱克银行、美国银行、汇丰银行、瑞士银行、渣打银行、法国巴黎银行、法国农业信贷银行、德意志银行、荷兰 ING 银行、三菱日联银行、三井住友银行、瑞穗银行、西班牙桑坦德银行，其中后 12 家为 2021 年以来新加入的银行，银行采用 PCAF《准则》进行碳核算的步伐有所加快。

2. 碳核算范围逐渐扩大

一是范围三的核算类别有所增加，逐步增加第 15 类融资核算的披露。从全球系统重要性银行 2021—2022 年的 ESG 报告来看，全部银行均已根据 GHG Protocol 设定的范围披露范围一、范围二和范围三中的商务旅行方面的碳排放数据，囊括电力、石油和天然气、汽车制造业。而针对范围三中融资排放的披露仍然较少。2021 年以来已有 9 家银行根据 PCAF 方法论披露碳核算信息，其中 7 家银行首次对融资排放进行了披露。具体来看，荷兰 ING 银行对融资核算的披露最为全面，已使用 PCAF 的方法论和覆盖范围披露了 94.7% 的贷款活动产生的碳排放，包括批发和零售银行业务，贷款的剩余 5% 活动与商业房地产有关，计划在 2023 年披露。② 其他银行的融资排放披露集中在电力、石油和天然气、汽车制造等碳排放密集行业。同时部分银行对核算的行业进行了扩充，如汇丰银行增加了公用事业的融资排放量的核算，并计划在 2023 年计算碳密集程度较高的水泥、钢

---

① https：//carbonaccountingfinancials.com.
② ING Group. 2022 Climate Report ［R］. 2022.

铁和铝、航空的融资排放量①；德意志银行增加了公用事业、钢铁金属和采矿业的融资排放量的核算②，花旗银行增加了商业房地产、钢铁和热煤开采的融资排放量的核算。③ 二是机构统计口径扩大。如三井住友银行2022 年的 TCFD 报告，范围一、范围二的统计口径由日本本土扩大至海外集团公司④，瑞穗银行范围一、范围二的统计口径由银行扩大到 8 家集团公司。⑤

3. 部分银行对融资核算方法进行了改进，使碳约束更严格

为了更准确地反映银行资产对应生产活动的碳排放量，以更好地设定前瞻性的目标和开展碳排放管理，加拿大皇家银行在 2022 年的气候报告中针对贷款产品的碳核算范围使用表内和表外承诺来代替 PCAF 建议的表内贷款计算融资排放量；针对贷款承诺，使用授权信贷金额计算排放基线，而不是采用 PCAF 建议的提取余额的计算方法；针对融资排放，出于物理排放强度⑥比其他指标更稳定和便于比较的考虑，该银行使用物理排放强度计算代替 PCAF 建议的绝对融资排放量。⑦ 在计算归因因素方面，PCAF 建议使用未偿还的贷款和投资金额，而三菱日联银行使用包括未提取承诺金额在内的未偿还信贷金额，以更准确地反映金融机构的信贷状况。⑧

---

① HSBC. Holdings PLC. Financed Emissions Methodology Update，2022.

② Deutsche Bank. Towards Net Zero Emissions，2021.

③ Citi Group. Taskforce on Climate-Related Financial Disclosures Report ［R］. 2022.

④ Sumitomo Mitsui Financial Group. TCFD Report ［R］. 2022.

⑤ Mizuho Financial Group. TCFD Report ［R］. 2022.

⑥ 根据 PCAF《准则》，融资排放衡量指标包括：（1）绝对融资排放，即金融机构在借款人排放量中所占的份额；对于借款人而言，通过将借款人的排放量乘以归因因子来计算，归因因子等于借款人的融资额除以企业价值。（2）融资排放贷款强度，即将借款人的绝对融资排放量转化为基于金融机构对借款人所在行业的融资额的排放强度。（3）物理排放强度，即借款人每单位产出的排放量。综合来说，物理排放强度因为不受借款人的企业价值波动影响，表现更为稳定。

⑦ Royal Bank of Canada. Climate Report ［R］. 2022.

⑧ Mitsubishi UFJ Financial Group. Sustainability Report ［R］. 2022.

三、国际碳核算重要特点

（一）范围三温室气体排放仍是金融机构碳核算的重点与难点

金融机构范围三排放涉及投融资组合中诸多资产类别，能够体现利益相关方活动的影响，是金融机构碳核算的真正重点。公益性组织 CDP 全球环境信息研究中心的一项研究显示，金融机构范围三排放一般是其范围一和范围二之和的 700 倍之多。[①] 然而，由于金融机构范围三碳核算主要基于其投融资对象的相关数据，披露水平各异，计算方法和标准不一，对范围三排放的测度也是金融机构碳排放核算工作的难点所在。在这一方面，GHG Protocol 系列标准从全价值链角度出发，将范围三涉及的上下游经济活动分为 15 类，其中第 15 类为金融投资业务。PCAF《准则》基于 GHG Protocol 标准第 15 类金融投资业务，制定专门面向金融机构的核算标准，旨在指引金融企业核算并披露范围三碳排放。然而，受制于终端数据的可得性问题，加之国际上对于资产分类方式及分配因子如何确定的问题尚未形成统一公认的方案，因此要实现范围三的全面碳核算还存在很大的挑战。

（二）金融机构碳核算标准及实践均体现由易到难的理念

在标准层面，国际碳核算标准制定分阶段目标，先从范围一和范围二入手，逐步过渡到范围三，后者分行业由碳密集行业到其他行业逐步覆盖。如 PCAF《准则》要求金融机构必须核算并披露被投资对象范围一和范围二的温室气体排放。针对被投资对象的范围三的排放，PCAF《准则》采取行业分阶段纳入的做法。2021 年首批被纳入核算的行业包括石油、天然气和采矿业；2024 年覆盖行业将扩大到交通、建筑、材料和工业生产；

---

① CDP. 2020. The Time to Green Finance CDP Financial Services Disclosure Report.

2026 年将覆盖全部行业。届时，金融机构融资碳核算范围将更趋完整。

在实践层面，PCAF《准则》鼓励金融机构尽可能披露六类金融资产的绝对排放，同时允许金融机构根据自身运营情况选择从某类资产或某些行业开始碳核算与披露。[1] 例如，英国劳埃德银行集团、温哥华城市银行对住房抵押贷款、商业贷款和汽车贷款等主要资产进行了碳核算与披露[2]，英国国民西敏寺银行集团结合行业资产规模占比和行业气候影响程度，选取全部住房抵押贷款、78% 的农业贷款、5% 的汽车贷款和 29% 的油气开采贷款进行核算。[3]

（三）碳数据获取渠道逐渐多元化，数据质量不断提升

由于企业碳排放数据收集难度较大，PCAF 对金融机构使用的数据渠道和年份未作要求，但要详尽披露所使用的数据类型和数据来源，PCAF 会对不同数据来源赋值，以激励金融机构持续提高数据质量等级。[4] 一是建立 PCAF 数据库。PCAF 提供涵盖 300 多万条排放因子信息的数据库，覆盖六类金融资产，横跨欧洲、北美洲、拉丁美洲、亚太和非洲等地区，如针对 OECD 国家，不仅有经济活动数据，而且有物理活动数据。二是统筹使用各政府部门数据。部分国家已建立碳核算相关数据库，能为碳核算提供便利。例如，荷兰支持建立碳排放因子网站，以供金融机构查询；芬兰基于官方统计数据和相关数据库，同时结合能源监管部门、金融监管部门以及欧盟碳排放交易体系等各类数据，构建科学的数据补充机制。[5] 三是金融机构持续加强第三方机构合作，着手建设内部数据库。如彭博（Bloomberg）、美国明晟（MSCI）等外部数据供应商，它们是金融机构碳核算的重要数据来源。同时，为了保证数据的连续性，金融机构着手建设

---

① 饶淑玲. 国际金融机构碳核算经验［J］. 中国金融，2022（2）.
② Vancity Financed Emissions Approach and Methodology，2021.
③ NatWest Group plc. Climate-related Disclosures Report［R］. 2021.
④ 饶淑玲. 国际金融机构碳核算经验［J］. 中国金融，2022（2）.
⑤ 周万明. 金融业碳核算现状及经验借鉴［J］. 金融纵横，2023（1）.

内部数据库，如巴克莱银行开发 BlueTrackTM，不仅能够测算投融资活动的碳排放量，而且能够随时与行业基准值进行比对，以跟踪并检验投融资活动是否满足碳减排目标。

第二节　环境信息披露国际最新进展与特征

一、环境信息披露国际最新进展

近年来，已有多个国际组织发布了环境信息披露的标准框架，为包括金融机构在内的各类企业开展环境信息披露提供方法依据和行动指南。目前，全球各证券交易所引用的主流披露框架标准包括全球报告倡议组织（GRI）标准、可持续发展会计准则委员会（SASB）标准、国际综合报告委员会（IIRC）标准、气候变化相关财务信息披露工作组（TCFD）指南、碳信息披露项目（CDP）标准和气候披露准则委员会（CDSB）标准等。联合国可持续证券交易所倡议（SSE）官网数据显示，全球各证券交易所 ESG 信息披露引用的主流标准中，GRI 标准以 96% 的占比排在首位，其次分别为 SASB（79%）、IIRC（76%）、CDP（70%）、TCFD（63%）、CDSB（36%）。[①]

表 2-2　　　　　　　　　国际主要环境信息披露标准对比

发起组织	标准指引	指标体系	特点
全球报告倡议组织（GRI）	《可持续发展报告标准》	具体包括三类标准：①3 个通用标准；②含银行业在内的 40 个行业标准（已推出 3 项）；③涉及经济、环境、社会主题的 31 项议题标准	应用最广的报告框架，与联合国可持续发展目标高度一致

---

① 联合国可持续证券交易所倡议，https：//sseinitiative.org/esg-guidance-database/。

发起组织	标准指引	指标体系	特点
国际综合报告委员会（IIRC）	《国际综合报告框架》	包括外部环境、治理结构、商业模式、风险和机遇、战略及资源配置、目标绩效、未来前景和报告基础8大部分	以企业内部导向为主，创建可持续会计框架，展示长期和广泛的决策后果，前瞻性较强
气候相关财务信息披露工作组（TCFD）	《气候变化相关财务信息披露指南》	包括治理、战略、风险管理和目标共4项核心因素11项披露事项。针对银行业制定了补充指引	针对金融机构的气候信息披露体系，关注与气候相关的决策和风险信息
可持续发展会计准则委员会（SASB）*	《可持续发展会计准则》	包括6类元素标准。其中，针对可持续主题，分为5个范畴26个议题类别。针对可持续发展会计准则，分为金融业等77个行业	针对行业制定的可持续发展会计准则，聚焦影响财务业绩的可持续发展问题
碳信息披露项目（CDP）	《CDP碳披露项目披露框架》	包括公司治理、商业战略、目标及绩效、排放方法、排放数据、排放细分、能源、碳定价、验证、投资组合影响等模块	更侧重气候环境变化给企业带来的成本、风险和机遇，指标更具体、详细
气候披露准则委员会（CDSB）	《全球环境信息报告标准》	包括管理层的环境政策、战略和目标、风险和机遇、环境影响的来源、业绩分析、前景展望、报告鉴证等内容	原则性较强，操作性不强，适用性较弱，但其提出的可验证原则和报告鉴证程序备受关注

注：＊2020年11月，IIRC与SASB宣布合并为价值报告基金会（VRF），基本沿用IIRC报告框架。

资料来源：作者根据GRI、IIRC等官网资料整理。

（一）全球主要环境信息披露标准最新进展

1. 全球报告倡议组织（GRI）披露标准

GRI标准是目前全球使用较为广泛的披露框架。2021年10月，GRI发布了2021版《可持续发展报告标准》[①]，该标准2023年1月1日正式生效。该标准主要由GRI通用标准、GRI行业标准和GRI议题标准三部分组成，所有组织在按照GRI标准进行报告时都需使用通用标准，并按其所在

---

① GRI. GRI Standards, 2021.

行业来选择，根据经营相关的实质性议题清单使用专项议题标准进行披露，全面披露与生产经营相关的可持续发展议题信息。该标准最大的变化是引入行业标准，预计将推出 40 个行业标准，目前已发布石油和天然气行业，煤炭行业，农业、水产养殖和渔业 3 个行业标准。

2. 国际可持续发展准则理事会（ISSB）披露标准

2021 年 11 月，国际财务报告准则基金会（IFRS Foundation）宣布成立 ISSB，负责制定国际财务报告可持续披露准则（ISDS），以推动全球可持续信息相关披露标准的整合和统一。2023 年 6 月，ISSB 正式发布首批两份可持续披露准则最终文本，即《国际财务报告可持续披露准则第 1 号——可持续发展相关财务信息披露一般要求》（以下简称 IFRS S1）和《国际财务报告可持续披露准则第 2 号——气候相关披露》（以下简称IFRS S2），计划于 2024 年 1 月 1 日或之后开始的年度报告期间生效。IFRS S1 对企业提出了一系列一般披露要求，供投资者了解其所面临的可持续发展相关的风险和机遇，从而作出相应投资决策；IFRS S2 则在 IFRS S1 的基础上规定了气候变化相关的风险和机遇的披露要求。两份标准的核心内容基本采纳了 TCFD 框架，围绕治理、战略、风险管理、指标和目标四个维度提出细化的披露要求。

近年来，ISSB 围绕建立全球统一的信息披露指引框架与其他相关国际组织和倡议积极开展合作。一是 ISSB 整合多家全球领先的可持续发展披露框架标准。2022 年 1 月和 8 月，CDSB 和价值报告基金会（VRF）先后并入 IFRS，为 ISSB 构建全球统一的可持续发展披露框架标准提供了标准构建和评价领域的技术力量和专业人才。二是 GRI、CDP 分别与 ISSB 加强合作。2022 年 3 月，IFRS 与 GRI 签订一项关于环境信息披露标准的合作协议，提出 ISSB 和全球可持续发展标准委员会（GSSB）将在未来工作中相互协调工作计划和标准内容，共同成为全球统一可持续披露标准的双支柱。2022 年 11 月，CDP 和 IFRS 联合宣布，CDP 将于 2024 年把 ISSB 的

IFRS S2 气候相关披露标准纳入 CDP 全球环境信息披露体系，为资本市场提供全面的全球信息基准。三是 ISSB 加强与政府、监管机构等合作。2022年 11 月，ISSB 宣布启动"合作伙伴框架"倡议，联合政府、监管机构、国际组织等为将来企业披露可持续发展信息提供支持，首批合作伙伴框架成员包括特许公认会计师公会、CDP、欧洲会计协会、联合国负责任投资原则、联合国环境规划署金融倡议等。①

多个经济体和国际组织对 ISSB 推出的两项新标准表示认可和支持，ISSB 准则的全球认可度不断提升。一是 ISSB 获多个国际组织认可，标准有望得到迅速推广。2023 年 7 月，金融稳定理事会（FSB）宣布从2024 年起，将 TCFD 的监测和报告职责移交 ISSB。ISSB 官网称，目前其已得到世界 20 多个公共和私人组织的支持。2023 年 7 月，国际证监会组织（IOSCO）宣布认可首批两份 ISSB 准则，呼吁各成员在其司法管辖区内考虑采用、应用或以其他方式借鉴 ISSB 准则。② 截至 2023 年 7 月，IOSCO 共有 239 个会员，这些会员监管全球 130 多个司法管辖区，覆盖全球 95% 以上的证券市场。二是主要国家和地区相继考虑采纳 ISSB 框架建立信息披露标准。2023 年 3 月，日本可持续发展标准委员会（SSBJ）表示，将基于 ISSB 的 ISDS 要求，建立日本可持续披露准则。③ 2023 年 6 月，香港证监会表示，香港将深入研究 ISSB 发布的企业可持续发展汇报准则，以便在香港以相应方式实践有关准则。新加坡已就可持续发展报告咨询委员会（SRAC）提出的气候披露要求征询市场意见，拟要求所有新加坡上市公司从 2025 年开始按照 ISSB 准则披露可持续相关信息。④ 欧盟委员会和欧洲

---

① IFRS, ISSB at COP27. ISSB makes key announcements towards the implementation of climate-related disclosure standards in 2023, 2022.

② IOSCO. IOSCO endorsement of the ISSB Standards for sustainability-related disclosures, 2023.

③ SSBJ. Representatives of the International Sustainability Standards Board and the Sustainability Standards Board of Japan Hold Inaugural Bilateral Meeting in Japan, 2023.

④ SGX. Consultation Paper on the Recommendations by the Sustainability Reporting Advisory Committee, 2023.

财务报告咨询组（EFRAG）与 ISSB 一直保持密切沟通，共同商定一致框架，以最大限度地提高欧盟内部标准与 ISSB 准则的互通性。2023 年 6 月，英国行为金融监管局（FCA）提出，将致力于采用 ISSB 准则，在 ISSB 准则披露要求的基础上，建立并实施适当的监督及执行机制。[①]

（二）各经济体积极推动金融机构开展环境信息披露

近年来，金融机构环境信息披露发展加快。2022 年 TCFD 框架签署机构数连续第二年超过 1100 家[②]，其中金融机构数量占比维持第一，比重约为 25%。TCFD 发布的《2022 年 TCFD 进展报告》检视了来自 8 个行业 1400 多家企业的公开财务报告，在受检视的 8 个行业中，对于 11 项披露要求，有 4 个行业平均披露水平超过 40%，其中银行业为 41%，保险业为 41%，较报告期初分别提升 20 个、16 个百分点。[③]

1. 欧洲继续加强环境风险披露工作

欧盟 2021 年 7 月发布《向可持续经济转型的投融资战略》[④]，强调转型金融的重要性，并将其作为四大战略支柱之一。2022 年 12 月，欧盟正式发布《公司可持续发展报告指令》（CSRD），该指令是 2014 年发布的《非财务报告指令》（NFRD）的延伸，扩大了所涵盖公司的范围，包括大型公司和中小型上市公司在内，大约 50000 家公司须按要求提供可持续发展报告。首批披露主体为超过 500 人的大型欧洲公众利益实体大型企业（如在欧盟监管市场上发行可转让证券企业、信贷或保险机构、公众利益实体）。[⑤] 欧洲财务报告咨询组（EFRAG）开发《欧洲可持续发展报告准则》（ESRS）并将其作为欧盟未来的强制 ESG 披露标准。欧盟《可持续金融披露条例》（SFDR）要求欧盟所有金融市场参与者披露 ESG 相关问题，

---

① FCA. FCA Welcomes Launch Issb Standards, 2023.

② 平安证券. 2022 年 ESG 市场回顾与展望［R］. 2023.

③ TCFD. Task Force on Climate-related Financial Disclosures 2022 States Report, 2022.

④ EU. Strategy for Financing the Transition to a Sustainable Economy, 2021.

⑤ CSRD. Corporate Sustainability Reporting Directive, 2022.

并对具有可持续投资特征的金融产品提出了额外的信息披露要求，该条例已于 2021 年 3 月在欧盟全境生效。总部在英国的汇丰银行按照 SFDR 要求，在 2021 年年报中披露其可持续金融发展情况，披露内容包括推出 5 亿英镑的绿色中小企业基金帮助消除小企业在向低碳经济转型过程中面临的障碍，及其推出的可持续挂钩债券和可持续性相关贷款等转型金融产品。① 2023 年 1 月，欧盟 SFDR 的《监管技术标准》（RTS）生效，在欧盟境内发布产品或开展投资业务的金融市场参与者和财务顾问需按照 RTS 提供的模版详细披露 SFDR 规定的可持续投资信息。② 2023 年 4 月，欧洲中央银行发布《气候相关和环境风险披露监管报告》，介绍了欧洲中央银行直接监管的 103 家重要银行和国家当局监管的 28 家机构气候和环境风险披露情况。尽管机构信息披露情况较上年有所改善，但绝大多数银行尚未达到全面报告要求。③

2021 年 10 月，英国财政部发布英国可持续发展披露要求（SDR）的新路线图，要求自 2022 年 4 月起，大型企业和金融机构必须按照 TCFD 的建议，强制披露气候相关财务信息。④ 2021 年 12 月，英国金融行为监管局修订披露规则，将与 TCFD 一致的披露义务之上市规则从针对优质上市商业公司扩大到标准上市股票的发行人，并为资产管理公司、人寿保险公司和受 FCA 监管的养老金提供商引入新的面向客户的、与 TCFD 一致的披露要求和指南。⑤ 英国财政部成立的转型计划工作组（UK TPT）于 2022 年 11 月发布转型计划披露框架和相应实施指南。⑥

① HSBC. HSBC UK Bank plc Annual Report and Accounts, 2021.

② EU. Sustainability-related disclosure in the financial services sector, 2023.

③ ECB. Results of the 2022 Supervisory Assessment of Institutions' Climate-related and Environmental Risks Disclosures, 2023.

④ GOV. UK. UK to Enshrine Mandatory Climate Disclosures for Largest Companies in Law, 2021.

⑤ Financial Conduct Authority. Enhancing Climate-related Disclosures by Asset Managers, Life Insurers and FCA-regulated Pension Providers, 2021.

⑥ Transition Plan Taskforce. The consultation period on the TPT Disclosure Framework and Implementation Guidance is now closed, 2022.

2. 美国持续推进金融机构环境信息披露

2022 年 3 月，美国证券交易委员会（SEC）公布《上市公司气候数据披露标准草案》，要求上市公司定期披露温室气体排放和气候变化相关风险信息。① 2022 年 5 月，SEC 提议加强投资顾问和投资公司对于 ESG 投资实践的披露，为 ESG 基金制定披露要求，以促进投资公司和投资顾问就基金如何融入 ESG 因素为投资者提供一致的、可比和可靠的信息。②

3. 其他国家和地区环境信息披露进展情况

香港联合交易所于 2023 年 4 月刊发咨询文件，就建议优化 ESG 框架下的气候信息披露征询市场意见，规定所有发行人在其 ESG 报告中披露气候相关信息，以及推出符合 ISSB 准则的气候相关信息披露要求。③ 新加坡金融管理局（MAS）成立的绿色金融产业工作小组（GFIT）2021 年 5 月发布金融机构气候相关披露文件（FCDD），推动金融机构提供气候报告。④ 2023 年 4 月，MAS 推出净零金融（FiNZ）行动计划，促进新加坡及亚洲区域的净零排放转型和脱碳活动，扩大了 MAS 在 2019 年启动的绿色金融行动计划的范围，将转型金融纳入其中。⑤ 澳大利亚审慎监管局（ARPA）于 2021 年 11 月发布《审慎实践指引 CPG229：气候变化的金融风险》，建议金融机构尽快开展气候风险管理，并为其气候相关的财务风险披露提供指导。⑥

---

① U. S. SEC. SEC Proposes Rules to Enhance and Standardize Climate-Related Disclosures for Investors，2022.

② U. S. SEC. Statement on Proposed Rule Requiring Enhanced Disclosure by Certain Investment Advisers and Investment Companies on ESG Investment Practices，2022.

③ 香港交易所. 联交所刊发有关优化环境、社会及管治框架下的气候信息披露咨询文件［Z］. 2023.

④ MAS. Accelerating Green Finance，2021.

⑤ MAS. MAS Launches Finance for Net Zero Action Plan，2023.

⑥ ARPA. Prudential Practice Guide CPG229 Climate Change Financial Risks，2021.

二、国际环境信息披露的主要特征

（一）全球环境信息披露标准逐步走向融合、统一

为解决国际上多个披露标准并存、披露结果缺乏可比性的问题，2021年11月，ISSB成立并基于现有披露框架体系（TCFD、GRI、IIRC、CDP、VRF）制定ISDS，在其后公布的标准文本中引入TCFD框架作为核心内容，并与EFRAG和GRI保持畅通的协调合作机制，以提高与其他可持续报告框架和标准的相互操作性。ISSB是在国际证监会组织和其他金融监管组织的支持下成立的，成立后迅速得到多方支持，二十国集团和金融稳定理事会对此表示欢迎。欧盟委员会要求EFRAG制定的ESRS必须符合《公司可持续发展报告指令》的规定，与ISSB发布的准则相协调。2022年11月8日，CDP和IFRS联合宣布，CDP将把ISSB的IFRS S2气候相关信息披露标准纳入CDP全球环境信息披露体系。据统计，截至2022年，已有占全球市值一半以上的18700多家企业通过CDP进行披露。这意味着该标准可能被迅速推广至全球约两万家企业，届时全球环境信息披露标准将进一步走向整合。①

（二）各经济体强制披露提速

从近年发展趋势看，全球主要市场均已出台或将要出台强制性环境信息披露要求。在2021年召开的G7峰会上，各成员国均公开承诺支持基于TCFD框架的强制性信息披露工作。② 2021年11月，香港绿色和可持续金融跨机构督导小组宣布，拟于2025年或之前强制实施符合TCFD建议的气候相关信息披露。2022年3月，美国证券交易委员会提交的《上市公司气

---

① CDP中国、普华永道中国. 全球气候相关信息披露标准趋同［R］. 2023.
② CDP全球环境信息研究中心. 全球及中国气候政策、环境信息披露政策进展及趋势［R］. 2023.

候数据披露标准草案》中要求增强气候相关信息披露的强制性。除了要求强制性披露的经济体数量进一步增加外，各经济体对强制性披露信息质量的要求进一步提高，范围进一步扩大。为了确保环境信息披露质量，美国、欧盟建立了多种数据质量保障机制，例如，美国每年抽取 3% 左右的企业开展数据真实性核查，并将有毒物质释放清单数据与其他项目所要求报告的数据进行交叉核对；在违规责任追究与处罚机制方面，对违规披露行为确立了环保部门行政罚款、法院民事罚款以及公民诉讼等责任追究机制。[①]

（三）第三方独立鉴证比例和保证程度上升

为了防止洗绿，欧盟 CSRD 要求企业对其可持续发展报告提供有限鉴证，并在未来过渡到合理鉴证，鉴证的内容将包含整份报告，覆盖所有定量和定性信息披露，同时要求鉴证机构就企业是否根据规定进行了适当的重要性评估提出明确意见。[②] 美国证券交易委员会《气候相关信息披露》（草案）也要求，企业披露的范围一和范围二排放数据应得到独立第三方的核实和鉴证，并在 2 年内从有限保证过渡到合理保证。[③] 对 14 家全球系统重要性银行发布的 33 份 2021 年度 ESG 报告、TCFD 报告等环境信息报告进行梳理显示，14 份（占比为 42.4%）经过第三方机构鉴证，其中 9 份（占比为 27.3%）由会计师事务所实施有限保证鉴证，5 份（占比为 15.2%）由环境专业机构实施审验。与 2020 年相比，经过第三方机构鉴证的报告增加 4 份，其中 3 份经会计师事务所鉴证，1 份经其他机构审验，大体呈现出鉴证比例、保证程度逐步上升的特点。[④]

---

① 生态环境部. 加快建立健全环境信息依法披露制度，推动企业落实生态环境保护主体责任 [Z]. 2021.

② EU. Corporate Sustainability Reporting Directive，2021.

③ 东方证券. 境外 ESG 监管新发展 [R]. 2022.

④ 万剑韬，曹国俊，王祺星. 金融机构环境信息披露的发展现状与国际比较 [J]. 金融与经济，2022（12）.

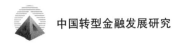

（四）围绕低碳转型的信息披露要求不断强化

为了推动金融部门支持低碳转型，各经济体及国际机构、平台积极出台转型金融标准文件，不断细化和加强披露要求。2020 年 12 月，国际资本市场协会（ICMA）发布《气候转型融资手册》，对转型融资的信息披露提出了原则性要求，建议相关信息披露应包含四个关键要素：发行人气候转型战略和公司治理，在业务模式中考虑环境要素的重要性，气候转型战略应基于科学的目标和路径，执行情况有关信息的透明度。[①] 2021 年 5 月，日本经济产业省和环境省发布《气候转型金融基本指引》，进一步细化 ICMA《气候转型融资手册》的具体要求。[②] 2022 年 11 月，《G20 转型金融框架》正式获批，该框架对使用转型融资的主体在信息披露方面提出了更严格的要求，包括：融资主体应该披露具有可信度、可比性、可验证和有科学依据的转型计划；披露短期、中期、长期温室气体减排目标和气候适应目标，以及减排活动的进展情况等。[③] 英国于 2022 年 11 月发布关于净零转型计划的《转型计划工作组披露框架》和相应的实施指南[④]，其披露内容主要包括总体规划、战略实施、对外交流、具体指标和治理 5 个层面共 19 个具体事项。

（五）环境信息披露以气候风险为重点，但议题逐步多样化

当前，国际环境信息披露的焦点是与气候相关的信息，特别是气候风险。据统计，在欧洲银行中，2020 年约有 50% 披露气候风险，2021 年该比例提高到 70% 以上。[⑤] 2022 年 11 月，欧洲财务报告咨询组（EFRAG）将第一批 12 个欧洲可持续发展报告准则（ESRS）提交欧盟委员会审批，

① 转型金融信息披露研究课题组，殷红 . 转型金融信息披露研究——基于金融机构的视角［J］. 金融论坛，2023（1）.

② 张静依，邵丹青 . 转型金融标准的全球进展综述［R］. 2022.

③ 马骏 .《G20 转型金融框架》及对中国的借鉴［J］. 中国金融，2022（23）.

④ TPT. The Transition Plan Taskforce Disclosure Framework and The Transition Plan Taskforce Implementation Guidance，2022.

⑤ 郭沛源，肖择时 . 金融机构环境信息披露的国际进展［J］. 中国金融，2022（9）.

ESRS 在 TCFD 的基础上，进一步要求企业披露气候情景分析、范围三温室气体排放等气候信息。ISSB 发布的 IFRS S2 中明确要求主体披露其范围一、范围二和范围三的温室气体排放总量，对于从事商业银行、保险、资产管理三大类金融业务的企业，范围三应纳入融资排放数据。此外，其他环境议题及非环境的 ESG 议题开始逐步被纳入披露范围。联合国《生物多样性公约》缔约方大会第十五次会议（COP15）2022 年 12 月举行。2022年 CDP 气候问卷中首次加入了 6 个生物多样性相关问题。[①] 全球报告倡议组织在其 2022 年发布的煤炭行业标准[②]中纳入了公正转型指标，包括要求披露企业的社会影响责任（人权、员工和社区福利）以及如何在关停煤矿方面保证公正转型。

第三节　我国碳核算实践与展望

我国相关部门及金融机构对碳核算和环境信息披露工作的重视程度日益提升。2021 年以来，中国人民银行发布了行业标准——《金融机构环境信息披露指南》，制定《金融机构碳核算技术指南（试行）》并组织绿色金融改革创新试验区内金融机构先行先试。当前，我国金融机构碳核算及环境信息披露工作在参与机构数量、碳核算范围、环境信息披露深度以及金融科技赋能等方面取得显著进展，但仍面临标准尚未统一、数据基础薄弱、激励约束不足和能力建设欠缺等短板。下一步应加快推进碳核算和环境信息披露标准制定和细化，探索建立数据共享机制，健全激励约束机

---

① CDP 全球环境信息研究中心 . 2022 年影响未来的几大进展［R］. 2023.
② 安永 EY. 国际可持续披露准则系列文章之四：征求意见稿与其他报告框架的比较（三）［R］. 2022.

制，强化金融机构专业能力提升和人才培养，不断提升我国金融机构碳核算和环境信息披露水平。

一、金融机构碳核算标准指南的制定

2020 年，中国银保监会发布《绿色信贷项目节能减排量测算指引》，明确了绿色项目贷款及配套流动资金贷款节能减排量（包括温室气体排放量）的测算方法。2021 年，中国证监会发布《公开发行证券的公司信息披露内容与格式准则第 2 号——年度报告的内容与格式（2021 年修订）》，鼓励上市公司自愿披露碳减排措施和效果。同年，中国人民银行借鉴包括 PCAF《准则》在内的国际经验，充分考虑我国金融机构碳核算实际情况，研究制定金融机构自身运营及投融资业务的碳排放量和碳减排量的核算方法，形成《金融机构碳核算技术指南（试行）》。《金融机构碳核算技术指南（试行）》兼顾我国金融机构碳核算的核心目标、金融机构碳核算综合成本和能力、企业碳排放数据的可得性和质量、与国家有关部门管理政策和标准的衔接等因素，为金融机构先行先试开展碳核算提供了初步指引。此外，部分地区积极探索制定地方性金融机构碳核算标准指南，如浙江省湖州市制定发布《湖州市银行信贷碳排放计量方法指南》，明确了银行信贷碳排放的核算原则与流程、核算方法、核算要求、评价与改进等内容，同时提供了用于核算化石燃料燃烧、生产过程、外购电力、外购热能所对应的碳排放因子默认值。

二、金融机构碳核算实践的深入发展

（一）鼓励各类金融机构自愿开展碳核算和环境信息披露报告编制工作

2021 年 7 月，中国人民银行指导六省（自治区）九地绿色金融改革创新试验区符合条件的金融机构对照《金融机构环境信息披露指南》和《金融机构碳核算技术指南（试行）》要求，探索开展碳核算并编制金融机构环境信息披露报告。此后，中国人民银行持续推动金融机构碳核算实践向更大范围扩展，部分非试验区、全国性银行和非银行业金融机构等有条件的机构积极参与。到目前为止，金融机构基于环境信息披露框架探索开展碳核算仍然属于自愿行为，相对而言，大型银行碳核算开展质量较好，绿色金融改革创新试验区碳核算工作走在全国前列。

（二）依托碳减排支持工具引导金融机构开展碳减排效应测算

2021年底，经国务院批准，中国人民银行创设碳减排支持工具，鼓励金融机构为碳减排重点领域内具有显著碳减排效应的项目提供优惠利率贷款。2023年初，中国人民银行决定将碳减排支持工具延续实施至2024年末，同时将金融机构范围扩大至部分地方法人机构。金融机构在申请运用碳减排支持工具时，须提供项目碳减排数据，在获得碳减排支持工具支持后，需定期对公众披露项目碳减排相关信息。中国人民银行会同相关部门，通过委托第三方专业机构核查等多种方式，核实验证金融机构信息披露的真实性。通过强化金融机构对碳减排相关信息进行披露的制度安排，碳减排支持工具有效推动了金融机构碳核算的持续深入开展。

（三）创新应用金融科技手段提升金融机构碳核算效率

部分金融机构和试验区通过建设数字化金融机构碳核算系统，有效扩大了金融机构碳核算的覆盖面和准确性。例如，工商银行自行研发投产碳足迹管理数据统计系统，实现信息数字化填报、标准化审批、自动化汇总，改变了目前业内手工填报、层层汇总的传统工作模式。浙江湖州打通部门间数据壁垒，建立碳核算中心，为金融机构碳核算提供企业碳排放基础信息。浙江衢州开发碳账户金融系统，并与金融机构业务系统直连，实现逐笔核算贷款碳排放，为金融机构碳核算提供数据基础。中国人民银行重庆市分行在"长江绿融通"绿色金融大数据综合服务系统中嵌入智能碳核算功能模块，截至 2023 年 5 月末，对 37 家金融机构开展碳核算，项目和非项目合计融资余额 1.6 万亿元，碳排放量超 1.2 亿吨。[①]

（四）对标国际主流标准持续深化金融机构碳核算国际合作

部分金融机构依托中英金融机构环境信息披露试点开展碳核算，逐步扩大碳核算范围，积极探索适用国内金融机构的碳核算方法学。如兴业银行深圳分行参考 PCAF《准则》及 TCFD《气候变化相关财务信息披露指南》中有关量化二氧化碳排放量的方法，对部分投融资活动碳足迹进行了核算。易方达自主研发 ArkESG 金融科技平台，采用 TCFD 和 GHG 温室气体核算协议建议的主流方法，并纳入加强平均碳强度（WACI）、碳排放总量、碳比收入强度、碳比投资价值以及碳排放归因等指标，可实时针对投资组合进行不同碳足迹相关指标的计算与评估。九江银行于 2022 年 5 月签署 PCAF 承诺书，承诺使用 PCAF 方法学进行碳核算并披露。[②]

（五）强化碳核算结果运用，开发转型金融产品

部分金融机构基于碳核算技术发展，推动开发与企业低碳转型相结合的转型金融产品，包括碳足迹挂钩贷、碳减排挂钩贷、低碳转型挂钩债券等，通过加大对碳表现良好、碳减排效果突出或潜力较大企业的金融支持力度，引导融资主体强化碳核算能力建设。如碳足迹挂钩贷将企业贷款利率或综合成本与二氧化碳排放量挂钩，引导企业在生产过程中主动减少二氧化碳排放。多地基于碳账户开发金融产品，如广东肇庆深入拓展"碳账户+"应用场景，推出"云碳贷、云碳保、云碳债、云碳担"等系列产品；浙江衢州基于碳账户打造"碳金融 e 超市"，引导金融机构将碳账户信息嵌入信贷管理全流程。

---

① 中国人民银行研究局课题组. 金融机构碳核算的现状、问题及建议——基于 PCAF 金融资产碳核算准则的思考［R］. 2022.

② 中英金融机构气候与环境信息披露试点工作组进展报告（2020—2021）［EB/OL］. http：// greenfinance. org. cn/displaynews. php? id＝3698，2022.

三、金融机构碳核算的主要难点

(一)基础数据获取难

金融机构碳核算涉及煤、油、气、电、热等能耗数据。一是核算自身运营产生的碳排放普遍面临分支机构众多、所有权结构复杂、员工数量庞大、日常耗用资源采购及综合统计尚未统一等挑战。二是核算投融资活动产生的碳排放高度依赖企业客户提供的基础数据。虽然大中型企业自身碳排放数据较为完备,但对供应链上下游碳排放信息的掌握程度不足,同时出于对数据泄露及增加额外工作量的担忧往往不愿提供;小微企业因缺乏对碳排放数据的系统规范记录,没有能力向金融机构提供。三是电力、燃气、供热、生态环境、统计、税务等部门掌握的数据也能在一定程度上反映企业碳排放情况,但受制于部门权限等问题,暂未与金融机构共享。

(二)核算标准模糊

投融资活动产生的碳排放量是金融机构碳核算的重点、难点,由企业端的碳排放量和金融端的责任分担所决定,碳核算标准模糊容易造成碳排放数据失真。在企业端,除水泥、钢铁、石油化工等 24 个重点行业外,其他行业尚未建立碳核算方法学。即便是已建立碳核算方法学的行业,由于碳核算范围边界、换算系数等仍未清晰,核算结果千差万别,缺乏横向和纵向可比性。在金融端,金融机构碳核算缺乏依据,核定特定投融资活动在投资标的总碳排放量中的责任分担比例等问题尚未解决,特别是在嵌套多层级股权投资后,底层投融资活动在总排放量中的分担比例更加复杂和难以确定。

(三)核算能力薄弱

金融机构碳核算是项全新的、专业性较强的复杂工作。从业人员对碳核算理论和方法普遍缺乏了解、知识储备不足,能有效提升碳核算效率的信息化建设较为滞后,金融机构自主开展碳核算难度较大、效率不高。

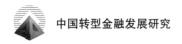

（四）激励机制不足

我国尚未强制开展金融机构碳核算和环境信息披露。除碳减排支持工具外，金融机构碳核算和披露尚未充分用于金融管理与评价、未能与更多的激励政策挂钩，各级政府也尚未对金融机构碳核算产生的成本费用进行补贴，金融机构主动开展碳核算的积极性不高。

四、金融机构碳核算展望

结合金融机构碳核算的国际发展趋势和我国当前实践存在的问题，下一步，要坚持"循序渐进、与国际通行规则接轨"的原则，遵循"试验区先行并带动其他地区，由自愿逐步走向强制"的路径，着力从数据、标准、能力和激励四方面入手，推动金融机构碳核算持续高质量开展。

一是加快推进碳排放数据公共平台建设，夯实金融机构碳核算数据基础。完善碳排放统计核算制度，加快建立企业碳排放数据公共平台，由政府统一归集碳排放数据信息，提高效率和数据权威性，常态化更新排放因子，为金融机构合理估算碳排放、提高碳核算准确性提供数据和技术支持。在保证数据安全的前提下，促进碳排放信息跨部门、跨机构共享，降低金融机构数据获取难度和成本。

二是统一金融机构碳核算标准，分步推进金融机构碳核算实践。加强与主流国际标准制定组织的沟通合作，鼓励和支持金融机构通过多种方式参与国际通用的金融机构碳核算标准研究制定，加快建立符合中国国情的、与国际兼容的金融机构碳核算标准，按照"由易到难"的思路，制定分阶段实施路线图，引导金融机构尽快启动相关进程，逐步提升我国金融机构碳核算规范性和影响力。[①]

---

① 感谢中国人民银行原行长易纲在本课题中期评审会上提出的重要建议。

三是完善碳核算人才培养机制，强化金融机构碳核算能力建设。通过完善法律法规，加强对碳核算数据造假行为的约束和打击力度，加快培育一批优秀的、讲诚信的第三方专业机构，创新金融机构碳核算领域跨学科专业人才培养模式，大力推进金融机构碳核算能力提升。

四是健全激励约束机制，提升金融机构碳核算积极性。创造条件适时推动金融机构碳核算强制披露，研究将金融机构碳核算纳入绿色金融评价，对于碳核算和信息披露表现良好的机构，可优先给予激励政策支持。

第四节　我国环境信息披露实践与展望

一、我国环境信息披露进展

（一）环境信息披露制度及标准不断完善

近年来，我国政府部门出台一系列政策文件，对企业、金融机构及相关金融产品的环境信息披露进行规范。在企业环境信息披露要求方面，2020 年 12 月，中央全面深化改革委员会审议通过了《环境信息依法披露制度改革方案》，提出"到 2025 年，环境信息强制性披露制度基本形成"。生态环境部于 2021 年 12 月发布《企业环境信息依法披露管理办法》，提出"企业应当建立健全环境信息依法披露管理制度，规范工作规程，明确工作职责，建立准确的环境信息管理台账，妥善保存相关原始记录，科学统计归集相关环境信息"，随后印发了《企业环境信息依法披露格式准则》，进一步明确企业环境信息披露什么、怎么披露、执行什么要求等。

在金融机构环境信息披露要求方面，2021 年 7 月，中国人民银行发布《金融机构环境信息披露指南》。2022 年 6 月，中国银保监会《银行业保险业绿色金融指引》提出"银行保险机构应当公开绿色金融战略和政策，充分披露绿色金融发展情况。借鉴国际惯例、准则或良好实践，提升信息披露水平。"部分地区先行探索制定强制性环境信息披露政策。如《深圳绿色金融条例》规定，自2022年1月1日起，在深圳经济特区内注册的金融行业上市公司、绿色金融债券发行人、已经享受绿色金融优惠政策的金融机构需披露环境信息。2022年9月，《深圳市金融机构环境信息披露指引》发布，进一步明确环境信息披露要求，细化披露指标与方法。

在绿色及转型金融产品披露要求方面，2017年以来，中国人民银行发布的《关于加强绿色金融债券存续期监督管理有关事宜的通知》及中国人民银行和中国证监会联合发布的《绿色债券评估认证行为指引（暂行）》等文件对债券支持绿色项目环境效益测算、披露和第三方鉴证提出了要求。2022年5月，中国银行间市场交易商协会发布的《关于开展转型债券相关创新试点的通知》明确要求加强转型相关信息披露，包括但不限于募集资金投向的转型领域、预计或实际的转型效果、实现转型目标的计划及行动方案等。2022年6月，上海证券交易所发布《上海证券交易所公司债券发行上市审核规则适用指引第2号——特定品种公司债券（2022年修订）》，新增低碳转型公司债券品种，同时明确在债券存续期内，需定期披露债券支持项目低碳转型效益实现情况、转型目标达成情况等。

（二）金融机构环境信息披露实践取得显著进展

2023年初，中国人民银行组织对全国31个省、自治区、直辖市内的法人金融机构及金融机构省级分支机构环境信息披露开展情况进行了调研，结果显示：

1. 金融机构环境信息披露覆盖面逐步扩大

2021年，中国人民银行指导绿色金融改革创新试验区内金融机构先行先试开展环境信息披露，并推动试点范围不断扩大。当前，国内金融机构环境信息披露覆盖范围已从绿色金融改革创新试验区扩展至非试验区，披露主体由银行业法人机构扩展至银行分支机构、非银行业机构。一是披露机构数量大幅增加。2022 年，开展环境信息披露的金融机构总数为 1190 家，较 2020 年增加 128%。其中，银行业金融机构 1073 家、证券公司 56 家、保险公司 28 家、基金公司 3 家、其他类型机构 30 家。二是开展披露的银行业金融机构中，法人层面机构占比近八成。2022 年，开展环境信息披露的银行业法人金融机构 832 家，占银行业机构总数的 77.5%。环境信息披露一般在金融机构总部层面开展，分支机构主要通过配合总部提供相关环境信息。

2. 国际国内披露标准并存，大部分金融机构完全依据《金融机构环境信息披露指南》开展信息披露

目前，环境信息披露机构依据的标准大致可分为四类：一是推荐性行业标准——《金融机构环境信息披露指南》；二是国际主流披露标准，如气候相关财务信息披露工作组（TCFD）、全球报告倡议组织（GRI）、国际碳核算金融联盟（PCAF）、碳信息披露项目（CDP）等组织发布的披露框架和标准；三是交易所针对上市公司信息披露的有关规定，如上海证券交易所《上市公司环境信息披露指引》《公司履行社会责任的报告编制指引》，香港联合交易所《环境、社会及管治报告指引》等；四是其他与编制社会责任报告有关的文件指南，如原中国银监会《关于加强银行业金融机构社会责任的意见》、中国银行业协会《中国银行业金融机构企业社会责任指引》、中国证监会《公开发行证券的公司信息披露内容与格式准则》等。2022 年，完全按照《金融机构环境信息披露指南》开展披露的机构有 845 家，占披露机构总数的 71%；采用国际国内多重披露标准的机构有 240 家，占披露机构总数的 20.1%。

3. 金融机构积极开展碳核算和环境风险量化分析，披露内容更加丰富

金融机构基本按照"先易后难、先定性后定量"的原则开展环境信息披露。大部分农村商业银行、农村信用社、村镇银行等机构先行开展绿色金融组织架构、绿色金融政策等定性内容以及自身运营活动碳排放数据的

披露；国有商业银行、股份制商业银行、城市商业银行及实力较强的农村商业银行等金融机构进一步开展投融资活动碳核算和环境风险压力测试。总体来看，一是开展碳核算的金融机构数量大幅增加。2022 年，开展自身运营活动或投融资活动碳核算的金融机构有 535 家，较 2020 年增长279.4%；占披露机构总数的 45%，较 2020 年提升 18 个百分点。二是开展环境风险压力测试的机构占比明显提升。2022 年，开展环境风险压力测试的金融机构有 134 家，占披露机构总数的 17.5%，较 2020 年提升 4.5 个百分点。

4. 金融机构以环境信息披露为契机，推进投融资业务低碳转型

金融机构以环境信息披露为契机，重点对绿色金融战略规划、组织架构、政策制度、业务流程等进行补充完善，为投融资业务转型奠定了基础。2020—2022 年，将环境气候风险纳入自身内部管理流程的机构占比从38.5% 上升至 42.1%，将环境信息披露纳入产品创新、风险管理、市值管理等业务流程的机构占比从 37.9% 小幅增长至 38.9%。兴业银行将 ESG风险纳入风险管理流程，对授信客户的 ESG 风险进行动态评估与分类管理，并将 ESG 评级结果纳入尽职调查、风险评审、合同签订、融资发放、存续期管理等各环节。农业银行深圳市分行根据企业面临的潜在环境和社会风险程度进行分类，将环境和社会风险管理嵌入尽职调查、审查审批、用信管理和贷后管理等业务环节。中国邮政储蓄银行开发了与环境信息披露相关的可持续发展挂钩贷款、债券等产品，激励企业达成可持续发展绩效目标，推动减排降耗。上海农商银行与穆迪开展合作，建设债券信用评级预警管理系统，系统建成后，将结合穆迪的数据对全市场信用债主体进行 ESG 评级、ESG 预警、气候转型风险和物理风险评价。

5. 环境信息披露形式多样，部分机构采用多种形式开展披露

金融机构环境信息披露形式包括年报、ESG 报告、环境信息披露报告、微信公众号、社会责任报告等，部分机构同时采用多种形式披露环境

信息。以环境信息披露报告或微信公众号开展披露的，披露的环境信息更加充实、针对性更强；以社会责任报告、年报、ESG 报告开展披露的，主要将环境信息作为报告的一部分对外公布。2022 年，采用年报形式披露的金融机构有 452 家，占 38%；采用 ESG 报告或其他专门披露报告的金融机构有 327 家，占 27.5%；采用微信公众号披露的金融机构有 227 家，占 19.1%。

二、环境信息披露存在的主要问题

（一）基础数据获取困难，数据准确度和采集效率不高

一是缺乏必要的环境信息基础数据支撑。金融机构对投融资活动所产生的环境影响测算依赖于企业完善的环境信息披露，而各行业环境信息披露要求规范尚不完善，目前大部分企业存在能源计量设施不完善、用能数据统计基础不牢固等问题。二是数据准确度不高。除少部分企业能提供第三方核查机构出具的碳排放数据外，绝大多数企业均未建立碳排放数据核算核查机制。此外，金融机构信贷碳数据主要来源于环境评价报告、项目可行性研究报告等资料，多为项目建设前期估算的数据，与实际碳排放数据存在差异。三是数据采集效率与准确性有待提升。目前碳核算基础数据主要通过金融机构分支机构和网点进行人工收集和统计，耗费了大量人力物力，且存在一定的数据计算错漏问题。

（二）披露指南仍需细化，核算方法亟待统一

目前国内金融机构开展环境信息披露工作主要参照《金融机构环境信息披露指南》，该文件为框架性文件，细化程度不足，在气候风险压力测试、碳核算以及绿色运营数据统计等方面的具体操作细则或指引仍待补充；且披露指南暂未对执行机构按照类型、规模进行区分，部分指标和要求的设置对保险、基金、信托类金融机构来说可操作性有限，未能完全覆盖各行业的需求或者不能直接借鉴使用。在碳核算方面，现行《金融机构

碳核算技术指南（试行）》要求以企业碳核算结果为基础再通过比例分摊法计算金融机构碳排放和碳减排情况，但企业碳核算的方法尚不完善、金融机构分摊比例计算方法也不健全，导致金融机构无法采取统一的核算方法，从而影响核算结果的横向可比性，难以进行有效评估和比较分析。值得注意的是，当前各种机构、平台提出的措施很多，这可能是一个从简到繁又从繁到简的过程。对于广大中小排放者（包括居民）的碳核算和信息披露不应过于复杂，以避免过度数据收集和核算。①

（三）压力测试技术难度大，测试结果科学性和普适性不足

一是环境风险压力测试存在较多技术难点。环境压力测试需要识别环境风险因素、选定压力因子、构建风险传导路径、设定不同情景模式、建立压力测试模型等，技术难度较大。尤其是，压力测试模型需要考虑宏观经济、环境变化、行业政策和企业转型之间的动态交叉影响，中小金融机构缺乏相关的统计分析、建立模型的能力。二是压力测试结果的科学性和适用性不强。已经开展环境压力测试的金融机构大多仅选取某一行业，存在测试样本不足、行业代表性不强、覆盖面不广等特点，测试结果的科学性有待提升，对自身和其他金融机构环境风险评估的借鉴意义有待加强。三是压力测试相关数据不完整。环境风险压力测试相关数据不同于现有信贷风险分析基础数据，需要补充大量企业及行业环境信息数据，在数据的可得性上存在较大难度。

（四）金融机构存在地区差异，披露能力有待提高

一是不同地区环境信息披露工作进展不同。不同地区、不同类型的金融机构资产规模、绿色金融业务发展程度、环境信息披露意愿和能力及管理权限等存在较大差异，统筹推进环境信息披露工作存在一定困难。二是大部分金融机构绿色金融统计系统建设滞后。部分金融机构特别是地方中

---

① 感谢中国人民银行原行长周小川在本课题中期评审会上提出的重要意见。

小法人金融机构的数据系统没有跟踪、收集、积累信贷客户的碳排放相关信息，也未开发碳排放核算工具，碳核算的自动化水平不高。三是金融机构专业人才不足，环境信息披露能力建设有待加强。金融机构在开展环境信息披露的过程中需要收集大量的环境数据，覆盖的行业类别广、标准多，投融资活动碳核算过程复杂，专业性较强。目前金融机构人才储备以金融专业为主，缺乏熟悉金融、环境、碳核算等领域的复合型人才。

（五）部分金融机构动力不足，激励约束机制尚待完善

一是金融机构环境信息披露尚无强制性要求。目前环境信息披露还处于鼓励金融机构先行先试阶段，部分非上市地方法人金融机构及全国性金融机构分支机构对于环境信息披露的认识不足，披露意愿有限；部分上市金融机构对公众披露业务数据和碳排放数据，需接受市场和利益相关方的监督，对披露持审慎态度。二是环境信息披露结果尚未被充分利用，对金融机构缺乏直接正向的激励作用。环境信息披露工作在绿色金融评价的分值占比较低，并且大部分地方中小金融机构暂未享受到绿色金融相关的结构性货币政策工具支持，因此地方金融机构开展环境信息披露的积极性较低。三是环境信息披露结果未能有效发挥决策参考作用。目前金融机构环境信息披露工作尚处于起步阶段，机构披露质量参差不齐，同时由于缺乏对披露内容、披露质量的事后监督和评价，披露内容可比性、可信度不足，披露结果对利益相关方的决策参考作用有限。而且开展环境信息披露需耗费大量人力、物力、财力，金融机构披露自愿性低。

三、环境信息披露相关建议

（一）加强环境信息披露制度建设，制定金融机构碳核算标准和压力测试指引

一是进一步完善环境信息披露框架，探索制定适用于大部分金融机构

的环境信息披露规范，细化相关披露指标，增强披露内容的科学性和可比性要求。二是制定金融机构碳核算方法的国家标准，建立统一的碳排放及其他环境影响的测算方法，明确碳排放核算边界、数据来源、排放因子及资金归因因子等要素。三是鼓励地方探索开发统一的金融机构环境信息披露系统，内嵌不同行业的温室气体核算公式，为碳核算提供数字化、智能化的系统服务。四是针对气候环境风险识别、压力测试等内容出台指引，指导金融机构深入开展气候与环境风险压力测试，推动金融机构探索引入ESG 评价体系与风险管理，丰富完善绿色信贷客户贷前、贷中、贷后全流程 ESG 风险管理，全面提升环境气候风险管理能力。

（二）建立数据共享机制，夯实环境信息披露的数据基础

一是联合发改、环境、工信等部门建立多方协作机制[①]，推动建立企业碳排放数据公共平台或碳账户体系，利用大数据、云计算等技术整合归集各部门数据，并建立与金融机构的数据共享机制，提高碳信息收集和使用效率。二是加快企业碳排放强制核算与报告制度建设，要求企业建立规范的环境数据统计制度，定期收集能源消耗、用电用热、原料消耗等数据，逐步提升环境信息披露规范性、完整性、准确性，为金融机构碳核算及相关部门制定政策提供数据支持。三是推动相关部门建立国家温室气体排放因子数据库，推进排放因子测算，建立数据库常态化、规范化更新机制，逐步建立覆盖面广、适用性强、可信度高的排放因子编制和更新体系。

（三）加强宣传培训，提升金融机构环境信息披露专业能力

一是加强环境信息披露宣贯工作，鼓励多方参与，通过举办专题讲座和标杆案例宣传活动，针对不同类型、不同规模的金融机构开展专业能力培训，总结推广各个地区、各类机构的良好做法和经验，推动环境信息披

---

① 感谢原中国银监会主席刘明康在本课题中期评审会上提出的重要建议。

露工作质效齐升。二是鼓励金融机构通过参与国内外绿色金融、环境信息披露相关各类行业倡议和组织，对标国际先进经验和行业最佳实践，加强专业人才队伍建设，提升环境信息披露水平。三是鼓励金融机构开发绿色金融数据系统和碳排放测算工具，连通现有信贷管理等业务系统，建立环境数据的内部统计和管理机制，运用金融科技手段提升碳核算效率。四是引导第三方机构发挥专业能力，鼓励第三方机构在环境数据、碳足迹与环境效益测算、信息披露咨询、大数据共享与人工智能应用等方面提供专业服务。

（四）完善考核评价体系，健全环境信息披露的激励约束机制

一是提升环境信息披露工作在绿色金融评价体系的权重，对投融资减排效果显著、环境风险管理能力提升明显、绿色金融发展成效突出的金融机构，在现行政策框架内给予资金和政策支持。二是推动出台财政补贴政策，统筹制定对环境信息披露、碳核算咨询成本的补贴政策，降低金融机构环境信息披露成本。三是遵循"由易到难、由大到小、分层次分步骤"的原则推进环境信息披露工作，形成数据时间序列，提升碳足迹的可追踪性[①]，并逐步强化环境信息披露要求，支持有条件的金融机构不断扩大碳核算覆盖范围。对于核算难度较大的范围三数据，可以考虑拆解后由易到难逐步增加披露覆盖面。鼓励金融机构开展气候和环境风险压力测试。四是建立健全信息披露质量评价制度和行业标准体系，构建独立第三方机构鉴证机制，充分发挥第三方机构对环境信息披露的评价、监督、引导作用，同时加强对第三方机构的监督管理。[②]

---

① 感谢中国人民银行原行长易纲在本课题中期评审会上提出的重要建议。
② 感谢原中国银监会主席刘明康在本课题中期评审会上提出的重要建议。

第三章　支持绿色低碳转型的政策和工具

　　无论对于全球还是中国而言，推动经济绿色低碳发展，有效应对气候变化，实现《巴黎协定》的目标，均面临严峻挑战，需要统筹兼顾，综合采取各种价格型、非价格型政策工具。应深入分析各项工具的效果、综合成本和社会可接受度，以及各项工具之间的关系，结合绿色低碳发展目标，合理确定相关工具出台的时机、力度等。同时，绿色低碳发展需要巨额投资，通过公共资金、慈善资金尽可能撬动社会资金的混合融资及相关风险分担机制问题日益引起各方重视，也被 G20 可持续金融工作组作为 2023 年的重点研究问题之一。我国和其他经济体均有混合融资的实践，都面临一定的问题，需要进一步加以强化和完善。

第一节　促进绿色低碳发展的政策和工具

　　促进绿色低碳发展的政策工具可分为价格型和非价格型两大类。价格型工具对负外部性进行定价或者对正外部性进行补贴，以提升绿色项目的相对竞争力；非价格型工具则主要通过对市场主体形成激励约束，促使其行为符合绿色低碳发展要求。

　　价格型工具包括碳定价工具和节能降碳相关补贴、税费工具。碳定价工具主要包括碳税和碳排放权交易市场，它们直接决定碳价，改变经济活动或资产的价格，影响企业和消费者行为。价格型工具还包括与节能降碳相关的税费类工具，如车辆税、燃油消费税、电力消费税等；补贴类工具，如清洁能源上网电价补贴（Fit-in Tariff）、节能补贴（Feebate）、电力补贴等①；交易类工具，如可交易绿证等。这些工具也会影响能源价格和碳价，对绿色低碳发展形成激励约束。②

　　非价格型工具大体可分为五类：一是国家整体减碳目标、各产业节能降碳目标和监管政策，包括高碳行业能效标准、碳排放标准、清洁能源占比、绿色技术采用要求、空气质量标准、燃油效率标准等。这些目标、标准既可能直接针对减碳以应对气候变化，也可能主要针对环境（但与气候也相关），相关行业主要包括电力、交通、建筑、制造业和农业等。二是财税政策，主要包括绿色低碳发展相关税收优惠、政府贴息、担保、政府绿色基金、政府采购、公共投资、政府转移支付、技术研发支持等。三是货币金融政策，主要包括货币政策（如央行绿色抵押品政策、准备金政策、定向再融资政策、非常规的资产购买计划等），微观金融监管（如对银行棕色资产、绿色资产适用不同风险权重）和宏观审慎政策（如将气候相关风险纳入宏观审慎框架），一些发展中国家甚至直接规定棕色贷款高限和绿色贷款低限等。四是信息披露和评估认证，包括绿色资产指数、评级、认证、绿色贴标、气候环境信息披露等，可降低信息成本，促进可持续投融资。五是相关行业自愿减排计划和公共—私人部门减排协议等。

　　值得注意的是，价格型工具和非价格型工具的划分并非绝对，有的

　　① 值得关注的是，根据国际货币基金组织的测算，2017—2019 年，二十国集团政府平均每年仍提供近6000 亿美元的显性化石燃料补贴，这不利于激励绿色低碳发展。
　　② OECD, IMF. Delivering Climate-Change Mitigation under Diverse National Policy Approaches. An Independent IMF/OECD Report to Support the German 2022 G7 Presidency, 2022.

非价格型工具也会对价格产生影响。例如，有的货币金融政策和财政政策（包括税收抵免等）能够降低新能源价格、提高化石能源价格，可以折算成具体某个年度的等效价格激励量，实际上起到了价格型工具的激励约束作用。[①]

一、采用价格型和非价格型工具的影响因素

自20世纪90年代以来，为促进绿色低碳发展，各经济体越来越多地采用价格型、非价格型工具，其中发达经济体的行动更早一些[②]，这与气候变化问题的重要性、经济发展阶段等因素紧密相关。各经济体采取何种政策工具，其效果如何，在很大程度上取决于它们的具体情况，很难一概而论。比较分析表明，各项政策工具对绿色低碳发展的效果、其经济成本以及社会可接受度是不同的。

（一）政策工具的效果

在价格型工具中，碳定价直接影响市场主体的成本和收益，激励约束作用较强，但实际效果在很大程度上取决于碳市场价格、碳税是否足够高以及市场主体对价格信号的反应。其他节能降碳相关税收、补贴工具也能发挥价格机制的重要作用，但有的工具对降碳的作用不够直接。

在非价格型工具中，整体经济、各个行业的节能降碳目标具有引领作用，但只有分解到各地区、各行业乃至各市场主体，才能更好地发挥作用；这种分解必然经过复杂的博弈，将增加政策的滞后性和漏损。行业节能降碳监管政策能够发挥重要作用，包括政府制定合理的产业转型计划，在气候风险被纳入宏观审慎政策框架之后，更有利于创造适宜低碳投资的

① 感谢中国人民银行原行长周小川在本课题中期评审会上提出的重要意见。
② Renu Kohli, and Honey Karun. Non-Price Policies for Addressing Climate Change：The Global Experience. Input Paper for G20 Sustainable Finance Working Group，2023.

环境。政府绿色采购、贷款担保和补贴、政府绿色基金支持等财税政策的作用较直接，结构调整力度大，且能撬动更多社会资金。央行绿色抵押品政策、定向再融资工具、绿色金融评价等货币金融工具重在对金融机构的激励约束，有利于培育绿色金融市场，但其作用的发挥与金融机构的政策响应密切相关。金融监管要求及金融机构棕色贷款、绿色贷款限额等工具作用力较大，但其可持续性值得关注。信息披露、评估认证工具有利于提高气候环境信息的准确性、可得性，发挥社会监督的作用，其政策效果取决于法制环境，市场主体的碳核算、信息披露能力和意愿，以及第三方评估、认证机构的质量等。

有研究认为，一些非价格型工具碳减排效果由高到低排序依次为：贷款担保、清洁能源电价补贴—开发银行支持、税收优惠—定向贷款、信息披露、国家气候基金。动员社会资金的有效性由高到低排序依次为：清洁能源电价补贴、贷款担保、开发银行支持—税收优惠、国家气候基金—定向贷款、信息披露。[①]

（二）政策工具的综合成本

在价格型工具中，大多数情况下碳定价的综合经济成本最小。碳定价可为经济体碳减排提供最大的灵活性，对经济增长、居民收入和就业的促进作用比其他气候应对政策更好。节能环保相关税收、补贴工具需要增加政府开支，一些情况下税收还可能带来扭曲。

在非价格型工具中，宏观经济、行业节能降碳目标的督促实施，尤其是行业监管需要付出管理成本；碳核算越科学、气候环境信息披露越充分，越有利于降低管理成本。支持绿色低碳发展的财税政策需要增加政府开支。金融机构绿色金融评价、绿色抵押品政策重在为金融机构提供激励，而央行定向再融资政策将扩大央行资产负债表，在通胀压力较大时需

---

① Easwaran J. Narassimhan. Non Pricing Policy Mixes：Modeling Challenges and Cost-benefits. G20 Sustainable Finance Working Group Workshop, March 21, 2023, Udaipur, India.

做好权衡。与政府开支相比，央行定向再融资的成本相对不易被市场察觉。棕色贷款、绿色贷款适用不同风险权重甚至受限额控制，容易使高碳行业融资较快萎缩，加大金融风险。信息披露、评估认证的成本主要由市场主体承担，如果政府给予一定补贴激励，也要付出成本。

一些非价格型工具的综合经济成本由低到高排序依次为：定向贷款、开发银行支持—贷款担保、信息披露、国家气候基金—清洁能源电价补贴、税收优惠。[①] 可见，更多使用非价格型金融工具，而不是财政直接给予补贴和税收优惠，对政府而言成本较小。

（三）政策的社会可接受度

在价格型工具中，较高的碳排放权价格、碳税和能源相关税费都将推升能源和高碳经济活动成本，甚至抬高整体物价，因而不易为社会所接受。补贴、税收优惠等激励政策则易受到相关市场主体的欢迎。

在非价格型工具中，严格的行业节能降碳监管、对高碳行业融资适用严格的金融审慎监管政策，对高碳行业影响较大，不易得到相关行业和地区的支持。而对绿色低碳发展的政府补贴、税收优惠、货币金融支持政策，则易受到市场主体的欢迎。信息披露、评估认证将增加市场主体的成本，中小企业的政策落实成本和难度更大，该政策的社会接受度与政策要求的严格程度密切相关。

一些非价格型工具政策可接受度由高到低排序依次为：绿色技术/活动补贴—节能补助—碳排放市场—碳税。[②] 如果电价是社会关注的焦点，即使碳定价工具推高电价的幅度不大，碳定价也不如行业监管政策、节能补助和清洁能源电价补贴更为可行。综合来看，激励绿色发展比约束高碳

① Easwaran J. Narassimhan. Non Pricing Policy Mixes：Modeling Challenges and Cost-benefits. G20 Sustainable Finance Working Group Workshop, March 21, 2023, Udaipur, India.

② Easwaran J. Narassimhan. Non Pricing Policy Mixes：Modeling Challenges and Cost-benefits. G20 Sustainable Finance Working Group Workshop, March 21, 2023, Udaipur, India.

活动的政策的社会可接受度更高，更易较早施行。约束性工具逐渐强化，如逐步提高税率、强化信息披露要求，以及对受约束政策影响较大的行业、地区、群体适当给予帮扶，有助于提高政策的接受度。随着绿色低碳发展的积极作用逐步超过高碳行业萎缩的负面影响，相关政策的可接受度将显著提高。

二、国际上价格型、非价格型工具的实际运用

（一）碳定价工具充分发挥作用尚需时日

碳定价工具只涉及全球少部分温室气体排放。根据世界银行的统计，截至 2023 年 4 月，全球共有 73 项碳定价机制正在实施或计划实施，覆盖 120 多亿吨二氧化碳排放当量，只约占全球温室气体排放量的 23%，涉及 50 个国家和地区。在 73 项碳定价机制中，37 项涉及碳税、36 项涉及碳交易。其中，芬兰、英国、日本、法国、加拿大等 21 个经济体同时实施碳市场机制与碳税。通常碳市场机制主要针对大型、固定的高碳排放主体和设施，而碳税主要针对其他小型、移动、分散的排放主体和来源。

国际上碳定价工具的使用往往较晚。印度、印度尼西亚、巴西、沙特阿拉伯等许多国家在采用非价格型工具时，并未采用碳税等碳定价工具。[①] 对世界 15 个碳排放量最大的经济体各行业的研究表明，各类工具采用的先后顺序依次为：监管政策—政策支持—赠款、补贴和其他财务激励—信息和披露—支持技术研发应用—公共采购和投资—碳定价。在 15 个经济体中，10 个经济体最晚采取的政策是碳定价。[②] 不少经济体即使已建立了

---

① Renu Kohli, and Honey Karun. Non-Price Policies for Addressing Climate Change: The Global Experience. Input Paper for G20 Sustainable Finance Working Group, 2023.

② Linsenmeier, M., Mohommad, A., and Schwerhoff, G. Policy Sequencing towards Carbon Pricing among the World's Largest Emitters. Nature Climate Change, 2022.

碳定价机制，其碳排放权价格或碳税也不高，难以充分发挥引导资源配置，支持绿色低碳发展的作用。

国际上普遍较晚采用碳定价工具，其重要原因可能包括：一是较高的碳价对高碳行业形成较大冲击，短期内对物价、就业、经济增长产生负面影响，社会可接受度较弱。二是只有经济市场化程度较高、金融市场较发达的经济体，才可能建立较完善的碳排放权交易市场，形成合理碳价。三是需要较强的碳核算和气候环境信息披露能力，否则容易出现"洗绿"等问题。

建立完善碳定价机制，是绿色低碳发展的必由之路。如前所述，碳定价工具的政策效果较好，综合经济成本最低；合理的碳价还是支持绿色低碳活动相关金融产品科学定价的基础，可强化相关经济活动的激励约束，有利于提升其他政策工具的有效性。金融是一种市场化手段，金融支持"双碳"目标，必须先解决"碳"的外部性内生化问题。无论排碳造成的负外部性还是减碳带来的正外部性，都要将其转化为合理的成本或收益，形成一个有效率的市场。只有这样，金融支持低碳转型才能有效率、可持续。[1]

（二）碳定价工具与其他工具的关系

碳价是否合理、能否充分发挥作用是相对于影子碳价而言的，即碳排放的成本和收益趋于均衡的水平，此时碳排放成本可内部化，防止出现负的外部性。在碳价趋于合理的过程中，碳定价工具与其他工具的关系可能发生变化。

一是碳定价与其他价格型工具是替代关系还是互补关系，主要取决于碳减排目标和相关工具的效果。在碳定价工具不存在或作用较小时，能源、环保相关补贴和税收等其他价格型工具就可能发挥重要作用。随着碳

---

① 感谢陈文辉、孙明春等在本课题中期评审会上提出的重要意见。

定价工具的使用并发挥更大作用，其他价格型工具的必要性可能下降。但如果碳减排目标较高，就需要各种工具共同发挥作用；否则，碳定价工具可逐步替代其他价格型工具。

二是碳定价机制越完善，碳价越趋于合理水平，就越有助于整体经济和相关行业节能降碳目标的实现。而整体经济和相关行业节能降碳目标越明确，要求越严格，越有利于形成合理的碳价。可见，碳定价与整体经济、各行业的节能降碳目标可相互促进。

三是碳定价与非价格型财税政策可相互补充、各有侧重。碳定价对市场主体普遍适用，而非价格型财税政策往往重点支持绿色低碳产业，结构调整意义更大。当碳定价可充分发挥引导资源配置作用时，非价格型财税政策就可逐渐淡出。此时，政府可将更多资源用于支持公正转型，增加对受低碳转型影响较大的产业、地区和弱势人群的帮扶。

四是碳定价与央行绿色再融资政策可能此消彼长。在碳定价趋于合理的过程中，央行绿色抵押品政策、金融机构绿色金融评价等可一直实行，但定向再融资政策则需要调整。在碳价引导资源配置作用缺失时，央行不得不更多地采取定向再融资政策，此时商业银行因碳价低、绿色转型项目风险大而缺乏激励，气候变化相关物理风险和转型风险将增加其搁浅资产和损失，央行须耗费较多资源向商业银行提供激励。随着碳价趋于合理，绿色低碳活动更加活跃，商业银行开展绿色金融业务的积极性更高，定向再融资政策效果就更明显。而在碳定价能够充分发挥引导资源配置作用的情况下，央行采取定向再融资政策的必要性将下降。

（三）非价格型工具之间的关系

一是整体经济、各产业的节能降碳目标和监管政策，以及信息披露、评估认证等工具可发挥基础性、指引性作用，这些工具可长期并存，其中信息披露类工具更是其他工具的基础。二是节能降碳目标、产业监管和信息披露等政策有利于促进绿色低碳发展，扩大和增加绿色项目和活动的范围和规模，提升相关财税、金融政策作用的空间。三是财税政策推动结构调整的效果较好，货币政策则偏重总需求管理，因此在非价格型财税工具已较好发挥作用的情况下，采取结构性货币政策支持绿色低碳发展的必要性就会下降。

综上所述，一个经济体采取何种支持绿色低碳发展的政策工具，可从工具的政策效果、综合成本和社会接受度等维度，根据其具体情况来分析确定：一是碳减排的任务和决心。经济体碳减排应对气候变化的任务越重、决心越大，就越可能多管齐下，综合采取各种价格型、非价格型工具。二是财政状况和政府融资能力。政府债务越高、融资能力越弱，就价格型工具而言，越可能采取碳税而减少各种激励碳减排的补贴工具，同时较多采取行业监管、央行定向再融资等非价格型工具。三是金融市场的发达程度。金融市场越发达，就越容易发挥碳排放权市场碳定价的重要作用，也越容易实行适当的财税、金融政策，发展各类金融产品，动员更多社会资金支持绿色低碳发展。四是央行的独立性和职责。央行的独立性越强，其职责越专注于维护物价稳定，采取直接支持绿色低碳发展的政策的可能性就越小，而会更多着眼于创造适宜的货币金融环境。

三、我国促进绿色低碳发展相关工具及政策建议

（一）我国促进绿色低碳发展的相关工具

2020 年我国提出碳达峰碳中和目标，随后能源、交通、制造业等行业纷纷提出节能降碳具体目标，"1＋N"制度体系初步形成。该体系针对具体部门和地区碳排放特征，灵活运用了价格型和非价格型政策工具。例如，《中共中央　国务院关于完整准确全面贯彻新发展理念做好碳达峰碳中和工作的意见》和《2030 年前碳达峰行动方案》作为政策体系中的"1"政策文件，明确提出了 2025 年、2030 年和 2060 年量化目标，以及为

保障到 2030 年碳达峰所采取的法律法规标准、税收优惠、绿色电价机制建设、碳减排支持工具、碳排放权交易等一系列措施和手段。

从价格型工具来看，虽然从 2011 年起开始在部分地区进行碳排放权交易试点，但统一的全国市场在 2021 年才建立，且只纳入电力企业，碳价较低。我国目前还没有严格意义上的碳税，环保税征收范围也未包括二氧化碳。与节能降碳相关的税收包括：对原油、天然气、煤炭等矿产品征收资源税，能源消费税包括成品油消费税、机场燃油费、阶梯电价等。这些税收工具主要是为了调节能源资源消费，但也有一定的碳减排效果。补贴类的价格型工具包括可再生能源上网电价补贴、清洁采暖补贴、分布式光伏补贴等。

在非价格型工具中的财税政策方面，我国建立了国家和地方层面的绿色发展基金，实行绿色政府采购，通过税收减免、担保、贴息等工具支持绿色低碳发展等。虽有地方政府专项债发行收入用于绿色项目，但其并非专门的绿色政府债，绿色国债也尚未发行。

支持绿色低碳发展的货币金融政策出台时间相对较早，2016 年中国人民银行等部门就发布了《关于构建绿色金融体系的指导意见》，推动绿色金融标准、绿色金融产品开发、相关激励约束机制建设等工作。中国人民银行、中国银行业协会均开展了金融机构绿色金融评价，2018 年绿色信贷、绿色债券被纳入央行合格抵押品范围，2021 年中国人民银行推出结构性货币政策工具以支持碳减排和煤炭清洁高效利用。但与国际通行做法类似，我国在微观审慎监管和宏观审慎管理中尚未明确将绿色因素纳入考量。

近年来，信息披露、评估认证的重要性不断提升，对上市企业、金融机构环境信息披露的要求愈加强化，第三方评估、认证得到较快发展。总体而言，信息披露的质量、强制性还有待提高，评估认证的权威性和结果运用还需要加强。

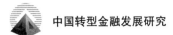

表 3 – 1　　　　我国支持绿色低碳发展的价格型、非价格型工具

类型	工具	内容
价格型工具	碳定价机制 全国统一的碳排放权交易市场 其他环境权益交易市场	2021 年建立全国统一的碳市场，纳入电力行业 2200 多家发电企业，配额暂以免费发放为主，目前碳价较低。 拟在北京绿色交易所建立全国自愿减排市场（CCER）。其他环境权益市场包括绿证交易、排污权交易、山林权交易、水权交易、用能权交易等。
	可再生能源补贴	2012 年实行可再生能源上网电价补贴，对光伏与风电的政策不同，2018 年后补贴开始退坡。从 2021 年起，新备案集中式光伏电站、工商业分布式光伏项目和新核准的陆上风电项目，国家不再补贴，但部分省市仍有分布式光伏补贴政策。清洁取暖补贴。
	能源消费税（费）	包括成品油消费税、机场燃油费、阶梯电（水、燃气）价、惩罚性电价等。2008 年修订《消费税暂行条例》，消费税税目表纳入成品油（包括汽油、柴油、石油脑、燃料油等），以调节化石能源消费，促进经济绿色增长。
	资源税	2019 年《资源税法》规定按从价定率或从量定额计征，能源矿产类包含原油、天然气、页岩气、煤等。
	环境保护税	2016 年《环境保护税法》对大气污染物、水污染物等四类污染物征收环保税，包括二氧化硫、氮氧化物、烟尘、总汞等，但不包括二氧化碳。
非价格型工具	宏观节能降碳目标	2020 年底提出，我国力争 2030 年前实现碳达峰，2060 年前实现碳中和；建立双碳"1 + N"政策体系。
		2021 年提出，"十四五"能耗强度降低 13.5%，碳排放强度降低 18%（五年累计数）。到 2030 年，单位 GDP 二氧化碳排放比 2005 年下降 65% 以上，非化石能源消费占一次能源消费的比重达到 25% 左右。到 2060 年，非化石能源消费占比达到 80% 以上。
	行业能耗、减排政策：城乡建设	2022 年提出，2030 年前城乡建设碳排放达峰；"十四五"时期，完成既有建筑节能改造面积 3.5 亿平方米以上，装配式建筑占当年城镇新建建筑的比重达到 30%，城镇建筑可再生能源替代率达到 8%，等等。
	工业领域	2022 年提出，到 2025 年规模以上工业单位增加值能耗降低 13.5%；主要再生资源回收利用量达到 4.8 亿吨，重点行业主要污染物排放强度降低 10%。

类型	工具	内容
非价格型工具	交通领域	2021年提出，到2025年高速铁路营业里程达到5万公里，城市新能源公交车占比达到72%，交通运输二氧化碳排放强度下降5%。到2030年，当年新增新能源、清洁能源动力的交通工具比例达到40%左右，营运交通工具单位换算周转量碳排放强度比2020年下降9.5%左右，国家铁路单位换算周转量综合能耗比2020年下降10%。
	能源领域	"十四五"时期，非化石能源消费占比达到20%左右，非化石能源发电量占比达到39%左右，电能占终端用能比重达到30%左右。2021年提出，到2030年非化石能源比重达到25%，风电、太阳能发电总装机容量达到12亿千瓦以上，抽水蓄能电站装机容量达到1.2亿千瓦左右。到2060年，非化石能源消费比重达到80%以上。
	财税政策：政府绿色采购	2022年，对节能环保产品实施强制采购或优先采购，推广绿色建材，出台商品包装、快递包装等政府绿色采购需求标准，支持采购新能源汽车。
	贴息	部分地方给予绿色贷款、绿色债券贴息。
	税收减免等	例如，新能源汽车免征车辆购置税，新能源车船免征车船税，节能汽车减半征收车船税，对风力生产的电力产品给予增值税优惠，等等。
	国家、地方绿色基金	2020年设立国家绿色发展基金，部分地区设立绿色产业投资基金。
	绿色地方专项债券	部分地方政府发行绿色地方政府专项债券，支持重大绿色工程。
	货币金融政策：构建绿色金融体系，发展绿色金融市场	2016年中国人民银行等部门印发《关于构建绿色金融体系的指导意见》，提出支持绿色投融资的一系列激励措施；发布《银行保险业金融机构绿色金融指引》；支持绿色信贷发展；2021年版《绿色债券支持项目目录》统一绿色债券标准，不再包括清洁煤的开发利用；2022年发布《中国绿色债券原则》，明确绿色债券募集资金需100%用于绿色项目；支持开展绿色债务融资工具评估认证业务。
	金融机构绿色金融评价	自2018年起，中国人民银行按季度评价银行绿色金融业务情况，自2021年起评价内容包括绿色债券，将评价结果纳入央行金融机构评级。自2018年起，中国银行业协会按年评价21家主要银行绿色金融发展情况。

续表

类型	工具	内容
非价格型工具	央行定向再融资	2021 年底，中国人民银行推出碳减排支持工具，重点支持清洁能源、节能环保、碳减排技术，中国人民银行按贷款本金的 60% 提供资金支持，利率为 1.75%；煤炭清洁高效利用专项再贷款支持煤炭安全高效绿色智能开采、煤炭清洁高效加工、煤电清洁高效利用等，中国人民银行按贷款本金的 100% 提供资金支持，利率为 1.75%。
	绿色抵押品政策	将合格的绿色债券、绿色贷款纳入货币政策操作的合格抵押品范围。例如，自 2018 年起，中期借贷便利（MLF）担保品范围包括绿色金融债券、优质绿色贷款等。
	绿色票据再贴现	自 2017 年起，中国人民银行对绿色票据优先办理再贴现，其标准参照《绿色债券支持项目目录》。
	信息披露、认证等企业、金融机构环境信息披露	2021 年建立企业环境信息依法披露制度，上市公司披露 ESG 信息；2021 年，中国人民银行发布《金融机构环境信息披露指南》。2022 年，《银行业保险业绿色金融指引》要求银行保险机构充分披露绿色金融发展情况。
	绿色产业认证、绿色评估	国家发展改革委及时更新《绿色产业指导目录》，对绿色产业和项目进行全面界定。2017 年发布《绿色债券发行指引》，对绿色债券评估认证行为进行规范。
	自愿减排计划	部分企业、金融机制发布碳达峰碳中和目标与计划。

（二）政策建议

我国能源结构偏煤、产业结构偏重，经济还处于工业化、城镇化进程中，实现碳达峰碳中和目标具有很强的挑战性、紧迫性，应强化成本效益分析，充分考虑各项政策的效果、综合成本和社会可接受度，研究采取适当的价格型、非价格型工具组合。当前在建立绿色发展路径上有很多方法措施，但不是越多越好，否则容易产生矛盾和不确定性。建议在净零路径方面做一些简化，去粗取精，合并同类，抓住重点和关键，便于更广大群体参与碳减排。①

一是强化对政策工具有效性的分析，并及时加以调整。借鉴经合组

---

① 感谢中国人民银行原行长周小川在本课题中期评审会上提出的重要意见。

织、国际货币基金组织、世界银行等的实践经验，利用全经济等同碳价（ECPE）概念，估算与某项工具效果等同的碳价水平，评估政策工具的效果，便于进行国际比较。① 这一方法涉及政策实际实施力度、传导状况，以及不同政策效果如何分解等复杂问题，不同行业、经济体的情况也不一定简单可比，因此现阶段只能作为描述性参考。

二是完善绿色金融、转型金融标准，强化市场主体信息披露和认证评估。信息披露和认证评估既是非价格型工具，也是提升其他工具有效性的基础。进一步完善绿色金融标准，扩大中欧《可持续金融共同分类目录》并在国内外更大范围推广使用。抓紧研制颁布煤电、建筑建材、钢铁、农业四个行业的转型金融标准，适时制定更多行业的转型金融标准。及早研究制定自然相关可持续金融标准。密切跟踪国际可持续发展准则理事会（ISSB）、自然相关财务信息披露工作组（TNFD）等国际组织和平台信息披露要求，进一步强化我国企业、金融机构气候环境信息披露要求，绿色金融改革试验区应走在前列。

三是积极完善碳定价机制，适当调整其他补贴、税收等价格型工具。充分发挥碳定价在引导资源配置、促进绿色低碳发展方面的重要作用。完善碳排放权交易市场，逐步实行碳排放权有偿分配，强化碳市场金融属性，引入更多金融机构和基于碳排放权的金融产品，提高碳市场定价的有效性。逐步扩大碳市场覆盖范围，鼓励和支持自愿减排市场（CCER）的发展。适时在调整现行煤炭资源税和成品油消费税的基础上开征碳税，在环境保护税下增设"二氧化碳"税目。碳税与碳交易市场形成互补，初期主要针对未加入碳市场的高碳行业和企业征收。以化石能源使用量或碳排放量作为征税对象，更好地抑制化石能源消费和碳排放。考虑到短期内税法调整难度较大，可考虑先费后税，费（税）率可逐步提高。

---

① OECD, IMF. Delivering Climate-Change Mitigation under Diverse National Policy Approaches. An Independent IMF/OECD Report to Support the German 2022 G7 Presidency, 2022.

当前，我国电价显著低于国际水平，可考虑适时征收电力碳附加费，作为碳税的替代①，这样做较为简便易行。根据 2020 年电力数据初步测算，如对每千瓦时电征收 0.05 元电力碳附加费，约相当于 10.6 美元/吨碳税，不仅可以筹集资金用于支持低碳转型，而且可以通过提高能源价格，减少能源浪费。这种方式对居民消费影响较小，对中小企业经营的影响也是可控的。同时，完善电价形成机制。加快绿电交易体系建设，联通绿电和碳排放权交易市场，推广居民阶梯电价和分时电价在更大范围的应用，进一步完善统一的高耗能行业阶梯电价制度，对于工商业用户用电，允许更大幅度的市场交易电价上下浮动范围，加快分时电价动态调整机制建设。

四是进一步推动相关法制建设，强化宏观经济和各行业节能降碳目标和监管政策的约束性。对相关目标进行适当分解，明确各行业、各地区的节能降碳具体目标、路线图和时间表，以便于监督考核。针对短期宏观经济波动，相关目标可有一定弹性，但整体上应与国家"双碳"目标相适应。不断完善应对气候变化、新型能源体系建设等相关法律法规，持续推动新能源的供给和消费。

五是进一步发挥财税工具支持绿色低碳发展的重要作用。完善和强化政府绿色采购政策，通过政府基金投资、气候环境相关转移支付、担保、贴息等工具，大力发展混合融资，充分发挥风险缓释机制的作用，动员更多社会资金支持可持续发展。研究建立和完善专门机制，适时发行绿色国债和绿色地方债，完善绿色金融工具的收益率曲线，提高政府支持绿色低碳发展的针对性、有效性。

六是结合央行职能，适时调整绿色低碳发展相关货币金融工具。气候变化及其应对会对经济增长、物价等宏观经济指标以及金融稳定产生重大影响，央行支持绿色低碳发展将是一项长期任务。应深入研究可在中长期

---

① 感谢中国人民银行原行长易纲在本课题中期评审会上提出的重要意见。

使用的货币政策工具及其搭配，政策力度可视碳价变化、相关财税政策实施、绿色金融市场发展等因素灵活进行调整。在碳价已能充分发挥作用的情况下，央行可减少定向再融资工具的使用，更多地通过进一步完善绿色金融、转型金融基础设施，强化金融机构绿色金融信息披露和评价，促进经济绿色低碳转型和高质量发展。

第二节　混合融资与风险分担机制的机理及国际实践

实现绿色低碳转型，需要巨额资金支持和合理的投融资机制。根据国际能源署的估算，到2030年，全球每年需要在可再生能源方面投资约4万亿美元[①]，才能在2050年实现净零排放目标；此外，向低碳经济转型每年还需要4万亿~6万亿美元的投资。[②] 能源转型委员会的报告指出，实现能源转型需要全球范围每年3.5万亿美元的投资，中等和低收入国家每年至少需要3000亿美元以上的优惠贷款或者赠款。[③] 绿色低碳转型所需资金靠公共资金很难满足，尤其是新冠疫情之后，各国财政资源更为紧张，需要实现包括刺激经济、保障就业、低碳转型在内的多重目标，因此充分动员社会资金支持绿色低碳转型至关重要。

在此背景下，混合融资（Blended Finance）迅速兴起，相关问题也日益受到关注。混合融资工具主要利用本国公共资金、国际组织赠款和低息优惠贷款，以及慈善基金会的资金等撬动私营部门投资，支持绿色低碳发

---

① International Energy Agency. World Energy Outlook，2022.

② United Nations Environment Programme. Emissions Gap Report 2022：The Closing Window-Climate Crisis Calls for Rapid Transformation of Societies，Nairobi，2022.

③ Energy Transitions Commission. Financing the Transition：How to Make the Money Flow for a Net-Zero Economy. March 2023.

展。其核心是搭建合理的融资结构，通过引入公共部门等优惠资金，提升私营部门的风险调整后收益，融资结构往往涉及风险分担机制安排（见图 3-1）。国际上混合融资已有不少成功案例，但发展不平衡。根据《2021年多边开发银行气候融资联合报告》，对高收入经济体来说，公共资金调动的私人融资与公共资金的比例为 1:1（私人:公共），而在低收入和中等收入经济体中，这一比例仅为 0.4:1。[①]

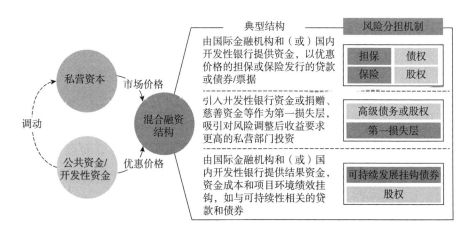

图 3-1 混合融资结构和风险分担机制示例[②]

2021 年 G20 可持续金融工作组制定的《G20 可持续金融路线图》中的第 15 个行动提到，要通过开发混合金融工具和机制、去风险机制鼓励调动私营资金。[③] 混合融资是目前国际社会动员更广泛金融资源的重要工具，虽然还处在发展的早期阶段，但已经受到广泛关注。对混合融资的概念、机理和国际实践进行深入分析，借鉴其有效做法，有利于结合国情，在我国撬动更多社会资本支持绿色低碳发展和生态文明建设，为经济高质量发展作出重要贡献。

---

① 2021 Joint Report on Multilateral Development Banks' Climate Finance.

② Convergence. State of Blended Finance 2022.

③ G20 Sustainable Finance Roadmap.

一、混合融资的理论与实践

（一）混合融资的理论

目前对混合融资还没有单一的定义（见表3－2）。混合融资通常是指包括财政投入、慈善捐赠和低成本开发性资金等在内的广义公共资本与私人资本的混合，旨在通过有限的公共投入分担项目风险，撬动市场资金，推动项目落地。混合融资在市场不完善甚至缺失的可持续发展领域培育有效的融资体系，最终实现公共资金"功成身退"。混合优惠融资是较为稀缺的资源，需要政府、开发性机构或慈善机构提供相当于赠款的捐助。除多双边政府合作外，国际组织特别是开发性金融机构也是混合融资的重要参与方。

表3－2　　　　　　　　部分国际组织有关混合融资的定义

国际组织	定义表述
经济合作与发展组织（OECD）	战略性地使用发展融资，以动员额外资金支持发展中国家的可持续发展目标。其中，额外资金主要指商业资金，重点在于调动目前没有用于发展相关投资的商业资金。①
开发性金融机构工作组（DFI Working Group）	来自捐赠者等第三方的优惠融资配合开发性金融机构融资和商业性融资来发展私营机构市场，支持可持续发展目标，同时调动（更多）私人资源。②
世界银行集团的国际金融公司（IFC）	使用相对少量的优惠捐助资金来减轻特定的投资风险，并重新平衡开拓性投资的风险回报情况。③
全球影响力投资网络（GIIN）	将具有不同风险水平的资本结合起来，以催化那些追求风险调整后市场利率的融资进入影响力投资。④

---

① Bartz-Zuccala, W., Ö. Taskin, T. Hos, C. Sangaré, R. Schwarz and P. Horrocks. Scaling up Blended Finance in Developing Countries, OECD, Paris, 2022.

② DFI Working Group on Blended Concessional Finance for Private Sector Projects. Joint Report December 2021 Update.

③ www. ifc. org/wps/wcm/connect/topics _ ext _ content/ifc _ external _ corporate _ site/bf.

④ https：//thegiin. org/blended-finance-working-group/.

表 3 – 3   混合融资主要资金来源及特点

序号	资本归类	资本来源	特点	代表机构
1	公共资本	财政拨款/政府开发援助（ODA）	财政拨款有保本和一定回报要求；ODA 一般要求偿还本金，极低利息	各国国际开发援助机构等
2		开发性金融机构资金	有保本和一定回报要求，但条件要比市场化融资渠道宽松，且周期可以很长	世界银行、亚洲基础设施投资银行等
3	公共/私人资本	慈善资金/捐赠	没有硬性保本和回报要求，理论回报周期无限长。可用于技术援助等无收益前期投资，首先承担亏损并补贴收益	比尔及梅琳达·盖茨基金会等
4	私人资本	影响力投资者	兼具财务回报和社会价值要求的私人资金，通常回报要求较低，以产业基金形式运作，投资周期灵活	卡尔佛特影响力资本、贝索斯地球基金等
5		商业性资金	要求市场化的财务回报，周期按商业原则匹配，与上述资本混合时倾向于最后承担风险损失	商业性金融机构等

资料来源：作者根据相关资料整理。

绿色低碳是可持续发展的重要议题，但由于市场机制不健全、价值转化存在障碍、整体风险较高等因素，项目较难完全通过市场渠道融资，因此成为混合融资应用的重点领域。截至 2024 年 2 月，国际混合融资研究机构 Convergence 认定的约 6800 个混合融资项目共撬动 2130 亿美元投向可持续发展领域，其中，与绿色低碳相关的能源、农业等项目合计占比超过 40%。[①] 近年来，混合融资不断加大对绿色低碳领域的支持，逐渐开拓气

---

① https：//www. convergence. finance/blended-finance。Convergence 是由世界经济论坛（WEF）和经济合作与发展组织下设的发展协助委员会（OECD DAC）于 2015 年 7 月发起成立的，是专门研究和促进混合融资的国际非政府组织，总部位于加拿大多伦多。其主要工作是收集混合融资数据并发表相关研究成果，核心愿景是努力扩大混合融资规模，弥补可持续发展投资缺口。Convergence 的成员涵盖公共、私人和慈善投资者，其主要赞助者是加拿大政府、澳大利亚政府、麦克阿瑟（MacArthur）基金会等，并与气候政策倡议组织（CPI）、国际影响力投资联盟（GIIN）等保持伙伴关系。

候适应、海洋保护等"蓝海"领域，并衍生出"气候混合融资"等细化概念。但并非所有项目都适合混合融资机制，如污水处理和公共道路、公共教育和国家公园等项目，以及新技术领域的高风险研究和开发项目，这些项目通常主要由公共资金资助会更有效。

2013 年，开发性金融机构在私营部门业务中使用投资优惠资金的指导意见中提出了混合融资的基本原则。[①] 亚洲基础设施投资银行（AIIB）、非洲开发银行（AfDB）、欧洲复兴开发银行（EBRD）等在 2017 年联合发布了《开发性金融工作组对私人部门项目混合融资的增强原则》[②]，约定了优惠利率、商业可持续性等细化标准，并被 23 家开发性金融机构认可。该增强原则的具体内容包括：一是混合优惠融资的提供应该具有额外性，即多边开发银行（MDB）提供的支持应当是市场上原本没有的，不能对私营部门资金形成挤出效应；二是尽可能有助于促进市场发展和调动私营部门的资源，尽可能减少对优惠资本的依赖；三是应有助于提高项目的商业生存能力，随着时间的推移，可重新审视项目优惠贷款的提供程度；四是融资结构应有助于解决市场失灵，尽可能减少对市场的扰动；五是努力促进参与者在公司治理、环境影响、社会包容、透明度、诚信和信息披露等领域遵守高标准。

值得注意的是，经济合作与发展组织（OECD）在 2018 年发布了混合融资原则[③]，旨在从具体融资操作层面为推动更有效的混合融资实践提供参考，包括：一是将推动发展目标的落实作为是否使用混合融资以及使用效果评估的最关键考量因素；二是应该通过合理的混合融资设计，尽可能

---

① Private Sector Development Institutions Roundtable: DFI Guidance for Using Investment Concessional Finance in Private Sector Operations. March 12, 2013. https://www.ebrd.com/downloads/news/roundtable.pdf.

② DFI Working Group on Blended Concessional Finance for Private Sector Projects, Summary Report, October 2017.

③ OECD DAC Blended Finance Principles: For Unlocking Commercial Finance for the Sustainable Development Goals.

提高私营部门资金的参与度；三是混合融资应该最大化考虑项目所在地区自身的实际需求、发展优先目标和能力，推动本地金融市场发展；四是混合融资应该建立在有效协作的基础上，充分协调不同融资主体面临的监管要求和资金授权使用的范围和目标、风险偏好等；五是混合融资的运营应受到充分的监督和评估，不断提高运行的透明度。

在混合融资中，通常使用以下类型的手段推动项目顺利启动和开发：催化基金、担保或保险、技术援助和赠款。催化基金通过公共基金和慈善基金会提供权益资本，降低私人投资者的投资风险。担保或保险通过公共基金或慈善基金会提供部分或全部担保，降低私人投资者面临的外汇风险和政治风险等。在技术援助方面，多边开发银行和发达经济体的开发性金融机构提供技术援助，支持在初始阶段进行项目设计，并在投资后协助进行项目管理。赠款提供方通过在项目设计、筹备和建立融资系统阶段提供赠款，加速项目启动。其中，催化基金使用最频繁，占 2020 年混合融资的 85%。

混合融资纠正了两类市场失灵。这两类市场失灵使新兴经济体和发展中经济体难以进入金融市场。一类是与项目相关的外部性。例如，一些投资可能会用于环境污染或增加碳排放的项目，这些外部性没有反映在项目回报中。如果混合融资能够更加注重实施具有积极环境气候影响的项目，就可能增强正外部性。在这种情况下，混合金融可以实现"项目附加性"。另一类市场失灵是项目信息不对称产生的问题。项目的收益具有很大的不确定性，私人投资者倾向于将项目视为高风险投资，导致投资不足。混合融资使公共资金主要投资于初始阶段，在项目变得更加可行之后，私人投资者介入，提供更多资金。在这种情况下，混合融资可以实现"融资附加性"。

（二）混合融资的国际实践

1. 整体趋势

以开发性金融机构混合优惠融资为例。根据私营部门项目的混合优惠融资工作组的报告[①]，2020 年开发性金融机构（DFI）在混合优惠资金的支持下，资助了 112 亿美元的项目（见图 3 - 2）。其中，通过 DFI 向这些项目承诺的优惠资金约为 16 亿美元，撬动的私营部门资金约 30 亿美元，DFI 在这些项目中的自有账户投资约 53 亿美元。

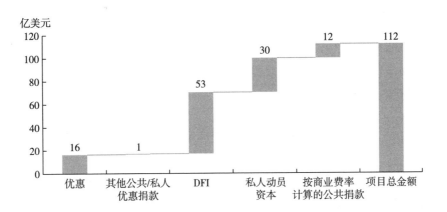

图 3 - 2　DFI 私营部门混合优惠融资新项目承诺（2020 年）

从区域分布来看，DFI 承诺的优惠资金在中低收入经济体，尤其是拉丁美洲和加勒比地区、撒哈拉以南非洲使用最多（见表 3 - 4）。从工具来看，2020 年，开发性金融机构承诺的优惠工具中最常见的是高级债务，占承诺的优惠投资总额的 32%，其次是股权（占 19%）、风险分担机制和担保（占 19%），以及次级债务（占 12%）。从行业来看，开发性金融机构提供优惠最大的行业是基础设施，且在很多情况下是投资于气候变化相关项目。

在混合融资结构中（包括债务和股权），1 美元所调动的私人资本量差异很大，平均为 4.05 美元，中位数为 2.74 美元。[②] 一些成功经验表明，设计良好的混合融资和去风险机制可能撬动几十倍的私人投资。

---

①　DFI Working Group on Blended Concessional Finance for Private Sector Projects. Joint Report December 2021 Update.

②　Convergence. How to Mobilize Private Investment at Scale in Blended Finance, 2020.

表 3-4　　　　　分区域 DFI 私营部门混合优惠融资项目金额

单位：百万美元

区域	承诺优惠资金	其他公共/私人优惠捐款	DFI	私人动员资本	按商业费率计算的公共捐款
东亚及太平洋地区	1	60	466	114	33
欧洲和中亚	283	21	1159	510	87
拉丁美洲和加勒比地区	268	4	1686	942	422
中东	63	0	121	125	22
北非	51	1	189	345	4
撒哈拉以南非洲	604	43	932	604	225
其他非洲地区	74	3	267	32	50
南亚	189	2	493	297	354

2. 成功案例

许多国际金融机构（包括多边开发银行）和公共基金都有混合融资的成功案例。国际金融公司（IFC）是世界上最大的混合优惠融资的实施者之一，建立了一套相对成熟完善的流程。2010—2022 年，国际金融公司用 31 亿美元的优惠捐助资金撬动了 172 亿美元，比例为 5.5 : 1（私人 : 公共）。① 国际金融公司推动多边开发银行和当地政府合作，一般是由公共资金承担前期风险，之后将资产出售给私人投资者，通过合理化公私资本承担风险的先后顺序，降低私人投资风险，更有效地撬动社会资本。

例如，欧盟投资赠款（EU Investment Grant）和国际金融公司分别提供了 300 万欧元和 1770 万美元，支持亚美尼亚 Masrik 地区 55 兆瓦绿地太阳能发电厂的建设运营②，该项目是高加索地区第一个公用事业规模的太阳能发电厂。该项目不仅规模大，发电量占该国全年发电量的 1.5%，而

---

① https：//www. ifc. org/wps/wcm/connect/topics _ ext _ content/ifc _ external _ corporate _ site/bf.

② IFC, EBRD, and EU Partner with Fotowatio Renewable Ventures to Support First Solar Plant in Armenia, https：//pressroom. ifc. org/all/pages/PressDetail. aspx？ ID＝25799.

且有助于引领该国更多类似项目的开发。随着越来越多的太阳能工厂投入运营，相关方建立了对混合融资工具的信心，更多私营资本将在无优惠融资参与的情况下开发项目。

再如，全球最大的资产管理公司贝莱德（Blackrock）2020年发起气候融资伙伴关系（CFP）混合融资计划，撬动5.23亿美元的私人资金，整体融资额超过6.7亿美元。[1] CFP撬动的私营部门资金超过最初设定的5亿美元目标，反映了私人投资者的强烈兴趣。参与CFP的投资者包括管理瑞典公共养老金的AP2基金、法国安盛人寿保险公司、芬兰的教会养老基金、渣打银行等。贝莱德基金旨在为减缓气候项目分配资金，以实现亚洲、非洲和拉丁美洲地区发展中国家的净零排放，投资领域包括可再生能源、住宅、商业和工业能效、低碳公共交通。[2]

（三）混合融资实践面临的挑战

总体而言，目前可持续投资中的混合融资规模仍十分有限，撬动私营部门资金的效果并不显著，尤其在发展中国家和新兴市场。这是由多种因素造成的，具体而言：

第一，公共资本的可用规模较小，风险偏好趋于保守。特别是公共资金无回报要求，可承担损失的部分，分摊到绿色低碳相关细分领域/区域时就非常有限。在"保本微利""风险兜底"等要求下，多边开发银行通过利润留存方式积累资本较慢，外部注资在短期内也难以实现，且多边开发银行需要维持最高的信用评级，确保能以较低成本进行融资，这些因素降低其参与高风险项目的意愿。

第二，项目规模与机构投资者的偏好水平之间存在差距。通常考虑混合融资工具的机构投资者是大型投资者，其目标投资规模在债务投资方面

---

① https：//www.businesswire.com/news/home/20211102005183/en/Climate-Finance-Partnership-Mobilizes-US673-Million-to-Accelerate-Net-Zero-Transition-in-Emerging-Markets.

② https：//www.power-technology.com/news/climate-finance-kenya/.

至少要达到 1.5 亿美元，股权投资要达到 5000 万美元，且这些机构投资者一般希望其投资在整个项目投资总额中的份额低于 20%，这导致对整体项目的资金规模有极高的要求。① 同时，发展中国家和最不发达国家通常缺乏结构良好、银行可担保的项目，达到机构投资者所要求的投资规模就更为困难。

第三，缺乏投资风险和业绩方面的历史数据。在发展中国家和新兴市场，私人投资者无法获得信贷风险的跟踪记录和过往项目的绩效数据。尽管多边开发银行的参与提供了积极信号并提高了项目可信度，但对私人投资者来说，为风险定价并判断风险调整后的回报仍然非常困难。②

第四，由于参与主体较多，各个主体的管理方式、内部程序等均有差异，项目的交易和沟通成本较高。许多混合融资结构涉及多个国际金融机构、政府和私人投资者之间复杂的关系，相关机构对资金申请、支付、退出和偿还有不同的要求。因此，需要花费更多时间和精力来协调各方利益，这在一定程度上增加了项目实施成本，降低了效率。

第五，在很多发展中国家，混合融资工具的管理者和机构投资者都缺乏相关经验和能力。一方面，混合融资工具通常由规模较小、经验不足的管理者管理，其缺乏金融工程等方面的专业知识，难以满足严格的尽职调查要求。另一方面，国外机构投资者对当地市场不太熟悉，这在可持续融资中尤为常见。

（四）潜在解决方案

为了克服上述挑战，未来可从以下角度出发，推动混合融资进一步发展。

第一，增加公共资金投入，且不宜过度强调其安全性。为了更好地发

---

① Convergence. State of Blended Finance 2020.

② UN-convened Net Zero Asset Owner Alliance（NZAOA）. Scaling Blended Finance-Position Paper, 2021.

挥撬动社会资金支持绿色低碳转型的作用，公共资金需要在一定程度上优先承担投资损失。有必要进一步调整和完善多边开发银行和开发性金融机构的激励措施①，引导其转变传统以贷款规模为主的导向，更重视对私营资本的撬动作用，以及提供技术援助和能力建设。

第二，鉴于许多国家财政政策空间非常有限，可以鼓励发展慈善捐赠参与混合融资。可考虑对个人捐赠实行所得税优惠，捐赠部分从应税收入中扣除，凡捐赠资金用于绿色低碳等领域，可享受更多优惠；征收遗产税、赠与税，有利于促进个人捐赠，同时政府可将相关税收收入用于开展混合融资。汇集的资金需要有经验的管理人根据事先约定的投资原则进行投资。为了分散风险和实现效果最大化，资金池最好不限制投资行业和主题，给管理人较为充分的灵活度。

第三，提高多边开发银行和开发性金融机构经营业绩的透明度，帮助投资者更好地作出决定。② 全球新兴市场（GEMs）风险数据库是世界上最大的信用风险数据库，公布了多边开发银行和开发性金融机构的投资组合的违约率。未来可以以此为基础，拓展更多的指标和历史数据，如贷款回收率，甚至风险调整后的回报率。

第四，加强合作，降低交易成本。多边开发银行和开发性金融机构可以发挥更积极的作用，与其他国际金融机构、公共基金、私人开发商和投资者合作，提供预先批准的融资、标准化程序、模板化审批文件和技术援助等"一站式"服务。在不同国家的多边开发银行、开发性金融机构和政府基金之间，分享混合融资项目的最佳做法和经验教训，也有助于在国际范围内推广混合融资实践。

---

① UN-convened Net Zero Asset Owner Alliance（NZAOA）. Call on Policymakers to Support Scaling Blended Finance，September 2022.

② UN-convened Net Zero Asset Owner Alliance（NZAOA）. Call on Policymakers to Support Scaling Blended Finance，September 2022.

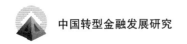

二、风险分担机制的运用

混合融资的目的是发挥公共资本的引领作用，吸引私人资本进入原本不愿意进入的可持续发展领域。因此，要通过巧妙的风险分担机制设计，降低项目的风险门槛，缓解甚至打消私人资本的投资顾虑。为此，混合融资的风险分担机制不应局限于项目融资信用结构等狭义概念，而是要有更宽泛的内涵。无论是在前期阶段帮助私人资本预判项目前景，还是在实施过程中保证风险收益，或是项目转劣后提供风险缓冲，只要其创造性地促进了资金融通，都应被纳入混合融资风险分担机制的研讨范畴。

值得一提的是，风险分担机制，无论是宏观层面的政策支持和市场设计，还是微观层面的保险、担保等具体工具，都可以在多种场景下使用，并不仅限于混合融资。为了聚焦如何更好地使用公共资本来撬动私营部门投资，本节重点讨论混合融资框架下的风险分担机制。

（一）通过优惠的融资工具，提供风险补偿

一是降低风险收益要求。公共资本的低收益要求，能够有效稀释项目融资成本，既可体现为无还本要求（如财政拨款、慈善捐赠），又可体现为低利率（如无息贷款、优惠贷款），还可以体现在低优先级上，如优先保证私人资本收益等特殊回报结构。例如，丹麦气候投资基金（KIF）设计"优先收益结构"确保私营资本回报的优先级，当投资产生收益时，商业性资金首先获得收益，直到其收益率达到6%。[①] KIF 的设计成功吸引了丹麦四家主要养老基金机构的投资，并成功在肯尼亚、巴西、马里等国支持绿色低碳项目。

二是优先承接风险损失。在混合融资中，开发性金融机构等公共资本在信用结构设计中将承接损失的优先次序进行分层，主动投入次级股/债、

---

① https：//www. convergence. finance/resource/danish-climate-investment-fund-case-study/view.

"第一损失层"（First-loss Capital）等，在项目回报不及预期时，优先承担收益甚至本金损失，以保护私人投资者权益。不同层级吸引的投资者类型不同，"第一损失层"对传统捐助者、慈善机构更有吸引力，相较于直接投资相关项目，其可以通过"第一损失层"撬动更多资本一起投资，以获得更大的影响力。欧盟的第一气候投资者混合基金（Climate Investor One，CIO）①就设计了"第一损失层"。在出现损失时，"第一损失层"首先承担损失直至全部亏损，只有当高级别股权达到回报目标后，才有权赎回本金。"第一损失层"有助于克服具有严格受托责任的机构投资者和其他投资者的主要投资障碍，这些投资者通常认为预期财务回报对于感知的风险而言太低。

三是把握风险回报周期。多边开发银行等可允许大额、长期的资金占用，如世界银行最高可承诺 50 年贷款。公共资本还可通过融资展期等方式，在项目产生收益的速度不及预期时，为私人资本优先退出创造条件。在市场条件逐步成熟的情况下，公共资本还可通过资产证券化等方式，灵活设计退出机制，减少优惠性资金的长期占用，将稳定的长期性收益让渡给私人资本。例如，亚洲基础设施投资银行在新加坡的亚洲基础设施证券化项目就以多个亚洲地区运营阶段的基础设施贷款为底层资产，在新加坡证券交易所发行债券。② 这为私营机构投资者以较灵活的规模和方式参与大型基础设施投资提供了解决方案，证券化不仅有助于增强流动性，而且通过将项目打包分散了投资风险。

（二）设计灵活的风险缓释手段，丰富增信措施

一是融资担保。开发性金融机构通过提供此类产品，在项目遇到困难时，补偿私人资本的部分甚至全部损失。融资担保既可针对项目债券和贷

---

① https：//international-partnerships. ec. europa. eu/policies/programming/projects/climate-investor-one-future-climate-finance _ en.

② https：//www. aiib. org/en/projects/details/2021/approved/Singapore-Asia-Infrastructure-Securitiza-tion-Program. html.

款，也可支持其他金融机构发行绿色债券。在银团类项目中，当开发性金融机构既为其他金融机构提供融资担保，又同时参与贷款融资时，为应对可能产生的道德风险，开发性金融机构可选择承担贷款的次级损失。例如，乌干达 Bujagali 水利项目中①，国际开发协会（IDA）为商业贷款提供风险担保（PRG），覆盖其本金和利息偿还共计 1.15 亿美元，最长可担保 16 年。一旦电力承购商或当地政府无法履行偿债义务，将由 PRG 还债。PRG 通过赔偿协议，将 IDA 和乌干达政府捆绑在一起：如果 PRG 被触发，IDA 向商业银行支付的一切资金都将由乌干达政府报销。

二是各类保险。特别是针对主权风险、气候风险等商业保险公司暂时难以覆盖的领域，开发性金融机构等可以为项目提供保险，保险价格也较为优惠，同时尽力吸纳其他商业保险和再保险公司加入。世界银行的多边投资担保机构（MIGA）通过向投资者和贷方提供担保（政治风险保险和信用增级）来促进对发展中国家的跨境投资。多边投资担保机构主要针对五类风险②，包括政府违反或拒绝履行合约、政府征用资产、战争或内乱、货币不可兑换和转移的限制以及不履行财务义务。

和其他国际项目一样，货币风险也是国际可再生能源项目投资中的重要风险之一。③ 在喀麦隆 Nachtigal 水电项目中，世界银行集团在争取私人资金方面发挥了重要作用，以最大限度地利用资金促进发展。国际金融公司则为该项目提供货币风险管理掉期工具。该项目的资金结构为国际复兴开发银行提供价值 3 亿美元的担保，多边投资担保机构提供价值 2.6 亿美元的担保、7000 万美元的股权以及价值 1.52 亿美元的贷款。④ 混合融资的

---

① https：//documents1. worldbank. org/curated/en/655591468311069662/pdf/33722. pdf.

② https：//www. miga. org/what-we-do.

③ WRI. Moving the Fulcrum：a Primer on Public Climate Financing Instruments Used to Leverage Private Capital，August 2012.

④ https：//www. worldbank. org/en/news/press-release/2018/07/19/cameroon-world-bank-group-helps-boost-hydropower-capacity.

结构和风险分担工具相结合，为可再生能源基础设施带来可持续的私营部门解决方案。

三是收益保证。如针对清洁能源项目，政府部门、多边开发银行可牵线搭桥，为项目公司落实电力购买协议（PPA），提前确认还款现金流，有效降低和分担私人资本的风险顾虑。

在阿根廷可再生能源项目中，当地的能源批发市场管理机构 CAMME-SA 与私人独立电力生产商达成电力购买协议，为项目未来的现金流提供了保障。依据可再生能源相关法律成立的可再生能源发展基金（FODER）可以在项目融资过程中提供直接融资（债券、股权）、担保和其他金融工具。为了提升可再生能源开发项目成功的可能性，阿根廷政府要求国际复兴开发银行提供担保，以支持 FODER 对项目的担保。如果政府在特定情形下未能为 FODER 提供资金，国际复兴开发银行以担保为政府提供支持，从而降低独立电力生产商的风险和融资成本。整体的项目结构如图 3 - 3 所示。

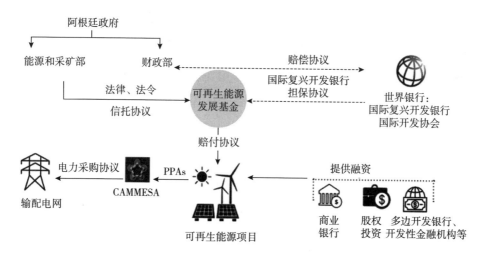

图 3 - 3 阿根廷可再生能源项目担保和 PPA 示意①

---

① World Bank Group. Financial Solutions Brief: Argentina Renewable Energy Auctions, 2018.

（三）参与项目谋划和前期开发，从源头上防范风险

一是融资规划咨询。在宏观风险较高、融资能力不足、缺少成功案例的国家和地区，部分公共资本通过协助梳理重点项目、编制融资规划等"融智"服务，帮助投融资主体统筹考虑包括风险分担在内的融资安排。世界经济论坛、经济合作与发展组织联合创设了可持续发展投资伙伴组织（SDIP），其下辖的"国家融资路线图"（CFRs）计划就是为了协助发展中国家确定融资优先项目和路径，从源头上控制风险。[①] CFRs 由 SDIP 联合当地政府、私营企业和非营利组织等共同制定。

二是项目前期介入和技术援助。在项目准备或设计阶段，通过为可行性研究编制、商业可行性分析等提供资金或智力支持，加快提高项目成熟度，确保能够满足投资者风险回报要求。在实践中，开发性金融机构在提供担保、保险或其他风险分担工具时，可能会搭配上述工具。虽然技术援助涉及的资金量不大，但由于其无偿援助和"融智"性质，对项目提前预判和压降风险，往往能起到"四两拨千斤"的作用。

技术援助和融资支持的配合有助于项目的顺利推进。例如，在喀麦隆水电项目中[②]，国际复兴开发银行就专注于监管框架、政府能力建设以及关键风险分担工具的提供；国际金融公司作为共同开发商、高级贷款人和掉期金融工具提供者，为项目公司提供了大量股权、债务、对冲工具，并动员了其他贷款人；多边投资担保机构则向股权和潜在掉期提供者提供政治风险保险，以降低项目风险。

（四）通过参与政策制度设计，强化风险保障

风险分担效果不仅受到微观项目层面的影响，而且受到宏观、中观层面的政策和产业环境制约。因此，混合融资参与方可通过咨政建言等方

---

① World Economic Forum. Sustainable Development Investment Partnership Annual Report 2021–2022.

② https://www.worldbank.org/en/news/feature/2018/07/19/nachtigal-dam-continuing-cameroons-progress-in-hydropower.

式，协助政府部门优化政策制度设计，为项目强化风险防控创造良好的环境。比如，在保障项目风险回报方面，可围绕优化项目产出产品的价格调整机制，提供有针对性的税收减免优惠政策，做好产业发展、项目投资等规划统筹以避免"重复建设"，加强配套基础设施建设等，参与当地政策设计。在保障风险分担机制落实方面，可提出意见建议，帮助完善法律制度、优化流程设计，以降低担保、保险追索成本等。在降低宏观风险成本方面，可协助政府提升政策稳定性、行政便利化以改善营商环境等。

例如，在上文提到的由欧盟投资赠款和国际金融公司优惠贷款支持的亚美尼亚太阳能项目中，欧洲复兴开发银行和国际金融公司持续与亚美尼亚政府广泛合作，改善该国监管框架，促进其可再生能源拍卖的实施。

三、我国推动绿色低碳发展的混合融资

近年来，我国绿色金融体系快速发展，政策性、开发性金融功不可没，特别是在绿色金融发展初期发挥了至关重要的作用。如果我们把公共部门资金撬动私营部门资金用于可持续发展领域的实践都广义地看做混合融资，那么我国早就通过运用政府和社会资本合作模式（PPP）、政府引导基金等方式开展了支持绿色低碳发展的金融实践。梳理我国这些进展以及面临的问题，有助于更好地推动对混合融资的研究和为实践提供参考。

值得强调的是，混合融资之所以在国际社会受到越来越多的关注，并不是因为它是一个崭新的投融资工具，而是因为它能解决发展中国家落实碳减排等可持续发展目标时面临的资金严重不足的迫切问题。正如前文所述，解决这一问题的关键，就是将有限的公共资金用于消除或者降低社会资本支持该领域行动的风险。由于国际优惠资金更多地投向撒哈拉以南非洲、加勒比和拉丁美洲等地区，在相当长时期内，慈善资金规模和增长预期较为有限，因此在可预见的未来，可能还将以国内公共资金为主撬动社

会资本以支持绿色低碳发展。

（一）我国混合融资实践

到目前为止，我国类似混合融资的实践主要包括国内公共资金和国际公共资金撬动社会资本两个方面。与发达经济体不同，我国慈善基金发展较晚，规模不大，运行模式尚未成熟，因此参与混合融资的案例很少。

1. 国内公共资金撬动社会资本

我国公共资金包括财政资金和其他社会公共资金，其规模较大，是撬动社会资本的主力军，尤以 PPP 产业基金的作用较为显著。PPP 产业基金一般通过股权或股债联动形式，投资于地方政府纳入 PPP 模式的项目。我国早在 2015 年就出台了一系列政策①，推动此类混合融资在基础设施等领域的广泛应用。

根据基金发起人的不同，PPP 产业投资基金可分为政府主导型、金融机构主导型和社会企业主导型三种模式。其中，政府主导型最为常见，通常是由省政府出资成立引导基金，再以此吸引金融机构资金合作成立 PPP 产业基金。2015 年，山东、四川的 PPP 发展基金最早先后成立。截至 2021 年末，我国共成立 1437 只政府引导基金，总规模达 2.46 万亿元。②在金融主导型和社会企业主导型基金方面，兴业基金管理有限公司、河南投资集团、中铁二十局集团等都曾发起成立 PPP 产业基金。

PPP 产业基金有望成为绿色项目的重要融资渠道。2016 年，贵州 PPP 产业投资基金为贵阳市小河湾环境综合整治项目融资 14.62 亿元；2019 年 10 月，中国 PPP 基金投资秦皇岛污水污泥处理 PPP 项目 3.29 亿元。③

---

① 2015 年 4 月，国家发展改革委等部门联合发布的《基础设施和公用事业特许经营管理办法》明确提出"鼓励以设立产业基金等形式入股 PPP 项目，支持项目公司成立私募基金，拓宽融资渠道"。2015 年 9 月，经国务院批准，财政部联合 10 家金融机构成立了国家层面的 PPP 基金——中国政府和社会资本合作（PPP）融资支持基金。2022 年 3 月，国家发展改革委办公厅发布《做好社会资本投融资合作对接有关工作》，提出需进一步提升政府产业投资引导基金与待融资项目的对接效率。
② 数据来源：中国政府和社会资本合作中心（PPP 中心）。
③ 数据来源：中国政府和社会资本合作中心（PPP 中心）。

2. 国际公共资金撬动社会资本

国际公共资金主要包括多边开发银行、双边发展援助等渠道的资金。随着我国经济的迅速发展，这些国际公共资金流入已明显减少。但国际公共资金在我国开展混合融资，有利于我国金融部门更快熟悉、利用混合融资，也有利于为其他发展中国家提供宝贵经验。

值得关注的一个典型案例是山东绿色发展基金。该基金由山东省发展投资集团利用亚洲开发银行、德国复兴信贷银行、法国开发署和联合国绿色气候基金四家机构合计约 4 亿美元贷款资金①，引入地方财政资金和社会资本，发起设立了私募气候基金。该基金的投资对象为应对气候变化的高风险基础设施建设项目、绿色和高科技制造业等，为了推动基金的有效运营，该基金采取了一系列创新做法。该基金通过设置适当收益让利机制，降低自身和财政资金的收益水平，提高社会资本的门槛收益率，成功引入了不低于基金 1.5 倍的外部资金。

该基金利用亚洲开发银行配套的资金，在投资层面制定了既符合国内法规政策，又满足国际组织要求的全流程绿色管理体系，将项目绿色评估、碳足迹、环境保障、社会保障等绿色管理要求纳入基金运作和投资项目筛选、实施、退出各环节，并引入第三方机构进行鉴证，确保真正的绿色投资。亚洲开发银行等国际机构还明确给出禁止清单，要求基金投资的项目必须符合绿色低碳、社会责任投资等方向，并对基金前三个项目进行严格审批。

（二）我国混合融资下的风险分担实践

1. 提高政策一致性，创造有利于绿色低碳发展的良好政策环境

降低项目风险的重要基础是创造一个有利的政策环境，例如，设定明

---

① 具体方式为，四家机构基于主权信用贷款给财政部，财政部将资金转贷山东省财政厅；山东省财政厅将资金转贷山东省国资委（山东省发展投资集团为山东省国资委管理的省属国有企业）并与山东省发展投资集团签订执行协议，山东省发展投资集团将该资金作为自有资金，成立山东绿色发展资本管理有限公司，发起设立并运营管理山东绿色发展基金。

确的去碳化目标，提高政策的一致性，实施碳定价，实行财政补贴等，都可能增加项目收益的确定性，帮助投资者消除风险。

金融机构根据国家绿色低碳发展战略和政策，制定相应的行动计划，也有利于提高混合融资的成效。[①] 2022 年，国家开发银行按照"规划先行"的理念，会同青海省有关政府部门、当地企业联合编制了《开发性金融支持青海打造国家清洁能源产业高地融资规划》，该规划立足当地资源能源禀赋和能源结构优化需要，围绕清洁能源集约化、新型电力系统、高效储能系统和清洁能源装备制造四个重点领域，梳理出近百个潜在项目，总投资规模预计超过 3000 亿元。该规划的颁布，有利于降低青海清洁能源投资的政策风险，有效增强投资者信心。

2. 设置适当的收益让利机制，引入社会资本

同样以山东省绿色发展基金为例。该基金是通过创新国际组织主权贷款资金使用方式，发起设立的百亿级私募气候基金，旨在促进私人、机构和商业资本融资，促进山东绿色低碳发展。该基金设置适当收益让利机制，通过降低自身和财政资金的收益水平，提高社会资本的门槛收益率，成功引入不低于基金 1.5 倍的外部资金。例如，青岛平行基金成功引入宁德时代、海尔集团等优质社会资本支持绿色低碳领域。

3. 省、市、区或开发区层面建立风险补偿机制

我国很多省、市、区或开发区都探索建立了风险补偿资金池，以此作为增信手段。当发生偿债风险时，由资金池按照约定的差异化风险分担比例承担部分损失，可以有效解决绿色企业贷款难、利率高的问题。这种财政风险补偿机制在污染防治、环保基础设施建设、生态环境修复等正外部性明显、社会效益高但预期经济收益较低的领域尤为重要。

广州市花都区、黄埔区均建立了专项的绿色信贷风险补偿机制。其

---

① 国家和地方层面以及各绿色低碳发展重点行业提出的节能降耗和碳减排目标参见本章第一节。

中，花都区出台政策细则，明确提出"对面向花都区企业开展绿色信贷、绿色债券等绿色金融业务的本区金融机构，按其损失金额的20%给予风险补偿，最高100万元。"广州市黄埔区也出台绿色金融发展政策实施细则，由财政出资设立2000万元的绿色金融风险补偿资金池，对开展绿色贷款的银行业金融机构，按其本金损失金额的50%给予风险补偿。

4. 充分利用担保、保险等风险分担工具

一是综合运用财政奖补，调动担保、保险机构积极性。

整体而言，我国在绿色领域提供担保、保险的经验仍较为有限，但也有一些成功案例。江苏探索建立绿色融资担保奖补机制，综合运用财政奖补、风险补偿等手段，调动担保机构参与绿色发展的积极性。2018年，江苏省环保厅牵头印发《关于深入推进绿色金融服务生态环境高质量发展的实施意见》，较早出台绿色担保奖补政策，对为中小企业绿色信贷提供担保的第三方担保机构进行风险补偿，担保额度在1000万元以内（含）的，按不高于担保业务季均余额的1%进行补偿。《江苏省绿色担保奖补政策实施细则（试行）》进一步明确并规范了对符合条件的担保机构进行风险补偿、奖励的工作流程，激励和引导金融资源参与生态环境保护。

为了防范绿色建筑建造过程中绿色科技应用不足等风险，浙江湖州政银保合作创新绿色建筑性能保险，为绿色建筑项目提供事前增信、事中风控服务、事后损失补偿的全方位保障。为激发投保的积极性，对购买绿色建筑性能保险的项目，按照不超过保费的20%给予补助，单个项目最高补助50万元。

二是探索政府、银行、担保机构间的风险分担模式。

自2014年以来，安徽省信用担保集团有限公司创新推出"4321"新型"政银担"合作模式。该模式是由市县政策性融资担保机构、省级再担保机构、金融机构和地方财政专项资金按4:3:2:1的比例共同分担贷款风险，支持绿色低碳技术等领域，并通过担保公司、保险机构与金融机构的合作建立、完善多层次风险分担机制。该模式进一步增强了银行与担保机构共同管理风险的责任,缓解了担保机构的流动性压力,借助财政风险补偿机制提升整体项目的风险防控水平。在"政银担"模式下,担保机构实际承担40%的风险,银行实际只承担代偿风险的20%,远低于同期银行小微企业直接贷款不良率。①

三是推进风险分担金融产品与服务创新。

在融资担保方面,随着绿色企业对大额融资的需求明显增加,2022年江苏继续创新推出"环保担"业务,对3000万元以上大额融资提供增信,重点支持污染防治和生态保护修复类、生态环境基础设施建设类、碳减排类等"大环保"项目。该业务具有额度高、期限长、担保费率低等特征,单笔融资最高可达3亿元、单次担保期限最长为3年,还可再续保3年,对绿色领军企业可免担保费。

广东肇庆高新区融资担保公司依托企业碳账户,开发"云碳担"产品,与银行机构合作按照企业碳账户贴标等级,给予贷款额度和费率优惠,产品综合融资成本最低可控制在LPR基础上增加不超过1个百分点(评为深绿、浅绿企业综合融资成本分别可低至4.1%和4.2%),贷款期限最高3年,额度最高可达2000万元。

在绿色保险方面,产品和服务的不断创新也能更好地为绿色项目的融资提供保障,分散风险。例如,在病死猪无害化处理技术推广应用方面,浙江省衢州市按照"政府主导、企业运作、财政补贴、保险联动、信贷支持"的原则,成立专门的社会化服务公司对病死猪"统一收集、集中处理"。其中,银行对无害化处理公司建设提供信贷支持,政府对养殖户和无害化处理公司进行补贴,保险公司对生猪保险实现全覆盖,保险赔付与无害化处理结果无缝对接,形成政府、养殖户、保险公司和病死猪处理企

---

① https://www.chinafga.org/yxal/5635.jhtml.

业四方联动。截至 2022 年末，已承保生猪 147.62 万头，病死猪无害化处
理率为 100%，生猪保费 7725 万元，已支付赔款 4902 万元，简单赔付率
为 63.46%。该模式目前已复制推广至河北、河南、重庆等多个省市。

（三）我国类"混合融资"存在的问题

政府补贴机制不完善，民营企业参与绿色低碳 PPP 项目占比偏低。政
府承诺提供利益差额补足和长期运营补贴等，吸引社会资本满足融资需
要。当前 PPP 项目的利润率普遍偏低，社会资本和民营企业参与积极性不
高，PPP 项目中的社会资本方通常以国资背景为主。2022 年国有企业（包
括地方国有企业、中央企业和中央企业下属企业、其他国有企业）中标项
目数量占全年成交项目总数的 81%，中标项目资金规模占比为 96%；在国
有企业中，地方国有企业所占份额最大。与此形成鲜明对比的是，2014 年
以来，民营企业在 PPP 成交市场中的项目数量与资金规模的份额呈逐年下
降趋势。

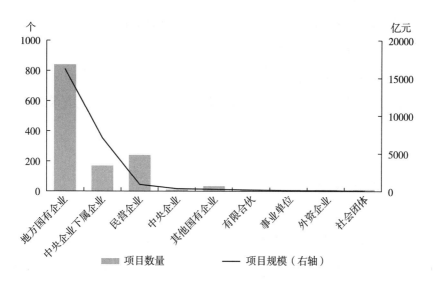

图 3-4　2022 年 PPP 项目中标社会资本性质分布

（资料来源：明树数据：《2022 年中国 PPP 市场年报》）

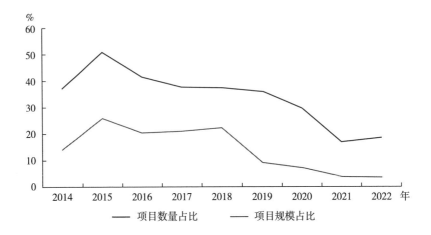

图 3 – 5 2014 年以来民营企业 PPP 项目成交数量和规模占比

（资料来源：明树数据；《2022 年中国 PPP 市场年报》）

一是民营企业（尤其是非上市民营企业）在没有外部增信的条件下很难得到金融机构的青睐，融资渠道和融资成本的劣势制约了民营企业持续参与 PPP 项目的能力。二是一些地方国有企业通过跨区域投资大量参与 PPP 项目，获得特许经营权、交叉补贴等"隐性补贴"，衍生不公平竞争和投资效率偏低，进一步拉大了民营企业与其主要竞争对手的实力差距。

此外，风险分配权责失衡，明股实债等问题可能导致地方政府隐性债务风险。

四、政策建议

我国虽然在 PPP 等领域早已开始实践，但是系统性地利用财政资金、开发性资金和慈善资金，大规模撬动社会资本专门用于可持续发展领域，尚未成为现实。我国金融部门、企业部门对混合融资支持可持续发展的理解和实践还处在早期阶段。下一步发展混合融资的政策建议包括以下方面。

（一）提升公共资本供给能力

一是加大公共资本的投入。在全球新冠疫情冲击减弱后，应更加关注绿色低碳发展，有效利用因疫情防控压力减缓而节省的部分公共资本，促进绿色低碳重点领域薄弱环节的投资。允许资质等级较高的引导基金发行绿色中长期标准化债券，设立更多的省绿色发展引导基金，下设多个支持重点各异的引导基金。用好用足中央银行绿色再贷款、再贴现、碳减排支持工具等政策工具，充分激发金融机构积极性。二是研究公共资本的释放机制。推动存量项目转化，对于已成功建成、稳定运营等项目，可通过资产证券化等渠道，提升公共资本退出效率，将宝贵的公共资金用于支持更多的项目。及时识别细分领域市场化融资条件的成熟度，在具备条件的领域加大混合融资的推广力度，将由开发性金融机构独立支持项目建设的模式，逐步调整为银团贷款等联合融资方式，以更充分地发挥开发性资金引导作用。三是推广负责任投资理念。持续培育市场对绿色低碳等可持续发展领域的投资偏好，为开发性金融机构在资本市场以较低成本筹措资金营造良好的环境。四是利用发展融资、慈善资金和家庭办公室资金等。通过内部激励结构鼓励员工参与混合融资项目和计划，战略性地使用发展融资和慈善资金。同时，防范混合融资的潜在风险，防止混合融资因优惠度或补贴水平过高导致市场扭曲，并对社会资本构成挤出效应。

（二）推动构建多元化投融资体系

一是完善有利于促进外援、外贸、外资相结合的融资模式，制定高标准的环境、社会、治理规则（ESG规则），共同促进社会资本支持混合融资可持续发展。二是允许多元主体参与。鼓励私人部门参与官方发展援助资金的投资项目，适当扩大官方发展援助的投资范围，推广以担保等形式使用捐助资金。三是完善混合融资结构设计。实现不同参与主体之间风险的合理分担，尽可能减少对优惠资金的依赖，不断提升项目自身的财务可持续性。

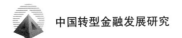

（三）提升风险分担工具效用

优化风险分担机制，融入绿色价值导向。一是发挥政策引领作用，探索在清洁能源、充电桩、储能等落实"双碳"重点领域推广 PPP 模式的可能性，研究出台相应的指导意见。二是建立合理的投资回报机制，激发民营企业参与活力。采用绿色低碳 PPP 项目搭配高收益项目的组合模式，减少对政府直接补贴的依赖，用多元化资金持续支持绿色低碳发展。三是将绿色价值融入 PPP 项目绩效评价体系。针对绿色低碳 PPP 项目，尝试构建突出绿色、低碳的项目论证体系。同时，将绿色治理理念更好地融入 PPP 项目绩效指标体系建设中，健全按效付费机制，加强绩效评价结果应用。

（四）促进风险识别和定价

建立覆盖绿色 PPP 项目识别、实施及运营的全生命周期监管机制，做好项目全周期的风险管理。对 PPP 项目的社会资本选择、投融资进展、项目建设进度、项目运营情况、项目绩效达成等进行全流程动态跟踪，并运用 ESG 方法学对 PPP 项目进行动态质量评估。在合作伙伴选择时，政府方需要对社会资本融资、建设、运营管理能力进行全面考量，选择优质合作方。

（五）强化风险分担

建立多元化补偿机制，通过中央、地方各类专项资金提升社会资本收益。绿色 PPP 项目以公益性及准公益性项目为主，盈利能力有限，本质上依赖财政资金开展项目建设。在市场经济规则下，PPP 项目需注意投资盈利性的体现。可推动建立风险补偿、担保代偿、保费补贴、利息补贴等多层次风险分担体系，提升社会资本参与绿色 PPP 项目的积极性与回报水平。

充分发挥融资担保机构的作用，促进绿色引导基金中长期债券的发展。各省担保机构可以根据本省政策指向，对本省引导基金获准发行的债券进行相应担保，中央层级的担保机构再按照中央政府的政策部署，对引导基金债券做进一步的增信。

（六）防范 PPP 明股实债带来的地方政府隐性债务问题

一是健全 PPP 法规制度建设，确保政府和社会资本方在项目全过程中有法可依、有据可查，同时各级政府在实施 PPP 项目的过程中依法决策，更好地保护各参与方利益。二是加强 PPP 过程管理，地方政府相关部门应建立完善对项目的监督管理体系，加强对纳入 PPP 项目数据库和地方政府债务情况全过程、全方位、多角度的动态监管。充分发挥政府审计和民间监督作用，及时发现和纠正以 PPP 名义违规举债、变相融资等违规违法行为。三是建立健全 PPP 信息披露制度，保证 PPP 项目信息在财政部等平台披露的及时性、有效性和真实性。

（七）建立健全政府补贴机制，维护公平市场秩序

一是建立公共服务价格和补贴动态调整机制，坚持补偿成本、优质优价、公平负担，保证社会资本和公众共同受益。政府对社会资本的补贴，要与其从社会资本处获得的收益分成密切联系。过高的补贴会诱使社会资本为获取更高的补贴而不愿意付出努力，从而增加财政负担，降低项目的价值，社会公众的福利与需求将不能得到满足。二是完善激励机制与绩效考评机制的设计和实施。避免频繁利用自身权力优势对社会资本进行过度约束，而应通过合理的机制设计激励社会资本提升运营水平、降低运营成本。

第四章 支持绿色低碳发展的货币政策与金融监管政策

气候变化及其相关政策调整，将导致家庭、企业、金融机构和中央银行的资产负债表面临较大冲击，对物价、产出等宏观经济指标也有直接影响。近年来各主要经济体央行和金融监管部门均对此予以高度重视并采取措施积极应对。本章总结国内外支持绿色低碳发展的货币政策和金融监管政策的最新实践，对我国碳减排支持工具的效果进行实证分析，结果表明该工具对我国商业银行绿色信贷业务开展发挥了显著的"信号"引导作用。但也要看到，货币政策和金融监管政策支持绿色低碳发展，在相关理论基础、传导机制、执行效果、国际协调等方面还需要深入研究，包括碳价变化对自然利率的影响、货币政策支持绿色低碳发展的空间和力度等重大问题。对此，要完善相关理论基础，优化支持绿色低碳发展的货币政策和监管政策工具框架，充分发展包括碳排放权交易市场在内的多种市场和工具，并与货币政策和监管政策相互配合形成合力，共同推动绿色低碳发展。

第一节 货币政策与金融监管政策支持绿色低碳发展具有重要意义

一、气候变化的宏观经济影响及相关金融风险

气候变化及相关政策应对将对宏观经济带来直接重大影响，对央行货

币政策的传导和实施形成较大冲击，与气候变化相关的物理风险和转型风险也给金融稳定带来较大挑战。因此，各经济体央行和金融监管部门日益重视气候变化及经济低碳转型过程中的宏观经济影响和金融风险问题。

（一）气候变化从多渠道影响货币政策的制定和实施

一是气候变化会对宏观经济形成较大影响。气候变化引发的极端天气和突发事件，可能大幅影响该区域内居民对商品和服务的需求。气候变化往往带来供给冲击，如极端天气和干旱可能导致资产受损乃至生产中断，尤其是海平面上升对沿海地区的破坏等，会对经济带来永久性冲击，降低经济潜在产出，改变自然利率的长期中性水平。频繁和强烈的气候变化也会导致经济增长率、通货膨胀和金融市场价格波动更加频繁，使物价难以保持在适当水平。例如，巴西央行在 2022 年 11 月发布的金融稳定报告称，2021—2022 年巴西南部经历严重干旱，导致大豆、小麦和玉米等农作物歉收，通胀水平明显上升，并使保险业遭受重大损失。① 而应对气候变化和低碳转型相关政策在短期内可能会影响生产要素投入，如生产率降低、资源短缺、工作时间缩短、物质和人力资本存量减少等，如果这些政策措施未能实现平稳过渡，将引发非线性调整，经济产出的波动性和水平也会受到影响。

二是气候变化会影响金融机构和央行的资产负债表。气候变化可通过影响金融机构资产负债表、改变资产估值和经济主体预期、增加搁浅资产、推升信贷风险等多种渠道改变货币政策传导和实施效果。由气候风险导致的资产价格急剧调整会降低银行或金融中介资产质量，提高其违约概率和违约损失，增加信用风险，并可能对央行资产负债表产生负面冲击，导致金融市场流动性风险大幅上升。

三是气候变化的复杂性增加了货币政策决策难度。气候变化相关风险的持续时间及其对宏观经济、物价水平的影响存在较大的不确定性，而央

---

① https：//www.bcb.gov.br/en/publications/financialstabilityreport.

行对气候变化相关风险持续性和范围的误判，可能侵蚀货币政策空间。气候变化相关风险被忽略的时间越长，极端灾难性事件发生的风险就越大，或将对经济产生不可逆转的后果。2008年国际金融危机的教训表明，极端事件会迅速侵蚀央行常规政策空间。尤其是，气候风险一旦引发滞胀，央行将面临两难。如果任其发展，会增大中期通胀预期分析的复杂性，央行将更多地面临维持价格稳定和稳定产出的困难权衡。

（二）气候变化会对金融稳定造成较大冲击

气候变化具有长期性且不断加剧，是导致经济金融体系发生结构性变化的重要因素之一。气候变化相关金融风险包括物理风险和转型风险，它们通过多渠道影响金融稳定。

物理风险是指气候异常等事件可能导致企业、家庭、银行、保险机构等的资产负债表严重受损，进而影响金融体系和宏观经济的风险。物理风险主要通过三个渠道影响金融稳定：一是通过保险公司资产负债表渠道，影响单个金融机构乃至整个金融体系。二是通过抵押品渠道，降低抵押物价值，导致银行收紧贷款条件，引发经济下行甚至金融风险。三是通过经贸和债务渠道，境外物理风险向境内传播。若某一经济体因严重自然灾害而发生经济困难、财政收不抵支，其债务违约风险急剧上升，将影响持有其大量政府和企业债券的银行业，并波及与该经济体经贸联系紧密的其他经济体。[①]

转型风险是指为应对气候变化和推动经济低碳转型，由于突然收紧碳减排等相关政策，或出现技术革新，引发高碳资产重新定价和财务损失的风险。转型风险主要从两个方面影响金融稳定：一是通过资产价值重估，放大金融体系风险。如果为了将气候变化控制在一定范围而搁置部分化石能源和高碳资产，那么这部分能源和资产就会成为"搁浅资产"，导致化

---

① 王信，杨娉，张薇薇. 将气候变化相关风险纳入央行政策框架的争论和国际实践［J］. 清华金融评论，2020（9）.

石能源和相关企业贬值，进而影响企业偿债能力及其投资者的财务状况，甚至损害宏观经济。央行与监管机构绿色金融网络认为，应对气候变化的政策措施可能引发资产突发性重新定价，增加金融机构资产负债表恶化风险，或限制银行向实体经济提供信贷的能力。[①] 二是政策超预期与低可信度促使风险从实体经济向金融市场加速传导。不可预期的政策转型可能从供给端引发宏观经济冲击，并对金融稳定产生显著影响。政策的可信度越低，对整个金融体系造成的系统性损害越大。

可见，物理风险是应对气候变化失败的成本，转型风险则是应对气候变化的代价，不转型、转型过快或过慢都将加大气候变化相关金融风险。物理风险和转型风险会对经济增长、生产率、通胀及其预期等经济和金融变量产生持久影响，对央行维护金融稳定带来重大挑战。

二、央行和金融监管部门支持公正转型的讨论

（一）公正转型概述

推动经济向可持续发展模式转型，将对各行业、各地区产生诸多深远影响。向净零经济转型，将导致一些拥有大量碳足迹的活动连同其提供的收入和生计一起消失。同时，其他活动和部门将出现并蓬勃发展，创造更多的财富和新的就业。这些转变将对一些地区和家庭产生更大的影响。为使这一经济转型既有序又包容，公共和私营机构需要设计并实现公正转型。[②] 越来越多的商业银行和机构投资者开始将公正转型纳入其气候战略，

---

① https：//www. ngfs. net/en/guide-climate-scenario-analysis-central-banks-and-supervisors.

② 公正转型起源于工会运动，是一项确保经济绿色化对工人和社区产生积极社会影响的战略，并且在这些过程中没有人掉队。除了将其纳入 2015 年的《巴黎协定》外，各国政府、企业和工会在国际劳工组织（ILO）商定了一套全面的公正转型指引，涵盖关键的政策领域（如宏观经济政策、技能和区域政策）和重要机制（如工人与公司管理层之间的社会对话）。参见：ILO. Guidelines for a Just Transition Towards Environmentally Sustainable Economies and Societies for All. Geneva，2015.

各国央行和金融监管机构也将注意力集中在金融体系和金融机构面临的气候风险上。

（二）央行和金融监管部门支持公正转型的政策选择

由于转型中的弱势群体更易受到金融风险、恶性通胀、经济波动的冲击，央行和金融监管部门通过采取措施应对气候变化，在维护价格和经济稳定以及金融稳定方面发挥作用，以此促进公正转型。央行还可以通过促进实现其他可持续发展目标，改善转型中弱势群体的状况。具体而言包括以下方面：

在政策评估方面，央行和金融监管部门拥有广泛的数据和专业研究技能，可以对气候变化与金融体系的关系问题进行深入研究。① 对央行和金融监管部门来说，在应对气候变化与转型带来的社会和区域性影响方面，仍然做得不够。各国央行和金融监管部门需填补这一空白，加强能力建设，更好地理解和评估气候变化与低碳转型的分配后果，这需要将社会经济影响纳入其定期经济监测和研究中。情景和压力测试工具可以使金融主管当局与金融机构更好地了解转型发展趋势的影响，以及对就业及更广泛的社会和区域性指标的影响。在转型情景分析中包含社会和区域视角非常重要，它可以突出特定区域和社会群体的主要风险，并密切关注金融体系和经济整体有关公正转型的进展。

在政策咨询方面，央行和金融监管部门可以直接向社区组织进行宣介，确保其声音在公正转型中得到反映。② 而且，央行和金融监管部门可以支持并推动更广泛的国家倡议，确保气候行动以人为本，并具有包容性。各国央行和金融监管部门必须了解，金融监管和货币政策如何能使资

---

① Honohan P. Should Monetary Policy Take Inequality and Climate Change into Account ［R］. Peterson Institute for International Economics Working Paper 19 – 18, 2019.

② Monni, P. and N. Robins. Supporting the Just Transition ［R］. INSPIRE Policy Brief Paper, No. 10, 2022.

本跨境流动至公正转型所需的地方，以及如何实施协调一致的政策，使国际金融体系能够完成该职能。

在货币政策方面，就业和劳动力市场状况在公正转型和货币政策传导中发挥重要作用。当涉及解决气候变化和转型在部门和区域层面产生的影响时，总体上支持劳动力市场的宏观措施可能达不到要求。央行可以重点关注受影响的工人或区域。央行通常通过购买资产和再贷款操作实现这一目的。央行还可通过购买主权债务、支持公共部门的融资来为公正转型作出贡献。

在金融监管方面，监管机构应仔细审查受监管金融机构公正转型承诺的完整性，确保这些承诺有效地嵌入公司治理和风险管理的整个体系。通过特定的法律安排，监管部门可以社区为重点，为转型提供所需资金。例如，美国《社区再投资法》（*Community Reinvestment Act*，CRA）要求美联储和其他联邦银行监管机构鼓励金融机构帮助满足其所在社区的需求，扩大中低收入社区获得信贷、投资和基本银行服务的机会。纽约联邦储备银行已将减轻中低收入社区的气候相关风险作为其社区发展战略的三个重点领域之一。①

第二节　货币政策与金融监管政策支持
绿色低碳发展的实践及成效

一、货币政策与金融监管政策支持绿色低碳发展的国际实践

近年来，不少经济体央行和金融监管部门以及世界银行、国际货币基

---

① New York Federal Reserve. Community Development Unit-Strategic Plan, https：//www.newyorkfed. org/medialibrary/media/outreach-and-education/community-development/community-development-strategic-plan. pdf, 2020.

金组织等国际组织围绕气候变化的宏观经济影响、相关金融风险的应对开展了大量研究和实践。这些实践主要可以分为两类：一类是支持经济绿色低碳发展，本质上是通过货币政策和金融监管政策引导资金流向绿色低碳行业；另一类是管理和防范气候变化相关金融风险，主要是通过宏观审慎和金融监管政策引导金融机构将气候风险纳入日常经营决策考量。

（一）支持绿色低碳发展的货币政策

尽管有观点认为，央行的职责是维护价格稳定，过度参与低碳转型可能会对央行职责造成扰乱，甚至影响央行独立性。然而，正如前文所述，气候变化对宏观经济造成较大冲击，引发的金融风险如果放任不管，势必影响央行货币政策的正常传导和实施。尤其在当前碳市场等微观市场机制尚不完善的背景下，央行有必要发展支持绿色低碳转型的货币政策工具。目前全球已有70多个国家央行在其货币政策框架内直接或间接纳入了可持续发展目标或优先政府发展目标，并采用相关货币政策工具。[①] 从国内外实践来看，支持绿色低碳发展的货币政策工具可以分为以下三类。

一是将绿色因素纳入央行资产购买。央行在资产购买中增持绿色债券等绿色资产或减持高碳资产，可以提高绿色资产的相对吸引力，引导市场资金更多投资绿色资产，从而发挥政策引导作用，降低绿色企业融资成本，一定程度上达到填补绿色投资缺口、推动低碳转型的目的。NGFS（2021）总结了绿色资产购买的两种典型做法，第一种是根据资产发行人或资产的气候风险向低碳资产倾斜（Tilt Purchase），第二种是将不符合气候相关标准的资产从央行购买范围中排除（Negative Screening）。自2015年以来，欧洲中央银行先后通过公共部门购买计划（Public Sector Purchase Programme，PSPP）和公司部门购买计划（Corporate Sector Purchase Programme，CSPP）

---

① 朱民，彭道菊．创新内含碳中和目标的结构性货币政策［J］．金融研究，2022（6）．

购买绿色债券，明显改善了绿色债券的融资条件，激励企业更多地投资于可持续发展项目，助力低碳转型。Todorov（2020）等研究发现，CSPP 启动后，符合购买条件的公司债券收益率平均下降 30 个基点，绿色债券发行量也大幅提升，工业部门（如公用事业、基础设施、交通和建筑等）绿色债券发行比例稳步上升，从 2016 年 3 月的不到 4% 上升至 2018 年 9 月底的 9% 以上。2022 年 7 月，欧洲中央银行表示，将进一步调整其持有的公司债券投资组合，充分考虑气候变化相关因素，逐渐向污染较少、具有更好气候表现的发行人和机构倾斜。新计划每年将影响价值约 300 亿欧元的央行再投资，约占欧洲中央银行企业投资组合的 10%。① 2020 年，北欧国家中坚定推动绿色发展的瑞典，其央行资产购买计划明确将可持续性标准纳入考量，成为全球首个明确以绿色和可持续资产为投资目标的央行。② 瑞典央行的购买计划将针对短期国库券、主权和市政绿色债券，以及由符合"可持续发展国际标准和规范"的发行人所发行的公司债券。此外，瑞典央行将报告公司债券投资组合的碳足迹，从而激励企业自行测量并报告温室气体排放数据。③

有的央行通过调整外汇储备投资结构，支持绿色低碳发展。例如，香港金融管理局在外汇储备中优先考虑 ESG 投资，增加外汇基金中的绿色债券组合。④ 瑞典央行明确表示，将可持续性纳入央行风险和投资政策，将部分外汇储备投资于气候友好型资产，如绿色债券等产品。瑞典央行将宣布一项针对外汇储备的负面筛选计划，比如，出售加拿大阿尔伯塔省、澳大利亚昆士兰州和西澳大利亚州等高度依赖化石燃料地区发行的债券，以

---

① https：//www. ecb. europa. eu/press/pr/date/2022/html/ecb. pr220704 ~ 4f48a72462. en. html.

② 海南省绿色金融研究院. 以碳减排支持工具推动绿色金融发展的思考与展望 ［R］. 2021.

③ https：//www. riksbank. se/globalassets/media/rapporter/ekonomiska-kommentarer/engelska/2021/sustainability-considerations-when-purchasing-corporate-bonds. pdf.

④ 见香港金融管理局总裁陈德霖 2019 年 5 月 7 日于香港金融管理局主办的绿色金融论坛的发言. https：//www. hkma. gov. hk/gb _ chi/news-and-media/insight/2019/05/20190507/.

降低其外汇储备的可持续性风险。① 2022 年 7 月，新加坡金融管理局发表声明，从 2023 年起将调整自身权益类投资，向低碳转型领域倾斜，减少对高碳行业的投资，逐渐剔除投资组合中包含 10% 及以上的收益来自于煤炭开采和油砂活动的权益类投资和公司债券。②

部分国家央行考虑将绿色投资进一步延伸到由其管理的其他资产组合。例如，法国央行不允许将员工养老金投资于涉煤资产；挪威央行拒绝将由其管理的政府养老基金投资于可能导致严重环境污染的企业。③

二是绿色信贷类工具。央行向商业银行等金融机构提供再贷款时，通过降低绿色低碳转型特定再贷款利率，调节商业银行等金融机构对这些领域提供资金的成本，推动绿色低碳转型。匈牙利央行于 2019 年推出一项计划，2020 年 1 月 1 日至 2023 年 12 月 31 日期间购买、建造或翻修节能住宅的客户在申请贷款时，可获得不低于 3 个百分点的优惠利率，银行在提供绿色房屋贷款后，可从央行获得一定幅度的再贷款利率优惠。4 年的政策期限结束后，匈牙利央行将评估政策效能，以决定是否继续实施该计划。④ 2021 年 7 月，日本央行推出应对气候变化的定向再贷款工具（Climate Response Financing Operations，CRFO），对符合要求、提供抵押品的金融机构提供零息贷款，期限 1 年，可展期至 2031 年 3 月。金融机构可自主决定资金使用，但投资或贷款应属于绿色信贷、绿色债券、可持续挂钩贷款及债券、转型金融等范畴。CRFO 并非直接干预市场，而是提供激励，鼓励金融机构提供低息贷款，将投资和融资的决策权留给私营部门，确保

---

① https：//www. riksbank. se/en-gb/press-and-published/publications/economic-commentaries/the-carbon-footprint-of-the-assets-in-the-riksbanks-foreign-exchange-reserves/reporting-the-carbon-footprint-increases-transparency-of-climate-related-risks/how-sustainability-considerations-are-applied-to-the-management-of-the-riksbanks-foreign-exchange-reserves/.

② https：//www. mas. gov. sg/news/speeches/2022/remarks-by-mas-managing-director-mr-ravi-menon-at-the-mas-sustainability-report-2021-2022-media-conference.

③ 国家金融与发展实验室. 综合运用宏观政策工具应对气候相关金融风险 [EB/OL]. http：//www. nifd. cn/Interview/Details/3790.

④ http：//real. mtak. hu/146155/1/5 _ De% C3% A1k. pdf.

央行的"市场中立性"。①

部分国家央行采取信贷干预的方式，直接以监管指令直接或间接要求银行等金融机构增加对绿色低碳领域的资金配给，以应对气候变化和支持绿色低碳发展。例如，巴西央行出台多项绿色农村信贷政策，禁止金融机构向对环境有害的经济活动提供融资。2020 年，为进一步激励农村信贷绿色化，巴西央行开展了农村环境登记（Rural Environmental Registry），对通过认证的贷款人，其营运资本贷款额度上限可提高 10%。印度央行通过优先部门贷款计划（Priority Sector Lending，PSL）引导金融机构增加绿色投融资，要求所有商业银行，无论国有银行还是私有银行，均需将银行净信贷或表外信贷等价头寸规模的 40%（以较高者为准）提供给可再生能源等"优先部门"。2020 年，印度央行提高了 PSL 对可再生能源领域的贷款上限，由 1.5 亿卢比上升为 3 亿卢比。2023 年 4 月，印度央行发布《受监管实体绿色存款框架》，旨在鼓励印度金融机构提供绿色存款，以增加对绿色项目的投资，并协助存款客户实现其支持可持续发展的目标。② 马来西亚央行于 2022 年设立"低碳转型融资工具"（Low Carbon Transition Facility，LCTF），资金总额 10 亿林吉特（约 2.4 亿美元）。所有致力于向低碳可持续模式转型的中小企业均可申请，无需提供抵押品。符合条件的中小企业最高可获得 1000 万林吉特贷款，年利率最高为 5%，最长期限为 10 年。③ 孟加拉国央行设置绿色行业最低信贷比率，商业银行和非银金融机构应将其总贷款组合的 5% 分配给绿色行业，并为商业银行绿色信贷设置优惠再融资条款。同时，该行设立总额为 2 亿美元的绿色转型基金，用于推动纺织和皮革等出口行业的绿色转型。

三是将绿色资产纳入央行抵押品框架。央行抵押品框架和相关政策会

---

① https：//www.boj.or.jp/en/mopo/measures/mkt_ope/ope_x/index.htm.

② https：//rbi.org.in/scripts/NotificationUser.aspx?Mode=0&Id=12487.

③ https：//www.smebank.com.my/en/financing/programmes/lctf.

影响央行对手方持有的资产组合选择，促使央行对手方选择持有更多可以被央行视为抵押品的资产。自2021年1月1日起，欧洲中央银行正式将符合相应条件的可持续发展挂钩债券（SLBs）纳入货币政策操作的合格抵押品范围，成为全球第一个将可持续发展挂钩债券纳入抵押品框架的央行。可持续发展挂钩债券的票面结构需与可持续发展目标挂钩，该目标需符合欧盟条例规定的、或联合国可持续发展目标中相关的环境目标。可持续发展挂钩债券一般包括"递增机制"，即如果发行人未能实现其承诺目标，则息票支付会增加，从而激励发行人努力实现目标。2022年，欧洲中央银行对抵押品框架作出调整，纳入气候因素，将限制高碳足迹的发行人被纳入抵押品框架的资产份额。如果技术条件成熟，该措施预计于2024年底前实施。欧洲中央银行抵押品框架的改变将有助于激励发行人注重气候因素，积极实现绿色低碳转型。[①]

（二）支持绿色低碳发展的金融监管政策

气候变化引发的相关金融风险会对金融稳定造成较大负面冲击，肩负维护金融稳定职责的各经济体央行和金融监管部门近年来不断完善金融监管政策，其重点是根据《巴塞尔协议》三大支柱框架推出相应的监管措施。

一是在考虑绿色低碳因素的基础上，实行差异化的准备金要求、资本充足率要求等监管要求。存款准备金率影响银行创造信贷的能力，当央行实行差异化准备金要求时，可以针对绿色资产下调准备金率，达到促进绿色投资、支持低碳转型的目的。与差异化准备金率类似，央行可以在金融机构风险资产加权时，调整绿色或棕色资产的权重，调低前者风险权重，调高后者风险权重，让更绿色的资产消耗更少的资本金，从而为更多向低碳绿色部门贷款的银行设定更宽松的资本充足率要求，引导资金流向。

---

① https：//www. ecb. europa. eu/press/pr/date/2022/html/ecb. pr220704～4f48a72462. en. html.

2018 年，欧盟可持续融资高级专家组建议，对金融机构绿色资产与棕色资产设置差异化监管要求，资本充足率引入"棕色资产惩罚"或"绿色资产支持"，引导金融机构和实体经济低碳转型。相关措施还包括差异化的逆周期资本缓冲和流动性监管要求。例如，针对银行对高碳行业的信贷扩张，施加更高的资本缓冲，抑制高碳行业信贷增长。[①] 欧洲银行业联合会曾建议，为鼓励银行增持绿色资产，应在流动性覆盖比率和净稳定资金比例计算中降低对覆盖银行绿色资产的流动性资金要求，以鼓励银行配置绿色资产。[②] 2023 年 4 月，法国央行行长表示，央行需研究构建短期气候模型，以更好应对气候风险对物价和产出等的冲击。[③]

二是加强对金融机构气候变化相关风险的指导监督。调整监管指标要求对央行和金融监管部门来说是一项较为复杂的工作，金融机构也会在短期内面临较大压力。因此，发布绿色低碳相关的原则和指引，逐步引导金融机构向绿色低碳转型，非常有必要。例如，欧洲中央银行要求银行进行气候变化风险自评估并据此制订行动计划；澳大利亚审慎监管局鼓励金融机构开展气候变化风险评估、管理和披露，并计划推出气候风险审慎实践指南。[④] 2022 年 6 月，巴塞尔委员会（Basel Committee on Banking Supervision，BCBS）发布了《气候相关金融风险有效管理和监管原则》，包含 12 项银行管理原则和 6 项银行监管原则，旨在帮助银行和监管机构优化与气候相关金融风险的应对政策。美国也在近年来不断加强金融机构气候变化风险监管。[⑤] 美联储、美国证券交易委员会等机构纷纷呼吁金融机构加强

---

① https：//finance. ec. europa. eu/system/files/2018-01/180131-sustainable-finance-final-report _ en. pdf.

② https：//www. ebf. eu/ebf-media-centre/towards-a-green-finance-framework/.

③ Galhau, F. 2023. The Role of Central Banks in the Macroeconomics of Climate Change. Speech at City Week, London, Apr., 24th.

④ https：//www. apra. gov. au/news-and-publications/apra-releases-guidance-on-managing-financial-risks-of-climate-change.

⑤ https：//www. bis. org/bcbs/publ/d532. pdf.

气候风险披露，缓解气候变化对美国金融系统带来的重大风险。2022 年
12 月，美联储发布《大型金融机构气候风险管理原则（草案）》，拟加强
气候风险监管。该草案针对资产规模在 1000 亿美元以上的金融机构，包
括在美国运营的外国金融机构，敦促这些机构更好地识别、监测和管理气
候变化带来的各类金融风险，防控信用、市场、流动性、法律合规等因气
候变化导致的物理风险和转型风险。该草案还要求美国所有银行控股企业
加快提升有关气候和可持续发展相关的风险测算、管理、分析等方面的
能力。[1]

三是开展气候风险压力测试。通过气候压力测试，能够引导金融机构
识别气候环境风险敞口，评估气候风险对银行资产负债表的影响，进而充
分评估金融系统脆弱性及气候风险可能带来的冲击与影响。目前，已有约
30 家央行或金融监管部门开展或计划开展气候风险压力测试。例如，2022
年，欧洲中央银行对 104 家重要银行开展气候风险压力测试，发现约 60%
的银行尚未建立气候风险评估框架，多数银行未将气候风险纳入信用风险
模型，仅有 20% 的银行在发放贷款时将气候风险纳入考量。[2] 同年，日本
央行和金融厅对 3 家大型银行进行了气候风险压力测试，发现参与银行的
预期信贷损失大幅低于其平均净盈利，银行已初步建立了情景分析的基本
能力[3]；加拿大央行和金融管理局对 6 家金融机构进行了转型风险压力测
试，发现转型风险对国民经济各部门的影响不均衡，但低碳转型将对高碳
行业带来深远调整，且宏观经济也将受到负向冲击。由于化石能源全球需
求下滑，叠加国内产业调整，2050 年加拿大 GDP 将下降超过 10%。[4] 2022
年 9 月，NGFS 发布了第三版气候情景，更新了最新的碳中和承诺数据和

---

① https://www.federalreserve.gov/newsevents/pressreleases/files/other20221202b1.pdf.

② ECB. Climate-related Risk and Financial Stability, July 2022.

③ https://www.boj.or.jp/en/announcements/release_2022/rel220826a.htm/.

④ https://www.bankofcanada.ca/wp-content/uploads/2021/11/BoC-OSFI-Using-Scenario-Analysis-to-Assess-Climate-Transition-Risk.pdf.

技术发展情况，并首次就突发气候事件的物理风险影响进行了估算，提高了模型的行业精细度。未来，NGFS 将考虑设置短期气候情景，以更好地反映当前能源市场走势等变化，初步考虑短期情景的时间覆盖范围为 3 ~ 5 年。2022 年 9 月，美联储宣布美国最大的 6 家银行（美国银行、花旗集团、高盛、摩根大通、摩根士丹利和富国银行）将参与气候情景分析试点，随后于 2023 年将参与范围拓展至 23 家银行，该工作旨在评估参试银行在 2023 年面临的物理风险及 2023—2032 年面临的转型风险。① 此外，巴西、新加坡、澳大利亚、印度、韩国等经济体正在进行或计划实施气候风险压力测试。例如，巴西央行要求银行从 2022 年 7 月开始将干旱、洪水和森林火灾等气候变化相关风险纳入压力测试。②

四是加强信息披露，方便监管部门和市场识别潜在风险。信息披露等信息基础设施的建设，旨在提高气候相关信息的清晰度和可得性，推动私人部门在其资本分配决策中根据信息披露采取行动，"有序"分配私人资金流向更加绿色低碳部门。气候相关财务信息披露工作组（TCFD）制定的气候风险披露框架已成为全球统一基准，多国央行、金融监管机构均支持使用 TCFD 框架建议，包括日本、英国、瑞士等。2022 年 3 月，美国证券交易委员会（SEC）发布了征询规定，要求美股上市公司加强和规范与气候相关的信息披露。一旦该规定正式实施，美股上市公司将被要求在其合并财务报表附注以及在向 SEC 提交的任何报告的业务描述、风险因素、法律诉讼、管理层讨论与分析中披露与气候相关的信息。③ 2022 年 7 月，新加坡金融管理局发布 ESG 基金信息披露和报告指导方针，要求 ESG 基金向投资者销售时，必须提供包括其投资策略、投资标准与指标以及与基

---

① https：//www. federalreserve. gov/newsevents/pressreleases/other20220929a. htm.

② 北京绿色金融与可持续发展研究院. 巴塞尔气候相关金融风险监管与银行气候风险压力测试 [R]. 2023.

③ https：//www. sec. gov/rules/proposed/2022/33 – 11042. pdf.

金投资策略相关的气候风险等信息。[①] 2023 年 3 月，欧洲中央银行发布题为《欧元体系出于货币政策目的持有企业证券的气候相关财务披露》的报告，提出自当月 24 日起，欧元体系各央行每周都要披露其自身气候信息，以利于公众了解气候影响，帮助欧洲中央银行及整个金融部门更好地应对气候相关金融风险。[②] 国际财务报告准则基金会（IFRS Foundation）于 2021 年 11 月成立了国际可持续发展准则理事会（ISSB），致力于推动全球可持续信息相关披露标准的整合和统一。2023 年 6 月，ISSB 发布《国际财务报告可持续披露准则第 1 号——可持续发展相关财务信息披露一般要求》和《国际财务报告可持续披露准则第 2 号——气候相关披露》。两份标准的核心内容基本采纳了 TCFD 框架，围绕治理、战略、风险管理、指标和目标四个维度提出细化的披露要求。

二、我国货币金融政策支持绿色低碳转型的实践

自 2016 年以来，中国人民银行联合相关金融管理部门不断完善绿色金融顶层设计，创新支持绿色低碳发展的货币政策和金融监管政策，充分发挥金融支持绿色低碳发展的资源配置、风险管理和市场定价三大功能，推动我国绿色低碳转型跨越式发展。

（一）我国支持绿色低碳发展的货币政策实践

中国人民银行是最早推出结构性货币政策以支持绿色低碳转型的主要央行之一。自 2018 年起，中国人民银行已推出抵押物框架、再贷款等结构性货币政策，对绿色票据优先进行再贴现。

---

① https：//www. mas. gov. sg/-/media/mas/regulations-and-financial-stability/regulations-guidance-and-licensing/securities-futures-and-fund-management/regulations-guidance-and-licensing/circulars/cfc-02-2022-disclosure-and-reporting-guidelines-for-retail-esg-funds. pdf.

② https：//www. ecb. europa. eu/pub/pdf/other/ecb. climate _ related _ financial _ disclosures _ eurosystem _ corporate _ sector _ holdings _ monetary _ policy _ purposes2023 ~ 9eae8df8d9. en. pdf.

　　一是调整抵押品框架的结构性货币政策。2018 年 6 月 1 日，中国人民银行决定扩大政策性银行和商业银行获得中期借贷便利（MLF）的合格抵押品范围，新纳入 MLF 担保品范围的有：不低于 AA 级的小微企业、绿色和"三农"金融债券，AA + 级、AA 级公司信用类债券（优先接受涉及小微企业、绿色经济的债券），优质的小微企业贷款和绿色贷款。

　　相关研究发现，中国人民银行将绿色因素纳入抵押品框架后，可以明显提高绿色金融资产的质权和稀缺性，相当于中国人民银行间接为绿色低碳企业提供了担保或增信，有助于提高绿色低碳企业的融资可得性并降低其借款成本。同时，中国人民银行通过抵押品扩容，提高了被纳入抵押品范围的绿色金融资产的流动性，降低其流动性溢价。总而言之，这一政策通过商业银行的资产负债表渠道和企业的资产负债表渠道同时发挥作用，提高了绿色低碳企业融资可得性，降低了其融资成本[①]，也大大促进了绿色金融市场的发展。当前，我国已经成为全球最大的绿色信贷市场和全球第二大绿色债券市场。截至 2023 年 3 月末，我国本外币绿色贷款余额增至约 25 万亿元，同比增长 38.3%；绿色债券存量规模逾 2.5 万亿元，均居全球前列。

　　为进一步完善绿色金融资产担保品框架，2021 年，中央国债登记结算有限责任公司绿色债券担保品服务体系将绿色基因融入担保品管理工具，通过"标准化绿色债券担保品管理产品"和"合格担保品范围扩容"模式，填补了国内绿色担保品管理产品的空白，有效缓解了绿色债券市场流动性不足、投融资成本高等问题，进一步释放了"绿色溢价"效应。同时，以绿色债券担保品应用为纽带，推动金融机构形成绿色集群，实现全行业绿色转型。具体来看，在合格担保品扩容方面，通过定向推动绿色债券纳入合格押品范围，提升绿色债券的接受度，提高绿色金融资产使用效

---

　　① 郭晔，房芳. 新型货币政策担保品框架的绿色效应 [J]. 金融研究，2022（1）.

率。为解决投资者对风险防范的后顾之忧，针对绿色债券以信用类债券为主的特点，中央国债登记结算有限责任公司还在押品准入、资产池动态调整、期间管理等环节进一步强化风险监控功能。截至 2022 年末，累计约 100 家机构参与该项业务，绿色债券作为押品规模超 450 亿元，整体使用率达到 10%，较市场上信用债使用率高出近 20%。

二是碳减排支持工具。2021 年 11 月 8 日，中国人民银行宣布推出碳减排支持工具（CERF），旨在以稳步有序、精准直达的方式支持清洁能源、节能环保、碳减排技术等重点领域发展，并撬动更多社会资本以促进碳减排。该工具推出初期，CERF 发放对象暂定为全国性金融机构，包括 3 家政策性银行、6 家大型商业银行及 12 家全国性股份制银行。再贷款发放采取"先贷后借"的直达机制，即在由金融机构自主决策、自担风险的前提下，在向工具中列出的三大重点领域 18 个细分行业发放碳减排贷款后，可按照发放贷款本金的 60% 向中国人民银行申请为期 1 年、利率为 1.75% 的再贷款支持。该再贷款可展期 2 次，最长年限为 3 年，金融机构向企业发放贷款的利率应与同期限档次贷款市场报价利率（LPR）大致持平。在再贷款发放时，接收方金融机构需向中国人民银行提供相关贷款项目的环评报告、详细碳减排数据等参数，并提供合格抵押品。再贷款发放后，金融机构需按季向社会披露碳减排支持工具所支持的碳减排领域、项目数量、贷款金额、加权平均利率、碳减排数据等信息，并接受授权的第三方机构核查。截至 2023 年 4 月末，碳减排支持工具余额近 4000 亿元，支持金融机构发放贷款约 6700 亿元，带动碳减排量超过 1.5 亿吨。[①] 为保持金融对绿色发展、能源保供等领域的支持，碳减排支持工具将延续实施至 2024 年末，参与金融机构进一步增加到 7 家外资银行和数十家地方法人银行等。

---

① 见中国人民银行原行长易纲在第十四届陆家嘴论坛上的主题演讲"积极践行绿色发展理念　促进 30·60 目标平稳实现"，2023 - 06 - 08。

三是支持煤炭清洁高效利用的专项再贷款。2021 年 11 月 17 日，国务院常务会议决定在碳减排支持工具的基础上，再设立总额为 2000 亿元的支持煤炭清洁高效利用的专项再贷款，发放对象为 7 家全国性金融机构。专项再贷款金额将覆盖贷款本金的 100%，再贷款利率、贷款利率、期限与展期要求与碳减排支持工具要求一致。2022 年 5 月 4 日，中国人民银行将上述专项再贷款额度增加 1000 亿元，专门用于支持煤炭开发使用和增强煤炭储备能力。截至 2023 年 3 月末，支持煤炭清洁高效利用专项再贷款 1365 亿元，较年初增加 554 亿元。支持煤炭清洁高效利用专项再贷款可延续实施至 2023 年末。

四是绿色票据再贴现业务。票据融资是金融支持实体经济的重要方式之一。相对贷款和其他融资方式，票据期限短、便利性高、流动性好，是中小企业重要的融资渠道。近年来，中国人民银行为推动绿色金融更好地服务构建新发展格局，不断加大绿色信贷支持力度，着力推动绿色票据再贴现业务，中国人民银行多家分支机构已经开通绿色票据再贴现直通业务，简化审查程序，并提供贴现利率优惠，有效减轻企业经营成本。

（二）中国人民银行支持绿色低碳发展的其他措施

除牵头制定并推动实施绿色金融、转型金融标准，强化金融机构环境信息披露工作外，中国人民银行还采取以下措施支持绿色低碳发展。

一是高度重视环境风险监测与管理，有序推进气候变化相关金融风险防控。2021 年，中国人民银行组织 23 家全国性银行机构（包括 2 家开发性、政策性银行，6 家大型商业银行，12 家全国性股份制银行和 3 家城市商业银行），重点针对火电、钢铁和水泥行业年排放量在 2.6 万吨以上二氧化碳当量的企业开展气候风险敏感性压力测试，在试点省份开展高碳行业压力测试，考察碳排放成本上升对企业还款能力的影响，以及进一步对参试银行持有的相关信贷资产质量和资本充足水平的影响，为有序防范气候相关金融风险探索有益路径。

二是逐步完善金融机构绿色金融评价。中国人民银行通过绿色金融业绩评价，引导金融机构增加绿色资产配置、强化环境风险管理，不断提升金融业支持绿色低碳发展的能力。2021年6月，中国人民银行发布《银行业金融机构绿色金融评价方案》，以取代2018年《银行业存款类金融机构绿色信贷业绩评价方案（试行）》。依据新的评价方案，自2021年7月1日起，中国人民银行将每季度对银行业金融机构绿色金融业务开展情况进行综合评价。从"绿色信贷"评价到"绿色金融"评价，范围升级，方案定义绿色金融业务为符合绿色金融标准及相关规定的业务，包括绿色贷款、绿色证券、绿色股权投资、绿色租赁等多方面。绿色金融评价结果将纳入央行金融机构评级等中国人民银行政策和审慎管理工具，中国人民银行及其分支机构也会依据评价结果对银行机构实行激励约束的制度安排。

三是不断推进绿色金融改革创新试验区建设，探索更好支持绿色低碳发展的政策实践。自2017年以来，中国人民银行牵头在5省8地开启了各具特色的绿色金融改革创新试验，目前已扩大至7省10地，积累了大量经验，为我国绿色金融体系的构建和发展发挥了巨大的引领作用。试验区先行先试绿色金融国家标准和行业标准，结合地方实际发布数十项绿色金融地方性标准，成为绿色金融国家标准和行业标准的有益补充。试验区率先落地金融机构环境信息披露框架，例如，浙江湖州和衢州实现全市域银行业金融机构环境信息披露全覆盖，江西实现地方法人城市商业银行环境信息披露全覆盖。探索绿色金融激励约束机制，例如，浙江湖州在试验区建设期内每年安排10亿元绿色金融改革专项资金，对绿色金融产品开发、绿色企业上市、绿色金融高端人才等给予奖励或补助。不断发展多元化绿色金融产品和服务，例如，围绕金融科技赋能，浙江湖州打造"绿贷通"金融综合服务平台。

三、我国货币政策支持绿色低碳转型效果分析①

中国人民银行对碳减排支持工具相关信息披露提出了较高要求，相关商业银行需按季度披露相关信息，数据资料较为完整，这为研究我国绿色货币政策尤其是绿色信贷政策效果提供了良好的基础。我们的分析表明，碳减排支持工具取得了较好的效果。

（一）碳减排支持工具实施效果初步分析

在第一阶段获批资格的 21 家全国性金融机构中，除中国农业发展银行、浙商银行、渤海银行暂未披露 2022 年第四季度数据外，其余 18 家均已完成披露。

从实施领域来看，碳减排支持工具在项目分布、资金成本、减排效果等方面呈现不均匀格局。碳减排支持工具明确支持清洁能源、节能环保、碳减排技术三个重点减碳领域。由表 4 - 1 可知，18 家银行发放的碳减排贷款中，清洁能源领域获批贷款项目数量与金额均位居第一，为 5625 个项目，总计 6442.33 亿元，远超过节能环保与碳减排技术领域。资金成本

表 4 - 1　　　　　　　　　　碳减排贷款按领域统计对比

碳减排领域	支持项目数量（个）	贷款金额（亿元）	加权平均利率（%）	每万元带动的年度碳减排量（吨二氧化碳当量/万元）
节能环保	95	154.32	3.95	2.64
清洁能源	5625	6442.33	3.54	2.27
碳减排技术	9	9.50	2.70	6.64

注：以上数据覆盖 18 家银行 2022 年第四季度碳减排贷款数据。在 21 家全国性金融机构中，中国农业发展银行、浙商银行、渤海银行未披露。默认使用数据区间类型为累计至 2022 年第四季度，未特殊说明则同下。

---

① 参考本章执笔人参与的国家自然科学基金 2022 年第一期应急管理项目"支持零碳金融发展的结构性货币政策研究"课题报告。

基本与带动碳减排的效果呈现正相关。从减排效果来看，碳减排技术领域每万元贷款平均能够带动的年度碳减排量为6.64吨二氧化碳当量，远超过其他两大领域，但在项目支持数量及贷款金额中均为最低。

进一步关注各银行使用该工具的情况，图4-1、图4-2与图4-3分别展示了各银行碳减排贷款金额数量、贷款金额在2021年绿色贷款余额中占比以及贷款带动碳减排效果与资金成本的对比。

从碳减排贷款绝对量来看，图4-1表明，农业银行、工商银行、建设银行、中国银行与国家开发银行五家银行的贷款金额明显高于其他银行，均在600亿元以上，农业银行、工商银行、建设银行与中国银行均超过900亿元，其他银行则展现了加速递减态势。

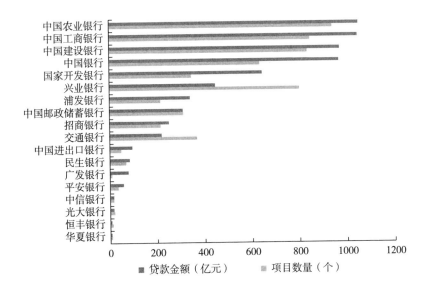

图4-1 碳减排贷款金额与项目数量统计

图4-2进一步从相对水平的角度，结合各银行绿色信贷开展分析碳减排贷款的实施情况。考虑到截至2023年6月成文，各银行2022年的绿色贷款余额尚未公布完全，故使用2021年年末数据进行相对量的衡量。具体而言，将各银行累计至2022年12月的碳减排贷款金额与其2021年末

绿色贷款余额相除，得到银行实施绿色信贷业务过程中对碳减排支持工具的使用强度。结果显示，平均来看，碳减排支持工具累计带动的贷款金额占到上一年末绿色贷款余额的4.99%，有效地直接推动了绿色信贷业务增长。但各银行使用碳减排支持工具的程度呈现明显差异，其中广发银行的拉动效果最为明显，比值达17.45%，而华夏银行仅为0.31%。此外，各银行累计至2021年末的碳减排贷款金额占到当年末绿色贷款余额的1.69%，说明政策出台后得到了各银行的迅速积极反馈。

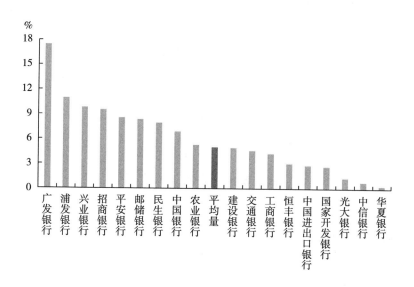

图4-2　各银行碳减排贷款金额在2021年绿色贷款余额中占比

最后综合碳减排效果及资金成本，分析各银行碳减排贷款的使用效率。图4-3表明各银行碳减排贷款的加权平均利率分布较为均衡，大部分集中在3.1%~4.0%。就带动碳减排量而言，恒丰银行的碳减排贷款起到了较好的碳减排效应，每万元贷款可带动年度碳减排11.82万吨二氧化碳当量，而广发银行该指标最低，仅为0.13万吨。

以上结果表明，就碳减排支持工具的实施而言，第一，实施领域分布不匀，现有的碳减排贷款主要集中在清洁能源领域，碳减排技术减碳效果最佳但项目明显不足；第二，从各银行的实施情况来看，整体平均直接带

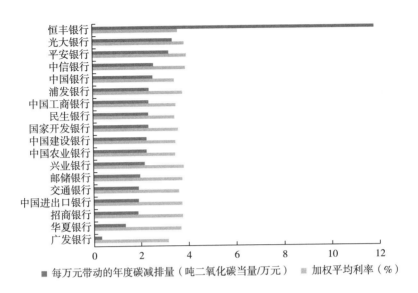

图 4 - 3 碳减排贷款带动碳减排效果与资金成本对比

动了4.99%的绿色信贷业务增长，起到了良好的效果，但在各维度上均呈现出较大差异。例如，贷款主要集中在大型国有银行，政策红利的头部效应显著，这也说明了大型国有银行在绿色信贷领域的竞争优势；各银行绿色信贷业务开展成熟度不一，对碳减排支持工具的使用强度各有不同，对股份制银行绿色信贷业务推动作用较大；虽然各银行碳减排贷款的平均利率波动较小，但碳减排效果存在着明显差异，说明"绿色"标准并未实现差异化定价。

（二）利用双重差分法实证分析碳减排支持工具效果

结构性货币政策通过"精准滴灌"使一部分群体受到直接影响，而另一部分未受影响，满足双重差分"自然实验"的设定前提。在结构性货币政策工具的效果研究中，双重差分法得到了较为广泛的应用。碳减排支持工具的推出与实施取决于央行，在政策制定上保持较高的独立性。对于纳入支持范围的银行而言，该支持工具的出台一定程度上是外生事件，可视为准自然实验，符合双重差分法的设定前提。此外，碳减排支持工具属再贷款政策，对银行信贷的影响具有明显的结构差异，直接受到影响的机构为纳入政策支持范围的 18 家银行业金融机构，而其他金融机构无法得到再贷款的支持，因此可以较好地划分处理组与对照组。

本研究选取 2015—2022 年 42 家 A 股上市银行作为研究对象，共覆盖 6 家国有大型商业银行、9 家股份制商业银行、15 家城市商业银行和 12 家农村商业银行（见表 4 - 2）。在资产规模方面，截至 2021 年末，样本银行资产总计 226.70 万亿元，占我国银行业金融机构总资产的 65.76%[①]，该占比在 2015—2021 年持续保持在 65% 以上（见图 4 - 4）。

表 4 - 2　　样本银行选取概览（含碳减排支持工具支持情况）[②]

政策支持情况	机构类型	具体银行
已纳入碳减排支持工具支持范围	国有大型商业银行（6 家）	中国工商银行、中国农业银行、中国银行、中国建设银行、交通银行、中国邮政储蓄银行
	股份制商业银行（9 家）	中信银行、中国光大银行、招商银行、上海浦东发展银行、中国民生银行、华夏银行、平安银行、兴业银行、浙商银行
未纳入碳减排支持工具支持范围	城市商业银行（15 家）	北京银行、上海银行、江苏银行、南京银行、苏州银行、杭州银行、齐鲁银行、长沙银行、重庆银行、成都银行、贵阳银行、西安银行、宁波银行、厦门银行、青岛银行
	农村商业银行（12 家）	上海农村商业银行、无锡农村商业银行、江苏张家港农村商业银行、江苏常熟农村商业银行、江苏苏州农村商业银行、重庆农村商业银行、兰州农村商业银行、浙江绍兴瑞丰农村商业银行、江苏紫金农村商业银行、长沙农村商业银行、青岛农村商业银行、郑州农村商业银行

---

①　自 2020 年起，中国银保监会将金融资产投资公司纳入"银行业金融机构"汇总口径。

②　碳减排支持工具推出时，支持金融机构范围为 21 家全国性金融机构，包括 3 家政策性银行、6 家国有银行及 12 家全国性股份制银行；2022 年 8 月将德意志银行（中国）、法国兴业银行（中国）纳入支持范围。3 家政策性银行非商业银行，不属于本研究的对象，加之股份制银行中 3 家银行（广发银行、渤海银行、恒丰银行）未在 A 股上市，本研究的对象包含 15 家纳入碳减排支持工具支持范围的金融机构。

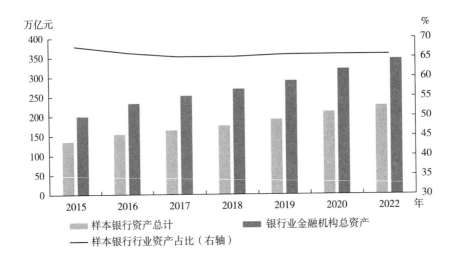

图 4 – 4　2015—2021 年样本银行行业资产占比情况

剔除关键变量数据缺失的观测后，初步筛选得到 42 家银行、311 个观测值的非平衡面板数据。为消除极端值影响，减弱离群值对研究结论的干扰，对所有银行层面的连续型变量在上下 1% 分位数上进行缩尾处理。为增强结论的可靠性，分别利用平行趋势检验、安慰剂检验进行稳健性检验，限于篇幅，具体模型和实证分析过程从略。

实证分析结果表明，碳减排支持工具显著提高了商业银行绿色信贷占比，相关银行的绿色信贷占比平均净增加 0.64 个百分点，为样本区间内全体银行平均绿色信贷占比值的 13.31%，说明碳减排支持工具发挥了良好的信贷资源向绿色领域引导的"信号"作用。为增强结论的可靠性，本节还进行了平行趋势假设检验与虚构政策实施年份及实施对象的安慰剂检验，稳健性检验结果均得到通过，说明结论具有较高的可靠性。

（三）支持绿色低碳转型的结构性货币政策效果理论分析

现有研究大多通过计量模型，针对定向降准等单一结构性工具效果进行检验，由于数据、变量和计量技术不同，结论不完全一致。而且，计量方法无法在同一理论框架下研究结构性工具及其组合的效果，相比之下，动态随机一般均衡（DSEG）模型则是理想的研究方法。除传统总量货币政策外，本部分主要考察定向降准、再贷款利率、再贷款质押率三种结构性工具。假设经济体存在传统高碳和新兴低碳两类产业，两类产业生产异质的中间产品。传统高碳产业虽然碳排放量大，但易获得大型银行融资支持，新兴低碳产业应用碳减排技术，存在较大不确定性，这使其难以获得大型银行支持，不得不通过中小银行进行融资。限于篇幅，不列出具体模型结构。

通过比较传统高碳产业和新兴低碳产业的产出变化，进而分别观察存款准备金率、再贷款质押率和再贷款利率三种结构性货币政策的效果。模拟发现，中小型银行再贷款利率降低 1 个百分点，可以带动新兴低碳产业产出提高 0.4575 个百分点，传统高碳产业产出降低 0.1733 个百分点，总产出小幅上升。定向降准 1 个百分点，带动传统高碳产业的产出上升，新兴产业的产出先小幅下降，然后上升，总产出小幅上升。再贷款质押率提高 1 个百分点，带动新兴低碳产业产出提高 0.1641 个百分点，传统高碳产业产出降低 0.0618 个百分点，总产出小幅上升。可见，结构性货币政策有效促进了新兴低碳产业产出以及总产出的提高。

进一步观察存款准备金率、银行间市场利率两种传统总量型货币政策对经济稳态的影响，并与结构性货币政策效果进行比较。模拟结果发现，结构性货币政策对传统高碳产业影响较小（再贷款利率和再贷款质押率均降低了传统高碳产业贷款数量和产出），主要是刺激了新兴低碳产业的贷款和产出增加，总产出变化在 2% 以内，其中降低再贷款利率对总产出的变化促进作用最大（为 1.6630%），提高再贷款质押率对总产出的促进作用最小（为 0.5481%）。传统利率政策和准备金政策对传统高碳产业影响明显大于新兴低碳产业，影响传统高碳产业产出和总产出变化都在 10% 以上，对新兴低碳产业产出的影响不到 6%。而且，新兴低碳产业占比较基准情形明显下降，这表明传统总量政策难以促进经济结构优化。总体来看，结构性货币政策对经济总量的影响小于传统货币政策，这与国内相关研究的结论一致，在一定程度上也体现了结构性货币政策"精准滴灌"的效果。

另外，再贷款利率降低以及再贷款质押率的提高，能够有效优化产业结构，即新兴低碳产业产出占比提高而传统高碳产业产出产出占比下降，但定向降准对传统高碳产业贷款和产出的影响较新兴低碳产业更大，降低中小型银行存款准备金率反而使新兴低碳产业产出占比小幅下降。可见，虽然结构性货币政策均有助于降低新兴低碳产业融资成本，促进信贷资源流向新兴低碳产业，但在产业结构优化升级方面，定向降准的政策效果并不理想。近年来，我国逐渐减少了定向降准的运用，更多通过"先贷后借"的直达方式加强对特定部门信贷支持，我们的发现为此提供了一定的理论支持。

对传统利率政策和各个结构性政策及同时引入三种结构性货币政策的福利损失进行比较，可以发现：首先，在不同的权重选择下，结构性货币政策的福利损失大多较传统总量政策更小，这表明引入结构性货币政策后，产出和通胀的波动更小，经济更加稳定。因此，结构性货币政策不仅能促进产出增长和产业结构升级，而且能降低经济波动，增进社会福利。其次，中央银行对产出波动的重视程度越高，结构性货币政策相对于传统政策对社会福利造成的损失越小，结构性货币政策对于降低产出波动的效果越显著。再次，比较不同的结构性货币政策可以发现，从福利损失的角度看，再贷款利率造成的社会福利损失相对较少，再贷款质押率政策对福利的提高效果有限，而定向降准政策与传统利率政策相比，反而小幅降低了社会福利效果，这也与稳态分析的结论一致。可见，与数量型调控方式相比，再贷款利率作为价格型调控方式，能够更有效地降低经济波动、促进社会福利的提高。最后，尽管再贷款利率、再贷款质押率及同时引入三种结构性政策均改进了社会福利，但与传统利率政策相比，社会福利改进有限（福利损失的减小幅度在 0.001 以内），这与国内已有研究结论类似，说明结构性政策仍要从属于总量货币政策，作为传统总量政策的有益补充。

第三节 货币金融政策支持绿色低碳发展面临的挑战及政策建议

一、货币金融政策支持绿色低碳发展面临的挑战

虽然一些经济体央行和金融监管部门支持绿色低碳发展已有了较丰富的实践，但对此争论依旧不绝，货币政策和金融监管政策支持绿色低碳发展，在理论和实践上都需要深入剖析。

（一）货币金融政策支持绿色低碳发展需要理论创新

一是当前的货币政策理论基础模型与推动经济结构转型存在不一致。在当前主流的经济理论模型中，经济结构在长期内保持稳定状态，产出、物价等变量围绕其稳态波动，货币政策更多关注这些宏观经济变量的短期波动，相关货币政策理论模型大都基于此进行建模分析，并指导货币政策操作。而绿色低碳转型涉及经济结构调整，从长期来看，经济结构会发生较大变化，经济理论模型中相关参数甚至模型结构都会随之改变。欧洲中央银行行长拉加德曾表示，"即使央行职能不发生改变，气候变化也会改变央行的经济建模方式"，当前基于经济长期处于稳态假设的货币政策理论基础和模型与经济绿色低碳转型还存在较大不一致，亟待补充完善。[①]

---

① 朱民，彭道菊. 创新内含碳中和目标的结构性货币政策 [J]. 金融研究，2022（6）.

二是当前的货币政策理论框架缺失绿色低碳转型相关机制。完整的货币政策框架应包含清晰的政策目标体系、可操作的中介目标和顺畅的传导机制。绿色低碳转型目标是最终实现碳中和，然而对于央行和金融监管部门而言，碳中和目标很难转换为具体明确的经济金融指标，因此难以纳入货币政策目标体系。中介目标同样面临类似的情况，无论是数量型目标还是价格型中介目标，都存在操作性不强的问题。对绿色低碳行业的利率优惠幅度及信贷总额均难以测算，更何况绿色低碳行业本身也在不停发展变化。从传导机制来看，不少研究认为，将绿色资产纳入抵押品框架等货币政策和监管政策，在支持绿色低碳发展方面发挥了明显的"信号"作用，然而 Francesco Giovanardi 等的研究①认为，在不同折扣率（Haircut）设置下，绿色债券纳入抵押品框架会产生不同的福利水平，超过一定阈值，甚至会带来福利损失，且该政策对绿色投资的影响非常小。

三是推动绿色低碳转型可能与货币政策其他目标尤其是物价稳定相冲突。不少观点认为，央行不应过多介入气候变化应对，避免因支持绿色低碳发展而偏离原本的目标和职责。例如，印度央行前行长 Rajan 强调，推动绿色转型、促进可持续投资并非央行法定目标，央行应聚焦价格稳定目标，不可因政府无力应对气候变化而由央行越俎代庖②；对央行来说，应以少胜多。从理论上讲，推动低碳减排的政策通常涉及碳定价、排放标准法规和可再生能源补贴等措施，短期内，大部分企业尚未大规模采用清洁技术，可能会大幅提高生产和运输成本，增加通胀压力。而当通胀高企时，央行为控制通货膨胀而提高利率，也会增加那些投资于清洁技术或向低碳转型的企业获得转型融资的难度。此外，央行为促进绿色低碳发展而采取激励政策，可能会造成相关领域过度投资和资产泡沫，违背其维护金

---

① The Effectiveness of Green Collateral Policy as an Instrument of Climate Policy，https：//cepr. org/voxeu/columns/effectiveness-green-collateral-policy-instrument-climate-policy.

② Rajan, R. More Focused, Less Interventionist Central Banks Would Likely Deliver Better Outcomes. Finance & Development，March 2023：11 – 14.

融稳定的目标。

（二）货币政策和金融监管政策支持绿色低碳发展面临现实挑战

一是央行推动绿色低碳发展缺乏明确的法律基础。不少经济体法律明确规定，央行的主要职责是维护物价稳定。例如，《欧盟条约》明确规定，"价格稳定为货币政策主要目标"。尽管《欧盟条约》赋予欧洲中央银行高度独立性和政策执行中较大的自由裁量权，但欧洲中央银行仍需要权衡所有相关因素，在不损害货币政策主要目标的前提下，采取合法且有效的行动促进绿色低碳发展。2023 年 3 月，澳大利亚政府发布了对澳大利亚储备银行的政策评估报告，认为澳大利亚储备银行不应使用货币政策来应对气候风险，如果这样做，将对价格稳定和充分就业目标造成掣肘，面临多目标权衡难题。报告还指出，与货币政策相比，财政、税收和监管政策在绿色低碳发展领域更有针对性，产生的不良后果更少。央行和金融监管机构只需围绕气候信息披露和分类标准，做好协调即可。[①]

二是现有货币政策工具和金融监管政策在支持绿色低碳发展方面可能存在较大不足。一方面，现有政策工具的效果还存在较大争议。例如，绿色资产购买可能破坏"市场中性"原则，绿色信贷政策可能因公共干预导致市场扭曲，加之当前资产分类标准尚不完善，绿色、棕色资产划分、识别存在难度，相关数据可能无法准确统计，导致一些审慎监管措施在执行层面存在较大难度。另一方面，各国央行和监管机构现有工具无法充分覆盖低碳转型的所有领域，根据丁伯根原则，要想应对更多领域的问题，需要创设更多工具，这些工具之间的协调配合将增加央行和金融监管部门的工作难度。

三是支持绿色低碳发展的货币政策和金融监管政策缺乏充分的国际协调。气候变化是全球性问题，任何国家都不可能独善其身，需要全球性应

[①]　https：//rbareview. gov. au/sites/rbareview. gov. au/files/2023-04/rbareview-report. pdf.

对方案。但过往实践表明，货币政策和监管政策很难在不同经济体间进行协调，当前也缺乏一个足够权威的机构或有效机制，协调各经济体采取合适的政策来推动全球绿色低碳发展。如果没有国际统一规则，高碳企业便可绕开国内相关政策，通过国际市场融资，使国内政策效力大打折扣。

（三）碳价变化对自然利率的影响及货币政策支持绿色低碳转型的空间和力度等问题值得深入研究[①]

当前，很多经济体征收碳税或积极发展碳排放权交易市场，通过碳定价机制促进绿色低碳转型发展。碳价变化对自然利率可能产生很大影响，进而影响央行通过货币政策支持绿色低碳转型发展的空间和力度。

自然利率是央行制定货币政策的重要基准。理论上，自然利率指的是在实现通胀目标的前提下，经济体达到潜在经济增速时的实际利率水平。自然利率和储蓄及投融资有密切的关系。通常，储蓄越高，投资越低，自然利率就会下降。反之，储蓄越低，投资越高，自然利率就会上升。

由于零利率下限的约束，自然利率越低，央行通过常规利率政策调控经济面临的约束越大。为有效应对气候变化，央行可能需要更多地通过结构性货币政策等非常规措施来支持绿色低碳转型发展。

对相关问题，可在碳价较低、碳价升高和维持较高水平三种情形下来分析。

当碳价较低时，高碳行业因碳排放成本低、有利可图而保持较高的投资和产出，而绿色产业和高碳行业转型会因成本较高、缺乏激励而难以发展，大规模投资潜能得不到释放，抑制自然利率提高。

与此同时，高碳行业碳排放增多，气候变化会对经济社会产生较大冲击，压低自然利率。一是可能引发人口流出或抑制国际移民流入而影响劳动力供应，导致资本劳动比升高，降低资本的边际产出，自然利率趋于下

[①] 参见王信在北京大学国家发展研究院第七届国家发展论坛绿色金融分论坛上的发言"央行如何支持绿色低碳转型"，2022 年 12 月 18 日。

降。二是气温升高、炎热天气增多，劳动生产率会大幅下降；气候变化的物理风险和转型风险还会造成资产损失或贬值，降低资本存量和生产率增速，压低自然利率。三是气候变化会影响农业、工业产出以及劳动生产率，造成经济增长趋势下降。且这种影响是非线性的，气温升高到一定程度，经济损失将呈指数级加剧，这将导致自然利率下降。四是气候变化的物理风险和转型风险将增加未来收益的不确定性，导致市场主体风险规避情绪升高、投资意愿降低、储蓄倾向增强，造成自然利率下降。这种不确定性也将增加对安全性资产的需求，使安全性资产收益率和自然利率下降。五是气候变化冲击将加大较贫穷地区的经济脆弱性，可能对其经济产出造成永久性损害，加剧全球收入不平等，也会减少消费、增加储蓄，从而降低自然利率。

在碳价引导资源配置作用缺失，且自然利率较低的情况下，为推动实现气候变化目标，央行不得不较多采取结构性货币政策，通过向商业银行提供低成本资金等手段，引导和支持绿色低碳转型。商业银行因碳价低、绿色转型项目风险大而缺乏相应激励，且气候变化的物理风险和转型风险将增加其搁浅资产和损失，因此，央行须耗费较多资源向商业银行提供激励。

当碳价逐步升高时，高碳行业的生产和投资受到抑制，绿色低碳转型得到进一步发展，碳排放增加的势头得到遏制，甚至出现下降。但由于绿色金融体制机制的完善需要一个过程，支持绿色低碳转型的力度还不是很大，绿色低碳技术难以很快推广应用，生产率的提升还不够快，劳动力市场存在较强黏性，高碳行业劳动力的再培训和向绿色低碳领域转移难以较快完成，绿色低碳领域的投资、产出增长不一定能弥补高碳行业的萎缩，整体经济增长将受到影响，这将压低自然利率。同时，气候变化对经济社会的负面冲击也会使自然利率降低。

为推动实现气候变化目标，央行还需要采取结构性货币政策。此时商业银行因碳价提高而有更强动力支持绿色低碳发展，但其能力因高碳行业萎缩、银行存量资产损失增加而受到削弱，央行还需较大力度支持绿色低碳转型，但耗费的资源可小于碳价较低时的情形。

当碳价达到并维持较高水平时，高碳行业因成本大幅升高而受到极大抑制，出现明显萎缩。与此形成鲜明对比，绿色低碳领域受到高碳价的激励，投资大幅增加；技术进步加快研发应用，提升了劳动生产率；绿色低碳投资和服务创造大量新的就业岗位，有效弥补了高碳行业就业的下降，社会整体人力资本积累和就业上升。国际劳工组织（ILO）研究显示，到2030年，《巴黎协定》将全球平均气温升幅限制在 2 摄氏度的相关转型将创造 2400 万个工作岗位，扣除石油、煤炭等化石能源行业 600 万个工作岗位损失后，净创造 1800 万个工作岗位。IRENA 和 ILO（2021）预测，到2050年，全球平均气温升幅限制在 1.5 摄氏度的转型将创造 1.22 亿个工作岗位，其中可再生能源行业创造 4300 万个工作岗位。

绿色低碳发展和整体经济增长将提升自然利率，扩大央行货币政策空间。由于碳价已经能够有效引导资源流向绿色低碳领域，央行通过货币政策手段加以引导和支持的必要性下降。央行可以更多通过进一步完善绿色金融、转型金融基础设施，强化金融机构绿色金融信息披露和评价，完善应对气候相关金融风险的体制机制等促进经济绿色低碳转型和高质量发展。

上述有关碳价与自然利率、央行支持绿色低碳转型的关系还可能受到多种重要因素的影响。一是人口结构变化等因素影响经济趋势性增长。人口老龄化将降低经济潜在增长率，压低自然利率和央行货币政策操作空间。二是政府应对气候变化的决心和相关政策可信度。如果政府政策缺乏科学谋划和相互协调，甚至反复调整，市场不确定性将增加，预防性储蓄上升、绿色低碳投资受到抑制将压低自然利率。三是财政政策支持绿色低碳转型的力度和有效性。如果政府赤字率、债务率较高，无力支持绿色低碳转型，不利于带动私人部门相关投资增长，将压低自然利率。四是金融体系支持绿色低碳转型、应对气候变化冲击的能力。如果金融体系不发达，难以通过多种形式的金融工具支持绿色低碳发展，通过担保、保险等工具分散风险的能力不足，也将增加预防性储蓄、减少投资，压低自然利率。

二、政策建议

一是完善货币政策和监管政策支持绿色低碳发展的理论基础与模型。从宏观层面厘清气候变化对自然利率、劳动生产率、人口变化、资产价格波动等关键变量的影响机制及其相应参数，将气候变化因素纳入央行货币政策模型。在此基础上，引入经济结构性转变相关机制，不断丰富完善货币政策和监管政策支持绿色低碳转型的理论基础。

二是完善支持绿色发展的货币金融政策和监管政策工具框架。鉴于央行支持绿色低碳转型发展是一项长期任务，应深入研究可在中长期使用的货币政策工具及其搭配，政策力度可视碳价、财政应对气候变化政策、绿色金融市场发展等因素灵活调整。加大货币金融政策支持绿色低碳重点领域的力度，例如，针对绿色技术孵化期较长的特征，强化政策激励，加大金融支持绿色低碳技术的研发应用。探索丰富差异化货币政策工具，研究对绿色表现良好的银行设置差别存款准备金率，或者对达到一定绿色标准（如绿色业务、绿色办公等）的金融机构适当降低再贴现、再贷款利率，在额度上予以倾斜。研究在公开市场业务一级交易商资格考评体系中纳入绿色业务开展情况指标，激励商业银行调整资产结构。考虑对高碳贷款适时引入基于碳排放的逆周期资本缓冲，要求银行计提更高缓冲资本，确保覆盖因资产搁浅等转型风险导致的大规模违约损失等。强化环境信息披露约束，要求金融机构定期披露高碳资产在资产组合中的占比，以及资产组合的碳排放量和强度等。鼓励金融机构将环境风险纳入风险管理框架，建立环境风险管理长效机制。金融机构可依据企业披露的碳足迹，全面分析企业长期经营前景以及所投资资产的风险状况，估算自身对高碳资产的风险敞口，确定相应的风险管理措施，以便采取针对性措施降低资产配置中的气候风险。央行应要求金融机构适当披露压力测试结果，促使其提高风险管理水平。[①]

三是发展和完善绿色金融市场。货币政策和监管政策更多是发挥引导作用，更好激发金融机构支持绿色低碳发展的内生动力，还需要不断丰富绿色金融产品体系，充分发挥其在帮助金融机构优化资源配置、风险管理和市场定价方面的作用，提高金融机构支持绿色低碳转型的积极性，同时畅通货币政策和监管政策的传导路径。需进一步规范绿色债券、绿色信贷流程标准，打通绿色资产发行、交易等环节的堵点，提高绿色投资收益。推动绿色细分市场建设，鼓励绿色贷款证券化，提高商业银行资金流转效率，缓释期限错配风险。鼓励绿色股票、绿色基金、绿色信托、绿色保险、绿色担保等金融工具支持绿色低碳发展。大力发展有公信力的市场第三方机构，做好绿色转型金融服务。不断完善碳排放权交易市场建设，纳入更多行业，提高市场流动性，增强碳价对低碳减排的引导作用。加大绿色金融改革创新试验区工作力度，把加强统筹规划与鼓励地方创新相结合，探索更多绿色金融产品和服务。

四是在气候相关金融风险压力测试、气候风险可能引发无序跨境资本流动等方面加强国际协调合作。积极参与二十国集团、国际货币基金组织、国际清算银行、金融稳定理事会和央行与监管机构绿色金融网络等国际组织和平台有关应对气候变化和气候治理等方面的沟通协调，分享与借鉴模型开发、压力测试等方面的好经验好做法，推动国际可持续金融市场

---

① 中国人民银行研究局课题组．气候相关金融风险——基于央行职能的分析［R］．中国人民银行工作论文，No. 3，2020.

发展并更多惠及发展中国家和转型经济体。

在实操层面发展转型金融，需抓住数据定量、确权、交易、法治和信息披露五个薄弱环节。除财政货币政策、金融监管政策外，尤其要重视法治在转型金融中的作用，加紧出台相关法律法规，并推动各方尽快落实。①

---

① 感谢原中国银监会主席刘明康在本课题中期评审会上提出的重要建议。

第五章　公正转型的重要意义
及经验启示[*]

第一节　公正转型的理论及实践探索

在各国应对气候变化目标下，全面考虑各方利益、提高社会公正性的"公正转型"问题日益受到重视，国际社会正积极探索公正转型的机制和路径。我国的绿色低碳转型既要应对发展中国家普遍面临的转型公正性问题，又要解决转型对国内部分地区、行业或群体的冲击。应加快制定公正转型政策框架，协调产业和区域发展等政策，加大财政对产业转型升级、就业的支持力度，探索支持公正转型的投融资机制，推动各国公平分担应对气候变化成本，平稳推进绿色低碳转型。

一、推动公正转型的重要意义

在经济从高碳向绿色低碳转型的过程中，一些地区、产业、社区、人

* 感谢黄沁、杨晓、谭娇娇对本章的贡献。

群可能遭受损失。公正转型（Just Transition）是指全面考虑各方利益，以尽可能公平、包容的方式推动经济社会绿色低碳转型。国际劳工组织将公正转型政策定义为可以使经济社会实现可持续发展的一揽子政策的总称。这类政策旨在减少一些产业萎缩和失业对工人、社区的影响，以及创造新的体面的工作，形成绿色部门和健康社区，具体包括三个层面的含义：一是为每个相关个体创造体面的工作机会，不让任何人在绿色转型中掉队；二是最大化利用绿色转型带来的经济社会机遇，最小化并审慎管理相关挑战；三是确保公正转型对不同发展水平的经济体、不同经济部门、不同区域（城市和农村）都同等重要。[①]

（一）公正性问题事关全球气候目标的顺利实现

随着全球绿色低碳转型步伐加快，一些转型中经济社会的公正性问题日益凸显。从各国的情况看，发展中国家特别是碳密集型国家由于碳减排技术较落后，而碳排放强度、绿色融资成本等较高，其减排成本可能较发达国家更大。国际货币基金组织报告指出，在 2 摄氏度目标下，到 2030 年，高收入国家的减排成本约占 GDP 的 0.7%，而化石燃料出口国和碳密集型中等收入国家的减排成本占 GDP 的比重分别为 2%~2.5% 和 0.6%~1.5%。[②] 从各行业看，碳密集型行业面临较其他行业更大的转型问题。研究表明，全球超过 8 亿个工作岗位（约占全球劳动力的四分之一）极易受到极端气候和经济转型的影响，且亚太和非洲地区的劳动者受到的影响尤为严重，如印度和中国超过 40% 的工人处于易受气候影响的行业。[③] 世界银行工作论文指出，实现《巴黎协定》的减排目标需使全球能源体系摆脱

---

① ILO. Green Jobs, Green Economy, and Just Transition Concepts and Definitions: The UN-ILO perspective. 2022.

② Black, Simon, Jean Chateau et al. Getting on Track to Net Zero: Accelerating a Global Just Transition in This Decade. IMF Staff Climate Note 2022/010. International Monetary Fund. Washington, DC, 2022.

③ Deloitte. Work Toward Net Zero: The Rise of the Green Collar Workforce in a Just Transition. 2022.

对煤炭的依赖，这可能引发大量失业并冲击当地经济发展。① 历史经验表明，不从就业、产业、地区等各方面评估转型对经济社会的整体影响并采取必要措施，可能会削弱气候变化应对政策的效果，甚至造成区域性经济停滞和政治不稳定。2018 年法国民众抗议政府加征燃油税引发"黄背心"运动，其教训值得吸取。

绿色转型要求将环境可持续发展融入经济和社会的可持续发展中，公正转型则强调将社会可持续发展融入经济和环境的可持续发展中，应充分关注并解决绿色转型中的社会公正问题。越来越多的经济体认识到，只有在绿色转型中充分认识和积极应对，努力推动转型成本和收益在不同国家、社区和群体间的公正分配，才能顺利推进落实净零目标，进而推进经济、社会和环境可持续目标协同实现。

（二）公正转型是高排放地区及行业平稳转型的关键动力

高碳排放行业和地区是全球绿色低碳转型的重点领域，也是转型公正性问题突出领域。以能源行业中排放量最高的煤炭行业为例，2021 年，全球煤炭行业排放的二氧化碳约占能源相关二氧化碳排放量的 40%（15 亿吨），排放的甲烷占全球能源相关甲烷排放总量的 33%（约 4300 万吨，约等于 13 亿吨二氧化碳当量）。② 与此同时，煤炭价值链高度集中，煤炭及相关行业对一些国家、地区的经济、就业意义重大。尽管煤炭产业增加值占各国 GDP 的比重通常不超过 3%，但在国家内部一些州或省，这一比例可能高达 30% 以上，就业人数占当地就业总人数的比重达 4%~8%，包括哥伦比亚的塞萨尔和印度尼西亚的东加里曼丹③等，这些地区将在煤炭行业的萎缩和退出中承担较大成本。

① Cunningham Wendy, Schmillen Achim. The Coal Transition: Mitigating Social and Labor Impacts. Social Protection and Jobs Discussion Paper; No. 2105. World Bank, Washington, DC, 2021.

② IEA. Coal in Net Zero Transitions—Strategies for Rapid, Secure and People-Centred Change, 2022.

③ IEA. Coal in Net Zero Transitions—Strategies for Rapid, Secure and People-Centred Change, 2022.

与能源行业类似，农业等温室气体排放占比较大的领域既是全球转型的重点领域，也是价值链相对集中、抗风险能力较弱的领域，相关企业、人群转型意识和能力较低，难以达到较高的绿色低碳要求。对公正问题的忽视，可能导致这些行业相关区域、社区和群体承受过高的经济社会成本，反过来对这些行业的转型产生负面影响。因此，有必要通过落实公正转型原则，及时应对绿色低碳转型过程中行业衰退、群体失业、地区经济放缓等问题。

（三）公正转型是人人共享绿色收益的重要保障

转型成本在国家、区域和行业间的不公正分配，最终将导致这些成本在不同群体间的不公正分配。一些原本脆弱性较大的群体，如再就业较困难的小微企业主、低收入群体等，可能承担更多的转型成本。小微企业由于面临绿色技术改造升级成本较高，资金、专业人才短缺等困难，难以为适应转型要求做好应有的准备。如英国小企业联合会调查显示，每个小企业每年遵守环境法规的成本可能高达 1 万英镑。随着劳动生产率的持续提高，到 2030 年，全球煤炭行业工人将从约 840 万人下降至约 630 万人，绿色低碳转型可能进一步加速工人失业，但这些失业中仅有一部分可以通过自然退休来解决。[①] 对居民使用能源实施更严格的环保政策，可能扩大贫富差距。英国公共政策研究所的报告显示，5% 的英国最低收入组别家庭将其收入的 1.10% 用于低碳政策成本，而最高收入组别的家庭仅为 0.18%。

绿色低碳转型需要不同群体采取一致行动。公正转型要求通过经济、产业、就业、社会保障等政策，为转型中的弱势群体提供必要的技术、资金、就业再培训、生活保障等支持和援助。这些要求不仅有利于提升转型的参与性，确保不同群体尤其是与高排放密切相关的人群参与到绿色转型

---

① IEA. Coal in Net Zero Transitions—Strategies for Rapid, Secure and People-Centred Change, 2022.

行动中；也有利于提升转型过程中的社会稳定性，减少可能出现的失业、贫困、心理健康等问题；更有利于提升转型政策的可信性，让公众建立对转型政策的信任，增强其落实的行动力。

（四）公正转型已成为国际气候治理中的重要议题

公正转型议题涉及就业、民生，早在20世纪80年代就体现在一些国家工会运动的诉求中，近年来在国际气候治理中明显进入主流议题。1992年通过的《联合国气候变化框架公约》（UNFCCC）和1997年通过的《京都议定书》已有转型公正性考虑，并在相关条款中强调考虑各国在气候行动中共同但有差别的责任和能力。2010年，公正转型作为单独条款被正式写入《坎昆协议》，要求缔约国"在所有部门促进劳动力的公正转型，创造体面的工作和高质量的就业机会"。此后，联合国可持续发展目标、《巴黎协定》等相继明确纳入公正转型相关要求，《巴黎协定》序言将"劳动力的公正转型以及创造体面优质的工作"确定为"当务之急"。2018年12月，第24届联合国气候变化大会（COP24）通过的《团结与公正转型宣言》（《西里西亚宣言》）进一步明确了国际劳工组织提出的公正转型准则（见表5-1）。

表5-1　　　　　　　国际组织有关公正转型的政策要求

时间	政策来源	公正转型主要内容
2010年	《坎昆协议》	提出"劳动力公正转型"，要求避免和最大限度减少气候行动对社会和经济部门的不利影响，创造体面的工作和高质量的就业机会。
2015年	《联合国可持续发展目标》	明确有关公正转型要求，如确保人人获得负担得起的、可靠和可持续的现代能源；促进持久、包容和可持续经济增长，促进充分的生产性就业和人人获得体面工作。
2015年	《巴黎协定》	明确将公正转型嵌入气候变化目标，要求各国考虑"劳动力公正转型、创造体面工作和高质量工作的必要性"。
2015年	国际劳工组织《公正转型准则》	确定了实现"人人有体面工作、社会包容和消除贫困"的关键原则和政策领域。

时间	政策来源	公正转型主要内容
2018 年	《团结与公正转型宣言》	提出以团结合作为指导，在维持经济发展和人民生活水平的基础上，实现气候变化目标的绿色包容性发展原则。
2021 年	《格拉斯哥气候公约》、经合组织《公正转型宣言》	通过使资金流动与实现低温室气体排放和气候适应性发展的途径相一致，确保实现促进可持续发展和消除贫困、体面和高质量工作的公正转型。
2022 年	《沙姆沙伊赫实施方案》	强调应以公正和包容的方式实施增强有效的气候行动，同时尽量减少气候行动可能产生的负面社会或经济影响。
2022 年	《G20 转型金融框架》	将公正转型列为转型金融五项支柱之一。

资料来源：根据 Brendan Curran 等：*Making Transition Plans Just：How to Embed the Just Transition into Financial Sector Net Zero Plans*，2022；其编译报告《将公正转型嵌入金融机构净零计划》（作者：杨娉、吴桐、伏天媛）及各项政策原文整理。

二、支持公正转型的国际经验

（一）为公正转型制定政策框架

公正转型已成为应对气候变化的关键战略。[1] 在联合国气候变化框架公约、国际劳工组织等国际组织的推动下，越来越多的经济体围绕公正转型达成了共识，在政策制定、财政金融支持等方面探索融入公正转型，初步形成了一些有益经验。

2015 年，国际劳工组织协调组织各国相关部门、企业和工会，商定了一套较为全面的公正转型指导方针，明确了公正转型的关键政策和实施机制，为全球推动公正转型提供了基础。

根据国际劳工组织这一指南，公正转型需要针对具体国家的情况，通过协调宏观经济、产业、部门和劳工等政策组合，鼓励和引导促进环境可持续的私人投资，以推动在整个供应链中创造体面的工作。三大支柱政策

---

[1]　Nick Robins. The Just Transition：Shaping the Delivery of the Inevitable Policy Response，2022.

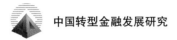

包括宏观和部门政策、就业政策和社会保障政策（见表 5 - 2）。

表 5 - 2　　　　　　　　　国际劳工组织公正转型政策指导框架

实施机制：社会对话		
关键政策：三大领域		
宏观和部门政策	就业政策	社会保障政策
宏观经济增长政策	企业政策	职业安全和健康
	技能发展	
产业部门政策	劳动力市场政策	社会保障
权利保障：相关国际劳工标准、性别平等要求		

资料来源：根据国际劳工组织 Guidelines for a Just Transition Towards Environmentally Sustainable Economies and Societies for All；Green Jobs，Green Economy，and Just Transition Concepts and Definitions：The UN-ILO Perspective 等整理。

宏观和部门政策包括宏观经济增长政策和产业部门政策两大类。前者主要涉及经济增长、财政和贸易方面的政策，如将公正转型框架纳入宏观经济政策，推动形成税收、补贴、价格和贷款等激励政策组合，公共资金投资绿色经济等。后者主要涉及行业和部门间的协调以及对重点领域的关注，如在部门层面促进有效的社会对话，关注可能受到转型影响最严重的行业、地区、社区和工人等。就业政策涉及企业、技能和劳动力市场三方面，其中企业政策包括协助中小微企业转型，为从事绿色技术研发的企业提供资金和技术支持等；技能发展政策包括提供特定培训服务，促进所有人特别是青年、妇女、再就业工人以及中小微企业所有者平等获得技能学习机会；劳动力市场政策包括帮助企业和工人预测绿色低碳转型中的劳动力市场需求变化，有效提供信息、指导、培训、配套等就业服务。社会保障政策涉及职业安全和健康、社会保障两方面，前者如制定、实施并定期审查有关保护工人、公众和环境免受重大工业事故风险的国家政策，后者如根据国际劳工标准提供医疗保健、收入保障和社会服务，保护民众免受经济和环境脆弱性冲击的影响等。[1]

---

① Brendan Curran et al. Making Transition Plans Just：How to Embed the Just Transition into Financial Sector Net Zero Plans，2022.

（二）支持发展中国家应对气候变化

推动转型成本和收益在发展中国家与发达国家之间公正合理分配，是公正转型的应有之意。不少发展中国家在全球碳排放中占比较小，却可能受到气候变化的较大危害，且其应对能力较为缺乏。随着全球低碳转型的推进，发展中国家普遍强烈呼吁各国公平承担转型成本，但发达经济体落实的援助措施仍然较少。2009 年，在第 15 届联合国气候变化大会的推动下，发达国家承诺 2009—2020 年每年提供 1000 亿美元支持发展中国家应对气候变化，但这一承诺至今远未兑现。2022 年，第 27 届联合国气候变化大会达成了支持特别易受气候变化不利影响的发展中国家的协议，拟通过设立"损失与损害"基金支持发展中国家，但相关具体安排乏善可陈。

与此同时，一些发达国家通过建立合作伙伴关系支持少数发展中国家能源转型。例如，2021 年，由欧盟、美国、日本等 10 个经济体组成的国际伙伴集团与南非政府签署"公正能源转型伙伴关系"协议（JETP），拟为南非提供包括赠款、优惠贷款和投资组合在内的 85 亿美元，支持关闭煤电厂、投资可再生能源和绿色经济，为煤矿行业人员提供替代就业机会等。2022 年，国际伙伴集团先后与印度尼西亚、越南签署"公正能源转型伙伴关系"协议，拟在未来 3～5 年为印度尼西亚和越南分别筹集 200 亿美元和 155 亿美元，支持其能源转型。这些计划只针对少数发展中国家，其效果尚待观察。

（三）将公正转型纳入国家气候行动顶层设计

在气候行动的顶层设计中明确公正转型要求。已有少数经济体通过将公正转型纳入应对气候变化的相关法律制度或国家自主贡献目标（NDCs）而对公正转型作出顶层设计安排。欧盟《欧洲气候法》（2021 年）提出，在采取措施以实现 2040 年气候目标时，应当确保所有人实现公正和社会公平的转型。苏格兰《气候变化（减排目标）法案》（2019 年）第 24 节和第 35 节规定了公正转型和气候正义原则。西班牙《气候变化和能源转型法案》（2021 年）第 2 条确立了"不让任何一个人掉队"公正转型原则。在承诺的自主贡献目标方面，目前已有近 50 个经济体在其 2030 年自主贡献目标中作出了公正转型相关安排，约占《巴黎协定》所有签署国的四分之一。[1] 例如，欧盟早在其 2020 年版自主贡献目标中就承诺建立公正转型机制；南非在 2023 年更新的国家自主贡献目标中明确公正转型是核心，并将制定一个与气候行动计划相一致的"公正转型计划"。

一些经济体还设立了公正转型相关机构，以建立转型利益相关者对话机制，推动和监督公正转型的落实。例如，希腊成立了全国转型委员会，负责批准并监督公正转型计划的实施和协调；南非设立了总统气候委员会，监督公正转型的落实情况。

在此基础上，一些经济体将公正转型纳入重点领域转型路线图，以推动公正性问题突出的领域顺利转型。例如，德国 2019 年制定了到 2038 年逐步淘汰燃煤发电的路线图，提出了五要素战略，包括逐步淘汰燃煤发电，支持传统采矿区转型，电力系统现代化，减轻受影响者的困难以及监测调整等，力图保证工人零失业，并为煤矿开采区提供足够的时间、资源来适应转变。2021 年，希腊提出至 2028 年逐步实现脱煤，并围绕发展清洁能源产业、旧矿用地和其他资产再利用等重点领域，减轻煤矿关闭对人群、社区的影响。加拿大 2022 年制定了电力、石油和天然气等行业的转型路径，计划通过设立低碳经济基金、制定区域战略投资计划以及赋权社区采取气候行动等措施，支持可再生能源开发以及高碳行业再就业培训。

（四）财政政策支持公正转型[2]

财政政策是减缓气候变化的关键之一[3]，也是激励公正转型的基础性

---

[1] Brendan Curran et al. Making Transition Plans Just：How to Embed the Just Transition into Financial Sector Net Zero Plans，2022.

[2] 本部分主要参考杨娉、黄沁、杨晓、谭娇娇的研究报告《公正转型的国际经验与启示》。

[3] Krogstrup S. and Oman W. Macroeconomic and Financial Policies for Climate Change Mitigation：A Review of the Literature. IMF Working Paper WP/19/185，2019.

手段①。不同经济体在公正转型中探索实施了专项基金、公共投资、税收分配、调整补贴等财政措施，以引导社会资金参与公正转型，同时为高排放行业及工人、低收入居民等转型中的弱势群体提供支持。

成立专项基金，是各国发挥公共资金撬动作用的主要方式之一。欧盟、英国、德国、秘鲁等经济体先后成立了支持公正转型的基金，主要资金来源为财政资金、社会非营利基金和社会捐赠等。2021 年成立的欧盟公正转型基金为欧盟公正转型机制（Just Transition Mechanism）的三大支柱之一②，设立时规模为 175 亿欧元，主要投向受转型影响较大领域的减排和就业保护，包括支持对中小企业的生产性投资、研究和创新、环境恢复、清洁能源、工人的提升和再培训、求职援助等。2022 年 7 月，德国批准了一项总额约 1775 亿欧元的气候与转型基金，为能源密集型企业、私人家庭提供支持，确保其享有可负担的清洁能源。

通过实施公共投资、财政补贴和税收优惠等政策，可以有针对性地对受转型影响较大的领域和群体提供支持。由于能源转型是当前绿色低碳转型的重点，各经济体已出台较多针对煤矿的财政补贴和优惠措施。例如，德国通过财政补贴和就业支持等政策，成功推动鲁尔区公正转型（详见专栏 5-1）。在其最新的煤电退出计划中，德国明确将提供 400 亿欧元，补贴因煤电退出受影响较大的地区，包括给电厂运营商支付一定的经济补偿，实现能源基础设施和电力系统的现代化，提供就业培训和安置服务等。希腊拟为其煤电退出计划提供 50 亿欧元的支持，主要投向基础设施项目、对新企业的补贴以及培训，以帮助依靠廉价褐煤资源发电的马其顿西部和伯罗奔尼撒南部港口城市转向绿色能源、农业和旅游业。波兰对受煤电退出影响较大地区采取了减免生态罚金、减免一定比例个人所得税、

---

① Brendan Curran et al. Making Transition Plans Just: How to Embed the Just Transition into Financial Sector Net Zero Plans, 2022.

② 另两项支柱为"投资欧盟"（InvestEU）下的专项计划，以及公共部门贷款安排。

投资当地可获得税收优惠等措施。

此外，通过调整现行相关财政措施，如取消燃料补贴、实施环境税或开展碳排放权交易等，可将节省的支出或增加的收入转移至公正转型中。如印度尼西亚政府 2015 年对化石燃料补贴进行重大改革，取消对汽油的补贴，并将每年节省的约 150 亿美元用于向低收入家庭提供现金转移支付，一定程度上缓解了能源价格上涨的影响。加拿大从 2019 年起开征联邦碳税，所得收入重新分配给公民，2020—2021 年度征收碳税超过 42 亿加拿大元，已向家庭返还了近 41 亿加拿大元，其中，中、低收入家庭受益居多。欧盟碳交易机制成员国、美国区域温室气体倡议（RGGI）成员州等碳排放权交易主体均将碳排放权交易收入大部分再投向气候、能源相关领域，如发展清洁能源、温室气体减排、降低电力成本、为消费者提供能源账单援助等。

专栏 5 – 1　德国鲁尔区公正转型案例

德国鲁尔区曾是欧洲最大的煤钢产业集群聚集地之一。20 世纪 50 年代达到顶峰时，鲁尔区人口曾达 600 万人，煤炭和钢铁工人超过 100 万人。从 20 世纪 60 年代开始，随着世界煤炭和钢铁市场价格低于该地区的生产成本，其经济增速大幅下滑。尽管德国在 20 世纪 60 年代经济增长强劲，部分弥补了失业，但该地区的失业率还是上升到了 15%。

为支持鲁尔区经济社会转型，联邦和地区政府实施了综合性措施。一是提供大量财政补贴支持地方经济多样化发展。到 2008 年，德国煤炭行业获得了近 3000 亿欧元的补贴，其中很多补贴都发放到鲁尔区。由此，政府一方面大力推动环境技术创新，尤其是可再生能源、回收利用和废物燃烧方面的研发；另一方面引导投资交通基础设施、水路修复，将以前的矿场和焦化厂改造为公园、展览区和博物馆，并新建了 21

所大学。这些政策推动鲁尔区从以煤钢为主的工业经济转型为以知识为基础的服务经济。二是再就业支持政策。该地区实施了一系列"对社会负责的裁员做法"，包括工人的工作再分配、资助提前退休工人以及工人再培训和发展方案。三是工人积极参与改革进程。工会组织与地方政府密切合作，确保没有共同协商则不做重大业务决策。在一系列政策的支持下，2009—2012 年，鲁尔区绿色部门增长了 15% 以上，绿色出口增长了 26%。

资料来源：作者根据相关文献整理。

（五）将公正转型纳入金融支持绿色低碳转型[①]

金融体系在公正转型中发挥着关键作用。尽管目前公正转型在融入全球气候投融资活动方面还较为滞后，但越来越多的金融组织和机构开始参与到这一行动中来。[②]

目前已有多个国际组织为金融支持公正转型构建了政策框架。2022年，国际劳工组织在其《公正转型指南》（2015 年发布）的基础上发布了《公正转型融资工具》，为指导金融机构将公正转型纳入金融业务提供了实用指南。该指南建议，银行和投资者均可从战略、管理、执行、融入四个步骤将公正转型纳入投融资活动中。[③] 同年，中国人民银行与美国财政部共同担任联席主席的 G20 可持续金融工作组牵头制定了《G20 转型金融框架》，明确将公正转型作为重要支柱，并列出了转型金融"评估和减轻负面的社会和经济影响"的三条重要原则，包括鼓励企业评估转型的社会影响、开发公正转型案例、多方对话合作制定综合性应对策略等。[④] 此外，

[①] 本部分主要参考杨娉、黄沁、杨晓、谭娇娇的研究报告《公正转型的国际经验与启示》。

[②] ILO. Finance for a Just Transition and the Role of Transition Finance, 2022.

[③] ILO. Just Transition Finance Tool for Banking and Investing Activities, 2022.

[④] G20 Sustainable Finance Working Group. 2022 G20 Sustainable Finance Report, 2022.

欧盟分类法（EU Taxonomy）包含金融部门确保被投资方满足人权、劳工权利以及工作条件方面的最低社会保障的内容。新加坡绿色金融产业工作组 2022 年 3 月发布的《绿色和转型分类法》咨询提案要求，金融机构确保其活动不违反"不造成重大损害"原则，或维持最低社会保障。

各经济体还积极通过信贷、债券、财政金融组合等方式支持公正转型。比如，在贷款或赠款方面，2019 年，西班牙对外银行为能源公司 Iberdrola 协调了与可持续性标准挂钩的 15 亿欧元多币种银团信贷，由于满足"普遍获得负担得起的、可靠的现代能源服务"和"大幅增加可再生能源在全球能源结构中的份额"两项可持续性指标，该项目成为 Iberdrola 第一个符合《巴黎协定》中"公正转型"概念的信贷工具。[①] 在债券方面，英国财政部 2021 年发行 100 亿英镑绿色金边债券、60 亿英镑绿色储蓄债券，筹集资金用于可再生能源、交通运输等六类绿色支出，并创造大量绿色就业岗位。智利 2022 年发行 20 亿美元可持续发展挂钩债券，主要用于加速能源转型，支持可再生能源项目以及推动社区可持续发展等。

在财政金融政策组合方面，欧盟公正转型机制采取了财政直接拨款、财政担保和金融机构贷款的组合，以支持欧盟范围内不同类型和区域的公正转型计划（详见专栏 5 - 2）。比如其第二支柱"投资欧盟（InvestEU）专项计划"推出了中小企业竞争力、可持续发展、创新和数字化、技能和教育等六类组合担保产品，由欧洲投资银行作为担保人，通过向选定的金融中介机构提供投资组合（反）担保，鼓励公正转型领域的债务融资。

在将公正转型纳入投融资主体的信息披露和投资理念方面也取得了积极进展。例如，在投融资主体信息披露方面，《G20 转型金融框架》建议转型金融涉及的融资主体（企业）应评估其转型的社会影响（如就业影响），并制定、披露相应的缓解措施和实施进展，如员工技能培训和再就

---

① 西班牙对外银行官方网站，https：//www.bbva.com/。

业计划等。花旗银行《2021年气候相关财务信息披露工作组报告》包含了与公正转型相关的定性元素。国民西敏寺银行在其2021年的年度报告中考虑到了不公正转型带来的风险。美国道富环球投资管理公司将公正转型确定为气候转型披露的十个关键领域之一，并承诺在2022年与碳密集型行业的大型排放者就气候转型计划的披露进行接触，若被投资方到2023年未能达到其披露预期，则将升级至董事问责制。在引导投资理念方面，负责任投资原则组织2020年发布《投资者承诺支持气候变化公正转型声明》，获得了161家总资产达10.2万亿美元投资者的支持。美国跨信仰企业责任中心（ICCR）2022年初发布《投资者对公正转型时期工作标准和社区影响的期望声明》，倡导对受转型影响的社区进行投资，300多家拥有近4.3万亿美元资产的全球机构投资者签署了这一声明。

专栏5-2　欧盟公正转型机制三大支柱

第一支柱为欧盟公正转型基金。其资金来源为欧盟预算拨款，重点支持获批国家公正转型计划（TJTPs）的重点区域，支持内容包括经济多样化，工人再培训与包容性措施，绿色转型与社会包容性发展等。管理方式为成员国共同管理，专门委员会负责审批国家公正转型计划，各成员国负责项目投资决策。

第二支柱为投资欧盟（InvestEU）专项计划。其资金来源主要为私人投资，且主要由InvestEU执行机构（欧洲投资银行、欧洲区域开发银行、国家开发银行等）发行金融产品筹集，欧盟委员会提供预算担保支持。其支持的地域范围为欧盟内与获批的国家公正转型计划相关的区域，支持内容包括能源和交通基础设施、天然气项目、集中供热、脱碳等。该专项计划按照InvestEU的议事规则直接管理，投资委员会负责审批欧盟担保，投资决策根据执行伙伴的议事规则进行。

第三支柱为公共部门贷款安排。其资金来源为欧盟预算拨款和欧洲投资银行贷款。第三支柱支持的地域范围与第二支柱相同，支持内容包括碳中和转型相关措施、能源和交通基础设施、集中供热、能源效益（包括楼宇翻新）等。欧洲气候、基础设施和环境执行局（CINEA）负责预算拨款部分的管理和投资决策，欧洲投资银行董事会负责管理银行贷款部分。

资料来源：作者根据相关文献整理。

（六）为转型企业、群体提供能力提升和社会保障服务

除上述宏观和部门领域的政策外，按照世界劳工组织提出的公正转型政策框架，就业政策和社会保障政策也是公正转型的支柱性政策。就业政策注重解决企业和劳动者转型能力不足的问题，社会保障政策则强调保障劳动者生活、就业、安全、健康等权利。

在评估和提升企业转型能力方面，多个国际组织构建了基于投融资活动的企业公正转型评价指标体系。例如，世界基准联盟（WBA）开发了一套评估方法，其中包括可用于监测被投资方承诺和进展的公正转型指标。2021年，通过对涵盖石油和天然气、电力、汽车制造等行业的180家公司进行公正转型评估，发现这些公司缺乏识别、准备和缓解其低碳战略的社会影响的系统性行动。[①] 气候行动100+联盟（Climate Action 100+）编制了一系列基准指标，其中包括一个公正转型BETA指标，可监测被投资方对公正转型的承诺。2022年该组织对全球159家石油和天然气公司的初步评估结果显示，目前将公正转型纳入考虑并作出部分回应的公司占比已经上升至33%，但相关企业采取的公正转型做法仍不成熟。[②]

---

① World Bench Marking Alliance. Just Transition Assessment 2021, 2021.

② Climate Action 100 + . Net Zero Company Benchmark Interim assessments, 2022.

在帮助转型行业劳动者提升适应性能力方面，一些国家在转型中提供了再就业培训和创造绿色岗位等支持措施。如波兰允许矿工提前退休，对自愿离开的矿工提供福利津贴，受影响矿工可免费获得培训机会，还为矿工子女入学提供特别津贴等。丹麦的石油和天然气退出计划、西班牙的煤炭公正转型协议均强调要为工人和社区制定转型计划，并提供再就业培训和社会保障。印度的绿色就业技能委员会、英国绿色就业专责小组等则致力于规划本国在发展清洁能源过程中提供更多、体面的就业机会，并提供与之相关的技能支持。法国在推动交通领域绿色低碳转型中对电动汽车生产的再就业培训提供资金支持，推动该行业就业和社区效益最大化。[1]

在对转型行业劳动者的社会保护方面，主要有失业保护、社会健康保护、养老金、现金或实物福利等措施组合。如德国对煤矿工人的公正转型保护主要由失业保险和养老金组成，其中，失业保险根据雇主和雇员的定期缴款向大多数失业的煤炭工人提供福利；养老金由强制性公共养老金保险辅以职业养恤金、私人养恤金构成。这些社会保护措施还与技能发展和就业服务联系起来，如通过就业中心和就业服务提供一般免费的就业支持（如报销面试的旅费、离职津贴、搬迁津贴等），对因煤矿转型而经济衰退地区的低收入居民提供资助等。[2] 意大利在推动国家电力公司（Enel）能源脱碳的过程中，推动公司与工会达成公正转型协定，为工人提供岗位重新分配、再就业技能培训、提前退休方案等支持（见专栏5-3）。西班牙《公平转型指南》强调，在设计和审查能源转型相关社会保护措施时，政府需要与社会合作伙伴协商，特别考虑将收入中很大一部分用于受转型影响较大的低收入家庭。

---

① Nick Robins. The Just Transition: Shaping the Delivery of the Inevitable Policy Response, 2022.

② ILO. Just Transition Finance Tool for Banking and Investing Activities, 2022.

专栏 5 – 3　意大利国家电力公司的公正转型案例

　　意大利国家电力公司是意大利政府控股的电力行业跨国公司，在全球 30 多个国家或地区运营，员工近 62500 人。2015 年，该公司生产的大约一半电力没有二氧化碳排放，该公司成为全球主要的清洁能源生产商之一。根据意大利国家电力公司的承诺，其将在 2050 年实现能源结构脱碳。公司将关闭意大利 13 吉瓦的火力发电站。为实现这一目标，在意大利政府的推动下，公司与意大利工会达成了社会对话和框架转型协定，涵盖工作岗位的重新分配与部署、再就业技能培训、提前退休方案和老年工人的留用等，成为电力部门与工会组织达成公正转型协议的典型案例。意大利政府作为电力部门与工会对话的召集人，参与了"公正转型"进程，并制定了包括财政、教育、研发、社会保障在内的组合政策，在推动气候行动的同时，确保员工体面工作和社会保障。

　　资料来源：作者根据相关文献整理。

三、中国公正转型面临的挑战及相关实践

（一）中国公正转型面临的挑战

　　随着碳达峰碳中和目标的提出，我国经济社会的绿色低碳转型步伐不断加快，转型中的公正性挑战逐渐凸显。为此，我国在绿色低碳转型的政策制定、财政引导、社会支持等方面逐步融入公正转型理念，采取了一定举措。但从整体上看，我国有关公正转型的政策框架和制度体系还有待建立和完善。随着公正转型日益成为全球气候行动的关键，我国也需要加快行动。

1. 绿色转型、经济增长和就业改善的多重目标挑战

虽然通过清洁能源投资等方式能够在中长期显著促进经济增长[1]，但有研究显示，经济脱碳在短期内将对经济产生负面影响。[2] 当前全球经济尚未完全摆脱俄乌冲突和新冠疫情冲击等影响，中国等发展中国家在绿色低碳转型中普遍面临兼顾经济增长与就业改善的挑战。根据国际货币基金组织的数据，2022 年中国人均 GDP 为 12814 美元，为美国的 17.71%、德国的 26.35%、日本的 37.89%。目前国际局势复杂多变，世界经济复苏动力不足，中国内需不足问题较为突出，过快推进脱碳可能不利于短期经济增长，还会导致部分地区、行业失业等问题加剧。

2. 我国部分区域和行业受低碳转型冲击较大

分区域看，我国区域资源禀赋、产业结构和经济发展水平存在较大差异，低碳转型压力和承受能力差异较大。少数资源密集的省份，如山西、内蒙古等，碳排放总量较大，能源转型压力也较大；欠发达省份，如贵州、甘肃等，财政基础较为薄弱，短期内难以负担较大的经济社会转型成本。分行业看，绿色低碳转型将对煤炭、石油等能源行业以及高碳的石化、钢铁、水泥、铝等制造业产生较大冲击。目前煤炭占我国一次能源消费的 60% 左右，燃煤发电用煤需求是我国碳排放的最大来源[3]，若要在2050 年左右实现电力行业净零排放，非化石能源电力需要占总电量的90% 以上[4]，煤电及其相关行业面临巨大的转型压力和公正转型成本。据估计，实现 2060 年碳中和目标可能造成我国碳排放量较高的 8 个行业[5]总

---

① IEA. Net Zero by 2050: A Roadmap for the Global Energy Sector, 2021.

② IMF. Getting on Track to Net Zero: Accelerating a Global Just Transition in This Decade, 2021.

③ IEA. Coal in Net Zero Transitions, 2022.

④ 马骏. 以碳中和为目标完善绿色金融体系 [EB/OL]. 金融时报—中国金融新闻网, 2021 - 01.

⑤ 即煤炭开采和洗选业，石油和天然气开采业，非金属矿采选业，石油、煤炭及其他燃料加工业，化学原料及化学制品制造业，黑色金属冶炼和压延加工业，有色金属冶炼和压延加工业，以及电力、热力、燃气及水的生产和供应业。

计产生 13514 亿 ~ 18428 亿元的公正转型成本，而现行相关财政支出水平只能覆盖公正转型成本中的 38 亿 ~ 52 亿元，存在较大的资金缺口。[①]

3. 脆弱性群体可能过度承担转型成本

一些小微企业主、再就业较困难者、经济收入较低家庭等脆弱性群体，可能因经济状况较差、转型能力不足等原因，承担更多的转型成本。在小微企业方面，经济合作与发展组织发布的《绿色转型的包容性解决方案》表明，技术创新成本高和资金短缺是中小企业转型面临的两大障碍，国内相关调查也反映，小微企业面临同样的困难。[②] 特别是碳排放密集型产业链中的中小微企业转型成本承受能力较弱，受到的影响可能更大。例如，近年来在我国煤炭行业强化安全和环境监管的过程中，小煤矿由于生产经营、安全保障、技术创新等能力不足逐步退出市场。在再就业群体方面，我国大量碳密集型行业从业人员在转型中可能面临再就业困难。据估计，到 2060 年实现碳中和时，可能造成我国碳排放量较高的 8 个行业出现 2055 万 ~ 2803 万人的失业[③]，是 2020 年城镇登记失业人数[④]的 1.77 ~ 2.42 倍，就业与社会保障政策需要为此做好充分准备。在低收入群体方面，从国际经验来看，转型过程中能源价格、环保相关费用的上升，将加大低收入群体的支出负担，特别是城镇中的低收入群体，导致不同收入群体间收入差距加大。

（二）中国公正转型相关实践

我国以重点行业绿色转型为切入点，在将公正转型融入政策制定、财政引导、社会支持等方面采取了积极举措。一是将公正转型理念融入国家重大战略决策。《2030 年前碳达峰行动方案》指出，既要通过碳达峰行动

① 袁佳，等. 碳达峰碳中和目标下公正转型对我国就业的挑战与对策［J］. 金融发展评论，2022（1）。

② 刘利红，等. 绿色金融与普惠金融融合发展路径研究［EB/OL］. 金融时报—中国金融新闻网，2022 – 07.

③ https://www.ndrc.gov.cn/xxgk/jianyitianfuwen/qgzxwytafwgk/202107/t20210708 _ 1289440.html.

④ 我国 2020 年城镇登记失业人数为 1160 万人。

推动资源高效利用和经济社会绿色低碳发展，又要因地制宜、分类施策、稳妥有序，切实保障群众正常生产生活。二是充分发挥财政资金的支持引导作用，撬动社会资本进入重点转型行业。如山西省财政厅2017年先后设立100亿元的煤炭清洁利用基金和1000亿元的供给侧改革发展基金。前者通过参股或共同设立子基金推动煤炭产业升级，实现煤炭清洁利用；后者主要用于降低山西煤炭企业资产负债率和财务成本，优化资本结构，推动煤炭和非煤产业的发展。三是创新运用市场化方式支持重点行业公正转型。如煤炭行业作为重点转型行业，目前已建立产能置换指标交易制度，基于市场交易价格，实现新建煤矿企业对关停煤矿企业提供有偿补贴，用于煤矿工人的就业安置。在实现煤炭产业结构调整和新旧发展动能转换的过程中，为转型群体提供一定经济支持。[1] 四是为重点转型行业群体提供就业帮扶和社会保障。例如，在钢铁煤炭行业绿色转型过程中，地方政府积极为相关职工提供转岗就业创业支持，如职业培训、就业指导、创业支持、政策扶持和跟踪服务等。同时通过职工基本养老保险、失业保险、医疗保险、最低生活保障等社会保障制度，为转型中的弱势群体提供基本生活保障。[2] 五是推动建立公平合理、合作共赢的全球气候治理体系。我国积极参与全球应对气候变化行动，在标准制定、减排技术、金融支持等领域开展国际协调合作，不断提升中国对全球低碳转型的贡献度。中国积极响应联合国气候变化大会、国际劳工组织等提出的公正转型倡议，不断呼吁发达国家履行对发展中国家的援助承诺。

四、促进公正转型的政策建议

从前述公正转型相关理论分析和国内外实践来看，公正转型要重点关

---

[1] https：//www.ndrc.gov.cn/xxgk/jianyitianfuwen/qgzxwytafwgk/202107/t20210708_1289440.html.

[2] https：//www.gov.cn/gongbao/content/2016/content_5095764.htm.

注以下几方面：一是处理好宏观经济增长与微观企业公正转型的关系，合理设计近零路径，在转型过程中尤其是转型初期维持必要的经济增长，这样有利于增加就业，促进公正转型；二是强调发展中国家和发达经济体的碳市场有序可控连通，发展中国家大量向发达经济体出售碳信用获得宝贵的资金，这不应被视为发展中国家的"洗绿"行为；三是发达经济体通过碳边境调节机制获得的资金，不应被纳入其一般预算，而是专项用于向发展中国家购买碳信用等，体现发达经济体与发展中国家之间的关系公正性。[①] 结合我国国情，就推进公正转型提出如下政策建议。

（一）建立健全公正转型政策框架

一是将公正转型纳入我国绿色低碳转型的顶层设计。逐步完善我国绿色低碳转型的政策体系，适时将公正转型明确体现在我国自主贡献目标或相关指导意见中。二是制定符合国情的公正转型政策框架。科学评估实现碳达峰碳中和目标对我国经济社会的影响，充分借鉴国际公正转型经验，从宏观和微观层面作出符合我国经济发展与绿色低碳转型实际的公正转型安排。三是为转型重点领域作出公正转型的政策安排。为煤炭等转型重点行业规划转型路径，充分考虑区域、产业、企业、工人的差异性，兼顾各方利益，为妥善解决其中的公正性问题提供专门的政策指引，促进重点行业平稳、公正转型。

（二）协调重点产业、区域的公正转型

一是引导高碳地区有序推进低碳转型。统筹协调推进我国东西部地区低碳转型，做好中西部化石能源密集省份通过推动本地产业转型升级、承接东部适宜产业、发展绿色低碳新兴产业、开发碳汇资源等方式，在转型过程中实现经济和就业平稳增长。二是确保高碳产业平稳、公正转型。引导地方有关部门和企业科学测算高碳行业转型对当地相关产业、企业、工

---

① 感谢中国人民银行原行长周小川在本课题中期评审会上提出的重要意见。

人等利益相关主体的影响，合理把握转型节奏，防范产业遭受强烈冲击、企业不良资产过快增加、当地失业率明显上升等风险。三是在部分低碳转型重点地区、行业探索公正转型试点。在煤炭等高碳排放产业链集中的地区，开展产业转型、就业支持和社会保障等综合政策试点，探索可复制、可推广的公正转型经验。

（三）加强公正转型的财政与社会保障政策支持

一是加强财政引导。通过建立国家公正转型基金等方式，引导社会资本支持能源密集型地区、传统能源行业平稳转型。加大财政补贴力度，重点补偿转型中的绿色低碳技术研发应用、企业养老金缺口、工人转岗培训以及因转型造成的经济损失等。二是完善低碳转型税收政策。对高碳企业绿色技术升级、新办绿色低碳企业、企业吸纳高碳行业失业人员等实施税收优惠政策。三是完善再就业培训、就业援助等政策。建立个人自主培训、用人单位培训、政府部门组织培训等多层级的培训体系，对失业人员参加培训、单位吸纳就业困难人员给予补贴。四是优化社保缴纳政策。对转型重点产业和部门的从业群体建立针对性的社会保障机制，落实失业保险、养老保险、安全健康保障等组合支持，对吸纳相关领域人员就业的企业在社保缴纳方面给予一定优惠。

（四）推动公正转型充分融入转型金融活动中

一是完善转型金融标准体系。不断丰富完善转型金融标准框架，构建可量化的转型金融标准，并考虑将衡量气候变化的社会和就业影响指标纳入其中。二是大力引导转型金融发展。引导金融机构主动与政府和企业合作，在促转型、稳就业方面开发金融产品，开发专门的转型贷款、基金、股权融资工具（如不可转让优先股），支持企业发行转型债券、可持续发展挂钩债券、社会责任债券等。建立健全保险、担保等风险分担机制，强化可持续性报告和披露要求。三是防范重点行业和区域转型中的金融风险。加大对低碳转型过程中的金融风险监测，防范高碳排放密集型产业或区域转型措施不当引发相关金融风险。针对绿色低碳转型要求较迫切的能源、钢铁、建筑建材、农业等产业，加强金融支持其转型发展力度，避免"一刀切"抽贷断贷。四是加强转型金融领域的国际合作。积极与多边开发性金融机构沟通合作，充分利用其支持公正转型的经验和低成本资金优势，协同支持我国公正转型。

（五）推动各国公平分担应对气候变化成本

一是在联合国气候变化框架公约等多边框架下，呼吁各国积极履行"以公平为基础并体现共同但有区别的责任和各自能力的原则"。呼吁发达国家履行支持发展中国家低碳转型的承诺，加强绿色低碳转型中的国际技术合作和资金支持，帮助发展中国家实现经济、社会和环境可持续发展。例如，欧盟碳边境调节机制收取的费用，应该用于购买发展中国家的碳信用，支持其绿色低碳转型。二是积极发挥我国在低碳转型中的比较优势，支持其他发展中国家加快公正转型。在我国拥有绿色技术比较优势的领域，帮助其他发展中国家开发清洁能源，开展绿色基础设施建设，发展绿色交通等。支持世界银行、亚洲基础设施投资银行等多边开发机构加大对发展中国家公正转型的融资支持。三是积极参与国际组织推动公正转型的相关议题。在国际组织的气候活动中明确中国推动公正转型的目标计划，积极宣传阶段性成效、典型案例、成熟经验等，加强其他国家对中国气候行动的认同。

第二节　气候变化对人类心理健康的影响及应对

气候变化对经济的影响已被广泛讨论，但其造成的极端天气和灾害事件等严重影响人类健康，特别是心理健康，尚未引起足够重视。气候变化从多种渠道影响心理健康，包括野火、热浪、干旱等直接冲击，通过社会经济因素间接造成负面影响，以及部分人群易产生气候焦虑等。女性、儿童和青少年等相对脆弱人群受气候变化的影响更大。目前仅有不到0.5%的国际气候变化适应融资用于应对气候相关健康风险①，各国医疗卫生体系尚难以有效应对气候变化对人们身心健康的冲击。对此应引起高度关注，及时采取行动，维护人类身心健康和经济社会长治久安。

一、气候变化通过多种渠道影响心理健康

即使不考虑气候变化，全球心理健康状况也已令人担忧。精神心理疾病每年影响全世界近10亿人。② 在高收入国家中，约四分之一的人会在一年中遇到心理问题。许多国家人口心理健康堪忧，精神卫生服务的供求存在巨大差距。尤其在低收入和中等收入国家中，仅有不到20%的国家宣称提供足够的心理健康服务。资金和专业人才缺乏，是精神卫生服务供给不足的重要原因。根据世界卫生组织（WHO）③ 2020年心理健康问题调查，精神卫生领域获得的国际卫生援助资金占比不到1%，而各国政府平均仅将2.1%的医疗卫生预算用于心理健康和精神卫生领域。在不同国家（地区），作为最关键资源的专业人才状况差异巨大。WHO调查显示，每10万人拥有精神卫生工作者的数量，欧洲地区（44.8名）是非洲地区（1.6名）的28倍，是东南亚地区（2.8名）的16倍。不同收入国家之间的差

---

① COP26 Special Report on Climate Change and Health: The Health Argument for Climate Action. World Health Organization, 2021. https://www.who.int/publications/i/item/cop26-special-report.

② World Mental Health Report: Transforming Mental Health for All. World Health Organization, 2022. https://www.who.int/publications/i/item/9789240049338.

③ 本文WHO相关资料包括：WHO. Mental Health Atlas 2020, 2021；WHO. Mental Health and Climate Change: Policy Brief, 2022；WHO. Health Emergency and Disaster Risk Management Framework, 2019；WHO. Climate Change and Health: Vulnerability and Adaptation Assessment, 2021；WHO. World Mental Health Report: Transforming Mental Health for All, 2022.

距更为明显,高收入国家每 10 万人中有 62 名精神卫生工作者,而低收入国家仅不到 1.4 名。由于得不到及时救助,心理健康受损的后果非常严重。据 WHO 估计,仅抑郁症、焦虑症这两种最常见的心理疾病,每年就因生产力下降而给全球经济造成约 1 万亿美元的损失,远高于直接治疗费用。

在气候变化背景下,人们心理健康问题更趋严重。气候变化对自然和环境造成显著影响,包括短期极端天气事件和严重自然灾害,如飓风、洪水、干旱和野火等,持续较长时期的热浪等亚急性天气,以及长期慢性的环境变化,如海平面上升、降水模式改变、生物多样性丧失等。极端气候事件、自然灾害等会对心理健康造成较大负面影响,包括焦虑和抑郁障碍、急性应激反应和创伤后应激障碍(PTSD)、睡眠中断、自杀和自杀意念发生率增加,以及广泛的气候焦虑(Climate Anxiety)等。图 5-1 简要归纳了气候变化对心理健康的影响途径,既有直接冲击,也有通过社会经济系统变化产生的间接影响。① 准确把握气候变化对人们心理健康的影响,对及时提供有效的心理健康和心理社会支持具有重要意义。

(一)气候变化直接影响人们身心健康

根据国际公共卫生紧急事件(PHEIC)研究数据库的数据②,1969—2018 年,极端天气导致灾害事件超过万起,造成 200 多万人死亡和近 400 万起疾病病例。在全球范围内,大多数直接与天气有关的死亡是由飓风(39%)、干旱(34%)和洪水(16%)造成的,灾后疾病影响通常持续 10 天以上,包括外伤、传染病和寄生虫、皮肤病和感染等。极端天气和自

---

① Cianconi P, Betrò S and Janiri L. The Impact of Climate Change on Mental Health: A Systematic Descriptive Review. Front Psychiatry, 2020 (11): 74.

② The International Disaster Database (EM-DAT) [Online Database]. Brussels: Centre for Research on the Epidemiology of Disasters, 2021. https://www.emdat.be/about.

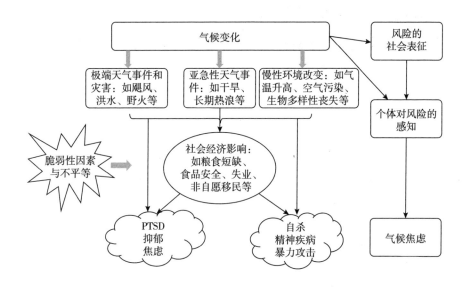

图 5 - 1　气候变化影响心理健康的途径

然灾害还可能影响医疗保健服务和基础设施，如供电、供水和医疗服务中断，记录丢失等，进一步影响救治和灾后复原。

一是野火增加的影响。近年来，北美洲、澳大利亚、巴西等地区的极端野火增加，野火烟雾导致的死亡人数也在上升。野火烟雾释放多种化学物质，包括 PM（悬浮固体和液体颗粒）和气体，如二氧化碳、一氧化碳、氮氧化物和挥发性有机化合物，这些化学物质进一步发生反应，形成更多的 PM 和地面臭氧，对人体特别是呼吸系统造成不良影响。

二是干旱频率和强度增加的影响。据灾害流行病学研究中心（CRED）统计[①]，过去 20 年，干旱影响了全球 10 亿多人。1980 年以来，美国造成十亿美元级灾害的干旱已导致近 4000 人死亡，其中大部分死亡是由于热浪。此外，干旱会导致水流停滞、水温上升，滋生淡水病原体；干旱和大风造成大气中颗粒物（PM）增加，可能引起呼吸道疾病，并加大病原体

---

① CRED（Cent. Res. Epidemiol. Disasters）. The Human Cost of Natural Disasters 2015：A Global Perspective，Brussels，Belg，2015. https：//www. emdat. be/human _ cost _ natdis.

（如球孢子菌病和脑膜炎）传播风险。

三是炎热天气增多的影响。在热应激下工作更易出现生理性热劳损和热相关疾病，还可能导致慢性肾病；从事重体力劳动或在通风不足的室内工作，即使是年轻健康的个体，也可能发生中暑和死亡。2000—2010 年，美国共报告 359 例职业热相关死亡（年平均死亡率为每 100 万工人 0.22 人），其中农业和建筑业从业人员风险尤其高。研究显示[①]，相较 20 世纪 70 年代，热应激使全球劳动力减少了 10%；预计在温室气体高排放路径下，到 2100 年全球劳动力将减少 40%。高温还是运动员猝死的主要原因。

当人们基本生存和身体遭受威胁和伤害时，其心理必然遭受重创。根据大量文献记录[②]，气候灾害事件会引发强烈的痛苦，25%～50% 的受影响者（特别是直接伤员、女性、儿童和急救人员等）会产生负面心理。主要后果包括：急性应激反应和创伤后应激障碍（PTSD），焦虑和抑郁情绪、睡眠障碍、自杀率和自杀意念发生率升高，以及失去家园导致自我意识和认同感下降。越来越多的证据表明，极端高温会导致因情绪和行为障碍住院的人数和自杀风险增加。炎热环境下的体温调节和神经反应可能会产生副作用，如抑制甲状腺激素，导致甲状腺功能减退，表现为嗜睡、情绪低落和认知障碍；热应激引起的身体脱水，会导致认知功能显著恶化。热浪还会加剧潜在的精神疾病和行为障碍，导致患者发病率、住院率和死亡率提高。环境温度升高还会增加攻击性和犯罪行为发生率，威胁社会稳定。

气候变化对人们心理健康的影响通常会持续数月甚至数年。大多数人

---

① Flouris A D, Dinas P C, Ioannou L G, Nybo L, Havenith G, et al. Workers' Health and Productivity under Occupational Heat Strain: A Systematic Review and Meta-analysis. Lancet Planet. Health 2（12）: e521–531, 2018.

② Kristie L. Ebi et al. Extreme Weather and Climate Change: Population Health and Health System Implications［J］. Annual Review of Public Health, 2022（4）.

在处境安全且基本需求得到满足后，正常情绪和心理功能会逐步恢复，但如果个体神经系统因压力过大无法调节，将导致神经递质失调等变化，需要专业干预，必要时还需进行药物等治疗。

（二）气候变化通过经济社会等因素间接影响人们心理健康

例如，气候变化会影响农业生产，导致粮食及经济不安全问题，加重受影响者的心理负担。如非洲等欠发达地区的干旱可能导致大规模移民、冲突和饥荒，极易引发焦虑、恐慌、绝望等负面情绪和心理问题。

又如，气候变化可能导致某些低洼岛屿或沿海社区不再适宜居住甚至完全消失，增加非自愿移民。如美国路易斯安那州海岸附近的让查尔斯岛居民成为美国第一批气候难民。非自愿移民者面临失去家园的痛苦、适应新生活与环境的挑战，以及迁居地原居民的潜在敌意，这些都可能造成心理健康问题。

气候变化会从多个维度对个体的心理健康和正常生活造成冲击。20世纪30年代出现了"应激"概念，精神心理工作者在临床上使用"生活应激事件量表"（见表5-3），对精神刺激进行定性和定量分析，以评估压力程度。当人们经历极端天气等气候事件时，可能引发表中多项条目的情形，如"本人受伤或生病""家人健康状况改变""经济状况改变""工作再适应""居住情况改变""睡眠习惯改变"等。研究显示[1]，该量表得分超过150分，约50%的人会在次年出现心身疾病；得分超过300分，患病比例超过80%。心理问题与生理问题会相互强化。心理压力增大，会增加患心血管疾病和自身免疫性疾病以及癌症的风险，也会降低免疫系统反应能力，人们更易受空气污染和水传播疾病的影响。慢性痛苦与睡眠障碍有关，睡眠障碍会影响身体健康并进一步恶化心理问题。如果医护人员心理健康状况恶化，对整个医疗服务效果会造成影响。

---

① D. Griffiths. Psychology and Medicine [M]. Macmillan Press, London, 1981.

表 5 – 3 生活应激事件量表

变化事件	LCU	变化事件	LCU
1. 配偶死亡	100	22. 所担负工作责任方面的变化	29
2. 离婚	73	23. 子女离家	29
3. 夫妻分居	65	24. 姻亲纠纷	29
4. 坐牢	63	25. 个人取得显著成就	28
5. 亲密家庭成员死亡	63	26. 配偶参加或停止工作	26
6. 个人受伤或患病	53	27. 入学或毕业	26
7. 结婚	50	28. 生活条件变化	25
8. 被解雇	47	29. 个人习惯的改变（衣着、习俗、交际等）	24
9. 复婚	45	30. 与上级的矛盾	23
10. 退休	45	31. 工作时间或条件变化	20
11. 家庭成员健康变化	44	32. 迁居	20
12. 妊娠	40	33. 转学	20
13. 性功能障碍	39	34. 消遣娱乐的变化	19
14. 增加新的家庭成员（出生、过继、老人迁入）	39	35. 宗教活动的变化（远多于或少于正常）	19
		36. 社会活动的变化	18
15. 业务上的再调整	39	37. 少量负债	17
16. 好友丧亡	38	38. 睡眠习惯变异	16
17. 经济状态的变化	37	39. 生活在一起的家庭人数变化	15
18. 改行	36	40. 饮食习惯变异	15
19. 夫妻多次吵架	35	41. 休假	13
20. 中等负债	31	42. 重要节日	12
21. 取消赎回抵押品	30	43. 微小的违法行为（如违章穿越马路）	11

注：该表由美国华盛顿大学医学院精神病学家 Holmes 对 5000 多人进行社会调查后编制。LCU 为生活变化单位。

（三）人们对气候变化感到焦虑

调查显示[①]，即便没有受气候变化的直接冲击或间接影响，很高比例的人群也会对气候变化感到焦虑，特别是在澳大利亚、格陵兰和图瓦卢等

---

① O'Brien A J, Anna Elders. Climate Anxiety. When It's Good to Be Worried. Journal of Psychiatric and Mental Health Nursing, 2022 (29): 387 – 389.

气候风险较大的国家。与前述气候事件导致的心理问题不同，这种焦虑不是源自气候变化冲击的直接经验，而是基于对气候本身的焦虑或担忧。气候心理学联盟 2020 年对气候焦虑（Climate Anxiety）定义为，对气候系统的危险变化作出反应而导致的情绪、精神或身体痛苦加剧的状态。

研究表明[1]，气候焦虑与焦虑、抑郁障碍之间存在关联，但其本身并不是一种精神障碍，而是现实生活中的压力源。Dodds（2021）[2] 指出，"气候焦虑是一个心理问题，但并不意味着它应被个体化或病态化。"由于气候焦虑，人们可能积极参与应对气候变化的行动。2019 年美国心理学会调查显示，"气候焦虑"者表示有动力改变行为以应对气候变化的可能性为 87%，是未报告者（40%）的两倍多。因此，有必要区分适应性焦虑和适应不良焦虑，当焦虑水平远超过实际问题本身，形成适应不良焦虑时，就会引发心理疾病。

二、气候变化对相对脆弱人群身心健康的冲击更大

更易受气候变化冲击的相对脆弱群体主要包括女性，青少年，以及社会经济地位较低、教育程度较低、有精神病史、家庭不稳定和社会支持不足等群体。这些群体受到气候变化冲击的应激反应较强，更易引发心理问题。在低收入和中等收入国家，人们的福利水平与气候变化和自然环境的关系可能更为密切，且受贫困和医疗卫生条件的限制，人们心理健康受气候变化影响更大，更缺乏足够资源加以解决。分行业来看，农林牧渔业以及从事户外工作和体力劳动等行业的人群受气候变化影响更大。不同脆弱性因素往往相互作用，加大对脆弱人群的冲击。

---

[1]　Clayton, S. Climate Anxiety: Psychological Responses to Climate Change. Journal of Anxiety Disorders, 2020（74）.

[2]　Dodds, J. The Psychology of Climate Anxiety. B J Psych Bulletin, 2021, 45（4）: 222 - 226.

气候变化给正处于生长发育时期的儿童和青少年带来的心理风险尤其值得关注。他们可能出现一系列异常，影响心智成熟和心理健康。研究显示[①]，15%~60%接触极端天气事件的儿童和青少年会经历 PTSD、焦虑和抑郁。飓风、野火、洪水和热浪等环境灾害会对妊娠者身心造成创伤，波及发育中的胎儿，婴儿终身疾病易感性增加。夏季热浪等亚急性压力源与产科并发症和早产风险增加有关，而早产是几种主要精神疾病公认的风险因素。

由于生理、荷尔蒙和心理的巨大变化，青春期少年易患精神疾病，给个人和社会带来严重后果。精神疾病的发病高峰年龄为 14.5 岁，大约一半的精神疾病在 18 岁之前发病。2020 年，全球 10~19 岁年轻人群中，约 13%患有世界卫生组织定义的精神心理疾病，约 4.6 万人死于自杀。自杀已成为 15~19 岁年轻人死亡的第四大原因。[②] 气候变化正加大这一风险。研究表明[③]，热浪会扰乱睡眠、学习、认知表现，降低高中毕业率。还有研究提示[④]，部分青少年因气候变化对未来感到忧虑和悲观。但与此同时，WHO 调查显示，全球约 70%的儿童和青少年没有获得所需心理健康治疗服务。这会阻碍青少年的健康成长，长期内会对社会经济发展造成损害。

三、许多国家医疗保险体系难以有效应对精神心理疾病的挑战

早期发现和治疗，可有效降低精神疾病的负面影响，但即便在中高收

---

① https：//www. weforum. org/agenda/2021/10/how-is-climate-change-affecting-the-mental-health-of-young-people.

② UNICEF. The State of the World's Children 2021——On My Mind：Promoting, Protecting and Caring for Children's Mental Health, 2021.

③ https：//www. weforum. org/agenda/202. /10/how-is-climate-change-affecting-the-mental-health-of-young-people.

④ Hickman C, Marks E, Pihkala P, Clayton S, Lewandowski E, Mayall E et al. Climate Anxiety in Children and Young People and Their Beliefs about Government Responses to Climate Change：A Global Survey [J]. Lancet Planet Health, 2021, 5 (12)：e863 – 873.

入国家，受精神心理困扰的人群也有很大比例无法获得治疗。世界卫生组织调查显示，在低收入和中等收入国家，76%～85%的严重精神障碍患者没有接受治疗，即使在高收入国家，这一比例也达到35%～50%。

存在心理问题人群未及时接受治疗，重要原因之一是医疗资源缺乏，医保体系对精神心理疾病覆盖不足。[①] 一方面，通常精神心理疾病治疗费用较高且须连续治疗，导致患者工作能力受损，对本人、家庭及社会造成较重经济负担。另一方面，世界卫生组织调查显示，全球精神卫生方面的公共支出水平普遍较低，平均只占政府卫生支出的2.1%，中低收入国家更是如此。80%的国家健康保险计划覆盖严重精神疾病患者的护理和治疗，但也面临资源分配不均和使用效率低下问题。在20%的国家（主要集中在低收入国家），精神药物费用完全由患者负担。精神心理疾病的预防和康复护理非常关键，社区在其中可发挥重要作用。目前全球只有31%的国家将精神卫生纳入初级卫生保健体系。美国实施综合护理计划，社区精神卫生和初级保健诊所越来越多地成为精神卫生服务的主力，精神科医生则负责药物管理。德国推行以患者为中心、跨部门的精神病患者医疗保健，医院可自主定制适合社区特点、满足患者个性化需求的特定护理模式，为患者提供持续、灵活和综合的精神心理服务。[②]

精神心理疾病的治疗包括消除症状、减少复发以及恢复正常的社会功能等。相当一部分患者出院后，由于存在残留精神症状、药物不良反应、病耻感、大脑认知损害、社会支持差等情况，实际上无法正常回归社会。针对抑郁症患者的大量调查显示，虽然治疗后症状缓解，但其心理社会功

① Liang, Di, Vickie M Mays, and Wei-Chin Hwang. Integrated Mental Health Services in China: Challenges and Planning for the Future [J]. Health Policy and Planning, 2018 (33): 107 – 122.

② Baum, Fabian, Olaf Schoffer, Anne Neumann, Martin Seifert, Roman Kliemt, Stefanie March, Enno Swart, Dennis Häckl, Andrea Pfennig and Jochen Schmitt. Effectiveness of Global Treatment Budgets for Patients with Mental Disorders—Claims Data Based Meta-Analysis of 13 Controlled Studies from Germany [J]. Systematic Review, 24 March, 2020.

能和生活质量仍全面受到影响。心理咨询和心理治疗是防止焦虑、抑郁等精神心理疾病慢性化，造成持久社会功能损害的重要途径。但不少国家的医保计划没有覆盖心理治疗和心理咨询，且住院、门诊、心理治疗和心理社会服务的整合不足，精神心理疾病主要靠药物治疗，缺乏有效的心理干预和康复护理。

四、政策建议

未来几十年，气候变化导致的极端天气和相关灾害的频率和强度可能继续增加，对人民身心健康将造成巨大影响。党的十九大报告提出"增进民生福祉是发展的根本目的"。医疗卫生事业直接关系到人民的健康福祉，在我国积极应对气候变化、努力实现碳达峰碳中和目标过程中，应高度重视、深入研究气候变化对心理健康的影响，结合抗击新冠疫情和稳增长、保就业的要求，及时改革完善医疗卫生体制，强化公共卫生基础设施，大规模培养从业人员，显著增加心理健康相关投入，切实维护人们身心健康和经济社会稳定发展。

第一，加强对气候变化影响身心健康的跨学科研究。现代医学模型在理解和控制可预防的发病率和死亡率方面取得了巨大成功，但气候变化影响人们心理健康的途径和机制复杂得多。气候变化会影响环境和生态系统，影响经济增长、就业、物价等宏观经济变量，还可能加大金融风险，这些都可能给人们的身心健康带来较大冲击。低收入群体、妇女、儿童、青少年等相对弱势群体的心理健康更可能受到损害，加剧不平等，不利于实现共同富裕和提升社会公正性。因此，需要气候环境、社会保障、经济金融等相关部门发挥合力，加强跨部门研究，深刻认识气候变化影响身心健康的作用机制、应对短板、相关人力和资金缺口等。鉴于人力资本是重要的经济变量，身心健康是提升人力资本的基础，在开展中长期宏观经济分析、气候变化相关金融风险压力测试等工作时，充分考虑气候变化影响心理健康的因素。

第二，探索建立与气候变化相适应的弹性医疗卫生系统。各国卫生系统通常都有灾害应急管理方案，但气候变化导致极端天气与自然灾害的频率和强度增加，其影响也更广泛持久，相关管理应从应对小概率离散事件逐渐走向更具弹性的气候适应系统建设。建立综合监测系统，收集与分析有关气候变化、社会经济发展及人口健康影响情况和数据，对不同地区和社区进行适应性评估，包括医疗卫生系统服务水平及抵御极端天气等事件和灾害的能力。有针对性地强化关键医疗保健设施，确保基本医疗服务在极端天气和自然灾害发生后保持顺畅运作。

第三，加大精神心理卫生投入和强化财政金融政策支持。世界卫生组织总干事谭德塞在发布全球精神健康报告时指出，投资心理健康就是投资更好的生活和未来。精神心理疾病具有病程长、易反复的特点，有必要在医保体系中对心理疾病进行有针对性的设计。统一心理疾病界定标准，鼓励和引导将心理治疗和心理咨询项目纳入医保支付范围，规范医保心理服务项目的内容和准入资格。培育和规范心理咨询市场，将医院专科就诊和社会心理健康服务相结合，构建多层次、多渠道的精神卫生服务供给机制。特别关注青少年、老年人、农村居民等弱势群体，重视医护人员自身的心理健康。

结合稳增长、保就业要求，建议多方筹集资金，用于建设医疗卫生基础设施，开展多层次培训项目，培养一大批精神心理从业人员，开展心理健康培训和相关业务。引导和支持金融机构向心理健康相关软硬件建设提供低成本信贷，拓宽专业医护企业市场化融资渠道。医疗卫生相关的建设项目可享受优惠财税金融政策，将扩大投资与医药卫生事业发展有机结合。

第四，在应对气候变化行动方案中充分考虑维护人们心理健康。《巴

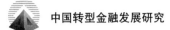

黎协定》虽未具体提及心理健康，但隐含追求公平和减少脆弱性因素，在各国全面实施该协议、制定大规模应对计划时，各国应将相当部分注意力和资源投向心理健康、社会福利有关领域。一是将心理危机干预和心理援助纳入气候变化事件应急预案，制定更为系统的心理健康支持计划，充分考虑气候变化的影响。二是注重公正转型问题，筹集资金支持受气候变化及经济低碳转型影响的人群，帮助解决就业和身心健康等问题。三是多渠道解决资金缺口。敦促发达经济体切实履行每年向发展中国家提供1000亿美元气候变化应对资金的承诺，其中相当部分可用于气候变化相关医疗卫生开支。

下篇

专题研究

第六章 金融支持绿色低碳技术研发应用

绿色低碳技术是应对气候变化、实现碳中和的关键。国际能源署的报告指出，市场上现有技术基本可以实现 2030 年的减排目标，但要实现 2050 年净零排放目标，所需技术中近一半目前仍处在示范阶段，未来几十年，绿色技术创新及其尽快推广应用至关重要。[①] 据国际能源署估计，为实现 2050 年净零排放目标，到 2030 年，全球对清洁能源技术的投资需增加两倍以上，从 2022 年的 1.4 万亿美元增加到 4.5 万亿美元。[②] 各经济体通过制定专项货币政策、创新金融产品、鼓励直接融资、组建专业机构、制定财税优惠和奖补政策等方式，加强对绿色低碳技术的支持力度。

金融支持绿色低碳技术面临诸多挑战。一方面，由于标准模糊、缺乏明确的方法论，金融机构识别绿色项目较为困难，叠加期限不匹配、风险管理能力不足、VC/PE 缺少长线资金等因素，金融机构支持绿色低碳技术的能力和动力不足；另一方面，绿色低碳技术创新推广尚未形成完整的政策体系，产业和财政政策支持不足，相关货币金融政策也有待完善。

在分析国内外经验、总结面临的挑战的基础上，本章提出三大政策建议：第一，建立健全绿色低碳技术认定标准及信息共享机制；第二，鼓励

---

① International Energy Agency. Net Zero by 2050. A Roadmap for the Global Energy Sector, October 2021.

② International Energy Agency. Credible Pathways to 1.5℃: Four Pillars for Action in the 2020s, April 2023.

金融机构在绿色低碳技术领域开发产品和服务；第三，构建促进绿色低碳技术创新发展的政策支撑体系。

第一节　绿色低碳技术研发应用的重要意义

一、绿色低碳技术是应对气候变化、实现碳中和的关键

绿色低碳技术主要涉及碳排放密集的电力供热、交通运输、制造业、建筑等领域。在发电与供热领域，主要脱碳技术包括可再生能源发电，煤改气，电池及氢能储能，碳捕集、利用与封存，核电等；在交通运输领域，关键技术有电动汽车、氢燃料电池汽车、液化天然气船运、可持续航空燃料等；制造业领域重点技术包括氢能还原、工业过程电气化、CCUS及材料循环回收技术等。

部分技术可跨多领域适用，包括可再生能源发电、氢能、储能以及碳捕集技术，这四类通用关键技术将在实现碳中和过程中发挥主导作用。具体而言：

（1）可再生能源可减少当前全球35%的碳排放[1]，在当前技术中占主导地位。可再生能源主要用于电力和供暖清洁化，同时支持交通运输、工业等行业通过电气化脱碳。可再生能源发电也是未来大量生产绿氢的基础。

（2）氢能的应用领域可覆盖当前全球碳排放量的20%。[2] 氢能一方面有助于难减排的钢铁、石化、交通运输等行业脱碳；另一方面可作为季节

---

[1]　Goldman Sachs Global Investment Research.

[2]　Goldman Sachs Global Investment Research.

性长时储能的载体，通过增加电力系统灵活性，支撑可再生能源渗透率进一步提升。

（3）电池是电能储存的重要载体，主要应用于电动汽车、电力系统储能，对交通、发电脱碳均至关重要。

（4）碳捕集短期内配合生产蓝氢，同时，对现有技术难以减排的领域实现事后治理，实现兜底减排功能。

二、早期低碳技术更需大力支持

脱碳技术路线已基本明确，但并非所有技术都已准备就绪，早期技术更需大力支持。国际能源署根据成熟度将绿色低碳技术划分为概念和基础研究、实验室样机、示范工程、初期商业化及完全商业化等阶段，其研究发现，在支撑碳中和目标的必要技术中，已实现商业化的仅有一半，还有一半关键技术待努力开发。[①] 在中国，绿色低碳技术中仅三分之一实现了商业化，三分之一处于示范或中试阶段，还有三分之一仍处于概念和基础研发阶段。[②]

绿色低碳技术成熟度不足，在技术成本曲线上有充分体现：碳排放成本曲线最右侧的产业的技术成本呈指数上升（见图 6-1），如工业电气化、CCUS 等技术当前成本高昂，难以大范围推广应用。

仍处于基础研究、样机、示范工程等阶段的早期绿色技术亟需更高强度的支持。光伏、风电、核电等技术在商业化之前，均经历 20 年左右的研发期，若当前处于基础研究、样机阶段的早期技术不加速研发，则将错过碳中和目标设定的时间窗口。联合国气候变化框架公约（UNFCCC）的

---

① International Energy Agency. Energy Technology Perspectives 2020，2020.

② 中国科技部组织专家对中国支撑碳中和技术成熟度的分析结论，2022。

分析也表明，当前全球早期低碳技术创新进度不及预期。①

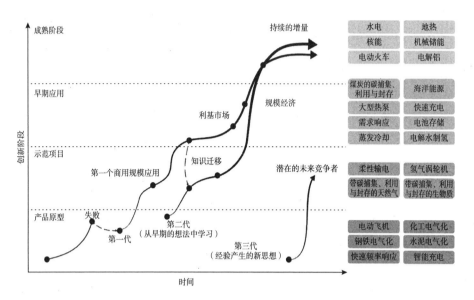

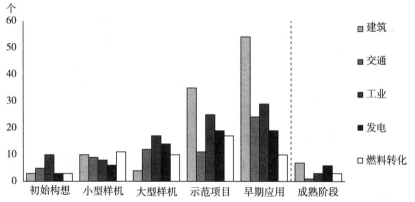

注：图中纵轴为 IEA 在其清洁能源技术指南中分析的清洁能源技术设计和组件数量。

图 6-1　绿色低碳技术成熟度现状

（资料来源：国际能源署）

---

①　United Nations Framework Convention on Climate Change（UNFCCC）. Paris Agreement – Status of Ratification，2021.

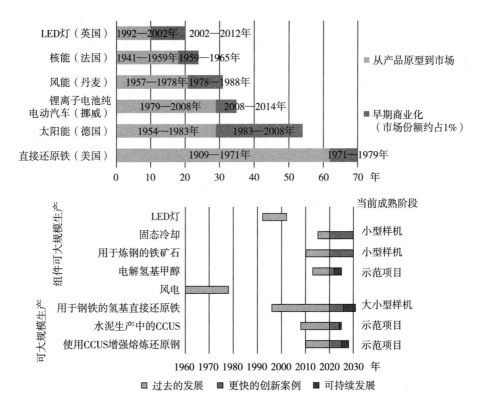

图 6-2　典型绿色技术研发及商业化周期

（资料来源：国际能源署）

三、部分技术进入商业化阶段，但仍需通过应用迭代升级

　　虽然处在绿色技术成本曲线左侧的成熟技术大多已实现商业化和规模应用，但仍有技术迭代降本增效空间。制造属性突出的绿色低碳技术除了激进式的代际创新外，更多依靠规模效应和"干中学"，实现技术代际间的渐进式创新，而"干中学"的前提是技术被大规模应用。

　　例如，光伏、电池等关键技术在商业化后，均有持续技术升级。过去15年，当前主流晶硅材料太阳能电池通过高效 PERC 电池取代传统铝背场电池、硅片金刚线切割技术突破、冷氢化技术突破等工艺升级，实现了光伏发电成本下降 90% 以上，效率提升 10 个百分点。据国际能源署测算，"干中学"和规模效应在光伏早期商业化阶段贡献了 25% 左右的成本降低；在大规模商业化阶段，至少贡献了 50% 以上的成本降低（见图 6 – 3）。

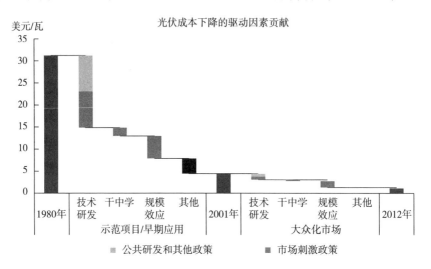

图 6 – 3　光伏产业干中学及规模效应促进技术迭代降本

（资料来源：IEA. Evaluating the Causes of Cost Reduction in Photovoltaic Modules，2018）

通过大规模应用，成熟技术迭代使绿色低碳技术成本曲线趋平，全社

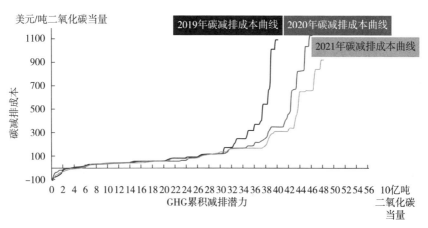

图 6 – 4　技术应用迭代使绿色低碳成本曲线趋平

（资料来源：Goldman Sachs Global Investment Research）

会实现碳中和更具经济可行性。据高盛测算，2019—2021 年，全球绿色低碳技术成本曲线不断趋平，在覆盖左侧 50% 排放范围的"低成本脱碳区"内，各项技术综合成本降低 1.5 万亿美元，其经济性进一步改善，同时有效挖掘了 15% 以上额外的脱碳潜力。

第二节　金融支持绿色低碳技术的国内外进展

一、国际上金融支持绿色低碳技术的进展

金融支持绿色技术进步初见成效。根据国际能源署数据，2016 年清洁领域的资本投资首次超过化石能源，到 2022 年，化石能源每投资 1 美元，对应约 1.7 美元流向清洁能源领域。2023 年，预计光伏投资将首次超过石油生产投资。金融的支持显著降低了绿色技术的资金成本。据高盛分析，2010 年以来，可再生能源成本下降中约三分之一受益于资金成本降低。

据国际能源署估计，为实现 2050 年净零排放目标，到 2030 年，全球对清洁能源技术的投资需增长两倍以上，从 2022 年的 1.4 万亿美元增加到 4.5 万亿美元。然而，金融不会自发投向创新，金融介入也不会自发促进创新。为促进金融有效支持绿色技术创新，需要政府、私营部门等多方面系统性合作。各经济体通过制定专项货币政策、创新金融产品、鼓励直接融资、组建专业机构、制定财税优惠和奖补政策等方式，加强对绿色低碳技术的支持力度。

（一）银行信贷支持

银行机构是全球绿色领域最基础、最主要的投资主体。商业银行主要

在资金来源、产品服务、风险评估、投贷联动等方面开展创新。

1. 多方拓展资金来源

通过国内、国际金融机构合作开展转贷款业务，获取政策性银行、多边金融机构等低成本、长期限资金，可为绿色低碳技术提供低成本融资。例如，德国复兴信贷银行是德国影响力最大的政策性银行，该行在国际资本市场上融资，德国政府负责对其融资资金进行贴息并打捆形成微利、低息的绿色金融产品销售给各银行。各银行再以优惠的利息和贷款期限，为客户提供环保、节能和温室气体减排相关绿色金融产品和服务。在此过程中，合作的商业银行负责项目风险评估控制，根据贷款人的地理位置、经济状况和抵押品质量等，提供不同等级的优惠贷款利率；德国复兴信贷银行以优惠利率为商业银行提供再融资。

2. 创新绿色信贷产品

一些经济体商业银行不断丰富绿色信贷产品和服务，通过将对公、对私信贷产品与可持续指标挂钩，提供低息、便利的贷款服务，促进绿色低碳技术应用。例如，加拿大温哥华城市银行为使用包括新型隔热材料、太阳能光伏等技术的家庭节能升级装修提供不高于1%的低利率资金，期限最高达15年，最多可贷50000美元。[1] 澳大利亚联邦银行（Commonwealth Bank of Australia）推出汽车贷款[2]，符合低排放车辆（LEV）标准的车辆可免除150美元的设施费并获得1%的利率折扣。[3]

3. 调整风险评估模型

绿色科技产业面临特殊的产业风险和政策风险，包括应对气候变化相

---

① 兴业研究，自然资源保护协会. 国际绿色消费信贷的发展与产品分析——绿色消费信贷系列二［EB/OL］.（2019－11－01）. https：//app. cibresearch. com/shareUrl？name＝000000006e1fa9dd016e260dd7ef06b4.

② 兴业研究，自然资源保护协会. 国际绿色消费信贷的发展与产品分析——绿色消费信贷系列二［EB/OL］.（2019－11－01）. https：//app. cibresearch. com/shareUrl？name＝000000006e1fa9dd016e260dd7ef06b4.

③ https：//www. bankaust. com. au/banking/car-loans/lev-car-loan.

关政策、自然环境（如日照时间、风力）和能源价格变化、碳价格波动等风险。研究适应于绿色低碳技术的风险评估模型，有利于全面把握项目风险，推动银行机构更好地进行信贷投放。例如，汇丰银行建立针对绿色低碳技术的商业银行投资风险评估模型，首先通过技术准备水平（TRL）确定债务融资适用性，技术成熟度在 8 及以上的项目适用于债务融资；其次，围绕政策风险、ESG 风险、技术风险、运营风险、市场风险、法律和监管风险六个维度，形成贷款决策。目前汇丰银行已将此模型应用于太阳能光伏、热泵和碳捕集与封存三个领域的技术。

4. 开展投贷联动

国际上对于投贷联动的实践较多，已有比较成熟的经验。如美国硅谷银行（SVB）是投贷联动的典型代表，清洁技术与可持续发展是其关注的核心领域之一。SVB 为中小技术型创新企业设计了三类"债权 + 股权"产品：第一类是 SVB 资本在进行股权投资时，SVB 会配套发放贷款；第二类是 SVB 在为初创类高科技企业提供贷款时，与企业签订协议，认购该企业部分股权或期权，在企业 IPO 或被并购时行权缓释贷款风险；第三类是 SVB 与风投机构合作，由风投机构对高科技企业进行直接股权投资。2021 年，SVB 为分布式发电运营商 Daroga Power 的燃料电池发电项目提供综合金融服务方案，包括购买保险产品以减轻技术风险，提供 1.35 亿美元的债务融资、2150 万美元的私募股权融资等[①]，推动该项目快速建设和投入使用。

（二）直接融资

许多绿色低碳技术具有高风险、高收益特征，直接融资和股权融资是最适合绿色低碳技术的投资方式，主要手段包括股票上市融资、绿色债券、风险投资等。

---

① https：//www.svb.com/success-stories/case-studies/daroga.

1. 股票上市融资

欧美国家拥有规模更大、层次结构更完备的资本市场，可为绿色低碳技术企业融资提供重要支持。例如，美国纳斯达克市场是全球第二大证券交易市场，其中科技股、成长型股票居多，美国最具成长性的公司中有90%以上在纳斯达克上市。2023年2月，LanzaTech以特殊目的并购公司（SPAC）的方式正式登陆纳斯达克①，成为第一家上市的碳捕集与转化（CCT）公司，该公司运用微生物技术与合成生物学将废碳转化为可持续燃料、织物、包装等工业用品。上市为这家公司带来了2.4亿美元股权融资，将有助于其创新的CCT技术被用到美国以外的地区。②

2. 绿色债券

过去10年，绿色债券融资总量占全球绿色金融总量的93.1%。③ 许多国家早已开始发行绿色债券，但侧重的技术领域有所不同。美国、欧洲绿色债券所筹资金主要投资于绿色建筑、绿色能源和绿色交通领域；日本则投资于风电和小水电、沼气发电等领域。除了绿色项目债券外，其他新型产品有可持续发展挂钩债券、碳中和债券、绿色担保债券等。如日本建筑公司高竹（Takamastu）④ 于2021年3月发行了全球首笔可持续挂钩绿色债券，发行周期为五年，募集资金用于高竹新型环保材料的制造。

3. 风险投资

私募股权（PE）和风险投资（VC）的投资人可长期持有公司股权并深度参与公司运营管理，能够有效满足绿色低碳技术发展的中长期资金需求。据国际能源署估计，2021年以来，能源领域早期阶段的风险投资显著

---

① https：//finance.sina.com.cn/stock/hkstock/hkzmt/2023-02-18/doc-imyharkc5803876.shtml.

② https：//lanzatech.com/lanzatech-and-amci-acquisition-corp-ii-announce-closing-of-business-combination-establishing-first-public-carbon-capture-and-transformation-company.

③ TheCityUK, BNP Parbas. Green Finance: a Quantitative Assessment of Market trends, March 2022. https：//www.thecityuk.com/media/021n0hno/green-finance-a-quantitative-assessment-of-market-trends.pdf.

④ Takamastu. Notice Regarding Issuance of Straight Bonds (the first series) and Sustainability-linked Green Bonds (the second series). January 2021.

提升，从 2020 年的 20 亿美元左右增加到 2022 年的超过 60 亿美元，预计 2023 年将超过 80 亿美元。其中，增长最快的领域是电动车、储能和电池。成长期风险投资规模也在 2021—2022 年实现了跳跃式增长（见图 6 - 5）。

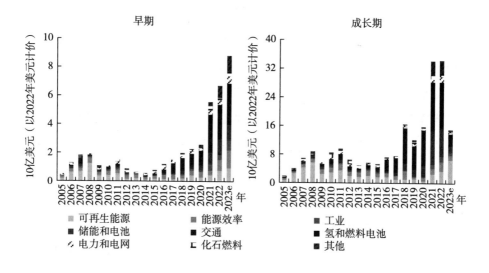

图 6 - 5　能源初创企业获得的风险投资（分技术领域）

（资料来源：国际能源署）

此外，企业风险资本（CVC）也可以为绿色低碳技术研发应用提供补充资金。CVC 指各大企业成立风险投资部，直接投资于外部小微企业的企业基金。化石能源企业为实现多元化经营，近年来逐步加大对氢能、燃料电池、电动汽车等领域的投资，如英国石油公司参与汽车快速充电技术研发公司 FreeWire 5000 万美元的 C 轮融资[①]，其主要开发基于锂电池的全电动短途飞机。这不仅有利于传统高碳企业的低碳转型，而且可以在一定程度上弥补绿色技术研发应用的资金缺口。

（三）成立专业投融资机构

成立专业投融资机构，有利于缓解绿色低碳技术领域信息不对称，提

---

① https：//www.businesswire.com/news/home/20210125005937/en/FreeWire-Technologies-Secures-50-Million-in-Series-C-Funding-Round-to-Scale-Ultrafast-EV-Charging-Infrastructure.

升该领域资金支持力度，实现知识产权的有效转化。

1. 绿色技术银行

绿色技术银行旨在形成专业化、市场化和国际化的"绿色科技成果＋金融"的转换机制，并为企业提供绿色发展整体解决方案。如英国政府组建绿色投资银行（GIB）并逐步将其私有化，该机构成为世界最大的专业绿色基础设施开发商与投资商之一。绿色投资银行长期耕耘绿色领域，其主要投资方法有两个：一是对具备商业可行性的成熟技术采用直接股权投资策略；二是通过与基金管理公司合作，投资一些中小型绿色项目。绿色投资银行 2012—2022 年参与绿色能源项目投资超过 170 亿英镑①，涉及可持续能源、电池储能、CCUS 等多个绿色低碳技术领域。

2. 绿色科技孵化器

专注于绿色低碳技术的孵化器能够为初创绿色技术企业综合提供风险投资、多元控股，以及场地、咨询、培训、策划、技术设施和服务等，起到将创新资源引向绿色低碳技术企业的枢纽作用。例如，2010 年欧盟下属机构欧洲创新与技术研究所（EIT）发起并建立了欧盟气候变化知识与创新团体（Climate-KIC）。Climate-KIC 是欧洲最大的公私创新合作项目，成员国家和机构可以在该平台上共享研究成果和投资机会。又如，2021 年11 月，美国通过《基础设施投资和就业法案》（*Infrastructure Investment and Jobs Act*），创建清洁能源示范机构，以选择、资助和管理示范项目以及开展政府推广活动，将项目推向市场。该机构已为 2022—2025 年绿色低碳技术研发应用筹集了 215 亿美元，其中 37% 用于氢枢纽，22% 用于电网和储能，16% 用于 CCUS，2% 用于减少工业排放。再如，淡马锡协同星展银行、谷歌云、新加坡国立大学自然气候方案研究中心、Verra 和世界银行

---

① https://esgnews.com/eib-group-commits-record-e17-billion-for-support-of-eu-energy-security-and-green-economy.

推出为期六个月的"Sustaintech Xcelerator 加速器计划"①，提升投资者和碳信用买方对基于自然的解决方案的信心。

（四）产业基金、财税优惠和奖补政策

绿色低碳技术创新具有绿色和创新双重外部性的特征，应对气候变化的绿色低碳技术会对全人类有好处，同时创新本身具有很强的外溢效应，两者都意味着社会收益大于私人收益，进而导致绿色创新的供给不足，需要政府参与支持。自2015年《巴黎协定》签订以来，支持企业将新的低碳技术推向市场的政策措施大幅增加。与直接通过公共机构资助研发不同，越来越多的政府通过创新的政策工具来支持创新。② 一些国家财政主要通过组建绿色产业基金、提供信用担保和贷款贴息、制定财政奖补和税收优惠政策，支持绿色低碳技术。

1. 组建绿色产业基金

很多国家由财政出资设立了绿色低碳产业基金，引领、撬动资金流向绿色科技领域，为低碳技术研发应用提供长期资金支持，以培育壮大优质市场主体。例如，日本政府于2021年设立了180亿美元的十年期绿色创新基金，截至2022年1月，已向处于试验或以上阶段的氢供应链、电池和电机、海上风电、二氧化碳捕集等特定技术领域拨款约85亿美元。③ 欧盟推出"突破能源催化剂"计划④，创新联合公共资金和私有资金，募资约10亿美元，共同推动清洁氢、长期能源储存、可持续航空燃料等技术的研发运用。

2. 信用担保和贷款贴息

相关政策有利于降低绿色低碳中小企业融资难度和成本。英国出台

---

① 淡马锡. 年度报告2021：迈向崭新未来［EB/OL］. (2021 – 07 – 13). https：//www. temasek. com. sg/zh/news-and-resources/news-room/news/2021/temasek-review-2021-bounce-forward.

② IEA. How Governments Support Clean Energy Start-ups：Insights from Selected Approaches around the World，March 2022.

③ IEA. World Energy Investment 2022.

④ https：//breakthroughenergy. org/our-work/catalyst.

"贷款担保计划"，拨款 100 亿英镑，为清洁项目和绿色生态环保企业提供融资担保；法国成立能源效率担保基金，向节能设备研发及应用提供信贷支持，在国家担保基金提供 40% 担保的基础上，再提供 30% 担保。德国复兴信贷银行为绿色科技企业项目提供融资支持，贷款由联邦政府贴息；日本建立环保补助基金制度，对企业安装节能设备以及节能技术开发项目的贷款给予 40 个基点的贴息。

3. 财政奖补和税收优惠

相关政策可直接改善项目收益，推动绿色低碳技术发展。如美国《通胀削减法案》为可再生能源项目投资提供了 300 亿美元的投资税收抵免。日本政府重点关注氢发电涡轮机、燃料电池汽车和氢还原冶金等日本公司拥有全球竞争力的技术领域，对燃料电池生产企业提供最高 10% 的税额抵扣或 50% 的特别折旧优惠。

专栏 6-1　欧洲支持绿色低碳技术发展

欧洲国家通过制定战略规划和政策、开展公共研发和技术服务、提供资金支持、加强国际合作等措施，支持能源低碳技术的研发和应用。具体而言，在资金维度，欧洲国家对绿色低碳技术的支持主要体现在以下四个方面[①]：

第一，支持应用研究。一是机构资助。2021 年，由英国政府资助的法拉第研究所宣布投入 2260 万英镑，致力于加快未来电池发展所需的相关商业研究，包括延长电池寿命、电池建模、回收再利用和固态电池等关键研究项目，以推动在 2030 年前逐步停止销售新的燃油汽车。二

---

① OECD. Driving Low-carbon Innovations for Climate Neutrality. EC-OECD（2023），STIP Compass：International Database on Science, Technology and Innovation Policy（STIP），Edition July 3, 2023, https：// stip. oecd. org.

是项目补助。奥地利气候和能源基金发起能源研究项目，支持在具有明显优势、获得国际认可、能为气候保护和能源供应安全作出贡献的领域进行能源技术创新。挪威的关键行业能源计划每年为再生能源技术、海上风能、太阳能等能源创新领域的项目和研究提供 1 亿欧元补贴。波兰设立新能源项目，拨款 5.5 亿欧元用于支持能量簇、氢能技术、多燃料储能系统和零排放能源生产等领域的创新型绿色能源项目。

第二，鼓励早期商业研发。一是商业研发补助。丹麦能源技术开发和示范项目是一个行业驱动的补助计划，聚焦有助于实现能源政策和气候目标的能源技术融资、开发和示范。自 2007 年创建以来，已资助近 600 个项目，受资助技术的成熟度平均由 4.3 提升至 7，即从实验室验证阶段到产品开发的后期阶段。二是贷款和信用融资。2019 年，欧洲投资银行向瑞典 Northerly 公司提供 3.5 亿欧元贷款，支持建设欧洲首家锂离子电池超级工厂。挪威创新署提供还款期长达 15 年的快速小额贷款，为清洁能源初创企业提供运营资本，帮助其实现规模扩张。三是风险投资。从 2018 年起，挪威贸易、工业和渔业部所属的主权气候投资公司（NYSNØ）通过投资于开发电池、海上风电等新技术的非上市公司，帮助其从技术开发向商业化过渡。

第三，扩大推广应用范围。一是公共采购。欧盟公共采购支出约占 GDP 的 16%，其在支持低碳技术早期部署和推广方面发挥了重要作用。2019 年 2 月，欧洲议会通过了一项绿色采购法案，规定到 2025 年各成员国新购买的公共交通车辆中，零碳排放汽车比例要达到 25% 以上。二是使用补贴。荷兰的可再生能源转型激励计划（SDE ++）对企业采用低碳技术产生的额外成本进行补贴；可再生能源解决方案国家补贴计划（ISDE）则规定了最低能效标准及有关合格技术的详细要求，为家庭提供绿色能源补贴。

第四，完善配套政策。一是贷款担保和风险分担。为促进绿色产业投资，瑞典政府于2021年委托国家债务办公室开展绿色信贷担保，以降低可再生能源等绿色产业的风险和重大项目的门槛，担保期限最长15年，应覆盖本金不低于5亿瑞典克朗的大型绿色工业投资贷款的80%。二是税收减免。挪威建立了SKATTEFUNN研发税收激励制度，对通过研发项目开发、改进产品和服务的能源领域公司予以税收抵免，从应缴公司税中进行扣除，主要集中在海上风电、水电、太阳能、氢能和电池等领域。丹麦实施绿色税制改革，为投资低碳技术研发和创新的企业减免税收，拨款1820亿丹麦克朗用于化石和生物能源的碳捕集与封存。

二、金融支持绿色低碳技术的中国实践

（一）绿色低碳技术创新对我国的重要意义

一是绿色低碳技术创新是我国实现碳达峰碳中和目标的关键支撑。当前，我国仍处于工业化、城镇化进程，能源需求总量和碳排放在未来一段时间将继续增长，经济发展与能源消耗、碳排放仍存在强耦合关系，必须以关键技术的重大突破实现碳中和。绿色低碳技术创新及大规模应用，有利于降低绿色溢价，促进绿色产业发展和传统产业低碳转型。

二是绿色低碳技术创新是我国实现经济高质量发展的有力抓手。当前，我国经济潜在增长率有所下降，未来面临人口老龄化、储蓄率和投资率下降、生产率增长放缓等挑战。随着高碳行业逐步退出，短期内经济增长或将承压。绿色低碳技术创新有利于推动经济发展方式由资源、要素驱动向创新驱动转变，培育高质量发展新动能，通过提高全要素生产率促进经济高质量发展。

三是加快绿色低碳技术创新，有利于我国在全球新一轮工业革命和科

技竞争中占据有利地位。当前，国际国内形势发生深刻变革，各大经济体都将碳减排作为经济转型发展的重要方向。推进绿色低碳技术创新，有利于提升我国相关产业和技术的国际竞争力，在国际低碳技术大潮中赢得先机，进一步提高我国科技和经济的国际竞争力。

（二）金融支持绿色低碳技术创新的中国实践

1. 发挥结构性货币政策工具作用

2021 年 11 月，中国人民银行先后创设碳减排支持工具和支持煤炭清洁高效利用专项再贷款，通过向符合条件的金融机构提供低成本资金，支持金融机构为清洁能源、节能环保、碳减排技术等重点领域具有显著碳减排效应项目及煤炭清洁高效利用重点项目提供优惠利率融资。截至 2023 年 4 月末，碳减排支持工具余额近 4000 亿元，支持金融机构发放贷款约 6700 亿元，带动碳减排量超 1.5 亿吨。[①] 各地积极探索再贴现货币政策工具的创新运用，加大对具有碳减排效应的绿色企业签发、收受的票据再贴现支持力度。如四川省在全国推出碳减排票据再贴现专项支持计划（川碳快贴），重点支持主营业务或对应项目属于《绿色产业指导目录（2019 年版）》和《绿色债券支持项目目录（2021 年版）》中所列节能环保产业、清洁生产产业、清洁能源产业、生态环境产业或基础设施绿色升级产业，通过"额度优先、办理优先、利率优惠"三项措施，引导金融机构创新运用再贴现资金，支持具有碳减排效应的企业和项目。截至 2023 年 3 月末，四川省银行业金融机构已为 109 家企业和项目办理碳减排票据再贴现 150.3 亿元，对应年度碳减排量 345.7 万吨。

针对科技创新，2022 年 4 月中国人民银行设立总额度为 2000 亿元的科技创新再贷款，向金融机构提供低成本资金，引导金融机构在自主决策、自担风险的前提下向科技企业发放贷款，以此撬动社会资金促进科技

---

① 参见中国人民银行原行长易纲在第十四届陆家嘴论坛上的主题演讲"积极践行绿色发展理念促进30·60目标平稳实现"。

创新。科技创新再贷款利率为 1.75%，期限为 1 年，可展期两次，按照支持范围内且期限 6 个月及以上科技企业贷款本金的 60% 提供科技创新再贷款资金支持。具体支持的科技企业分别按照科技部、工业和信息化部现行标准认定，并由科技部、工业和信息化部通过国家科技创新创业数据平台、国家产融合作平台等渠道向金融机构推送。

2. 银行信贷支持

银行信贷是绿色金融的主要工具。目前，银行信贷支持绿色低碳技术创新的模式主要有以下五类：

（1）信用贷款或抵押贷款模式。绿色低碳科技型中小企业持有的传统抵押物较少，银行机构通过综合考虑企业研发投入、核心技术竞争力、技术人员占比等因素对企业进行画像，对符合条件的企业提供信用贷款支持，或基于企业拥有的知识产权、应收账款、股权等发放抵质押贷款。例如，兴业银行从知识产权数量和质量、科研团队实力、科技资质、科技创新成果奖项等 15 个维度对科技型企业进行量化评估，在客户准入、授权管理等方面实行差异化信贷政策。工商银行广东省分行通过专利权质押方式，向掌握了二氧化碳回收利用技术的某企业发放贷款 1.4 亿元，用于支持其 CCUS 技术的研发和应用。

（2）开发基于碳资产、碳减排的贷款产品。碳资产是指在强制碳排放权交易机制或自愿碳排放权交易机制下，产生的可直接或间接影响温室气体排放的碳排放权配额、碳减排量及相关活动。在此基础上，银行机构推出碳资产质押贷款、碳足迹挂钩贷款等产品。例如，北京银行以北京市碳排放权电子交易平台公布的 CCER 历史成交均价为基础，以某科技公司（碳资产开发企业）持有的 CCER 为质押物发放贷款 300 万元，期限 2 年。该笔资金全部用于支持企业林业碳汇项目开发。虽然该项目本身不涉及绿色科技创新，但碳资产质押贷款提供了一种新的融资模式，有效利用了绿色项目中产生的碳资产，未来或可探索将这种模式用于绿色科技创新。浦发银行苏州分行将贷款利率与企业光伏发电项目供电量、碳减排量挂钩，设置分档利率，为某企业发放全国首笔碳中和挂钩贷款，有效激励企业主动减污降碳。

（3）银担、银政担贷款模式。在第三方担保和政府风险补偿支持下，银行机构对绿色低碳科技型企业发放贷款，当出现贷款损失时，担保机构和政府风险补偿资金按照一定比例分担损失，可有效降低银行贷款风险，提高信贷支持的积极性。如广州市成立科学城绿色融资担保有限公司，突出绿色低碳定位，为环保、节能、新能源产业等重点领域企业融资增信。成都市创新财政科技资金使用方式，安排超过 6 亿元风险补偿资金，联合银行、担保、保险等金融机构推出"科创贷"系列产品，已累计帮助绿色低碳、新能源、新材料等重点领域企业获得 60.5 亿元贷款支持。

（4）投贷联动模式。银行机构以信贷投放与本集团设立的具有投资功能的子公司或外部投资机构股权投资相结合，为绿色科技型企业提供持续的资金支持。例如，国家开发银行成立国开科技创业投资公司，联动国家开发银行北京分行、中关村科技融资担保公司，为北京仁创生态公司提供投贷联动服务，用于支持企业绿色循环产品设计研发。合肥高新区创新开展"贷投批量联动"业务，为处于研发早期、符合国家绿色发展导向的初创期科技企业提供贷款服务，创投基金按照"投贷同步"方式，对获得银行贷款的科创企业进行股权（期权）投资，增强银行放贷信心。

专栏 6 - 2　合肥高新区创新"贷投批量联动"模式有效解决

金融机构投资绿色低碳技术研发收益与风险不匹配问题

绿色低碳技术研发企业具有"轻资产、高成长、高不确定性"特征，传统的投贷联动无法解决银行收益与风险匹配问题。安徽省合肥市高新区探索技术研发企业金融服务新模式——"贷投批量联动"，该模

式将股权收益和担保补偿捆绑在一起，支持银行解决风险收益不匹配问题。截至2022年末，4家试点银行累计发放贷投批量联动贷款138户、金额3.9亿元，其中，绿色低碳领域客户数约占25%。具体做法如下：

一是以批量对接破解融资效率低问题。按政府批量推荐、银行分级评估、银政合作授信方式，政府建立科创企业白名单，定期组团分批向银行推荐科技含量高、发展前景好的企业；银行根据政府建立的科创企业白名单进行分级评估，与政府部门协同授信，改变银行逐客逐户信贷模式，以批量化提升信贷审批效率、降低单个企业贷款风险。

二是以贷投联动破解风险收益不匹配问题。合肥市高新区与试点银行合作创设"贷款＋股权（期权）"投资模式，单个企业可获得3年期以内1000万元信用贷，利率不高于1年期LPR加50个基点；合肥高新建设投资集团的创投基金按照"投贷同步"方式，对获得银行贷款的科创企业进行股权（期权）投资，增强商业银行放贷信心。

三是以超额风险准备金破解商业难持续问题。试点初期，合肥市高新区财政设立2000万元超额风险准备金，用于备付试点银行贷款损失，对不良率超过1%的风险损失由超额风险准备金和试点银行按贷款本金的85%进行风险补偿。试点运行后，准备金不再依靠财政资金投入，主要来源为创投基金的科创企业股权（期权）溢价收益回拨。

（5）与国际金融机构合作发放贷款。与国内银行贷款相比，国际金融机构贷款往往具有利率低、周期长等特点，适用于建设周期长、投资回报慢的绿色低碳创新项目。国内金融机构利用政策性银行、多边金融机构等资金降低资金成本，通过境外转贷等方式为绿色技术制造企业提供低成本融资。例如，华夏银行西安分行成功落地世界银行转贷款业务，提供美元及人民币资金5.05亿元，支持中国西部科技创新港科教板块综合能源工程项目，利用中深层无干扰供热技术开发地热能。

3. 直接融资

（1）发展多层次资本市场。近年来，绿色低碳产业股权融资环境日益优化，资本市场鼓励新能源、节能环保等领域科技创新企业通过科创板、创业板上市融资，并将新能源产业纳入并购重组审核的快速通道。截至2022年末，共有59家绿色企业在A股市场完成IPO上市融资，IPO首发募集资金823.08亿元。在支持绿色技术融资方面，科创板发挥了重要作用。2021年4月，上海证券交易所发布《上海证券交易所科创板发行上市申报及推荐暂行规定》，明确申报科创板发行上市的发行人应属于新能源、节能环保等六大领域的高新技术和战略性新兴产业，体现了科创板对绿色低碳产业的明确支持。截至2022年10月末，科创板新能源及环保行业企业已上市44家，累计融资744.6亿元；6家企业完成再融资，融资额共计123.3亿元。

（2）构建绿色指数。绿色主体指数可以发挥引导资金流向绿色低碳技术企业的作用。以2023年4月中证指数有限公司发布的中证氢能指数为例，该指数从沪深市场上市公司中选取50只业务涉及氢气生产、氢气运输以及氢燃料电池等氢能应用领域的上市公司证券作为指数样本，不仅可以表征氢能产业发展，而且未来可通过跟踪该指数的产品引导资金流向氢能公司，为市场投资氢能、促进企业提高氢能技术提供便利。

（3）充分利用债券市场。绿色债券是绿色直接融资的重要方式，在绿色科技的应用推广阶段可以发挥重要支撑作用。2022年6月，由中欧等经济体共同发起的国际可持续金融平台（IPSF）发布《可持续金融共同分类目录》（更新版），进一步提升了国际绿色债券标准的可比性、兼容性和一致性。随后发布的《中国绿色债券原则》《深圳证券交易所公司债券创新品种业务指引第1号——绿色公司债券（2022年修订）》等均将《可持续金融共同分类目录》纳入境外发行人绿色项目认定范围，有助于降低跨境交易的绿色认证成本，进一步推动跨境绿色资本流动。从发行规模看，

2022 年我国境内外绿色债券新增发行规模约 9839.0 亿元，其中，境内发行 8746.6 亿元。[①] 绿色债券募集资金最主要的用途就是支持清洁能源产业发展（占比为 30.34%）。

（4）发展绿色基金。绿色基金是绿色产业资金需求的重要补充，通过构建中央财政专项支持、地方政府和社会资本支持、社会资本和国际资本设立不同结构的绿色发展基金体系，有力促进了绿色低碳技术和绿色低碳产业的发展。

在政府性基金方面，近年来国家层面和省市层面围绕清洁能源、节能减排、绿色低碳制造等领域建立了一批产业基金。例如，2020 年 7 月，财政部、生态环境部和上海市政府共同发起设立我国首个绿色发展领域国家级投资基金。各地政府积极发挥政府性资金引导撬动作用，设立绿色发展基金、创业投资引导基金等，加大对绿色技术和绿色低碳企业（项目）的投资力度。例如，四川省发起设立首期规模 100 亿元、总规模 300 亿元的四川省绿色低碳优势产业基金，重点投向清洁能源产业、清洁能源支撑产业、清洁能源应用产业等领域。[②] 安徽省发起设立 50 亿元碳中和基金，母子基金规模 150 亿元以上，重点投向以光伏、风电、水电、生物质能、地热能、氢能、核能为代表的绿色能源，以储能、综合能源、循环产业为代表的绿色环保产业，以低碳、零碳、负碳及新能源技术、新装备为代表的能源科技与碳科技等领域。[③]

在市场化基金方面，根据 2022 年中国证券投资基金业协会发布的《基金管理人绿色投资自评估报告（2022）》，27.5% 的样本私募股权投资机构将"绿色投资"纳入公司战略，65.4% 的样本私募股权投资机构开展

---

① 中央财经大学绿色金融国际研究院 . 2022 年中国绿色债券年报 [EB/OL]. https：//iigf. cufe. edu. cn/info/1012/6390. htm.

② 四川省国资委官网，http：//gzw. sc. gov. cn/scsgzw/c100114/2022/1/7/a53bffcdd75d4c7fa4223f32880d9ae4. shtml。

③ 安徽省国资委官网，http：//gzw. ah. gov. cn/ahgzw/gzyw/56347131. html。

了绿色投资研究。在绿色投资产品运作方面，327 家样本私募股权投资机构中，44 家机构发行过以绿色投资为目标的产品，合计发行绿色投资策略产品 54 只，绿色投资策略主要为配置绿色低碳产业，投向包括清洁能源、新能源、节能环保、新材料、生态环境治理等领域。基于中国证券投资基金业协会数据，按关键词（如"绿色、低碳、环保、碳中和、节能、新能源、清洁能源"等）进行检索，截至 2022 年末，已设立并备案的私募股权投资基金中，以绿色相关行业为主要投向的基金约 1200 只。

4. 绿色保险

绿色保险支持绿色低碳技术研发应用，主要表现为三种形式：一是对绿色技术研发提供风险保障，二是对研发成功的绿色技术提供知识产权风险保障，三是对绿色技术相关产品设备提供产品质量安全风险保障。从具体品种看，主要有环境、社会、治理（ESG）风险保险中的碳保险、绿色产业保险中的生态环境产业保险、清洁能源产业保险、绿色建筑和绿色交通保险、绿色生活保险中的新能源汽车保险五类。以碳保险为例，目前国内与绿色低碳技术研发应用相关的碳保险主要有碳排放配额质押贷款保证保险、碳汇保险、碳捕集保险等。例如，人保财险于 2022 年签发我国首单 CCS 或 CCUS 项目碳资产损失保险，为中国华电集团下属某发电企业提供碳资产损失保障。

5. 成立专业投融资机构

（1）绿色技术银行。绿色技术银行旨在为绿色技术转移转化、绿色技术发展等提供全链条金融服务。2016 年 9 月，上海市率先开展绿色技术银行先行先试，以绿色技术信息平台、绿色技术转化平台和绿色技术金融平台为核心，支持包括化石能源清洁高效利用、大型公共绿色建筑、固体废弃物清洁能源化利用等绿色低碳技术在内的十项标志性绿色技术体系发展。目前，绿色技术银行金融平台搭建绿色低碳产业基金、政策性贷款、资本市场多层次科技金融体系，转移转化平台集聚评估、转移转化等服务机构及国际组织 100 余家,筛选、收储绿色技术超过 1 万项,形成了对绿色低碳技术研发应用全链条服务支撑模式。

(2)绿色技术创新项目孵化器。近年来,我国大力支持企业、高校、科研机构等建立绿色技术创新项目孵化器。孵化器专注于绿色低碳技术领域,除具有综合孵化器的一般功能外,还具有建立企业共享技术平台和提供通用技术设备及专业技术支持等功能。随着孵化器服务的不断完善,孵化器通过直接投资或提供信息服务、担保服务等引入外部融资的孵化模式也逐渐成熟。全国各地涌现出一批重点支持绿色科技企业和绿色项目研发的绿色科技孵化器,涉及可再生能源、绿色建筑材料、清洁交通、污水和固废处理等绿色低碳领域重点行业。如苏州市设立清源科创绿色技术孵化器,在绿色环保领域打造集技术评估、技术转化、科创孵化、企业服务和投融资于一体的绿色创新技术孵化体系。

6. 产业基金、财税优惠和奖补政策

在产业基金方面,绿色基金把氢能、光伏、动力电池和新能源汽车等前瞻性和引领性较强的绿色领域列为重点领域,投资了一批前沿领域的优质企业。通过与地方政府、头部管理公司和行业龙头企业合作设立子基金的方式,发挥财政资金的引导作用,带动社会资本加大对绿色低碳领域的投资。比如,国家绿色发展基金出资 10 亿元,与某集团、保险公司以及投资机构联合发起设立了某绿碳私募投资基金,是目前国内市场规模最大的碳中和主题基金。

在财政奖补方面,地方政府积极提供财政支持,为新能源头部企业和被认定为清洁能源产业的相关企业提供资金奖励,直接改善项目收益。例如,广州市开发区(黄埔区)出台"氢能 10 条 2.0""低碳 16 条"等产业扶持政策,加大对氢能关键领域投资落户的支持,氢能企业或研发机构新投资的重大项目最高可获奖励 1 亿元。设立规模 50 亿元的氢能产业基金,对氢能项目给予资金配套扶持,对获得国家、省、市扶持的项目,按

100%、70%、50%分别给予最高 500 万元、300 万元、100 万元配套资金，真金白银扶持氢能产业发展壮大，目前已兑现补贴超过 1500 万元。国际上，美国《通胀削减法案》为可再生能源项目投资提供了 300 亿美元的投资税收抵免。日本政府重点关注氢发电涡轮机、燃料电池汽车和氢还原冶金等日本公司拥有全球竞争力的技术领域。日本对燃料电池生产企业提供最高 10%的税额抵扣或 50%的特别折旧优惠。

在贷款贴息方面，浙江省湖州市对符合条件的绿色技术研发企业（项目）每年最高发放 50 万元贴息奖励；对获得专利权质押贷款的企业，给予不高于年贷款基准利率 50%的补助，最高补助金额为 25 万元。

第三节　金融支持绿色低碳技术面临的挑战及政策建议

一、金融支持绿色低碳技术面临的挑战

金融支持绿色科技的基础是绿色价值的发现与转化，需要绿色科技认定、信息共享与配套机制等支持。在绿色价值发现与转化的基础上，为了解决绿色低碳科技创新的"双重外部性"，也需要金融机构丰富服务方式以及产业政策、财政政策和货币金融政策的系统性支撑。目前这几方面均存在一些挑战。

（一）金融机构现有信贷产品存在绿色信贷覆盖不足、认定标准模糊等问题

目前，中国人民银行绿色贷款专项统计制度基本参照《绿色产业指导目录（2019）》，金融机构以此为依据判定绿色领域贷款。从国家发展改革委正在征求意见的《绿色产业指导目录（2023）》看，虽然补充增加了关于绿色技术产品研发认证推广的内容，但是与科技部 2023 年 5 月出台的

《国家绿色低碳技术先进技术成果目录》相比，两个指导目录对绿色低碳技术的分类仍存在交叉和不一致的情况。当前相关指导目录对绿色低碳技术的分类主要以现阶段重点推广的技术或已较为成熟的技术为主，而欧美等经济体在制定相关分类时，还重点关注尚处在发展初期、但具有较强潜在碳减排能力的先进技术。金融机构在认定绿色低碳技术项目时，可能面临标准模糊、不全面等问题。此外，部分绿色低碳技术的环境效益和碳减排效应测算缺乏相应的方法论，难以将环境效益转化为货币价值①，一定程度上也阻碍了金融机构对其提供信贷支持。

（二）金融机构资金供给与绿色技术创新企业融资需求不匹配

绿色低碳技术研发周期长、不确定性高，绿色低碳技术企业多为轻资产企业，普遍存在可抵押资产少、融资成本敏感性高等特点，绿色技术普遍长达5年以上的前期研发融资需求，与金融机构传统授信体系和绿色产业基金收益率要求往往产生冲突。银行等金融机构为规避期限错配风险，更多以短期流动性贷款为主，短贷长用和频繁转贷现象较为突出。多地金融机构表示，绿色低碳技术研发企业往往存在技术迭代性强、投资期限长、失败风险高、有效增信难等问题，银行难以有效分析民营中小微企业和初创绿色技术研发企业的成长性和绿色技术价值，此类贷款后期控制不良率压力较大。又如，在6%基本收益率要求下，国家绿色发展基金投资对象主要集中于具有大型国有企业背景的成熟期项目，对初创期项目关注较少，投资期限有5年投资期和5年退出期要求，最多延长3年，无法支持研发和应用期更长的绿色低碳技术项目。

从投资阶段看，虽然融资额在500万~10亿美元之间的交易（通常处于融资的后期阶段）表现良好，但自2021年以来，处于较早期的小型交易的投资数量和价值均有所下降。早期科技示范项目仅需要较少的资金来

---

① 马骏，安国俊，刘嘉龙. 构建支持绿色技术创新的金融服务体系 [J]. 金融理论与实践，2020（5）：1-8。

验证可行性，但由于尽职调查的交易成本较高，其收益往往很难吸引传统投资者。这种"死亡之谷"可能将高质量初创企业扼杀在萌芽阶段，使后期 PE/VC 可投资的项目减少。① 从减排影响看，投资流向和该行业的减排贡献并不成正比，拥有 85% 减排潜力的行业仅获得了 52% 的资金支持，意味着投资市场实现减排目标的效率仍然较低。与绿氢、食物垃圾技术和智能建筑相比，电动车电池等领域吸引了不成比例的大量投资。② 从全球分布看，根据国际能源署的数据，2021 年以来超过 90% 的新增清洁能源投资发生在发达经济体和中国，分布并不均衡。

（三）金融机构支持绿色低碳技术面临产业和政策风险

绿色低碳技术的应用受国家产业政策影响较大，缺乏长期可预期的支持政策。政策不确定性将提高绿色低碳技术的投资风险，抑制市场投资意愿。例如，目前全国碳市场只纳入电力行业，且存在碳价过低的问题，难以体现绿色低碳技术的真实价值，地方试点碳市场覆盖行业和市场规模也相对有限，自愿碳减排市场（CCER）尚未重启，未来碳市场发展存在较大不确定性。此外，绿色低碳产业还面临一些特殊的产业风险，如光伏和风电存在日照时间和风力强弱的不确定性风险，绿色建筑存在运营期间能否达到节能减排标准的风险，若这些风险缺乏相应的风险管理工具，将制约金融支持绿色低碳技术的推广运用。

（四）金融机构甄别绿色低碳技术的能力不足

绿色低碳技术涉及众多前沿创新领域，金融机构普遍缺乏了解绿色低碳技术、熟悉绿色项目商业模式、具有操作经验的专业团队，同时绿色低碳技术认定的专业机构和绿色低碳技术信息共享平台较为缺乏，一定程度

---

① PwC. Barriers and Enablers of Investment in Climate Technology: Input Paper for G20 Sustainable Finance Working Group. June 2023.

② PwC. Barriers and Enablers of Investment in Climate Technology: Input Paper for G20 Sustainable Finance Working Group. June 2023.

上阻碍了绿色金融产品和服务的创新，制约了金融支持绿色低碳技术的发展。领英（LinkedIn）的一项研究显示，虽然过去 5 年绿色领域工作机会年均增长 8%，但相关人才数量增长仅为每年 6%。① 国内私募股权和风险投资机构由于缺乏专业团队，难以把握早中期绿色低碳技术研发风险，对绿色低碳技术的投资涉及较少、参与度不高。又如某氢能企业反映，虽然其核心氢燃料电池技术国内领先，发展前景广阔，但由于金融机构不了解相关技术，出于规避风险考虑，仍采用传统授信评价模式，基于企业资产负债、盈利等指标进行贷款审批，处于初创期的该企业很难获批贷款。

金融机构对绿色低碳技术企业的风险管理能力和手段不足。绿色低碳技术研发产出周期较长，且成果转化前景不确定性较高，相关企业大多是轻资产运营，其最有价值的抵质押物为绿色低碳技术带来的项目未来收益权及其现金流。而金融机构普遍缺乏对绿色低碳技术企业风险管理的能力和手段，较难评估贷款风险，且风险补偿手段有限。同时，知识产权专业化评估和交易体系不完善，绿色低碳技术的价值发现、风险评估和交易流转等环节不够畅通，导致绿色低碳技术相关贷款发生风险后，金融机构处置变现困难，一定程度上也抑制了金融机构发放贷款的意愿。此外，金融机构缺乏专业能力对相关绿色低碳技术产生的环境效益进行量化评估，如果通过第三方机构进行评估测算，则费时费力，增加金融机构的运营成本，大大降低了绿色低碳技术企业获得融资的效率。

（五）通过私募股权和风险投资支持绿色低碳技术创新面临投资期限错配等问题

风险投资模式的出现主要是为了支持信息技术的初创企业，其并不总是适合绿色低碳技术创新。大部分风投资金要求在 5 年内获得回报，这与

---

① LinkedIn/Economic Graph. Global Green Skills Report 2022.

绿色低碳技术开发周期较长不匹配，尤其是对于能源硬件设施而言更是如此。① 这一问题在中国更加显著。许多绿色技术企业达到 IPO 门槛需要 7～10 年的成长期，而目前国内 PE/VC 基金的存续期大多为 5～7 年，低于美国的 10 年左右。② 导致这种差别的一个重要原因是，西方发达经济体的 PE/VC 主要投资人（LP）来自养老金、保险公司和大学的捐赠资金，这些资金追求长期回报。相比之下，我国这些长线资金尚未成为主流，许多 PE/VC 的投资人是企业和靠发行短中期理财产品筹资的信托公司、银行理财公司、证券公司资产管理计划等。2021 年初，中共中央办公厅、国务院办公厅印发了《建设高标准市场体系行动方案》，提出提高各类养老金、保险资金等长期资金的权益投资比例，随后银行资金、保险资金投资于 PE/VC 的限制政策也有所放松，但整体来看，我国长线资金投资于 PE/VC 尚处于起步阶段。

（六）绿色低碳技术创新推广尚未形成完整的政策支持体系，产业和财政政策支持不足，货币金融政策也有待完善

我国在提出"双碳"目标后，推出了一系列政策，基本形成了低碳转型的"1＋N"政策体系。相比之下，绿色低碳技术创新推广虽然有一定的顶层设计，但缺乏重点领域的实施方案。2022 年底，国家发展改革委和科技部印发的《关于进一步完善市场导向的绿色技术创新体系实施方案（2023—2025 年）》系统提出了重点任务，包括完善评价体系、加大财税金融政策支持等重要领域，但是缺乏支持的细化方案。

绿色低碳技术创新推广的产业和财政政策支持不足。近年来，国家针对绿色低碳技术创新推广出台了一些政策措施，但与"三农"、小微企业等领域扶持政策相比，其支持力度和广度不足。力度不足主要反映在财政

---

① IEA. How Governments Support Clean Energy Start-ups：Insights from Selected Approaches around the World. March 2022.

② 马骏，安国俊，刘嘉龙. 构建支持绿色技术创新的金融服务体系［J］. 金融理论与实践，2020（5）.

奖补、资金池等规模上；广度不足主要体现在绿色低碳技术更新迭代速度较快，如果不能及时纳入相关国家目录，则后期很难获得政策支持。国家层面的绿色低碳技术支持政策出台后，地方在政策衔接上有时不够紧密，具有地方特色的专项支持政策不多。一方面，当前地方政府针对绿色低碳技术创新与推广出台的财政支持政策较少；另一方面，不同的支持政策间还缺乏协同联动，相关激励政策分散于技术设备升级改造、新旧动能转换、科技创新等多个政策文件中，涉及多个产业主管部门，各部门政策支持各有侧重，尚未形成相应的联动机制。

支持绿色低碳技术创新推广的货币金融政策有待完善。一方面体现为货币金融支持工具较为有限，目前仅有创设再贷款工具和将绿色债券和绿色贷款纳入央行贷款便利的合格抵押品范围两大类激励政策。另一方面，具体的支持政策本身在支持绿色科技创新与应用上有局限性。例如，现有碳减排支持工具在实施领域、应用期限、覆盖银行范围上有待完善。碳减排支持工具集中于清洁能源、节能环保和碳减排技术三大领域，其他领域的绿色低碳技术研发应用尚无法获取政策支持。同时，该工具期限仅为1年，可展期2次，而绿色低碳技术研发应用是一个长期的过程，需要给予长期资金支持。碳减排支持工具虽然已从全国性中资银行扩展到一些外资银行和地方法人银行，但很多地方性商业银行仍难以享受到同等条件的货币政策支持。

二、政策建议

（一）建立健全绿色低碳技术认定标准及信息共享机制

1. 进一步完善绿色金融相关标准

对不同部门出台的绿色低碳技术相关目录进行整合统一，相关目录主要包括科技部的《国家绿色低碳技术先进技术成果目录》、国家知识产权局的《绿色低碳技术专利分类体系》以及国家发展改革委正在修订的《绿色产业指导目录》等，应明确各领域绿色低碳技术标准目录及具体的国家标准。金融管理部门应根据统一的绿色低碳技术目录，动态调整绿色金融专项统计制度。

2. 建立绿色低碳技术认证机制和绿色低碳技术项目库

在绿色低碳技术企业和项目的认定上，建议通过地方层层申报、部委统一认证的方式，对绿色低碳技术企业和项目进行统一认定，并予以贴标公示。地方可以在国家统一认证的基础上，结合区域绿色低碳技术发展优势，建立绿色低碳技术企业或项目库，及时向金融机构共享相关信息，降低金融机构搜寻成本。

3. 完善实体企业与金融机构的环境信息披露制度

从上市公司与银行金融机构开始，逐步推广至非上市公司与非银行金融机构以及各类金融产品，建立强制性环境气候信息披露制度，从而降低"洗绿"风险，同时填补绿色低碳投资面临的数据缺口。建立绿色/ESG 基金的评价标准、信息披露与监管制度，确保其投向的绿色低碳领域资金不低于一定比例。加快建设绿色金融、低碳经济相关数据信息交互平台，推动企业信用数据、排污许可信息、环境处罚等信息共享。

（二）鼓励金融机构在绿色低碳技术领域开展产品和服务创新

1. 扩大间接融资对绿色低碳技术创新的支持

多举措为企业增信，缓释金融机构信用风险。创设长期低息贷款产品，重点支持绿色低碳关键领域核心技术攻关、绿色低碳初创企业融资。优化技术研发型企业融资环境，充分利用担保等风险补偿和风险分担工具，进一步缓释金融机构信用风险；成立绿色专业担保公司为绿色技术企业增信。鼓励更多金融机构设立专营机构，重点服务绿色低碳技术创新与推广，为绿色低碳技术创新与推广提供全过程、整合性金融服务。

2. 鼓励银行机构针对绿色技术创新开展投贷联动业务

一是鼓励银行机构与有经验的 PE/VC 或银行集团下属的股权投资子公司联合开展投贷联动业务，共同支持绿色低碳技术项目，借助 PE/VC 的专业化能力进行项目筛选、尽职调查和贷后管理，降低信贷违约风险。二是鼓励银行机构加强与本地绿色科技孵化器、产业园区合作，在投贷联动过程中对中小绿色技术企业配套提供孵化和服务。三是将中国人民银行和地方政府提供的绿色金融激励政策（如中国人民银行绿色再贷款、再贴现和地方政府对绿色项目的贴息、担保等）与绿色投贷联动业务有机结合，降低投贷联动业务的融资成本和信用风险。

3. 培育多层次绿色投资者

鼓励创投资本、养老金和主权财富基金、政府引导基金、社会公益基金、各类气候基金等多元化投资主体，加大对绿色低碳技术领域的投资。针对早期项目单个规模较小的问题，可以将大量的低碳技术投资机会聚集在一起，创造一个资金规模足够大的可投资基金产品，从而吸引大型机构投资者参与。与此同时，聚集项目还可以分散投资者投资于单个或少量技术路线的风险。英国政府的 MOBILIST 计划就是一个很好的例子①。

发挥天使投资、风险投资等创投资本促进创新资本形成的重要作用，引导创投资本投早、投小、投科技，支持绿色低碳技术创新和成果转化，促进科技型绿色技术企业孵化。支持和培育专注于投资绿色技术的私募股权和创投机构，同时发挥绿色技术研发领域第三方专业机构作用，鼓励开展绿色低碳技术创新企业的主体评级、债项评级服务，为绿色低碳技术研发企业和项目直接融资提供专业中介服务。技术创新的关键是要有耐心资本的支持，特别是早期无法实现商业闭环时，要有足够多的耐心资本投资。这需要大力培育形成更多的长期资本、耐心资本：扩大养老金、长期

---

① PwC. Barriers and Enablers of Investment in Climate Technology: Input Paper for G20 Sustainable Finance Working Group. June 2023.

寿险资金市场规模；增加一级市场流动性，使短钱变长；鼓励保险、养老基金等长期资金投资于绿色 PE/VC 基金，探索运用"债、股、贷"等多种金融工具，为创业投资机构提供长期资金来源。

4. 推动更多符合条件的绿色企业通过资本市场融资

发展多层次资本市场和并购市场，健全绿色低碳技术企业投资者退出机制。深化绿色债券品种创新，完善绿色债券制度建设。支持发行中小企业绿色集合债，研究推进可再生能源项目资产证券化产品发展和公募 REITs 业务绿色发展，鼓励开展绿色资产证券化，支持绿色低碳技术企业发行资产证券化产品。推动地方政府对绿色债券采取贴息补贴、税收减免等方式予以支持，提高绿色债券产品的投资吸引力。

5. 大力发展绿色保险

鼓励保险机构聚焦前沿绿色技术开发保险产品，加强新型绿色保险产品的设计与推广，强化绿色产业风险抵御能力，为绿色低碳技术等领域提供特色保险服务。研究建立市场和政府联合承保机制，由政府部门为保险机构提供一定的风险补偿，做好政策兜底和支持，减少保险机构开发绿色技术相关保险产品的顾虑，激发保险机构承保主动性。鼓励保险机构丰富商业模式，与第三方机构合作整合风险管理资源，尝试通过"保险＋服务"的方式，为项目提供以降低风险为导向、覆盖全生命周期、囊括一揽子风险的保险解决方案。

（三）构建促进绿色低碳技术创新发展的政策支撑体系

1. 推动产业政策与财政金融政策有效衔接

立足绿色低碳技术发展实际，从国家层面进一步加大对绿色低碳产业发展的政策扶持力度，加强发展改革、科技、生态环保等产业部门与金融管理部门、财政的沟通协作，形成政策合力。增强金融财税政策联动效果，推动完善财政奖补、税收减免、财政贴息等政策，激励金融机构将更多资源配置到绿色低碳技术领域。

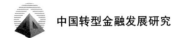

2. 完善政策性融资担保体系

将绿色低碳技术产业纳入政府性融资担保体系的支持范围，细化担保支持措施和制度安排，鼓励设立绿色低碳技术产业担保基金，委托专业担保机构试点开展绿色低碳技术投资担保服务，为相关科技成果有效转化创造条件。

3. 加强货币政策激励

充分运用碳减排、科技创新再贷款等结构性货币政策工具，引导金融机构加大对绿色技术创新、制造业企业绿色科技应用等领域的信贷投放。研究拓展碳减排支持工具的实施领域并延长期限，适当扩展实施范围到更多的地方性商业银行。研究设立绿色低碳尖端技术开发项目专属再贷款、再贴现等金融工具。

4. 完善全国碳市场、发展自愿碳市场，充分发挥碳市场的定价与资源配置作用

逐步扩大全国碳市场的行业覆盖范围和参与主体，将免费发放配额逐步过渡到拍卖制，允许金融机构参与碳市场，开发各类现货、期货产品，提高市场交易活跃度和碳价形成的有效性、科学性。发展自愿碳市场，将绿色低碳科技的减排效益内部化，直接提升财务回报预期，从而吸引更多资本投资于该领域。

5. 加快金融支持绿色科技复合型人才培养

鼓励金融机构制定和实施绿色金融人才专项培养规划，在系统内普及绿色金融知识，加强绿色金融人才队伍建设，建立并不断丰富绿色金融专业人才储备库。推动"政、产、学、研"深度融合，加强环保部门、金融机构、高校、科研院所、绿色低碳企业之间的合作，深化绿色金融人员培训和能力建设，有针对性地培养一批兼具金融和绿色技术知识的复合型人才。

第七章 金融支持高碳行业
低碳转型的案例

绿色低碳转型要结合国际大趋势和本国实际，抓关键环节和主要矛盾。能源和一些重点产业碳排放量占比高，必须优先研究、推动低碳转型。本章结合我国实际，重点剖析金融支持稻米、钢铁和建筑行业低碳转型的三个案例，包括相关国际经验、国内实践、存在的主要问题和挑战等。不同行业的低碳转型既有共同点，又有各自特点。应充分借鉴国际经验，进一步完善金融支持高碳行业低碳转型的激励机制，提升相关主体承接优惠政策和各类资金的能力，鼓励金融机构丰富产品和服务，丰富其绿色低碳项目融资渠道。

第一节 稻米产业的绿色低碳转型及金融支持

农业既是受气候变暖冲击最大的行业，又是影响气候变暖的重要因素。稻米持续稳定增产和稻田甲烷减排，关系我国粮食安全和减污降碳目标。各主要水稻生产国已将发展低碳水稻作为农业减排的重要领域，而我国水稻种植和减排技术处于领先水平，有望推动稻米产业大幅减排。国际组织正成为发展中国家实施水稻低碳种植的重要资金来源，金融科技、混合融资及基于碳交易和水权交易市场的创新在支持农业绿色发展方面发挥了积极作用。我国金融部门也加大了对稻米产业重点减排环节的支持，积极探索保险机制由保成本向保收入、保质量转变，引导稻米产业绿色转型。但仍面临种植和加工主体绿色金融和转型金融需求释放不足、较难享受到绿色金融工具的支持等问题；金融机构面临商业可持续原则制约，各类资本介入还不够充分等诸多挑战。为此，我国应借鉴国际经验，进一步完善激励机制，提升种植和加工主体承接优惠政策和各类资金的能力，鼓励金融机构丰富产品和服务，丰富农业绿色低碳项目融资渠道。

一、推动稻米产业绿色发展的重大意义

水稻是第一大口粮作物，全球60%以上的人口以稻米为主食。我国是世界上最大的水稻生产国和消费国，总产量占全球的30%左右。2022年6月，农业农村部、国家发展改革委联合印发《农业农村减排固碳实施方案》，将"实施稻田甲烷减排"列为十大行动之首。水稻持续稳定增产和稻田甲烷减排，符合我国中长期粮食安全战略和碳减排目标要求。

（一）稻米产业与气候变暖相互作用

农业是受气候变暖冲击最大的行业之一。气候变暖带来天气多变、作物和害虫入侵、极端天气事件频发、海水倒灌加剧稻田盐化等影响，显著增加农业生产的不稳定性。大量研究显示，气温升高导致水稻幼苗生长发育受阻，甚至死亡，并最终导致水稻产量降低；气候变化以多种途径影响水稻病原菌；气温升高会导致水稻中有害重元素（如砷）的富集，对人体造成危害；极端天气的频繁发生导致水稻产量和品质降低等。

另外，水稻种植等农业活动也是气候变暖的重要影响因素。甲烷是仅次于二氧化碳的第二大温室气体，IPCC数据显示，甲烷排放后20年尺度内增温效应是二氧化碳的84倍。而地球上约四分之一的人为甲烷排放来

自稻田系统。这是因为水稻需长期淹水种植，在厌氧环境下，秸秆及植物根系分泌的有机物会大量转化为甲烷。

我国稻米产业碳排放规模大。研究测算[①]，我国水稻种植产生的碳排放占农业排放总量的26.0%。从稻米生产消费全链条看，水稻种植环节的碳排放占大米生产消费全过程碳排放的65.78%~91.52%。[②]

表7-1　　　　　　　　　　稻米生产消费全过程碳足迹

大米生产消费环节	水稻种植			大米加工和消费	
	投入品生产和运输	农产管理	水稻生长	加工和销售	最终消费（烹饪）
碳排放占比	3.10%~10.91%	0~2.88%	62.68%~77.73%	2.31%~7.37%	12.55%~26.05%

资料来源：Lu Zhang, Jorge Ruiz-Menjivar, Qingmeng Tong, et al. Examining the Carbon Footprint of Rice Production and Consumption in Hubei, China: A Life Cycle Assessment and Uncertainty Analysis Approach [J]. Journal of Environmental Management, Volume 300, 2021.

（二）稻米产业减排潜力大

水稻种植和减排技术已取得积极进展。各国采取的减排措施主要可分为四大类：一是选育推广高产、优质、低碳水稻品种；二是优化种植和节水灌溉技术，强化稻田水分管理，减少淹水时间；三是改进稻田管理，包括精准施肥用药、病虫草害综合防治、保护性耕作、秸秆还田等；四是推广种养共育，形成复合生态模式。综合运用这些技术，可获得显著减排效果。通过采用精准灌排、无人农机、绿色防控三大智能控制系统，浙江省嘉善县西塘镇竹小汇低碳智慧田减少灌溉用水30%~50%，甲烷排放较传统模式减少30%以上，亩均减排二氧化碳当量超过20%。[③]

---

① 田云，尹忞昊. 中国农业碳排放再测算：基本现状、动态演进及空间溢出效应 [J]. 中国农村经济，2022（3）：104-127。

② Lu Zhang, Jorge Ruiz-Menjivar, et al. Examining the Carbon Footprint of Rice Production and Consumption in Hubei, China: A Life Cycle Assessment and Uncertainty Analysis Approach [J]. Journal of Environmental Management, Volume 300, 2021；绥化市正大米业有限公司原生态大米产品碳足迹报告 [EB/OL]. https://mp. weixin. qq. com/s/_ oE92G6MSZm-2q2UdmUfcg.

③ 阿里云联合中国水稻研究所发布低碳稻作技术可实现稻田碳减排超20% [EB/OL]. https：//www. tout&wid = 1681454130064.

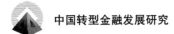

表 7 - 2　　　　　　　　　　稻米种植和生产领域的减排措施

减排措施	减排机理	案例及减排效果
水稻良种选育	提高水稻品种抗旱性、耐直播性和产量潜力，适应低排放种植模式。	1990—2015 年，日本通过优化水稻品种和育苗技术，将稻田二氧化碳排放量减少了超过 40%①。 安徽、湖北、浙江、海南等地种植节水抗旱稻超过 300 万亩。2019—2020 年，上海市农业生物基因中心联合上海市农业科学院生态所低碳团队，在安徽 7 个县进行稻田温室气体排放监测，节水抗旱稻旱种旱管的碳排放较水田减少 90% 以上，与玉米等旱作物持平。②
基础设施建设	建设高标准农田、高效节水灌溉设施等，提高农业资源利用率和农田综合产出能力。	成都崇州市农业农村局与四川能投氢能产业投资有限公司合作开发了"稻田间歇灌溉温室气体减排项目"。该项目是四川省首个高标准农田碳汇开发项目，预计项目二氧化碳年减排量将实现 12 万吨。
种植和灌溉技术改良	优化种植和灌溉技术，减少淹水时长，减少甲烷排放。	越南自 20 世纪 80 年代起就开始尝试直播种植技术（一种不需要将水稻幼苗移植到田地中的种植方法）。目前越南已有超过 1.5 万个种植园采用了直播种植技术，种植面积超过 150 万公顷。根据国际水稻研究所（IRRI）和越南农业部门测算，采用直播种植技术的水稻减少了 20% 的温室气体排放。③ 印度政府在安德拉邦和特伦甘纳邦推广使用了水稻节水滴灌技术，推动当地水稻产量提高 30% ~50%，同时减少温室气体排放 20% ~30%。④ 南京农业大学研究显示，"淹水—烤田—淹水"模式可有效缓解甲烷排放。其中，浅灌等节水灌溉技术可减少甲烷排放 22% ~64%；通过起垄种植、垄沟内灌溉，缓解根系淹水，可减少甲烷排放 60% ~80%。⑤

①　农林水产省．農林水産政策研究大会报告．「稻作の低炭素化に向けた取组とその先行・展开について」，2016.

②　上海市农业生物基因中心科研团队．在碳中和下保障粮食安全的"蓝色"革命：节水抗旱稻所展示的成功案例［J］．分子植物，2022，15（9）.

③　Nguyen，V. L. et al. Direct Seeding of Rice Reduces Greenhouse Gas Emissions in Vietnam［J］． Journal of Cleaner Production，2020，250：119610.

④　Bharadwaj，A. K. et al. Use of Alternate Wetting and Drying in Rice Cultivation：A Mitigation Approach to Combat Climate Change［J］． International Journal of Plant Production，2015，9（2）：231 -245.

⑤　黄耀．中国农田温室气体排放与减排增汇研究［R］．南京农业大学，2012 -12 -01.

续表

减排措施	减排机理	案例及减排效果
稻田管理	改进翻耕技术，采取测土配方施肥、宽窄行栽培、秸秆还田、病虫草害综合防治等措施，降低农药化肥投入，提升耕地固碳能力。	以水稻秸秆还田为核心的水肥优化培肥"三江模式"适宜于东北寒地稻区种植，已在北大荒集团实现100%秸秆还田。该技术使东北寒地稻区水稻平均增产4.6%，甲烷平均减排39.0%，氮肥利用效率平均提高30.8%，平均节本增收8.7%。
综合生态种养	以水田稻为基础，在水田中放养禽类或水产动物，形成复合生态模式。	以鱼稻为例，稻渔综合种养不仅不影响水稻生产，而且可助力农业"三减"，其中，农药施用量平均减少43%，化肥使用量平均减少35%。①
大米加工	生产设备绿色改造，加工减损、循环利用、节能降碳等技术应用。	低温循环烘干技术可将稻谷烘干过程的受热温度严格控制在35摄氏度以内，实现保质节能烘干。此外，还包括绿色低温储粮、粮情监测和智能除虫等技术应用。

资料来源：作者根据相关资料整理。

二、金融支持稻米产业绿色发展的国际经验

（一）国际可持续稻米自愿标准与国际资金支持

国际水稻研究所（IRRI）和联合国环境规划署（UNEP）于2011年发起成立可持续稻米平台（Sustainable Rice Platform，SRP）②，并于2015年推出可持续稻米生产全球自愿标准和绩效指标框架，有助于将更多国际资本引向具有可衡量和可验证环境效益的水稻项目。根据国际粮农组织（FAO）发布的数据，截至2021年，全球至少有19个国家的水稻产业低碳发展得到了国际组织和多边开发银行的支持，覆盖中国、越南、印度尼西亚、泰国等主要水稻种植国（见表7-3）。除了提供资金外，项目资助

---

① https：//www.thepaper.cn/newsDetail_forward_4983679.

② https：//sustainablerice.org.

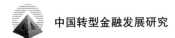

方通常还提供专业知识、技术援助、监测机制等，保证项目顺利开展，实现水稻减排增产目标。

表7-3　　　　　　　国际组织和多边开发银行支持的低碳水稻项目

序号	国家	项目名称	项目简介	资金情况	出资方	项目时间
1	中国	水稻种植业低碳发展项目（湖南、江苏）	该项目旨在开展湖南和江苏两省的水稻种植业的低碳发展工作，减少温室气体排放并提高农民收入。	1亿美元	世界银行	2019—2024年
		水稻种植业低碳发展项目（广西、重庆）	该项目旨在开展广西和重庆两地区的水稻种植业的低碳发展工作，减少温室气体排放并提高农民收入。	3000万美元	亚洲开发银行	2019—2024年
		水稻种植业低碳发展项目	该项目旨在推动中国水稻产业的可持续发展，减少温室气体排放并提高农民收入。	具体数额未知	联合国粮农组织	2017—2021年
2	孟加拉国	孟加拉国农业气候风险管控项目	该项目旨在推动孟加拉国水稻产业的可持续发展，减轻气候风险对该国农业的影响，通过开发低碳农业和气候智能农业技术减少碳排放。	300万美元	亚洲开发银行	2014—2021年
		水稻特别农业区项目	该项目旨在开展水稻种植的农业技术创新，促进气候智能农业发展，减少温室气体排放和提高生产效率。	150万美元	联合国粮农组织	2017—2022年
		孟加拉国水稻可持续发展项目	该项目旨在降低孟加拉国水稻产业的碳排放，推广可持续农业和气候智能农业技术，实现减排和提高生产效率的目的。	450万美元	阿拉伯银行	2010—2020年

序号	国家	项目名称	项目简介	资金情况	出资方	项目时间
2	孟加拉国	水稻生产者生计改善项目	该项目旨在改善水稻生产者的生计，推广低碳农业技术和气候智能农业，实现减排目标并提高生产效率。	300万美元	世界银行	2017—2022年
		孟加拉国水稻生产现代化项目	该项目旨在开展水稻生产的现代化改造，加强灌溉、排水和加工等方面的管理和技术升级，提高产值，减少温室气体排放。	1500万美元	世界银行	2017—2023年
3	越南	越南农业气候风险管控项目	该项目旨在提高越南水稻产业的气候适应性和降低因气候变化而带来的风险，通过采用低碳技术和改善耕地管理实现减排与环境保护。	2200万美元	亚洲开发银行	2014—2020年
		稻谷生产和质量提高项目	该项目通过推广稻谷生产和质量改进技术，提高越南水稻产业的生产效率，减少碳排放。	1500万美元	世界银行	2017—2022年
		越南高效低碳农业技术推广项目	该项目旨在推广低排放和高效率的农业技术，提高越南水稻产业的生产效率和减排能力。	2000万美元	世界银行	2015—2021年
4	津巴布韦	津巴布韦气候智能农业发展项目	该项目旨在减少津巴布韦水稻产业的温室气体排放，并建立区域性的气候智能农业发展策略。	1000万美元	世界银行、联合国开发计划署	2018—2023年
		私人农场气候智能农业项目	该项目旨在推动农业智能化发展，引入低碳农业技术，实现津巴布韦农业的可持续发展和减排目标。	500万美元	非洲开发银行	2015—2020年

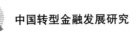

序号	国家	项目名称	项目简介	资金情况	出资方	项目时间
4	津巴布韦	津巴布韦农业可持续发展项目	该项目旨在促进津巴布韦农业可持续发展,通过推广低碳农业技术和气候智能农业实现减排和提高生产效率,以及提高农民收入的目的。	500万美元	联合国开发计划署	2017—2021年
5	缅甸	缅甸农业改良与气候风险管理项目	该项目旨在提高缅甸水稻产业的可持续发展水平,通过开展农田水管理、气候预警和风险管理等活动实现减排目标。	1000万美元	世界银行、亚洲开发银行	2018—2023年
5	缅甸	缅甸水稻生产技术推广项目	该项目旨在提高缅甸水稻产业的生产效率和增加生产者收入,推广低碳农业技术和气候智能农业。	500万美元	联合国开发计划署	2018—2023年
6	菲律宾	菲律宾水稻低碳发展计划	该项目旨在帮助菲律宾提高水稻产业的自然资源利用效率,通过采用低碳技术和推广气候智能农业,实现农业碳减排目标。	1000万美元	世界银行	2017—2022年
7	印度尼西亚	印度尼西亚水稻产业可持续发展项目	该项目旨在促进印度尼西亚水稻产业的可持续发展,通过开发新技术和推广气候智能农业实现减少温室气体排放和提高农业生产效率的目的。	4000万美元	世界银行、亚洲开发银行	2016—2021年
8	柬埔寨	柬埔寨农产品质量提升项目	该项目旨在提高柬埔寨农产品的质量和安全性,推广低碳农业和气候智能农业技术,减少碳排放。	800万美元	世界银行	2014—2020年
8	柬埔寨	柬埔寨农业复兴项目	该项目旨在实现柬埔寨农业的可持续发展,通过引入全球先进的低碳技术和气候智能农业实现农业碳减排目标。	1500万美元	世界银行	2016—2022年

序号	国家	项目名称	项目简介	资金情况	出资方	项目时间
9	马里	马里可持续水稻生产项目	该项目旨在推广低碳农业技术，推动马里水稻产业的可持续发展，实现减少温室气体排放和提高农业生产效率的目的。	300万美元	非洲开发银行、国际基督教发展组织、荷兰政府	2015—2020年
10	老挝	老挝水稻增值项目	该项目通过推广新型生态农业、改善耕地管理和提高水稻产业加工能力来提高老挝水稻产业的产值，减少碳排放。	500万美元	世界银行	2017—2022年
11	日本	Cool Japan Fund项目	该项目旨在通过推广采用低碳农业技术，减少水稻种植过程中的温室气体排放。该项目提供技术和资金支持，以推动日本农民采用更环保的种植方式减少碳排放。	4000万美元	世界银行	2018—2023年
		日本水稻低碳种植模式的推广与应用项目	该项目提供技术培训和资源支持，以帮助农民应用最新的低碳种植技术。除此之外，该项目还支持农民在推广低碳种植的同时，提高耕地利用率、水稻品质和作物收成。	2亿美元	亚洲开发银行	2017—2022年

资料来源：作者根据各官方网站资料整理。

（二）金融科技强化农业数字金融平台

缺乏金融基础设施，是阻碍东南亚、非洲等地区稻米小农户获得金融服务的重要阻碍之一[①]，对此，金融科技提供了有效解决方案。农业科技公司 Apollo Agriculture 在肯尼亚搭建农业信贷平台，利用机器学习、遥感

① ESG. Financing Sustainable Rice for a Secure Future：Innovative Finance Partnerships for Climate Mitigation and Adaptation. Earth Security Group，2019.

技术以及带有动态田野网络的移动科技，为小型农场主提供低成本、可扩展、可持续的融资渠道和生产改进建议。Grow Asia 网站①记录了涉及 9 个亚洲国家、25 个关于水稻种植的数字解决方案，包含物联网技术服务、供应链融资、气候保险等各类数字化服务模式，为推动稻米产业低碳发展提供了数字金融方案。地球安全集团（ESG）报告建议②，依托 SRP 及其合作伙伴关系，建立可持续水稻综合数字金融平台，以推动主要水稻种植国实现 SRP 标准。

（三）混合融资成为综合性资金解决方案

混合融资利用国际气候融资、政府财政资金，撬动更多商业资金投向低碳水稻生产。泰国稻谷 NAMA 项目（Thai Rice NAMA）由泰国政府和德国国际合作公司（GIZ）共同推动，以减少泰国稻谷种植和加工过程中的温室气体排放，促进可持续农业发展。该项目采取了混合融资模式③，NAMA 基金④为该项目提供 1730 万美元，泰国政府承诺每年再筹集 2770 万美元，并预计可从私营部门获得 2380 万美元的额外投资。该项目通过两个机制为稻米生产主体提供支持：一是通过提供补贴和预融资，支持农民采取绿色低碳的生产方式；二是依托农业合作社银行（Bank for Agriculture and Agricultural Cooperatives，BAAC）实施补贴贷款计划，支持服务提供商投资于低碳水稻生产技术。

（四）基于碳交易和水权交易的市场实践

一些国家和国际组织试图通过碳市场机制来支持农业低碳转型。欧盟

---

① Grow Asia 由世界经济论坛与东盟秘书处合作成立，致力于研究数字解决方案提升小型农业产业链价值。https://directory.growasia.org/page/3/？crop%5B0%5D = rice&country&s。

② ESG. Financing Sustainable Rice for a Secure Future： Innovative Finance Partnerships for Climate Mitigation and Adaptation. Earth Security Group，2019.

③ Financing Climate Change Mitigation in Agriculture： Assessment of Investment Cases Retrieved ［EB/OL］. https://iopscience.iop.org/article/10.1088/1748－9326/ac3605#references.

④ "国家适应与减缓行动"（Nationally Appropriate Mitigation Action，NAMA）是联合国气候变化框架公约下的一项行动。

在 2013 年推出了农业碳信贷机制（Agriculture Carbon Credit Mechanism,
ACCM），为欧洲农民参与碳市场交易提供了路径。意大利农业集团
Cavacosi 通过采用"钛金种植法"（Til-gold）的低碳水稻种植技术减少了
施肥、耕作、排水和运输等过程中的碳排放，并获得了碳减排认证，实现
碳交易。

　　水市场与碳市场机制类似。水权交易可以优化水资源的配置，为水稻
种植户采用节水灌溉技术提供激励，从而降低水稻种植环节的碳排放。从
全球范围看，澳大利亚水权交易机制是较为完善的。依托水权交易市场，
包括国民银行（National Australia Bank，NAB）[①] 在内的澳大利亚多家银行
推出水权质押贷款业务，允许农民将其拥有的水权作为贷款质押物，将获
得的资金用于农业生产经营。

三、金融支持稻米产业绿色发展的国内实践

　　在减排技术和模式已取得积极进展的背景下，我国稻米产业低碳绿色
发展亟需大量的资金和资源投入。我国金融部门积极探索，但也面临不少
挑战。

　　（一）金融机构不断加大对稻米产业的支持力度

　　1. 加大对稻米产业重点减排环节的资金投入

　　一是支持育种和农业科技研发。通过培育优质抗旱直播水稻等新品
种，可有效克服水稻种植受水制约的问题，提升对低排放种植技术的适应
性。中国农业发展银行发布的《关于争当金融服务种业振兴主力军的实施
意见》提出，"十四五"期间累计安排不低于 1000 亿元投贷联动资金，支
持重点包括水稻等四大粮食作物和特色作物育种的联合攻关、四川水稻等

---

① National Australia Bank（NAB）. 2022 Climate Report［EB/OL］. https：//www. nab. com. au/
content/dam/nab/documents/reports/corporate/2022 - climate-report. pdf.

国家级育制种基地建设等。中国农业发展银行四川省绵阳市梓潼县支行已累计投放贷款 6200 万元，用于支持梓潼县国家级杂交水稻制种大县示范基地黎雅片区建设项目。中国农业银行通过设立基金、股权投资等方式，支持行业龙头企业开展育制种项目建设；开发"植物新品种权质押贷款"，缓解种业中小企业有效抵押品不足的难题。

二是支持水田基础设施建设。相对于旱田作物，水稻种植对地平、灌溉等要求更高，通过支持田间灌排渠系及引水提水工程建设，为优化水稻灌溉技术进而促进减排提供支撑。以政策性、开发性金融机构的资金投入为主，产品包括高标准农田建设贷款、水利建设项目贷款、生态建设与保护项目贷款等。2023 年 3 月，国家开发银行设立农田建设专项贷款，规划到 2030 年支持保障农田建设超过 4000 万亩，支持重点包括农业节水灌溉及配套基础建设和改造、推进物联网及智能控制等信息技术在农田建设中的应用等。

三是支持规模化、标准化生产。依托"龙头企业＋基地＋农户""村集体＋社会化服务组织＋农户"等规模化水稻种植模式，商业银行积极满足大中型企业、社会化服务组织的农业科技研发、设备升级等绿色和转型信贷需求，并通过供应链金融向上游农户、下游加工企业提供低廉、快捷的金融服务。

四是支持稻田综合种养共育、废弃物循环利用等绿色生产方式。以地方性金融机构为主，为新型农业经营主体量身定做贷款产品，满足其差异化融资需求。以黑龙江省海林市"稻田蟹、鸭、鱼共作"项目为例，为解决有效抵押物不足、信贷额度超过一般种植模式等难题，当地金融机构推出"固定资产抵押＋下游供应链企业联保""龙头企业＋养殖户""养殖户联保＋养殖使用权证质押"等多种信贷支持模式，累计为特色种植产业投放贷款超过 2 亿元，惠及 362 户特色种植户，当地稻田养殖面积达4500 亩。

2. 保险机制由保成本向保收入、保质量转变

一是水稻收入险在水稻种植保险覆盖生产成本的基础上，叠加农业种植收入因价格、产量波动而发生损失的补偿机制，提升了农户应对气候变化的能力，大幅降低农业生产规模扩张的经营风险。2022年，在政策支持和引导下，完全成本保险和种植收入保险已实现三大主粮主产省产粮大县全覆盖。

二是农产品品质保险依托"保险＋"服务模式，通过安装监测设备、提供技术指导、引入第三方监测机构等方式，从源头介入，保障水稻质量；监测土壤质量、农产品农药残留、碳汇等指标，进而开发保险产品，将传统的灾害补偿保险转变为"正向激励"保险，强化绿色保险理赔和增信功能。例如，中华联合财险推出的水稻农业保险，利用无人机航拍技术，建立水稻种植数据库，有效控制种植风险，有助于提高水稻质量和产量；又如，耕地地力指数保险为耕地土壤质量在验收期满足一定标准的投保人提供保险补偿。

（二）金融支持稻米产业绿色发展仍面临挑战

一是稻米种植和加工主体的绿色金融和转型金融需求尚未充分释放。一方面，市场化激励机制尚未形成，水稻种植环节碳减排的正外部性很难直接转化为经济效益。目前能够进入碳市场的水稻减排项目很少，我国用水权交易市场仍处于起步阶段；低碳水稻也难以在商品市场形成价格优势。另一方面，农业经营主体环境信息披露不足，外部监管约束有限。国内各地普遍没有针对水稻种植和加工主体碳减排的约束性举措。稻米加工链条短、利润低，相关中小企业生存压力大，增置环保设备的能力不足，也会对相关政策的出台形成制约。

二是稻米生产主体较难享受到绿色金融工具的支持。一方面，绿色贷款的认定需要以取得绿色产品和有机产品认证为依据，但农户普遍反映获得此类认证的费用高且回报不足。另一方面，按照我国现行制度及国际通行标准，仅部分资金投向绿色领域的贷款不能被识别为绿色贷款。而稻米种植和加工主体通常打包申请贷款，资金用途包括土地承包、购买农资、人工费用等多种形式。此外，目前国内多数涉农金融科技平台仍以信息归集、业务撮合为主要功能，在监测和记录水稻种植主体的碳足迹、识别绿色种植项目方面发挥的作用有限。

三是银行机构在支持农业绿色发展时仍需以商业可持续为前提。调研银行表示，当前投入农业领域的资金利率已非常低，贷款利率下行空间不大。金融机构引导稻米绿色生产的操作空间有限，无法使用限制性手段推动转型，也无力提供更优惠的政策。此外，多数中小金融机构（尤其是农村金融机构）并未将环境因素纳入投资决策机制。

四是资金投入仍以银行信贷为主。农业科技研发、节能减排技术推广等关键环节具有资金需求大、风险高的特点，目前对农业的金融支持仍以银行贷款为主，其特性与上述环节风险回报不匹配。稻米产业绿色发展需要各类资本的广泛介入，应基于财政性、开发性、商业性等各类资金的风险、收益特点开发金融支持方案。

四、对策建议

一是完善激励机制。在现行政策框架下，专门安排支农减排再贴现额度，优先在三大粮食主产区投放，重点支持使用新型绿色低碳技术的种植和加工主体。完善金融机构绿色金融评价指标体系，引导金融机构加大对稻米产业绿色发展的支持力度。探索对地方法人、农村金融机构建立有针对性的支持政策。

二是提升金融机构服务稻米生产主体的能力。将稻米产业重点减排技术纳入绿色金融和转型金融界定标准。建设绿色项目库，将具有明显减排效应的稻米项目入库，引导金融机构精准对接。鼓励金融机构与地方共建涉农公用信息数据平台，优化涉农业务系统，提升绿色识别和服务能力。鼓励金融机构、互联网平台企业等积极借鉴国际经验，采用"金融＋科技"的服务模式，为推动稻米产业低碳发展提供数字金融解决方案。

三是丰富农业绿色低碳项目融资渠道。发展混合融资，鼓励农业绿色低碳项目建设方与国际组织、多边开发银行等开发性资金对接，撬动更多商业性资金投向农业绿色低碳项目。建立省级或市级专项担保基金、"三农"、中小企业绿色发展基金，发挥财政资金的杠杆作用，支持"三农"和小微企业绿色发展。加大直接融资在支持农业科技研发、培育龙头加工企业、整合品牌资源等方面的投入，有效缓解稻米加工企业"小、散、杂"无序竞争。

四是鼓励金融机构丰富产品和服务。金融机构应积极参与和支持我国碳交易市场和水权交易市场建设；鼓励农村金融机构发挥贴近基层的优势，"一企一策"提供差异化金融服务，重点支持减排技术向新型农业主体、小型种植户、加工企业推广。继续发挥保险机构的引导作用，依托科技手段，高效识别稻米产业绿色种植和加工主体。

第二节　钢铁行业的绿色低碳转型及金融支持

钢铁行业是制造业之基，是我国实现新型工业化和制造强国的保障，也是碳排放量最高的行业之一，面临产业结构重塑和低碳转型的巨大压力。2022 年我国粗钢产量为 10.13 亿吨，占全球总产量的 54%，连续 27 年位列世界第一；与此同时，钢铁行业碳排放量占我国碳排放总量的 15% 左右。

近年来，许多国家积极推动颠覆性低碳技术创新，帮助本国钢铁企业加速转型。下游产业（如汽车、建筑等行业）在减碳压力下，也会倾向于采购低碳钢铁产品。欧盟碳边境调节机制（CBAM）等带来的国际贸易规则变化，也在倒逼钢铁行业低碳转型。由于我国钢铁生产90%使用碳排放强度高的高炉——转炉长流程工艺，能源结构中过于依赖煤炭，无论碳排放总量还是排放强度都很高。在"30·60"目标背景下，我国钢铁行业如何实现低碳转型，已成为巩固国际领先地位的关键所在。本节从国际经验和中国实践两个角度，分析钢铁行业低碳转型现状及金融支持情况，并提出政策建议。

一、世界主要钢铁转型技术选择及推动方式

（一）不少国家大力推动冶炼工艺突破性创新发展

基于工业和信息化部、国家发展和改革委员会、生态环境部制定的《关于促进钢铁工业高质量发展的指导意见》，中国钢铁工业协会发布的《钢铁行业碳中和愿景和低碳技术路线图》，以及宝武钢铁集团、安赛乐米塔尔集团等国内外企业公布的转型路径资料，本部分将钢铁行业低碳转型归纳为七大路径。

一是系统能效提升。通过深度节能技术应用与装备升级改造，实现能源精细化管控，余热余能应收尽收，做到全系统极致能效，预计可减碳10%～15%。

二是资源能源循环利用。将钢铁生产过程中产生的固、液、气以及社会产生的废钢等二次资源通过钢铁循环高效再利用，实现资源利用价值最大化，预计可减碳15%～20%。

三是流程优化创新。立足行业现有工艺及装备，通过调整和优化原料结构、工艺结构和用能结构，创新钢铁制造工艺流程，提升流程效能，预期可减碳25%～30%。

四是冶炼工艺突破。摆脱传统工艺流程和装备束缚，寻求关键技术变革性创新。重大冶炼工艺突破是钢铁行业近中期和中远期快速减碳的关键，预期可减碳20%～25%。

五是产品迭代升级。基于钢铁产品全生命周期评价，通过开发更高性能的绿色钢铁产品，使钢铁材料具有更高强度、更高寿命、更高效能，减少钢铁材料用户需求量，预期降碳潜力约为10%。

六是碳捕集、利用与封存（CCUS）。将二氧化碳从钢铁制造排放源中分离，并经济高效封存、固化或资源化利用，是实现钢铁行业碳中和重要保障。

七是非生产过程减碳。主要包括运输环节减碳、购买碳汇产品等减碳措施。如采用铁路运输替代公路运输、使用清洁能源重卡更换柴油重卡、购买森林碳汇等。

当前，欧美日韩等国家和地区将以氢冶金为代表的冶炼工艺突破技术作为钢铁行业转型技术路径的优先级，并给予大量资金支持。同时，欧美日等国家和地区对碳捕集、利用与封存也给予大量资金支持。

（二）世界各国支持钢铁转型的相关财政政策

由于低碳技术研发和设备升级需要持续投入大量资金，钢铁企业自身普遍无法承受低碳转型成本。根据欧洲钢铁工业联盟（EUROFER）的估算[1]，要实现碳中和，仅低碳技术一项就需要500亿～600亿欧元投资，同时每年增加800亿～1200亿欧元运营成本，吨钢成本将上升35%～100%。未来即使降碳成本随着技术成熟和清洁能源基础设施规模扩大而下降，钢铁行业也无法在正常市场条件下吸收这些新增加的成本。因此，为推动氢

---

① EUROFER. A Regulatory Framework for CO2-Lean Steel Produced in Europe. Brussels. European Commission (2011a), Proposal for a Regulation on a Mechanism for Monitoring and Reporting Greenhouse Gas Emissions and for Reporting Other Information at National and Union Level Relevant to Climate Change, COM (2011) 789, Brussels, 2019.

冶金技术的进步，各国提供了全方位的政策支持。

1. 对氢冶金工艺的支持

政策支持的关键点在于主要通过财政补贴手段增强示范项目的盈利性，将项目投资回报期缩短至 10 年以内。具体为：

在研发支持方面，欧盟设立 180 亿欧元的创新基金（IF）①，用于能源密集行业创新低碳技术的示范与推广，在钢铁行业侧重于氢冶炼、碳捕集、利用与封存、废金属回收热解等技术；欧洲煤炭和钢铁研究基金（RFCS）启动欧洲绿色钢铁（GREEN STEEL）项目②，用于制定脱碳技术路线图，为清洁炼钢领域突破性创新提供资金；欧洲钢铁技术平台（ESTEP）基于欧洲地平线计划（Horizon Europe），启动欧盟清洁钢铁合作计划（CSP），对关键的低碳冶炼技术研发和应用投入约 25.5 亿欧元③。日本经济产业省（METI）成立 2 万亿日元绿色创新基金，用于需要长期持续支持领域。其中，钢铁行业利用氢项目，以及高炉氧还原技术、氢直接还原低品位铁矿石技术项目预算 1935 亿日元，期限为 2021—2030 年④。韩国将氢还原炼铁指定为国家核心产业技术进行研发，2017—2023 年计划投入 1500 亿韩元（折合人民币 9.15 亿元）研发氢还原炼铁法⑤。

在生产成本方面，美国出台氢能生产税收抵免（PTC）政策，补贴到2033 年。《通胀削减法案》（IRA）中包括氢的生产税收抵免（PTC）。根据产生氢气的排放强度分为不同等级，最高可实现每公斤氢气抵免 3 美元

① 2019 年 2 月欧盟委员会授权创新基金运作，其后在 2019 年 5 月和 7 月、2021 年 8 月分别对创新基金运行规则进行了修订，具体内容见 https：//ec. europa. eu/clima/eu-action/funding-climate-action/innovation-fund/legal-framework _ en # ecl-inpage-572，目前项目正在开展中（具体内容见 https：//ec. europa. eu/clima/eu-action/funding-climate-action/innovation-fund _ en）。

② 具体内容见 https：//www. estep. eu/green-steel-for-europe/overview/project-overview/，项目已启动并获得欧盟资助，资助协议编号为 882151 – GREENSTEEL。

③ 2021 年 6 月欧盟清洁钢铁伙伴关系（CSP）与煤炭和钢铁研究基金（RFCS）在"地平线欧洲"框架下启动。https：//www. estep. eu/clean-steel-roadmap/。

④ 中央财经大学绿色金融国际研究院，http：//iigf. cufe. edu. cn/info/1012/5753. htm。

⑤ 中国冶金报社报道，https：//mp. weixin. qq. com/s/UJJ1M8JaWx51ynherg80Ew。

税收①。

在项目资本方面，欧盟根据氢冶金项目转型技术投入的购置成本，给予30%的资本支出补贴，平均每一个项目将获得2.1亿～3亿美元②。美国投资60亿美元启动工业示范计划，为首创或处于早期商业规模的项目提供最多该项目成本50%的资金支持，资金方式主要为贷款和补贴③。日本实施碳中和投资促进税制，针对购买符合税法规定、具有显著降碳效果产品的生产设备和购买符合税法规定促进生产流程降碳化且提高增加值的设备两类企业给予税收优惠，具体表现为三年内降碳效率高于7%的企业享受5%税收减免或50%特殊折旧，降碳效率高于10%的企业享受10%税收减免或50%特殊折旧④。

在市场需求方面，美国通过绿色产品购买计划，指导联邦政府采购6500亿美元低碳排放产品，其中包括钢铁⑤；欧洲制定绿色工业计划，使用包括复兴基金、创新基金等提供低碳溢价补助，通过远期承购协议协定近零碳排放钢铁价格。目前溢价基本在20%～30%，法国溢价18%约110美元/吨，西班牙溢价20%约120美元/吨，英国溢价33%约210美元/吨⑥。

2. 对碳捕集、利用与封存的财政支持

近几年，全球CCUS项目发展迅速，虽然受高能耗、高成本和技术不

---

① 能源转型委员会. Unlocking the First Wave of Breakthrough Steel Investments in the United State，第15页。

② 能源转型委员会. Unlocking the First Wave of Breakthrough Steel Investments International Opportunities，第19页。具体案例有德国给第二大钢企的项目10亿欧元，西班牙给安塞乐米塔尔4.6亿欧元。

③ 能源转型委员会. Unlocking the First Wave of Breakthrough Steel Investments International Opportunities，第9页。

④ 中央财经大学绿色金融国际研究院. http：//iigf. cufe. edu. cn/info/1012/5753. htm。

⑤ 能源转型委员会. Unlocking the First Wave of Breakthrough Steel Investments International Opportunities，第9页。

⑥ 能源转型委员会. Unlocking the First Wave of Breakthrough Steel Investments International Opportunities，第20页。

成熟等因素的影响，CCUS 技术经济性尚不具备与其他低碳技术竞争的能力。但从实现碳中和目标整体减排成本看，依靠 CCUS 与能效提升、终端节能、储能、氢能等多领域多技术共同组合，是实现碳中和最经济可行的解决方案，世界各国对其进行了大量探索。截至 2021 年 9 月，全球规划、在建和运行中的商业化 CCUS 设施数量达到 135 个，比 2020 年增加一倍以上，全部建成后每年可捕集二氧化碳约 1.5 亿吨。美欧日等国家和地区均在加速推进 CCUS 项目的工业化。[1]

美国通过《降低通货膨胀法案》在 CCUS 项目建设上给予资金支持。在运行成本方面给予电价补贴，电价补贴由 50 美元/吨提高至 85 美元/吨；在技术投入方面给予相应的税收优惠。基于二氧化碳提高采收率的技术税收抵免由 35 美元/吨提高至 60 美元/吨；直接空气捕集（DAC）的抵免由 50 美元/吨增加到 180 美元/吨；DAC 用于驱油利用和提高采收率的税收抵免由 60 美元/吨提高到 130 美元/吨。[2] 英国为 CCUS 集群建设提供 10 亿英镑资金，计划在 2030 年实现年封存 2000 万 ~ 3000 万吨二氧化碳。丹麦为 CCS 项目投资 50 亿欧元[3]。日本经济产业省分别制定"二氧化碳等燃料制造技术"和"二氧化碳分离回收技术"项目研发计划，并提供 1152.8 亿日元资金支持。日本经济产业省下辖的日本新能源和工业技术发展组织不断推进 CCUS 技术，计划在 2021—2025 年间投资 130 亿日元用于支持二氧化碳循环利用技术的发展，并计划在"绿色创新基金"框架下投资 550 亿日元用于支持"使用二氧化碳的混凝土和水泥制造技术开发"项目。[4]

---

① Global CCS Institute 2021 年度报告 ［EB/OL］. https：//www. globalccsinstitute. com/resources/global-status-report/。

② 美国律师事务所 Gibson Dunn 数据。

③ 能源转型委员会 . Unlocking the First Wave of Breakthrough Steel Investments International Opportunities，第 20 页。

④ 中央财经大学绿色金融国际研究院 . http：//iigf. cufe. edu. cn/info/1012/5753. htm。

（三）世界各国支持钢铁转型的金融政策

1. 以政策性银行为支点，开展混合融资

高碳行业低碳转型项目具有融资量大、风险较高、服务成本较高、收益率较低等特征，商业银行普遍缺乏参与积极性。欧盟以政策性银行为支点，发挥混合融资（Blended Finance）的作用，推动社会资本进行战略协同。政策性银行先期开展甄选和授信，为商业银行贷前审批和贷后核查提供典型模板。如欧洲复兴开发银行（EBRD）牵头向安赛乐米塔尔的乌克兰克里沃罗格钢铁厂（Kryvyi Rih）提供用于改善环境效率的3.5亿欧元长期无抵押贷款的项目，就是先由欧洲复兴开发银行提供2亿欧元，其后带动商业银团提供1.5亿欧元完成的。[1] 同时，政策性银行以政府信用为背书在资本市场上融资，并对其部分投资进行政府担保。如欧洲投资银行（EIB）[2] 2025年后将提供大约1万亿欧元用于支持气候行动和环境可持续项目，对于能源密集型产业转型的支持主要包括：在公正过渡机制（JTM）框架内，基于投资欧盟计划（Invest EU）[3] 担保提供低息贷款250亿~300亿欧元；与欧洲投资基金（EIF）联合，对风险高的低碳技术研发企业提供35%~50%的资金支持，以帮助吸引其他投资者。[4]

2. 细化支持标准，加强环境审计评估

明确转型技术标准。为确保各类资金使用精准有效，欧盟组建可持续金融技术专家组（TEG）并制定了三个执行标准：《欧盟可持续金融分类

① 欧洲复兴开发银行网站，https：//www.ebrd.com/work-with-us/projects/psd/arcelor-mittal-kryvyi-rih.html。

② 欧盟委员会网站，https：//ec.europa.eu/info/strategy/priorities－2019－2024/european-green-deal/finance-and-green-deal/just-transition-mechanism/just-transition-funding-sources _ en # new-public-sector-loan-facility-leveraged-by-the-european-investment-bank-eib；欧盟委员会发布 *The European Green Deal Investment Plan and Just Transition Mechanism explained.*

③ 2021年3月欧洲议会通过《投资欧盟计划》，https：//ec.europa.eu/commission/presscorner/detail/en/ip_21_1046。

④ https：//www.eib.org/en/products/mandates-partnerships/innovfin/index.htm，或者参见报告 *GreenSteel*－D2.4－Publisable-version 第53页。

目录》（*EU Taxonomy*）、《欧盟绿色债券标准》（*EU Green Bond Standard*）和《自愿性低碳基准》（*Voluntary Low-carbon Benchmarks*），确保金融支持转型量化、清晰、可执行。其中，钢铁行业碳排放量最低技术标准为：高炉—转炉工艺下每吨铁水 1.331 吨，烧结工序 0.163 吨，铸铁工序 0.299 吨；电弧炉（EAF）工艺下每吨高合金钢 0.266 吨，且废钢投入不低于 70%；碳素钢 0.209 吨，且废钢投入不低于 90%。① 目前，欧盟可持续金融支持方案均以此为技术标准，欧洲投资银行等开发性银行也认同这一标准。

日本 2021 年发布《气候转型金融基本指引》，指出只要满足转型融资四个关键要素（发行人气候转型战略和公司治理、业务模式中环境要素的重要性、气候转型战略科学的目标和路径、信息透明度）的金融工具都可视为转型融资，包括转型贷款/债券、部分绿色贷款/债券和可持续挂钩贷款/债券。其后，日本经济产业省连续发布钢铁、化学、造纸和纸浆、水泥、电力、石油、天然气七个领域转型金融路线图，明确这七个领域转型技术路线图和时间。同时，日本央行建立转型金融政策激励机制，推出气候转型再贷款，采取"先贷后借"机制，为符合一定条件的转型贷款银行提供再贷款支持，且银行可以通过续约实现长期融资。②

制定有针对性的信贷指南。德国复兴信贷银行（KfW）为实现欧盟气候目标，从加强融资项目环境效益审查管理、制定转型项目贡献度评价体系、强化 ESG 风险管理三个方面，为高碳行业制定了行业指南和具体融资标准，明确授信用途及最低减碳目标，赋予金融产品降碳属性。例如，钢铁行业信贷指南根据低碳转型的阶段性过程，将技术分为现有技改升级类和技术变革创新类，并划分阶段性政策期限（见表 7-4）。其中，现有技改升级类授信资金主要用于降低碳排放的新设备投资，设定吨钢碳排放量

---

① 气候债券倡议组织，https://www.huanbao-world.com/green/lsjr/108784.html。
② 中央财经大学绿色金融国际研究院，http://iigf.cufe.edu.cn/info/1012/5753.htm。

最低要求；技术变革创新类授信资金主要用于降碳新技术研发和应用，钢铁企业实现飞跃式减碳才能申请该类资金。

表 7 - 4　　　　　　德国复兴信贷银行关于钢铁行业的授信标准

技术	2020 年 1 月 1 日至 2024 年 12 月 31 日	2025 年 1 月 1 日至 2029 年 12 月 31 日
技改升级类	授信额度： 钢铁生产热阶段投资新设备金额的 50%（最多） 用于以下新设备： 转炉 直接还原铁 仅采用干式焦炭冷却工艺的焦化厂 拟实现碳减排目标： DRI 或替代： 0.3≤x<6 吨二氧化碳/吨粗钢	授信额度： 钢铁生产热阶段投资新设备金额 39%（最多） 用于以下新设备： 转炉 直接还原铁 仅采用干式焦炭冷却工艺的焦化厂 拟实现碳减排目标： DRI 或替代： 0.2≤x<1.5 吨二氧化碳/吨粗钢
技术变革创新类	新设备投资： EAF 带有 CCU/CCUS/CCS 的 BOF/DRI 氢气直接还原 铁料电解 温室气体减排措施：包括 CCUS/CCS 拟实现碳减排目标： EAF 或替代： 　<0.3 吨二氧化碳/吨粗钢	新设备投资： EAF 带有 CCU/CCUS/CCS 的 BOF/DRI 氢气直接还原 铁料电解 温室气体减排措施：包括 CCUS/CCS 拟实现碳减排目标： EAF 或替代： 　<0.2 吨二氧化碳/吨粗钢

KfW 对连铸机和轧机的融资活动仍有可能进行。由于连铸机和轧机不属于钢铁生产的"热阶段"，上述配额计算不包括连铸机和轧机的新承诺金额。

缩写：
　BOF：碱性氧气炉；DRI：直接还原铁；EAF：电弧炉；CCUS：碳捕集、利用与封存；CCU：碳捕集与利用；CCS：碳捕集与封存

　资料来源：*Paris-compatible Sector Guidelines of KfW Group*，德国复兴信贷银行，http://www.kfw.de.

严格信贷审核。为防范"洗绿"风险，欧洲复兴开发银行实施环境行动计划（EAP），在融资过程中引入独立的环境和社会顾问，评估授信项

目环境情况及投资后带来的环境改善，并按照 A、B、C 级三级分类和 1、2、3 级细分类明确项目绿色等级，同时要求项目方按年度提供环境和社会报告，确保金融支持低碳转型落到实处。以欧洲复兴开发银行授信安赛乐米塔尔在哈萨克斯坦的卡拉干达煤矿（Abaiskaya）1 亿美元项目为例，在授信前欧洲复兴开发银行对煤矿环境进行审计，并与企业商定环境行动计划，包括减少大气排放，升级现有供水和污水处理系统，防止溢出和土壤或地下水污染，引入能源效率措施和提高安全性措施等。按照此类模式，欧洲复兴开发银行对安赛乐米塔尔的哈萨克斯坦钢厂授信 5400 万美元长期贷款用于改善钢厂环境，绿色等级为 A/1 类。经过 8 年运营，钢厂吨钢空气污染物排放量从 107 千克减少到 64 千克，粉尘排放量从每吨 27.8 千克降至 9.4 千克，氨去除效率从 25% 提高到 97.7%。[1]

此外，欧盟还通过制度设计，推动和保护本土钢铁企业低碳转型。在推动企业低碳转型方面，欧盟构建了碳排放权交易体系（EU-ETS），要求钢铁行业按照配额进行碳排放，并对企业逐步减少免费配额，最晚于 2034 年前完成碳配额全部竞拍。在保护本土企业方面，欧盟通过欧盟碳边界调节机制（CBAM）对进口钢铁实施征税，避免碳排放外溢，以保护钢铁零碳生产的公平竞争环境，该机制从 2026 年开始实施。

二、我国钢铁行业低碳转型及金融支持的现状与问题

（一）我国钢铁行业低碳转型的顶层设计

在 "1 + N" 政策框架下，钢铁行业低碳转型的一系列政策指导文件已经出台，明确了转型目标、路径及支持手段。

2022 年，工业和信息化部、国家发展改革委和生态环境部联合印发了

---

① 欧洲复兴开发银行，https：//www.ebrd.com/work-with-us/project-finance/loans.html。

《工业领域碳达峰实施方案》和《关于促进钢铁工业高质量发展的指导意见》，明确到2025年，废钢铁加工准入企业年加工能力超过1.8亿吨，短流程炼钢占比达15%以上；80%以上钢铁产能完成超低排放改造，吨钢综合能耗降低2%以上，水资源消耗强度降低10%以上。到2030年，富氢碳循环高炉冶炼，氢基竖炉直接还原铁，以及碳捕集、利用与封存等技术取得突破应用，短流程炼钢占比达20%以上。

《工业领域碳达峰实施方案》总体上强调，要切实控制钢铁产能；强化产业协同，构建清洁能源与钢铁产业共同体；鼓励适度稳步提高钢铁先进电炉短流程发展；推进低碳炼铁技术示范推广；优化产品结构，提高高强高韧、耐蚀耐候、节材节能等低碳产品应用比例。2021年工业和信息化部印发的《钢铁行业产能置换实施办法》指出，除了六种特殊情形外，大气污染防治重点区域置换比例不低于1.5:1，其他地区置换比例不低于1.25:1。对完成实质性兼并重组后取得的合规产能用于项目建设时，大气污染防治重点区域的置换比例可以不低于1.25:1，其他地区的置换可以不低于1.1:1。

2022年国家发展改革委印发的《高耗能行业重点领域节能降碳改造升级实施指南（2022年版）》与2023年国家发展改革委、工业和信息化部、生态环境部等五部门联合印发的《工业重点领域能效标杆水平和基准水平（2023年版）》通知中对钢铁行业各工序的能耗设定了最新的标杆水平和基准水平，并要求到2025年，钢铁行业炼铁、炼钢工序能效标杆水平以上产能比例达到30%，能效基准水平以下产能基本清零，行业节能降碳效果显著，绿色低碳发展能力大幅提高。

在金融支持政策方面，一是中国人民银行作为G20可持续金融工作组共同主席，牵头制定了《G20可持续金融路线图》《G20转型金融框架》等纲领性文件，并与欧盟委员会相关部门共同完成和更新了《可持续金融共同分类目录》，为推动金融支持钢铁等高碳排放行业低碳转型提供了指引。二是在中国人民银行的指导下，当前绿色贷款、绿色债券、转型债券和可持续发展挂钩债券等均覆盖钢铁行业，为钢铁企业转型提供相对低成本、长期限的资金支持。如2022年，建龙集团落地绿色信贷10笔、金额17亿元，融资成本较同期限普通贷款少100～200个基点；2022年，宝钢股份发行3年期、规模5亿元的转型债券，用于氢冶金项目，发行利率仅为2.68%。三是中国人民银行推出的碳减排支持工具和设备更新改造专项再贷款工具有助于支持钢铁、建材、有色金属等行业高耗能企业进行低碳改造，鼓励和引导社会资金更多投向钢铁行业低碳转型。四是中国人民银行目前正在研究制定钢铁行业转型金融标准，包括相关具体领域、技术路径、标准说明等，将为金融机构开展钢铁行业转型金融业务提供政策依据。在地方层面，上海市、山西省、浙江省等省市都制定了包含钢铁行业的转型金融目录和实施指南。

（二）我国钢铁行业低碳转型的初步成效

在行业层面，2022年，中国钢铁工业协会发布了《中国钢铁行业"双碳"愿景及技术路线图》，明确了钢铁行业低碳转型路线，选定系统能效提升、资源循环利用、流程优化创新、冶炼工艺突破、产品迭代升级、捕集封存利用六大降碳技术路径。"双碳"工程的四个阶段包括：第一阶段（2030年前），积极推进稳步实现碳达峰；第二阶段（2030—2040年），创新驱动实现深度脱碳；第三阶段（2040—2050年），重大突破冲刺极限降碳；第四阶段（2050—2060年），融合发展助力碳中和。根据中国钢铁工业协会测算，2060年前我国钢铁行业可在目前基础上减碳约95%。分阶段来看，到2040年，可实现减碳约40%；到2050年，可实现减碳约85%。同时，上线了钢铁行业EPD（环境产品声明）平台，依据国际统一核算标准，披露钢铁产品全生命周期的碳足迹。目前，中国宝武、首钢、沙钢、包钢、酒钢等近10家企业35份EPD报告已经发布，并实现6份铁矿石EPD报告全球首发。

在企业层面，一是中国宝武、河钢、鞍钢、包钢等头部钢企都制定了碳达峰、碳中和路线图和时间表。二是钢铁企业正在积极进行世界最严格的超低排放改造工程。根据生态环境部的数据，截至2022年末，我国6.8亿吨（约占全部产能的67%）的钢铁产能已经完成或者正在完成超低排放改造。其中47家企业完成全过程超低排放改造公示，涉及钢产能约2.43亿吨；26家企业完成部分超低排放改造公示，涉及钢产能约1.57亿吨。三是钢铁企业不断探索突破性低碳技术。中国宝武发起设立宝武碳中和股权投资基金，并联合全球钢铁企业及生态圈伙伴成立全球低碳冶金创新联盟，率先进行富氢碳循环高炉工业实验，实现碳减排20%、固体燃料消耗降低30%。河钢宣钢建成120万吨氢冶金示范工程，实现碳减排70%以上；鞍钢下线全国首卷汽车用低碳排放热成形钢，其生产工艺可减碳50%以上；首钢发布低碳行动规划，实现降碳30%以上低碳汽车板镀层产品批量生产；国内首个转炉烟气隔爆型中低温余热回收项目在建龙西钢热试成功，实现了转炉工序极致能效提升的技术革命。

（三）我国钢铁行业低碳转型的四大难题

一是钢铁行业无法独立完成转型，预期每年资金缺口4000亿元以上。当前，钢铁行业绿色低碳转型的最大挑战是，大规模资金投入会进一步增加企业生产成本，很容易在转型中陷入成本高企的不利境地。如何在"碳减排"和"可持续经营"之间找到平衡，已成为钢铁企业的难题。按照世界钢铁协会测算，我国钢铁行业每年转型投资需求约5000亿元。而我国钢铁企业在2017—2021年行业上行周期中年均利润不足2000亿元。2022年由于原料、燃料价格高企和下游需求下降，行业进入下行周期，全年利润总额仅365亿元。这意味着钢铁企业转型的资金缺口每年最少4000亿元，离不开金融的支持。

二是人均钢铁蓄积量不足，限制短流程发展。钢铁短流程是使用废钢炼钢的工艺，相较使用铁矿石和焦煤炼钢的长流程工艺，可以有效降低碳排放强度约70%，且技术成熟可靠，是钢铁行业降低碳排放的重要途径。当前美国钢铁生产短流程比例为70%，欧洲为40%，除中国外的世界其他国家比例约为50%，而我国短流程比例仅有10%。主要原因是我国人均钢铁蓄积量不足，2020年数据显示仅为8.3吨，参照德国、日本水平，我们要实现高质量发展，人均钢铁蓄积量应在10吨左右。废钢不足限制短流程工艺的快速发展。《工业领域碳达峰实施方案》提出2025年短流程占比达到15%，2030年达到20%。

三是氢冶金技术发展相对较慢。目前，氢冶金技术工艺是国际钢铁行业重点突破方向，已基本实现钢铁生产近零排放的成熟商业模式。2021年全球氢冶金工艺生产钢铁1.2亿吨，占钢铁总产量的6%。其中，代表性的欧洲安塞乐米塔尔钢铁集团生产1400万吨，瑞典H2 GREEN钢铁集团生产1000万吨。而我国仅270万吨，分别为日照钢铁50万吨、河钢集团120万吨、宝武集团100万吨。氢冶金技术在我国仍处在示范项目阶段，离大规模商用还有一定距离，主要制约因素除技术成熟度外，还有制氢成本。目前氢冶金工艺中，1吨钢约需5千克氢气，而氢气来源主要为工业附产气制的灰氢，成本每千克5~6元，仅为使用绿电制氢成本的20%。

四是产业集中度相对较低，低碳转型既要抓大又不能放小。我国钢铁企业数量多、差异大。根据中国钢铁工业协会数据，我国钢铁行业具有冶炼能力的钢铁企业达400多家，且工艺流程结构、产品结构、发展水平各异。我国前十大钢铁企业产量仅占全国总产量的42.8%，而美国、日本、韩国前三大钢铁企业产量分别占全国总产量的54%、80%、93%。这决定了我国在推动钢铁行业低碳转型过程中，无法像其他国家一样集中资源推动几家钢铁企业转型以实现战略目标，而是既要抓大又不能放小。低碳转型工作需要分类定策，协同推动。

（四）金融支持钢铁行业低碳转型现状：以河北为例

1. 金融授信快速增长并向头部企业集中

截至 2022 年末，河北省钢铁行业中长期贷款较"双碳"战略目标提出的 2020 年末增长 90% 以上。调研发现：一是金融机构主动调整贷款期限结构，增加中长期贷款比重，如中国银行河北省分行将短期与中长期贷款比重从 9:1 调整到了 5:5，中国建设银行河北省分行则加大了长期项目贷款投入力度。二是金融机构均优先支持 1000 万吨以上产能的钢铁企业，使资金向头部钢铁企业集中。而对于产能规模较小（500 万吨以下）企业则采取谨慎甚至控制进入的政策。

2. 贷款资金用途与低碳转型关联度增加

在河北省调研时发现，当前钢铁企业贷款用途主要为支持退城搬迁、绿色物流建设、兼并重组等有较强减排效果的项目。例如，在退城搬迁方面，金融支持的河钢集团唐钢退城搬迁项目按照 1:1.25 产能置换，直接压减粗钢产能 187 万吨，每年可减碳约 318 万吨，并通过优化节能系统每年再减碳 6540 吨。在绿色物流建设方面，各金融机构根据京津冀大型工矿企业铁路专用线重点建设项目规划，重点支持敬业钢铁、太行钢铁等 17 个公路转铁路项目，其中仅太行钢铁项目每年就可将 944 万吨货运量由公路运输转为铁路运输，实现绿色物流降碳。在兼并重组方面，支持德龙钢铁并购新碳钢项目，完成 2000 多万吨产能整合，实现规模效应，为集中减碳打下基础。此外，对废钢回收利用等方面的金融支持，有效降低了钢铁行业碳排放。

3. 金融支持呈现多元化

一是积极帮助钢企发行债券，中国宝武发行了全国首单低碳转型绿色公司债券，规模 5 亿元，用于湛江钢铁氢基竖炉系统项目；鞍钢发布 3 亿元中期绿色债券，用于推进"双碳"目标；山钢试点发行转型债券 10 亿元，用于莱钢新旧动能转换系统优化升级改造项目建设。但整体而言，在钢铁行业低碳转型过程中,绿色金融工具的利用程度仍然较低。截至 2022 年末,仅有 10 家钢铁发行主体参与绿色债券(含碳中和债券)发行,仅占整个绿色债券发行规模的 1%。二是国家绿色发展基金股份有限公司与中国宝武 2021 年发起成立宝武碳中和股权投资基金,总规模达 500 亿元,首期 100 亿元,是国内市场规模最大的碳中和主题基金,致力于支持优质的碳中和产业项目。三是尝试以降碳产品质押、抵押、收储、托管等多形式提供融资支持,助推企业低碳转型。如中国建设银行河北省分行、兴业银行石家庄分行等金融机构积极探索降碳产品价值在钢铁行业的实现机制。

(五)金融支持钢铁行业低碳转型面临的问题

1. 部分有实际减碳效果的贷款无法界定为绿色贷款

从原因来看,绿色贷款的认定依据是《绿色产业指导目录(2019 年版)》,其主要按装备进行认定,钢铁行业中仅有脱硫脱硝、环保配套等能明确认定为绿色信贷。同时,绿色低碳转型相关的流动资金贷款也难以纳入绿色贷款范畴。绿色信贷认定的漏损使企业难以获得银行对绿色贷款利率额外减点的支持政策。

2. 现有碳减排支持工具支持高碳行业转型的针对性还不够强

金融机构反映,在碳减排支持工具支持的三大类 23 个子领域中,与钢铁行业明确相关的主要是锅炉节能改造和能效提升、余热余压利用以及二氧化碳捕集、利用与封存工程建设和运营等,对于产能压减、炼钢短流程应用、绿色物流配套、低碳新产品研发、废钢利用等减碳项目均未覆盖。此外,测算碳减排支持工具中减碳效应的模板多针对能源和发电企业,与钢铁企业的设备和参数不匹配。

3. 钢铁行业处在下行周期,金融支持缺少风险分担机制

目前钢铁企业行业已经进入下行周期,部分头部钢铁企业资产负债率都在 70% 以上,企业财务压力比较大,抵御风险能力较弱,如果没有风险

分担机制，金融机构很难继续提供大规模资金支持。

三、2025—2049 年我国钢铁行业低碳转型投资需求测算

（一）未来我国钢铁需求测算

根据各国粗钢产量、人均 GDP、是否为工业化国家、人口规模大小等因素，本部分选取美国、法国、德国、英国、意大利、日本、中国、韩国、土耳其、巴西、印度 11 个样本国家，建立由人均粗钢产量和人均钢铁表观需求量为因变量，以人均 GDP、城市化率、第二产业占比、65 岁老年人占比、以钢铁为主要原料产品的人均贸易差额为主要自变量的计量模型。按照世界银行的分类标准，通过 PWT 表①转换，将人均 GDP 在 7000～20000 美元之间的国家设定为中上等收入国家，20000 美元以上的国家设定为高收入国家。

在 7000～20000 美元区间，设定两个场景：一是人均 GDP 与钢铁生产关系依然紧密，即传统增长场景；二是人均 GDP 与钢铁生产相关性降低，为高质量发展场景。在 20000 美元以上，也划分为两个模式：一是钢铁需求相对稳定，不随人均 GDP 上升而增加，为德国模式；二是随着人均 GDP 增长，人均钢铁需求量持续下降，为美国模式。

表 7－5　　　　基于分型的方法构建的钢铁需求预测模型

人均 GDP 7000～20000 美元	人均 GDP 20000 美元以上
传统增长场景	德国模式
高质量发展场景	美国模式

根据我国经济发展规划，找到 2025 年、2035 年、2049 年我国人均

---

① PWT 是联合国国际比较计划委托美国宾夕法尼亚大学建立的数据库，内容为基于生产法核算的使用 2017 年美元进行购买力平价的各国人均 GDP。后文中所述人均 GDP 均以 PWT 表的此类美元为单位。

GDP、城市化率、第二产业占比等目标值，代入上述四种模式进行预测。结果表明，在坚持高质量发展的前提下，我国钢铁需求在 2025 年将达到峰值 10.65 亿吨，2049 年将下降 26%，降到 7.85 亿吨。[①]

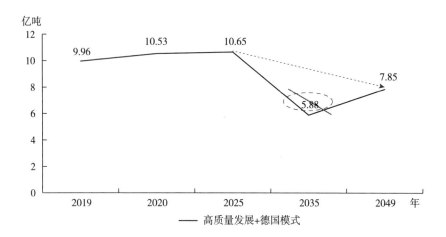

图 7-1　高质量发展模式下我国钢铁需求变动趋势预测

（二）基于钢铁需求预测的氢冶金投资需求测算

按照 2049 年我国钢铁需求 7.85 亿吨测算，对标欧盟短流程钢铁占比 40%，需要使用长流程氢冶金的钢铁产量约为 4.71 亿吨。根据对河钢、宣钢的调研数据，建设 111 万吨氢冶金生产设备需要投资约 22 亿元，吨钢使用氢气 5 千克、消耗电力 97 度测算，2023—2049 年间，仅我国长流程氢冶金一项就需要设备投资约 9300 亿元，年均投资需求约 360 亿元。到 2049 年，仅满足氢冶金一项，氢气供给量就要达到 235.5 万吨。按照 1 吨绿氢需要 45000 千瓦时电测算，235.5 万吨绿氢需要 1060 亿千瓦时绿电。

综合来看，2049 年我国仅长流程氢冶金一项就需要设备投资约 9300 亿元，供给氢气 235.5 万吨。如均为绿氢，需要消耗绿电 1060 亿千瓦时。

---

① 具体测算过程见中国人民银行青年课题"'30·60'目标下钢铁行业低碳转型的资金需求与金融支持"，2021.

因此，钢铁行业低碳转型需要绿色电力和氢能产业协同发展。

四、对策建议

（一）形成稳定预期，引导社会资本支持钢铁低碳转型

一是立足钢铁行业发展实际，针对转型积极、效果显著的钢铁企业，在产能置换、限产要求、技改支持、融资期限、融资成本等方面给予政策倾斜。二是在政策层面为钢铁低碳产品打开市场，强化对建筑、汽车等钢铁下游行业供应链环节的减碳要求。三是金融部门要为社会资本进入搭好通道，更多利用混合融资等工具，做好债务型和股权类融资工具的开发。

（二）出台转型金融支持工具，支持产业协同发展

一是在编制转型金融支持目录和技术标准的基础上，制定转型金融激励机制，在风险分担、财税激励等方面对金融机构给予支持。二是以2025年为关键节点，做好转型金融支持"两步走"。基于我国钢铁转型现状，2025年前主要支持企业兼并重组、优化产业布局、系统能效提升、流程优化创新、资源循环利用等路径，2025年后重点支持低碳冶炼工艺创新的商业化推广以及碳捕集、利用与封存等路径。三是分阶段支持氢能产业发展，2025年前支持包括灰氢、蓝氢在内的氢能产业发展，为发展氢冶金技术提供充足原料，2025年后逐步聚焦支持绿氢发展。

（三）多部门联合，推动转型金融基础设施建设

金融机构靠前参与钢铁企业转型路径的制定和认定，建立转型金融示范项目库。细化信息披露内容，包括碳排放监测数据、产品环境声明、转型目标、时间表和技术路线图等，确保转型过程"可衡量、可报告、可核查"。转型金融贷款参照绿色贷款，不占用钢铁行业贷款限额，融资成本与转型效果挂钩。

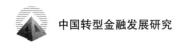

（四）制定预案，防范转型过程中的风险

建立转型金融风险防范机制，地方政府牵头，金融监管部门、转型企业、金融机构等多方参与，制定处置化解预案，适度提升不良贷款容忍度，多渠道多方式盘活不良资产，避免盲目抽贷、断贷，坚决防止区域性、行业性风险的发生。

第三节　建筑产业的绿色低碳转型及金融支持

建筑是能源消耗的重要领域。发展绿色建筑是应对气候变化的主要途径之一。国外绿色建筑起步较早，政府从法律、政策、标准、设计等多方位、全流程施策，并注重金融支持绿色建筑可持续发展。

中国是全球规模最大的建筑市场。近年来，我国金融支持绿色建筑的力度不断加大，多地在强化政策制度保障、完善激励机制、前置绿色建筑认定、完善数字化基础设施、推动金融产品创新等方面进行了积极探索。但金融对绿色建筑的支持力度仍不够，这与绿色建筑需求尚未有效激发、绿色建筑相关法律制度不健全、绿色建筑信息披露机制有待完善等问题密切相关。建议进一步健全金融支持绿色建筑的法律法规，完善激励约束政策，夯实信息基础，推动丰富金融产品。

一、推动建筑绿色发展的重大意义

建筑是碳排放的主要领域和影响气候变化的重要因素之一。根据国际能源署全球建筑物跟踪报告数据，2021年，建筑物运行消耗占全球最终能源消耗的30%，碳排放占能源部门总排放量的27%。过去十年，全球建筑行业能源需求持续提高①，2021 年全球建筑物运营所产生的二氧化碳排放量达到历史最高水平。

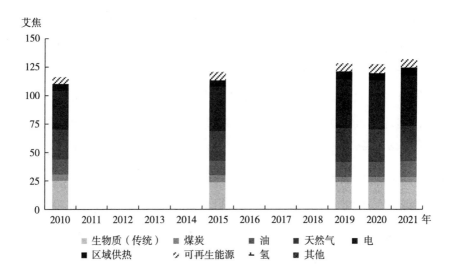

图 7－2　2010—2021 年全球建筑行业能耗情况（按燃料划分）

（资料来源：国际能源署）

我国是全球最大的建筑市场，2020 年全国建筑与建造能耗总量占全国能源消费总量的 45.5%，碳排放总量占全国碳排放的 50.9%。② 随着我国城镇化进程的加快和人民生活水平的不断提高，建筑领域的能源消耗量还将持续增长。转变建筑行业发展模式，大力发展绿色建筑③，推进建筑领域节能减排，是应对气候变化、实现碳达峰碳中和目标的关键环节。

建筑产业节能减排潜力巨大。近年来，建筑节能减排技术进步非常快，已从低能耗建筑向超低能耗建筑、零能耗建筑、产能建筑发展。各国

---

① 2020 年因受新冠疫情影响有所下降。

② 中国建筑节能协会．中国建筑能耗研究报告（2022）［R］．2022.

③ 绿色建筑是指在全寿命期内，节约资源、保护环境、减少污染，为人们提供健康、适用、高效的使用空间，最大限度地实现人与自然和谐共生的高质量建筑。绿色建筑产业主要包括星级绿色建筑、超低能耗建筑、装配式建筑、既有建筑节能和绿色化改造项目、建筑可再生能源应用等。

建筑产业采取的减排措施可主要分为四大方面：一是建筑设计减碳化，通过合理的规划布局、结构选择，以及集成应用各种绿色节能技术等达到节能要求，实现源头减量。二是建筑施工绿色化，实行装配式制造、智能建造等，降低施工过程的能源消耗，同时加大建筑垃圾的回收再利用。三是建筑运维低碳化，充分运用数字化技术，建立智能化建筑环境控制系统，提升建筑运行能效。四是建筑用能可再生能源化，将可再生能源应用于建筑中，实现建筑零能耗甚至负能耗。根据世界绿色建筑委员会的估计，通过推广绿色建筑可节省 50% 的能源、减少 45% 的二氧化碳排放量。近年来，一些国家积极推广绿色建筑，促进建筑节能降碳（见表 7 – 6）。根据国际能源署的报告①，到 2050 年建筑行业碳排放可从 2020 年的 30 亿吨下降到 1.2 亿吨，下降幅度高达 95%；建筑领域化石能源消耗比重到 2030 年可下降到 30%，到 2050 年可下降到 2%。

表 7 – 6 建筑领域减排措施

减排措施	减排机理	案例及减排效果
建筑设计及使用节能材料	通过合理规划设计，使用新型建筑节能环保材料，减少能源消耗，减少对环境的污染。	山西大同美术馆设计充分利用被动式建筑设计理念，将建筑主体埋入地下，地上只露出屋顶斜坡，屋顶使用透明或不透明的材料，并根据太阳照射角度设置天窗，将自然光有效带入有需要的空间。主体结构利用地下层相对恒温特点，减少能源消耗。瑞典 Sara Kulturhus 中心采用交叉层压木材（CLT）和木料胶合板（glulam），相较于在建造过程中所排放的碳，建筑内部的木材能捕集两倍的碳。英国贝丁顿社区建筑窗框选用木材而不是未增塑聚氯乙烯，仅这一项就相当于在制造过程中减少了 10% 以上（约 800 吨）的二氧化碳排放量。② 成都来福士广场，外墙安装的低辐射中空节能玻璃最高可以降低建筑能耗达 70% 以上。

---

① 国际能源署 . 2050 年净零排放：全球能源行业路线图［EB/OL］. https：//iea. blob. core. windows. net/ assets/ deebef5d-0c34-4539-9d0c-10b13d840027/ NetZeroby2050-A Roadmap for the Global EnergySector _CORR. pdf.

② "揭秘"零碳建筑，https：//www. sohu. com/a/440779687 _288495.

续表

减排措施	减排机理	案例及减排效果
建筑设计及使用节能材料	通过合理规划设计，使用新型建筑节能环保材料，减少能源消耗，减少对环境的污染。	使用隔热涂膜玻璃作为建筑门窗，一套建筑面积150平方米的普通住宅每年可以节约空调用电 200～260 千瓦时，相当于减少发电厂 140～234 千克的二氧化碳排放量。①
装配式建筑	装配式建筑相较于采用传统的施工方式的建筑，施工效率高，节能减排优势明显。	河北雄安新区采用预加工装配式建筑，在建筑施工废弃物方面的碳排放量较传统现浇住宅节省率达 20% 以上。 北京市东南五环内侧的焦化厂的三栋高层公租房采用了超低能耗和装配式两项建筑行业的领先技术，每年可减少 240 余吨二氧化碳排放，相当于 700 个成年人一年呼吸产生的二氧化碳。
使用可再生资源	通过建筑本体或者周边光伏、风电等可再生能源的使用减少常规能源的消耗，进而达到零碳或者近零碳。	浙江舟山长宏国际船舶修造有限公司屋顶分布式光伏项目面积约 20 万平方米，总装机容量 1.9 万千瓦。项目采用"自发自用，余电上网"的方式向舟山电网系统上送功率，并网运行后年发电量预计达 1883 万千瓦时，可节约标准煤 7783.8 吨，减少二氧化碳排放 15259.46 吨，同时可减轻长宏国际三分之一的生产用电压力。② 山西潇河国际会展中心铺设光伏屋面 7 万平方米，建成后年发电量可达到 840 万千瓦时，可代替 2600 吨标煤，满足附近约 65 万平方米的公共照明和汽车充电桩的供电，可减排二氧化碳 7400 吨。 英国伦敦的西门子"水晶大厦"供热与制冷的需求全部来自可再生能源，与同类办公楼相比可节电 50%，减少碳排放 65%。③
新技术应用	采取周密、有效的建筑技术措施可以降低建筑耗能。	日本丰田汽车事务总部大楼工程采用自然换气系统，地下室食堂的侧面采光使用光管道发光装置减少照明用电技术等，营运时一次能源消费量从一般建筑物的 2180 兆焦耳/年·平方米降为 1398 兆焦耳/年·平方米，节能 40%。④

① 李树贤，蔡红.建筑用隔热涂膜玻璃减排效果分析及应用［C］//廊坊市应用经济学会.对接京津——解题京津冀一体化与推动区域经济协同发展（对接京津与环首都沿渤海第13次论坛）论文集，2016：103-108.

② 光伏建筑一体化——浙江舟山"不拆瓦"浙江省最大雅博股份分布式光伏，https://caifuhao.eastmoney.com/news/20220705224104774617790.

③ 各国环保型建筑盘点，https://www.sohu.com/a/521027295_120902813.

④ 计永毅，李月琴，陈浩.日本建设低碳建筑的举措及其效果分析［J］.生产力研究，2012（10）：165-167.

续表

减排措施	减排机理	案例及减排效果
新技术应用	采取周密、有效的建筑技术措施可以降低建筑耗能。	上海中心大厦，应用的节能环保技术涉及照明、采暖、制冷、发电以及可再生能源领域，每年为大厦减少碳排放 2.5 万吨。
建筑垃圾的回收再利用	通过固体废物分类处理与回收利用，打造建筑可再生资源的循环体系，减少初次生产和处置过程碳排放。	英国 2021 年蛇形展亭所用建筑材料的 90% 由建筑垃圾的再生钢、软木、废弃砖制成，通过其生物材料从大气中清除了 31 吨碳。① 山西尚风绿谷碳中和环保科技园采用电厂废弃物粉煤灰为原料，制作自保温外墙保温板，与传统使用的岩棉板硅酸盐砌块外保温墙体相比，每建设 100 平方米的自保温外墙保温板便可减少二氧化碳排放 210 千克。②

资料来源：作者根据相关资料整理。

表 7 - 7 部分国家绿色建筑节能减排成效

丹麦	丹麦住房建设部门在 1996 年要求所有建筑物安装热计量节能装置，通过这一举措，丹麦的室内采暖总能耗降低了 50%。2019 年，丹麦通过建筑节约能源近 4 万兆瓦时，2020 年实现了节能 14% 的国家目标。2021 年，丹麦议会通过新版"国家可持续建筑战略"，引入对 2023 年起新建建筑物的二氧化碳排放要求。工业界预估，通过绿色建筑材料的设计和使用，建筑相关排放量到 2030 年可减少 50%。
德国	德国一方面大力推进既有建筑绿色节能改造，另一方面对新建筑实行较高绿色建筑标准。目前每年改造既有建筑大约 20 万套，其中 600 万套已完成节能改造，改造后能耗大大降低，单位居住面积采暖能耗由改造前的 160～200 kWh/（m^2·a）下降到 70～90kWh/（m^2·a），每年每平方米住宅减少二氧化碳排放量达 40 千克。德国《节能法》（EnEG2013）规定，自 2019 年起新建政府公共建筑达到近零能耗标准，2021 年起所有新建建筑达到近零能耗建筑标准，2050 年所有存量建筑改造成近零能耗建筑。
美国	美国许多州大力发展绿色建筑降低建筑能耗。例如，纽约和加利福尼亚州推广零能耗建筑以及其他策略，两地居住着美国 20% 以上人口而碳排放量不到全国的 10%。

---

① 只要思路对，建筑也可以实现负碳排放 | 7 个最新绿色低碳建筑案例，https://finance. sina. cn/esg/2022 - 03 - 04/detail-imcwiwss4084498. d. html.

② 科技助力让"零碳"成真——尚风绿谷碳中和环保科技园，https://www. 163. com/dy/article/HCQMS8FF0535NJ1G. html.

英国	英国要求"从建筑项目初始时的规划报批，就必须将绿色环保与政府条件结合考虑"。2019 年发布《国家能源与气候计划（NECP）草案》，执行欧盟《建筑物能源性能指令》（EPBD）要求，到 2020 年底所有新建筑的能耗都应接近于零。

资料来源：作者根据相关资料整理。

二、金融支持绿色建筑发展的国际实践

自 1990 年英国制定世界上第一个绿色建筑评价体系 BREEAM 后，许多国家和地区相继推出各自的绿色建筑评价体系，大力推动绿色建筑发展。根据 Market Research Future 的预测，2018—2023 年，全球绿色建筑市场的复合增长率将达到 10.26%。

欧美等发达经济体逐步建立健全法律、政策、标准体系，充分运用财政、金融手段支持绿色建筑发展。

（一）加强绿色建筑法律法规和标准建设

一是完善法律法规。例如，英国先后出台了《建筑法案（1984）》[1]《建筑能效法规（能源证书和检查制度 2010）》《零碳建筑标准》等，形成了自上而下的法律法规体系。美国 1977 年颁布《新建筑物结构中的节能法规》，2003 年修订《国家能源政策法》，将建筑节能由"目标"转换为"要求"，2009 年通过《清洁能源和安全法案》，规定绿色建筑与相应的基准标准建筑相比应实现 30% 的节能目标。二是构建标准体系。截至 2021 年末，全球已有 74 个绿色建筑认证体系，其中大部分由世界绿色建筑协会（WorldGBC）的成员进行管理。[2] 如美国的 LEED、英国的 BREEAM、德国的 DGNB、新加坡的 Green Mark 认证体系等，对绿色建筑需满足的标

---

① 适用于英格兰和威尔士地区的建筑节能减排。

② 2022 Global Status Report for Buildings and Construction，http：//www. globalabc. org.

准进行明确规定（见表7-8），有效引导绿色建筑发展。三是推动信息公开。例如，德国自2009年起，要求所有新建、出售或出租的居住建筑必须出具能源证书，面积超过1000平方米的公共建筑必须在建筑物显著位置悬挂能源证书；英国自2007年起，要求所有租售的建筑和住宅出具"能源绩效认证"（EPC）的标识证书，并要求银行根据EPC的评级调整住房抵押贷款条件。

表7-8 部分国家绿色建筑评价体系

国家/体系名称	建立时间	是否强制	核心理念	评价内容和方法	主要成效
美国LEED认证体系	1996年	否	强调建筑在整体、综合性能方面达到"绿化"要求。很少设置硬性指标，各指标间可通过相关调整相互补充。	主要从整合过程、选址与交通、可持续场地、节水、能源与大气、材料与资源、室内环境质量、创新和区域优先九个方面对建筑进行综合考察，评判其对环境的影响，并根据每个方面的指标进行打分，总得分是110分，分四个认证等级：铂金级、金级、银级、认证级。	作为世界上应用最为广泛的绿色建筑及城市的评价体系，现已覆盖全球182个国家和地区。截至2021年末，中国区共拥有7712个LEED项目（包含已认证及认证中），总面积超过3.6亿平方米。其中获得认证的项目总数达到4217个，总认证面积超过1.4亿平方米。同比2020年新增认证项目数上升32.53%。
英国BREEAM认证体系	1990年	否	因地制宜、平衡效益，全球唯一兼具"国际化"和"本地化"特色的绿色建筑评估体系。	九大评估范畴包括能耗控制、健康宜居、项目绿色管理、绿色建筑材料、污染控制、用地与环境生态、废物处理、绿色交通和水资源利用。新版标准中还开发了三个新的BREEAM指标（循环利用、人员健康、全生命周期碳排放）。	截至2021年末，英国BREEAM认证体系已经在近90个国家和地区颁发了超过59万份证书，注册项目超过231万个。截至2020年7月末，中国注册建筑达925座，注册项目达185个，总注册面积超过2500万平方米，其中认证建筑680座，认证项目136个，总认证面积超过1300万平方米。

国家/体系名称	建立时间	是否强制	核心理念	评价内容和方法	主要成效
德国DGNB认证体系	2007年	否	不仅是绿色建筑标准，而且涵盖生态、经济、社会三大方面的因素，以及建筑功能和建筑性能评价指标的体系。	评价内容：生态质量、经济质量、社会文化及功能质量、技术质量、程序质量、场址选择共六个专题。评分标准：每个专题分为若干标准，对于每一条标准，都有一个明确的界定办法及相应的分值，最高为10分。评价等级：根据六个专题的分值授予金、银、铜三级。	截至2022年末，德国DGNB认证体系拥有超过2500余个成员或成员组织，认证建筑面积近7000万平方米，全世界有超过50个国家和地区的建筑接受DGNB认证。同时，DGNB与世界超过500名领域内专家及100所以上大学开展了合作。
新加坡Green Mark认证体系	2005年	是	旨在评估建筑对环境的影响和性能，为评估新建及现有楼宇的整体环保表现提供全面的架构体系。	评价内容包括气候响应设计、建筑能源性能、资源管理、智能健康建筑、绿色推进措施五个部分。评价采用"先决项＋得分项"方式，先决项为必须实施项，得分项直接累加得到总分。认证等级分为金级、超金级、铂金级，对应分值为50分、60分、70分。	截至2020年末，新加坡有超过4000个建筑项目达到绿色建筑认证，建筑面积约为1.23亿平方米，占新加坡总建筑面积的43%以上。

资料来源：作者根据相关资料整理。

（二）设立绿色建筑发展基金

一是通过一揽子基金将支持绿色建筑纳入其中，如多伦多气候基金（TAF）对绿色建筑的额外建造成本提供资金支持。丹麦从农村发展基金中拨出300亿丹麦克朗，用于公共住房领域的绿色改造，可减少47000吨二氧化碳当量的温室气体排放，并创造3500个就业机会。二是建立绿色建筑专项基金，例如，美国设立鼓励绿色建筑发展的"节能基金"，对获得节能标识的建筑进行税收减免，为节能住宅提供较低利率的抵押贷款。

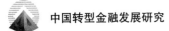

三是通过混合融资方式，政府与国际组织合作支持绿色建筑发展，如国际金融公司（IFC）与英国政府合作，提供优惠资金，推动私人投资。

表7-9 基金方式支持绿色建筑的主要做法

一揽子基金	丹麦	从农村发展基金中拨出300亿丹麦克朗用于公共住房领域的绿色改造，可减少47000吨二氧化碳当量的温室气体排放，并创造3500个就业机会。
	加拿大	通过加拿大西部经济多样化基金向阿尔伯塔省的建筑和工程行业投资300万加拿大元，帮助中小企业采用新的产品和技术，提高建筑的能源效率。
	立陶宛	旨在提高建筑改造过程的速度，本基金将从欧盟资金中落实2.178亿欧元，从国家预算中落实5160万欧元，从欧盟替代性融资工具中落实1.032亿欧元，从私营公司中落实9300万欧元，用于建筑物的翻新和可持续的城市环境。
	瑞典	在"恢复与复原计划"下建立与能源有关的基金安排，其中旨在提高公寓建筑能源效率的金额为40.5亿瑞典克朗，占总基金金额的12%。
专项基金	美国	设立鼓励绿色建筑发展的"节能基金"，对获得节能标识的建筑进行税收减免，为节能住宅提供较低利率的抵押贷款。
	爱尔兰	制定"明日之家"计划，刺激在新房建设和家庭装修市场中广泛采用优秀的能源规划、设计、规格和施工方法，符合节能条件的绿色建筑每套住宅可获得8000欧元的奖励。
	英国	在总计13亿英镑用于住宅、基础设施和就业的资金中99亿英镑将用于"建设基金"，补充针对能源效率改造的绿色住宅补贴计划。
其他	国际金融公司（IFC）	与英国政府合作，英国政府提供投资与咨询费用，用于激励建筑物进行IFC绿色建筑标准认证；IFC提供优惠捐助资金，推动私人投资。2018年，IFC提供超过2亿美元资金，促成15亿美元私人投资。

资料来源：www.iea.org.

（三）建立贷款支持及税收优惠等机制

一是政府对绿色建筑金融产品提供补贴、风险分担、税收优惠机制，例如，加拿大对建筑使用年限较久、节能改造效益明显的商业楼宇，由政府对节能改造贷款进行补贴。新加坡建设局对符合条件的绿色建筑贷款分担部分贷款违约风险。智利、印度、马来西亚等国家对资金用于绿色建筑的绿色债券完全或部分免税。二是金融机构对绿色建筑、绿色住宅提供低息贷款，例如，日本住友信托银行对评级四星级以上的新建公寓提供低于银行公示利率最高 1.5% 的利率优惠，美国房利美推出多住户住宅绿色奖励计划，有资格的绿色建筑贷款可以获得 10 个基点的利率减免。三是对绿色建筑提供政策性超长期贷款及优惠，例如，日本住房金融厅开发"Flat 35"信贷产品，由金融机构提供 35 年期固定利率住宅贷款，申请贷款的房屋必须达到 1980 年的保温标准，对于达到 1999 年保温标准的房屋，则提供利率减免。

表 7 - 10　　　　　　　国际信贷支持绿色建筑的一些做法

国家/机构	主要做法
加拿大	针对建筑使用年限较久、节能改造效益明显的商业楼宇，由政府对节能改造贷款进行补贴。
新加坡	政府为建筑节能改造提供融资支持，支持改造的前期成本；对符合条件的绿色建筑贷款，新加坡建设局分担 40% 的贷款违约风险。
美国明尼苏达州	制定绿色贷款计划，为明尼苏达州符合申请条件的企业提供 2 万 ~ 30 万美元的资助，用于改善建筑外壳、挡风雨条、加热和冷却设备、太阳能电池板等。
墨西哥	建立 Infonavit 绿色抵押贷款计划，为购买绿色住宅的家庭提供更多融资，金额为 6000 ~ 8000 墨西哥比索，以鼓励建造和购买节能型住宅。
日本住友信托银行	对四星级以上新建公寓，根据星级高低，提供低于银行公示利率最高 1.5% 的优惠。
瑞典北欧斯安银行	提供 7.5 亿瑞典克朗的绿色信贷额度，为位于斯德哥尔摩的 Sthlm 村庄提供建设资金。该村庄拟打造一个现代环保社区，在房屋之间设有绿色屋顶露台，将城市和小镇生活相结合，成为可持续社会的重要组成部分。
澳大利亚本迪戈银行	向满足澳大利亚政府规定的绿色标准的房贷提供优惠利率，享受高达减少 1.10% 年利率的可变利率，不收取月服务费。
温哥华城市银行	为家庭节能升级装修提供资金，个人贷款的最高利率为 1%，最高长达 15 年。
美国房利美	推出多住户住宅绿色奖励计划，旨在通过提供更优惠的价格、额外的贷款收益以及免费的《能源和水审计报告》，以支持已有住宅的节能、节水等低碳改造，有资格的绿色建筑贷款可以获得 10 个基点的利率减免。

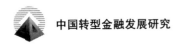

国家/机构	主要做法
日本	日本住房金融厅开发一款名为"Flat 35"的长期固定利率贷款,节能性能是确定贷款条件的评估项目之一。所有申请贷款的房屋都必须达到1980年的保温标准,对于达到1999年保温标准的房屋,则提供减免利率。
德国复兴开发银行	开发环保贷款产品,对于环保节能绩效好的项目发放10年期利率不到1%的优惠利率贷款,政府对利率差额给予贴息补贴。

资料来源:www.iea.org.

(四)开发绿色债券、保险等金融产品

近年来,随着绿色债券发行量不断增加,绿色债券对绿色建筑的支持作用不断增强。2021年全年全球贴标绿色债券募集资金用于绿色建筑平均占比将近30%。绿色债券的发行主体非常丰富,包括多边开发金融机构、政府、工业企业和商业银行等。在保险方面,目前国际上绿色建筑保险主要包括针对已竣工建筑的绿色建筑财产保险、针对在建建筑的绿色建筑建设保险、服务消费者贷款的绿色建筑贷款保证保险等。例如,美国Fireman's Fund保险公司针对绿色建筑全流程,包括建筑设计、施工验收、运营维护、废弃拆除等,提供相关保险产品。

表7-11　　债券、保险产品支持绿色建筑的主要做法

金融工具	国家/机构	主要做法
绿色债券	立陶宛	发行2000万欧元、10年期主权绿色债券,募集资金将向立陶宛公共投资发展署提供贷款,用于资助装修,以提高156栋多户公寓建筑的能源效益并降低供热成本。
	美国能源署	推行住房清洁能源机制,通过发行绿色债券筹集资金,以推动居民住房及商用住房的绿色化改造。
	法兰萨银行	发行6000万美元、7年期的绿色债券,用于绿色建筑项目的可再生能源和能源效益方面。
	苏黎世州银行	发行2.1亿瑞士法郎和1.15亿瑞士法郎、7年期的绿色债券,募集资金将分配给节能建筑绿色贷款组合,前提是这些建筑符合绿色建筑评级标准。
	日本三菱房地产	发行100亿日元、5年期绿色债券,募集资金用于已获得DBJ绿色建筑认证的东京长板桥A栋工程。

金融工具	国家/机构	主要做法
绿色保险	美国	Fireman's Fund 保险公司开发绿色建筑财产险，保障经过绿色认证的建筑物以及期望获得绿色效益的建筑物和设施的业主，对符合 LEED 认证的建筑提供一定折扣。
	美国	Argo Limited 保险公司开发绿色建筑职业责任保险，每张保单的保额上限为 100 万美元，为美国绿色建筑委员会成员提供 5% 的保费折扣。
	加拿大	加拿大银行法规定，首付款少于房屋价值 20% 或贷款额超过房屋价值 80% 的购房抵押贷款必须有相应的贷款保证保险。加拿大抵押贷款与住房公司对绿色住房项目提供保费优惠。

资料来源：www. iea. org；作者根据相关资料整理。

三、我国金融支持绿色建筑发展的实践

2006 年，我国发布《绿色建筑评价标准》，绿色建筑开始快速发展。截至 2021 年末，我国新建绿色建筑面积占新建建筑面积的比例达 84%，当年全国新建绿色建筑面积由 2012 年的 400 万平方米增加至 2021 年的 20 亿平方米（见图 7 - 3）。

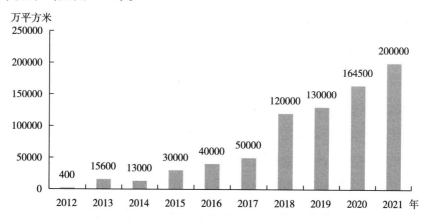

图 7 - 3 2012—2021 年我国新建绿色建筑面积

（资料来源：作者根据住房和城乡建设部公布的数据整理）

在碳达峰碳中和背景下，我国绿色建筑发展前景广阔，投融资需求巨大。《"十四五"建筑节能与绿色建筑发展规划》提出，到2025年，城镇新建建筑全面建成绿色建筑，完成既有建筑节能改造3.5亿平方米以上。根据住房和城乡建设部的估算，"十四五"期间，我国一星级以上绿色建筑每年将建设4亿~6亿平方米，相应开发投入资金需求为3万亿~5万亿元/年。

近年来，我国金融支持绿色建筑的力度不断加大，多地在强化制度政策保障、完善激励机制、前置绿色建筑认定、完善数字化基础设施、推动丰富金融产品等方面进行了积极探索。

（一）绿色建筑投融资政策环境不断优化，支持力度进一步加强

当前，在绿色金融标准中，绿色建筑是重要支持领域。国家发展改革委等七部门发布的《绿色产业指导目录（2019年版）》将"建筑节能与绿色建筑"划归"基础设施绿色升级"大类，下分"超低能耗建筑建设""绿色建筑"等六类。以此为基础，中国人民银行制定《绿色贷款专项统计制度》和《绿色债券支持项目目录（2021年版）》，中国银保监会制定《绿色融资统计制度》（见表7-12），均将绿色建筑纳入其中。目前，中国人民银行正组织制定包括建筑行业在内四个领域的转型金融标准，借鉴绿色金融标准支持具体项目，同时关注企业层面整体转型。相较于国际转型金融标准，我国建筑行业转型金融标准覆盖范围更大、技术细节更明确，为金融支持建筑行业低碳转型提供了有力支撑。随着政策环境的不断优化，我国绿色建筑贷款和债券规模不断提升。截至2022年第三季度末，全国用于支持建筑节能与绿色建筑项目的绿色贷款余额1.88万亿元。2021年，我国在境内外市场发行且符合气候债券倡议组织（CBI）定义的贴标绿色债券发行量为4401亿元，募集资金投向低碳建筑393亿元，同比增长83%[①]，建筑行业绿色债券发行规模仅次于电力和交通，稳居第三位。

---

① 气候债券倡议组织发布的《中国绿色债券市场年度报告2021》。

表 7 – 12 　　　　　　　　绿色金融标准中绿色建筑支持项目

绿色金融标准	发布部门	出台时间	绿色建筑相关项目
《绿色贷款专项统计制度》	中国人民银行	2019 年	绿色建筑的设计和建造。
《绿色融资统计制度》	中国银保监会	2020 年	1. 绿色建筑的设计、建造以及运营维护项目。 2. 购置绿色建筑。
《绿色债券支持项目目录（2021年版）》	中国人民银行、国家发展改革委、中国证监会	2021 年	依据国家绿色建筑相关规范、标准设计建设，建筑施工图预评价达到有效期内绿色建筑星级标准，以及按照绿色建筑星级标准建设，达到有效期内国家相关绿色建筑运营评价标识星级标准的各类民用、工业建筑建设和购置消费。

（二）多地积极探索，形成了金融支持绿色建筑发展的有效模式

1. 强化制度保障和规划指导

作为全国首个绿色建筑和绿色金融协同发展试点城市，湖州市编制绿色建筑和绿色金融协同发展推进计划，明确 15 项重点任务和 9 项重点突破事项，逐项细化分解到区县以及市级部门单位。作为全国首个绿色城市建设发展试点，青岛市发布金融支持指导意见，加大对绿色建筑、绿色基础设施及老旧城区改造等项目的信贷支持力度。重庆市制定绿色金融支持建筑行业绿色发展工作试点方案，成立工作领导小组，提出推进建筑行业绿色发展、丰富绿色金融支持模式、建立配套支撑体系等主要任务，定期进行通报、考核和评价。

2. 加强对绿色建筑开发和消费的激励引导

在供给端，主要包括财政奖励、容积率奖励、绿色金融补贴等。北京、上海、山东、广东、山西等地均对星级标识项目予以奖励，其中，北京[①]对二星级标识项目奖励标准为 50 元/平方米、三星级标识项目奖励标

_____

① 《北京市装配式建筑、绿色建筑、绿色生态示范区项目市级奖励资金管理暂行办法》（京建法〔2020〕4 号）。

准为 80 元/平方米；浙江湖州①对绿色建筑项目主体购买绿色建筑性能保险、本地民营企业或金融机构发行绿色建筑相关债券，给予最高 50 万元的补助。在需求端，主要通过提高公积金贷款额度及降低首付、税费返还等方式支持绿色建筑消费。浙江、安徽、河北、江苏等地（见表 7 – 13）对居民购买绿色建筑，均出台住房公积金贷款额度上浮政策；浙江湖州对在中心城市范围内购买首套绿色建筑商品住房的居民，按其所缴纳契税地方留成部分的 50% 给予补助。

表 7 – 13　　　　　　　　部分地区绿色建筑公积金贷款政策

文件	相关内容
《浙江省绿色建筑条例》	使用住房公积金贷款购买二星级以上绿色建筑的，公积金贷款额度最高可以上浮 20%，具体比例由设区的市住房公积金管理部门确定。
《安徽省绿色建筑发展条例》	使用住房公积金贷款购买高于最低标准等级绿色建筑的，公积金贷款额度最高可以上浮 20%，具体比例由设区的市住房公积金管理部门确定。
《河北省促进绿色建筑发展条例》	使用住房公积金贷款购买二星级及以上绿色建筑商品房或者新建全装修商品房的，贷款额度上浮 5% ~20%，具体上浮比例由设区的市、县级住房公积金管理部门确定。
《江苏省绿色建筑发展条例》	使用住房公积金贷款购买高于基本级绿色建筑的，贷款额度可以上浮 20%，具体比例由住房公积金管理委员会确定。
《深圳市住房公积金贷款管理规定》	使用公积金贷款购买首套住房，且所购住房为绿色建筑评价标准二星级及以上绿色建筑的，其公积金贷款最高额度可以上浮 40%。

资料来源：作者根据相关资料整理。

3. 前置绿色建筑认定以满足融资需求

按照现行绿色建筑认证管理办法，要待建筑建成并投入使用后才可进行绿色建筑认证，但此前设计和建造阶段就已产生大量资金需求。针对绿色建筑运营标识评价滞后于项目融资问题，多地探索将星级绿色建筑预评价证明、项目土地使用权出让合同、施工图设计审查符合星级绿色建筑标准等作为前置认定依据（见表 7 – 14）。为确保绿色建筑从"设计绿"到

―――――――――

① 《关于加快绿色建筑提质发展的意见》（湖政办发〔2020〕49 号）。

"运行绿"，部分地区建立了市场和行政手段相结合的保障机制。例如，宁波市、湖州市、河北省等地引入绿色建筑性能责任保险，其中，宁波市将保险作为必备条件，河北省、湖州市、天津市将保险作为可选条件；中国建设银行北京市分行探索实施"绿色信贷＋绿色低碳建筑＋绿色监理"模式，引入绿色监理①机制监督管理建筑建造全过程；对建设单位已公开承诺，但在协议约定时间内未通过绿色建筑星级认证的，宁波市住建部门会同金融监管部门实施失信联合惩戒。

表 7－14　　　　　　　　部分地区绿色建筑贷款前置认定政策

地区	出台文件	相关内容
浙江宁波	《绿色金融支持绿色建筑发展工作指引（试行）》（甬建发〔2021〕118号）	建设工程项目同时具备下列条件的，各银行机构提供的贷款即可认定为绿色信贷： （一）已委托节能评估机构完成绿色建筑预评价专项报告，且取得施工图设计审查合格书的； （二）已获得合格保险机构出具的有效绿色建筑性能保险合同的。
雄安新区	《雄安新区银行业金融机构支持绿色建筑发展前置绿色信贷认定管理办法（试行）》（银雄安发〔2022〕36号）	拟申请绿色信贷前置认定的绿色建筑项目，需取得河北雄安新区管理委员会规划建设局备案的星级绿色建筑预评价登记函，并由金融机构进行现场核查后报送中国人民银行备案。
河北省	《关于有序做好绿色金融支持绿色建筑发展工作的通知》（冀建节科〔2022〕2号）	（一）基本条件 1. 借款人需符合金融机构对绿色信贷借款人基本要求。 2. 绿色建筑项目需获得项目所在地市级住房和城乡建设部门出具的预评价证明。 3. 绿色建筑项目的开发、建设以及监理等相关单位应具有良好的信用记录。 4. 满足其他相关条件。 （二）可选条件 合格保险机构出具的超低能耗建筑、星级绿色建筑、建筑可再生能源应用、装配式建筑、既有建筑节能和绿化改造项目保单。

---

① 《建设工程质量管理条例》规定，国家重点建设工程、大中型公用事业工程、成片开发建设的住宅小区（5万平方米以上）工程等建设工程必须实行监理。

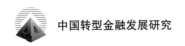

续表

地区	出台文件	相关内容
浙江湖州	《绿色建筑项目贷款实施规范》（DB 3305/T 190—2021）	（一）基本条件 1. 获得有资质的第三方出具的星级绿色建筑预认证或当地住房和城乡建设局发放的"绿色建筑"预评价标识。有资质的第三方由湖州市政府或指定的部门公布。 2. 土地出让合同明确为星级绿色建筑，或者浙江省企业投资项目备案（赋码）信息表显示为星级绿色建筑。 3. 项目开发、建设以及监理等主体有较好的信用记录。 4. 项目开发、监理等单位签署并承诺执行湖州市绿色建筑项目融资信息披露自律要求。 （二）可选条件 合格保险机构出具的星级绿色建筑保单。
天津市	《关于推进绿色金融支持绿色建筑工作的通知》（津银发〔2022〕140号）	建设项目具备下列条件之一的，银行机构提供的贷款即可前置认定为绿色建筑贷款： 1. 获得住房和城乡建设部门或具有资质的第三方机构出具的星级绿色建筑预评价证明； 2. 项目土地使用权出让合同明确为一星级及以上绿色建筑； 3. 施工图设计文件审查符合星级绿色建筑标准； 4. 获得银行机构出具的星级绿色建筑履约保函； 5. 获得合格保险机构出具的星级绿色建筑性能责任保险。

资料来源：作者根据相关资料整理。

4. 强化科技赋能

浙江湖州开发建设绿色建筑信息披露数字化平台"绿建通"，将全市绿色建筑项目数字化，汇总绿色建筑方案设计、施工建造、运行维护等全过程信息，定期向全市金融机构推送。湖州市还建立政府采购支持绿色发展服务平台，展示政府采购支持绿色建材促进建筑品质提升试点项目、模范企业名录、绿色建筑标杆示范项目等信息。

5. 通过开发金融产品拓宽融资渠道

在绿色信贷方面，浙江湖州先后推出"绿地贷""绿色购建贷""农房绿色建筑贷"等20余款绿色建筑专项信贷支持产品。浙江吴兴农商银行开发"零碳建筑贷"，将碳减排纳入额度测算、利率定价等授信管理流程。马鞍山农村商业银行推出个人绿色住房按揭贷款，根据绿色建筑评价认证等级给予利率优惠。在绿色保险方面，北京、天津、青岛、湖州等地积极推广绿色建筑性能责任保险。湖州开发绿色建筑能效保险、绿色装修工程保险等产品。青岛先后开出全国首张超低能耗建筑性能保单、"减碳保"建筑节能保险保单。在绿色基金方面，湖州等地均设立绿色产业基金，将绿色建筑作为重要支持领域。

（三）货币政策激励工具效果估算

2021 年 11 月，我国设立了碳减排支持工具[①]，重点支持清洁能源、节能环保、碳减排技术三个领域，目前并未应用于绿色建筑领域。据估算，目前在三个领域实施的碳减排支持工具成本收益比约为 322.89 吨二氧化碳减排/万元。[②]

若碳减排支持工具扩大支持领域，极端假设所有投向具有碳减排效益的绿色贷款[③]都由碳减排支持工具提供，则其成本收益比约为 121.85 吨二氧化碳减排/万元[④]，事实上不可能所有投向具有碳减排效益的绿色贷款都能得到支持[⑤]，上述对于成本的估算远远偏高，成本收益比估算偏低。绿色建筑贷款占绿色贷款的比例约为 10% 且建筑是碳减排的重点领域，由此

---

① 对金融机构向重点领域发放的碳减排贷款，中国人民银行按照贷款本金的 60% 提供再贷款资金支持，利率为 1.75%。

② 根据中国人民银行数据，2022 年作为执行碳减排支持工具的完整年，年末余额 3097 亿元，带动减少碳排放约 1 亿吨。按照一年期 MLF2.75% 计算，碳减排支持工具成本约为 30.97 亿元 ［ ＝3097 × (2.75% －1.75%)］，则目前每万元的碳减排支持工具约能够减少 322.89 吨 (＝1/30.97 ×10000) 二氧化碳排放。

③ 根据中国人民银行数据，投向具有直接和间接碳减排效益项目的贷款合计占绿色贷款的 66.4%。

④ 中国银保监会数据显示，2022 年末国内 21 家主要银行绿色信贷余额达 20.6 万亿元，每年可支持减排二氧化碳当量超过 10 亿吨。根据中国人民银行数据，投向具有直接和间接碳减排效益项目的贷款合计占绿色贷款的 66.4%。假设这部分贷款的资金全部由碳减排支持工具提供，则碳减排支持工具的成本为 820.70 亿元 (＝ (2.75% －1.75%) ×20.6 ×66.4% ×60% ×10000)，即每万元的碳减排支持工具约能够减少 121.85 吨 (＝10/820.70 ×10000) 二氧化碳排放。

⑤ 一方面，碳减排支持工具的适用有相应的门槛；另一方面，具有碳减排效益的绿色贷款的减碳效益有差异。

可估计，若碳减排支持工具扩大至绿色建筑领域，则此领域成本收益比将远高于121.85吨二氧化碳减排/万元。可见，使用货币政策工具，对促进建筑领域碳减排具有明显的激励效应。

四、金融支持绿色建筑发展面临的挑战

总体而言，金融对绿色建筑的支持力度仍有待提高。截至2022年第三季度末，我国用于支持建筑节能与绿色建筑项目的绿色贷款余额1.88万亿元，占全部绿色贷款余额的9.0%。另据气候债券倡议组织等联合发布的《中国绿色债券市场报告2021》，2021年我国低碳建筑领域绿色债券发行规模占绿色债券发行量的8.9%①，低于全球约30%的水平。金融支持绿色建筑的难点、堵点主要包括以下三个方面。

一是绿色建筑需求尚未有效激发。绿色建筑的建造成本略高于普通建筑。一般来说，一、二、三星级绿色住宅建筑增量成本分别为每平方米30元、50～70元、100元；一、二、三星级绿色公共建筑增量成本分别为每平方米50元、120～200元、300～500元。因此，绿色建筑售价通常高于普通建筑，但多数消费者对绿色建筑概念及其在运营等环节的节能、节水等方面的作用缺乏充分认识，且绿色建筑消费激励政策不健全，导致绿色建筑需求不足，绿色建筑开发及相关金融支持均受到影响。

二是绿色建筑相关法律制度不健全。法律层面，《建筑法》《城乡规划法》均未涉及绿色建筑，《民用建筑节能条例》《公共建筑节能条例》等行政法规缺少绿色相关要求，不利于对绿色建筑发展形成激励约束。金融

---

① 与国际水平相比，我国低碳建筑领域绿色债券发行规模占比较低的原因：一是我国绿色债券投向以能源为主，占比为60.6%，而国际水平为35.5%，能源领域的高占比对其他领域绿色债券发行起到挤出和稀释作用；二是近年来建筑领域绿色债券发行规模增长相对较慢，导致占比出现下降。例如，2021年投向可再生能源领域的绿色债券发行规模增长3.6倍，而投向低碳建筑领域的绿色债券发行规模增长83%，建筑领域绿色债券占比由2020年的14%降至2021年的8.9%。

层面，在许多地区开发阶段建筑项目无法取得绿色建筑认证或预认证标识，金融机构难以准确筛选绿色建筑项目。此外，当前房地产融资政策暂未按绿色建筑和非绿色建筑进行有效区分，金融机构难以对绿色建筑开展差异化融资支持。

三是绿色建筑信息披露和激励约束机制有待完善。目前，我国建筑行业的信息披露机制尚未建立，金融机构需自行到相关平台查询绿色建筑项目信息，不利于其高效对接绿色建筑项目，无法对项目绿色节能减碳效益进行清晰判断，制约绿色金融产品开发。同时，商业银行对绿色水平不达标项目的惩戒限于返还优惠利息收益等，缺少更大力度的实质性惩罚手段，可能面临绿色贷款投放项目"不足够绿"的"洗绿"风险。

五、对策建议

（一）健全法律法规，为绿色金融与绿色建筑协同发展奠定基础

修订《建筑法》《民用建筑节能条例》等法律法规，增加促进绿色建筑发展相关内容。鼓励编制促进绿色建筑发展的地方性法规，加强对绿色建筑相关产业的规范管理。强化国有土地使用权出让合同、项目设计合同、项目施工合同、工程监理合同、竣工验收报告等关于绿色建筑规定的法律约束效果，建立健全绿色建筑预评价机制，完善绿色建筑标识管理体系，防范信贷资金的"洗绿"风险。修订绿色贷款、绿色债券等支持范围，对绿色建筑消费纳入其中，引导金融机构更好地支持绿色建筑消费。及时出台建筑建材转型金融标准，做好绿色金融与转型金融支持的有效衔接。

（二）完善激励约束政策，加大财政金融支持绿色建筑发展力度

在落实房地产市场调控目标的前提下，对绿色建筑项目给予差异化支持。在供给端，可通过容积率奖励、财政补贴、税收减免等方式，对绿色

建筑开发进行激励。在需求端，可通过契税优惠等方式降低绿色建筑消费成本，引导绿色建筑购置与租赁。同时，对绿色建筑相关金融服务给予政策优惠，对贷款购买绿色住房的居民，探索实施额度上浮或利率下调等政策。

（三）夯实信息基础，实现金融机构与绿色建筑项目的精准对接

强化建筑行业环境信息披露要求，逐步实现强制性披露。建立绿色建筑信息披露和共享平台，对绿色建筑预评价、星级评价及项目基本信息、建筑运营过程中的能耗、碳排放信息等进行跟踪、监测与披露，实现绿色建筑全生命周期碳排放核算和信息披露，便于金融机构、绿色建筑消费者查询与追溯。

（四）丰富产品和服务，构建多层次绿色建筑金融服务体系

支持银行机构开展绿色建筑开发贷、绿色建筑按揭贷等业务，并为不同星级绿色建筑提供差异化金融服务。鼓励保险机构积极发展绿色建筑性能保险，研发推广绿色建筑标识保证保险等新型保险品种。支持满足条件的建筑企业通过绿色债券、绿色资产证券化等方式融资；鼓励社会资本设立支持绿色建筑发展的绿色产业基金、绿色担保基金。探索将绿色建筑减排量纳入自愿减排碳市场，鼓励金融机构开发相关碳金融产品。运用供应链金融和转型金融支持绿色建筑发展，将绿色建筑开发企业融资成本与降碳减排相联系，推出可持续挂钩贷款、可持续挂钩债券。

第八章　居民绿色环保生活方式转型及相关金融支持

随着经济增长和居民消费水平的提高，由居民生活消费所产生的直接和间接碳排放已成为碳排放量上升的主要原因之一。近年来，各国积极探索居民绿色环保生活新方式，同时创新金融产品、完善个人碳交易机制、拓宽融资渠道等，有效推动居民生活方式转变。我国在居民绿色生活方式转型方面采取了一系列措施，取得了明显成效，但与实现碳达峰碳中和目标的要求相比，依然面临政策体系不健全、居民绿色低碳意识普遍薄弱、绿色商品和服务供给不足以及金融支持力度偏弱等问题。需将绿色消费作为释放内需的重要着力点，借鉴国内外先进经验，不断健全政策体系，强化宣传引导，切实发挥金融支持作用，着力推进我国居民绿色环保生活方式有序转型。

第一节　推动居民绿色环保生活方式转型的重要意义

目前国内外气候治理更多关注生产领域的碳排放，包括传统化石能源使用、高碳行业生产等，对居民生活产生的大量碳排放重视不够。实际上，随着经济增长和居民消费水平的提高，由居民生活消费所产生的直接和间接碳排放已成为碳排放量上升的主要原因之一。[1] 根据联合国环境规划署发布的《2020 年排放差距报告》[2]，按照基于消费的核算方法计算，全球约三分之二的碳排放与家庭消费活动有关。2021 年，国际能源署发布的《2050 年净零排放：全球能源行业路线图》指出，约有 55% 的累计减排量与消费者的选择有关，如购买电动汽车、用节能技术改造房屋或安装热泵。[3]

国际能源署将与绿色低碳转型相关的环保生活方式（Lifestyle for Environment，LiFE）分为行为变化和可持续消费两大类行动措施。[4] 绿色环保行为主要指个人及家庭在日常消费和行为中坚持节约适度和绿色环保，即在衣、食、住、行、用等领域消费方式和行为方式的绿色化。作为从需求端降低碳排放的主要方式，居民绿色环保生活方式转变的意义重大。

一是绿色环保生活方式能够大幅减少居民碳排放，有助于碳中和目标的实现。根据国际能源署的测算[5]，如果在全球范围采取环保生活行动，到 2030 年可减少年度二氧化碳排放 20 亿吨以上，约为净零排放路径下所需减排量的五分之一。居民行为变化带来的减排量约 11 亿吨，其中交通和家庭领域减排量较大，分别约为 7 亿吨、4 亿吨；可持续消费还可贡献约 10 亿吨减排量，其中家庭购买高能效设备和采用低碳技术可减排约

---

① A. H. M. E. Reinders, K. Vringer, K. Blok. The Direct and Indirect Energy Requirement of Households in the European Union [J]. Energy Policy, 2003, 31 (2): 139 – 153.

② United Nation Environment Programme. Emissions Gap Report 2020 [EB/OL]. (2020 – 12 – 09). https://www.unep.org/emissions-gap-report-2020.

③ IEA. Net Zero by 2050: A Roadmap for the Global Energy Sector [EB/OL]. https://www.iea.org/reports/net-zero-by-2050.

④ 行为变化是指消费者通过改变日常行为方式，积极持续地减少能源过度消耗和浪费，主要与交通、飞机出行、家庭与工业等领域相关；可持续消费指消费者购买绿色低碳排放设备和技术，集中于汽车、电器和电力接入设备等领域。

⑤ IEA. LiFE Lessons from India [EB/OL]. https://www.iea.org/reports/life-lessons-from-india.

4 亿吨，购买电动车可减排 4 亿吨，使用住宅屋顶太阳能光伏可减排 2 亿吨。

二是绿色环保生活方式能够降低能源消费不平等，有助于实现可持续发展目标。居民碳排放与收入水平正相关，高收入群体的人均碳排放明显高于低收入群体。收入最高的 10% 群体碳排放份额占全球总量的 36% ~ 49%，而收入最低的 50% 群体仅占到 7% ~ 15%[①]。按温室气体排放对家庭进行排名，后 50% 和前 1% 的人分别贡献全球总量的 12%、17%[②]。国际能源署的模型显示[③]，相对于一切照常的基准路径，到 2030 年，发达经济体在车辆使用、航空、建筑等领域行为变化带来的年度人均碳减排将是发展中经济体的 3 ~ 4 倍。绿色环保生活方式有助于降低发达经济体能源需求与相关碳排放，一定程度上将降低能源消费不平等。

三是绿色环保生活方式能够有效遏制环境恶化，有助于生物多样性保护。根据生物多样性和生态系统服务平台（IPBES）评估[④]，全球气温仅升高 2 摄氏度，就有 5% 的物种面临灭绝风险；若升高 4.3 摄氏度，该比例将骤增至 16%；如果气温上升限制在 1.5 摄氏度以内，大部分物种可保持现有数量，甚至还会产生新的物种。IPCC（2018）报告指出[⑤]，要实现《巴黎协定》1.5 摄氏度温控目标，需要在 2030 年将生活方式和消费有关的人均排放量减至约 2.5 吨二氧化碳当量，并在 2050 年进一步减少到 0.7 吨二氧化碳当量。绿色环保生活方式有极大的减排潜力，能从消费端减少居民碳排放对气候变化的影响，有效遏制全球气候变暖对生物多样性带来

---

①　Oxfam and Stockholm Environment Institute . The Carbon Inequality Era：An Assessment of the Global Distribution of Consumption Emissions Among Individuals from 1990 to 2015 and Beyond［R］. 2020.

②　United Nations Environment Programme. Emissions Gap Report 2022：The Closing Window—Climate Crisis Calls for Rapid Transformation of Societies. Nairobi［EB/OL］. https：//www. unep. org/emissions-gap-report-2022.

③　IEA. LiFE lessons from India［EB/OL］. https：//www. iea. org/reports/life-lessons-from-india.

④　IPBES. Summary for Policymakers of the Global Assessment Report on Biodiversity and Ecosystem Services of the Intergovernmental Science-Policy Platform on Biodiversity and Ecosystem Services，2019.

⑤　IPCC. Global Warming of 1.5℃（2018）［EB/OL］. https：//www. ipcc. ch/sr15/.

的破坏。

四是绿色环保生活方式支持消费升级，有助于释放潜在需求。受新冠疫情冲击，逆全球化思潮抬头，以及单边主义、保护主义明显上升等不利因素影响，世界经济复苏乏力。在此背景下，各国积极刺激消费增长，挖掘内需潜力。随着绿色环保生活方式转变，消费的绿色低碳化选择已成为新趋势，这有利于支持消费升级和需求增长。总部设在伦敦的全球性数据公司欧睿国际发布的报告指出，约65%的全球消费者由于担心"气候变化"问题更加关注购买决策，67%的消费者尝试通过日常活动为环境带来积极影响。中国统计数据显示[①]，随着绿色环保理念持续推广，绿色升级类消费需求持续释放，2022年新能源乘用车零售约567万辆，比上年增长90%。依据埃森哲对全球消费者的调研，81%的消费者计划未来五年内购买更加环保的产品[②]，绿色消费规模预计每年可达数万亿元。

推动绿色环保生活方式转型，需要建立有效的外部激励约束机制。金融不仅在供给端能够有效支持高碳行业绿色低碳转型发展，而且在需求端能够刺激绿色消费需求释放，推动居民绿色环保生产方式转型。目前，国内外金融机构主要通过设计鼓励消费者绿色消费的金融产品和服务，引导居民更多地购买绿色低碳产品，形成低碳消费方式。[③] 例如，金融机构推出了绿色信用卡、绿色住房消费贷款、绿色汽车消费贷款、绿色理财产品等，有效助力消费端低碳转型。不过，由于支持政策体系、认定标准以及个人碳排放的核算等方面的制约，金融产品和服务仍不够充分，支持作用也有待进一步提升。

---

① 中国汽车流通协会统计数据。
② 埃森哲咨询. 化工全球消费者可持续性调查 [R]. 2019.
③ 钟世和. 推动生产端和消费端低碳转型 [J]. 中国金融，2022（10）：101.

第二节 国际上居民绿色环保生活方式 转型及金融支持

近年来，各国都在积极探索居民绿色环保生活新方式，并通过创新金融产品、完善个人碳交易机制、拓宽融资渠道等方式，不断加大金融支持力度。

一、居民绿色环保生活方式转型经验

（一）完善顶层设计，发挥财税政策激励作用

一是建立健全绿色法律制度。如日本颁布《循环型社会推进形成基本法》《促进包装容器的分类收集和循环利用法》《家用电器回收法》《食品回收法》等。德国实施《循环经济和废物处置法》《可再生能源法》《节约能源条例》等。二是制定绿色环保生活方式规划。2022 年，印度与联合国共同发布一项全球行动 LiFE 使命（Mission LiFE），明确 2022—2028 年动员至少 10 亿印度或全球居民采取行动以保护环境。如通过补贴推广液化石油气（LPG）以促进清洁烹饪；建议将空调温度设置为 24 摄氏度以减少能源消耗，通过补贴支持消费者选购电动汽车，通过财政补贴和低息贷款支持农民采用太阳能光伏技术等（见专栏 8－1）。三是建立完善绿色产品和服务标准认证体系。为推进生产绿色化转型，扩大绿色产品供给和消费规模，国际标准化组织（ISO）相继发布实施了环境管理体系、绿色认证和环保标准等系列标准。英国推出碳标签制度，量化标示商品生命周期中温室气体排放量，商品类别涉及 B2B、B2C 的所有商品与服务，认证

时效为 2 年。四是加大财政投入及政策奖补。美国 2022 年通过《通胀削减法案》，该法案带来美国有史以来在气候领域最大的投资计划，其中有3690 亿美元（占总投资的 84%）用于遏制气候变化和促进清洁能源使用，重点覆盖清洁能源制造业，包括鼓励购买电动汽车和氢燃料电池汽车以及部署充电站等。五是充分发挥税收激励约束作用。欧盟在"污染者付费"原则下不断完善环境税、能源税等税收体系，目前 27 个欧盟成员国中有21 个对乘用车征收碳排放税。①

专栏 8-1　印度环保生活方式（LiFE）相关措施②

清洁烹饪领域，印度推行液化石油气（LPG）推广行动，2015 年以来，采用清洁烹饪方式人数增长 55%。自 2015 年起，印度政府直接转移计划 PAHAL③ 为 LPG 加气提供补贴；2016 年以来，PMUY 计划④ 已通过无息贷款向贫困家庭妇女提供超过 8000 万套 LPG 接入设备。2015 年以来，受放弃 LPG 补贴行动⑤影响，1000 万较富裕家庭自愿放弃补贴，以向贫困家庭提供更多支持。

提高能效领域，印度政府推行多项促进行为改变和提升消费者意识的政策。例如，建议将空调温度设置为 24 摄氏度，通过大宗采购项目

---

　　① 如德国规定对排放量在 195 克/千米以上的机动车，每超出 1 克征收 4 欧元的附加税；法国规定超过 190 克/千米的汽车每年将会被征收 160 欧元的税；英国针对二氧化碳排放量征收 0（不高于100 克/千米）~500（超过 255 克/千米）英镑不等的税费。

　　② 本部分摘自国际能源署报告 LiFE Lessons from India。

　　③ Pratyaksh Hanstantrit Labh（PAHAL）是印度政府于 2015 年启动的直接转移计划，该计划向LPG 消费者提供现金补贴。

　　④ Pradhan Mantri Ujjwala Yojana（PMUY）是印度石油天然气部于 2016 年 5 月启动的计划，力图使农村及贫困家庭采用 LPG 等清洁烹饪燃料，替代木柴、煤炭等传统烹饪燃料。

　　⑤ "Give It Up" Campaign 是印度政府于 2015 年 3 月发起的全国行动，鼓励可负担无补贴 LPG 价格的消费者自愿放弃 LPG 补贴，使政府将有限的资源用于最需要补贴的贫困线以下家庭。

UJALA[1] 大幅降低 LED 市场价格，通过农业需求侧管理计划 AgDSM[2] 向农民分发 20 万台高效泵机组等。

电动汽车领域，印度政府通过补贴计划 FAME Ⅱ[3] 支持消费者选购电动汽车，并通过奖励相关技术研发推动印度电动汽车产业发展，从而为消费者节省购买成本。2021 年，印度政府还发起使用电动汽车行动（Go Electric Campaign），通过多种宣传渠道提高公众对电动汽车优势的认知。

可再生能源领域，消费者意识和行为改变推动屋顶太阳能光伏行业迅速增长，2022 年印度居民和商用屋顶太阳能光伏发电约 2.2GW 和 9GW，较 2014 年分别增长 30 倍和 40 倍。印度地方政府还通过财政补贴和低息贷款支持农民采用太阳能光伏发电技术，这一举措不仅提高农业人口能源消费意识，而且为农民增加收入、节约农业用电支出。

（二）加强宣传教育引导，提升居民绿色理念与意识

一是倡导绿色环保生活方式。联合国环境规划署将 2015 年世界环境日主题定为"可持续的生活方式"，并于 2022 年世界环境日呼吁各国推动践行更清洁、更绿色、更可持续的生活方式，实现人与自然和谐共生。二是加强绿色教育。欧盟在 2005 年推出了"碳校计划"，将全球气候变化及气候科学内容纳入中学教育，并在近年"绿色新政"中支持构建系统的可持续发展教育体系，重点提供绿色技能培训。例如，《欧洲技能议程2020》支持开发一套核心的绿色技能，培养具有环境意识的专业人员和绿色经济经营者。欧盟还积极发挥非政府组织在开展公众教育、参与环境保护和治

---

[1]　Unnat Jyoti by Affordable LED for All（UJALA）项目是印度政府于 2015 年 1 月启动的 LED 推广计划，通过批量采购压低价格。该项目是全球最大的非补贴形式 LED 项目。

[2]　Agriculture Demand Side Management（AgDSM）是印度政府于 2007 年启动的农业需求侧管理计划，向农民分发高效泵机组以取代旧泵机，可减少 30% 能源消费。

[3]　FAME Ⅱ是印度重工业部自 2019 年 4 月开始实施的提升电动汽车需求的计划，该计划以补贴等形式刺激电动汽车消费需求，为期 3 年。

理、促进立法等方面的重要作用。经过长期的全民教育，欧盟居民绿色低碳意识明显提升。2023 年"欧洲晴雨表"①调查显示，93% 的欧盟公民在日常生活中至少采取一种应对气候变化的个人行动。三是提倡素食。比利时根特市自 2009 年起，实行周四"素食日"（Veggiedag），为世界上首个实行每周一天素食日的城市。四是倡导绿色出行。比利时布鲁塞尔举行一年一度"无车日"活动，除有特殊通行证的车辆以及公交车、出租车和城市救援车辆外，其他机动车在白天时段禁止行驶。五是宣传节约能源。日本很多大城市每年举办城市水周活动，进行多种形式的提高节水意识、普及节水方法的宣传活动。六是推行绿色驾驶。德国发起"新的开车方式"②行动，联合德国汽车俱乐部和各大汽车公司，对司机提供相关的培训项目服务，并将相关开车方法列入驾驶培训和考试的法定内容。

（三）践行绿色环保生活行为，创新节能降耗方式

一是推进降低能耗。欧盟 2023 年规定家用电器待机模式下消耗将不得超过 0.3 瓦。据测算，到 2030 年，欧盟消费者的电费支出将每年减少 5.3 亿欧元，二氧化碳排放量每年减少 136 万吨。西班牙内阁会议 2022 年批准了本国的节能计划，包括限制公共场所的恒温器（暖气最高 19 摄氏度，空调最低 27 摄氏度）、建筑大门保持关闭和晚上 10 点后关闭商店橱窗照明等。二是成立"食品银行"③（Food Bank）。如欧洲"食品银行"与食品生产部门、大型超市签订协议，将卖不出去但还能食用的食品收集起来，集中分配至各供应点后，由需要的居民免费领取；同时，拨付资金

---

① "欧洲晴雨表"调查是欧盟委员会定期开展的专项民意调查项目，此次调查于 2023 年 5 月 10 日至 6 月 15 日开展，在欧盟 27 个成员国对不同社会群体的 26358 名公民进行了面对面访谈。

② 通常建议启动后，行驶大约一个车身的距离后，由一挡换二挡，当时速为 25 千米时，挂三挡，时速 40 千米挂四挡，时速 50 千米以上挂五挡。其他开车技巧还包括：尽量保持平静放松的心态，与前车保持合理的间距、提前并线、堵车、上下货时关闭发动机以及定期检查并调整轮胎胎压等。

③ "食品银行"的工作是将剩余的可继续食用的食品统一送至中介机构，通过中介机构再将此类食品分发给各类贫困人群。"食品银行"的原则是所有食品均免费收取，发放也本着免费原则，工作人员也不收取任何报酬。目前，世界各地已有数千家"食品银行"，主要分布在欧美等发达国家。

购买农民剩余的粮食、面粉、牛奶、肉类等农产品，再将农产品交给"食品银行"处理。三是推行"半份餐食"及"食物光盘"。韩国京畿道金浦市 2021 年推出"半碗饭"项目，制作 1.13 万个比普通饭碗少盛 45～160 克米饭的"半型碗"，免费送给餐厅，半碗饭的容量只是减少了三分之一，而售价却降了一半，受到居民广泛喜爱，食物垃圾量明显减少。德国对食品浪费的处罚较为严格，如在餐厅里发现浪费食物，任何人都可以实名举报，一经核实，将按规定对被举报人进行罚款。四是减少一次性餐具使用。法国自 2023 年 1 月 1 日起，禁止超过 20 座位的餐厅堂食时使用一次性盘子、杯子和餐具，仅提供可重复使用、可清洗的餐具。

（四）发展绿色交通体系，保障低碳出行

一是发展公共交通。瑞典斯德哥尔摩明确了交通等级制度，依次为步行和自行车、公共交通、拼车、私家车，居民形成了优先考虑步行、自行车和公共交通的习惯。日本通过加强住宅区划和城市功能的协同来提高城市的紧凑性，优化区域公共交通计划以改善公共交通的便利性，促进居民增加公共交通出行。发展自行车停放设施，使用和推广共享自行车（见专栏 8－2）。二是推广使用新能源汽车。德国赋予新能源汽车更多的道路交通特权，新能源汽车可享受停车费优惠或者免缴停车费；一些限制车辆通过的路段，如防噪声或防废气排放路段，允许新能源汽车通行等。三是开发航空脱碳方案。目前民航碳排放量占全球碳排放的 2.5%～4%，2015—2019 年，航空业直接二氧化碳排放量增加了 34%。[①] 目前航空碳减排的举措包括减少航空需求、提升效率、可持续航空燃料（SAF）、新型推进飞机和二氧化碳去除（CDR）技术等。[②] 例如，谷歌航班不仅按照价格、航

[①] 纪宇晗，孙侠生，俞笑，吴佳茜. 双碳战略下的新能源航空发展展望 [J]. 航空科学技术，2022，33（12）：1－11.

[②] Mission Possible Partnership. Making Net-Zero Aviation Possible：An Industry-backed，1.5℃-aligned Transition Strategy，2022.

程时间，而且允许按照二氧化碳排放量对航班进行排序，以方便旅客选择低碳出行。四是创新绿色运营模式。例如，2022年日本东急铁路公司将涩谷和其他车站列车改用由太阳能和其他再生资源产生的电力，车站服务设施也都使用绿色能源，成为日本首个实现零碳排放的铁路。

专栏 8-2　日本绿色低碳生活的代表性领域

日本作为资源匮乏的岛国，绿色环保意识觉醒较早，在绿色出行和绿色建筑等方面表现突出。

（一）绿色出行

2021年末，日本国土交通省制定了十年期《环境行动计划》，通过使用三维城市模型，发动公共和私营部门广泛参与，利用数字技术促进城市发展。一方面，通过加强住宅区划和城市功能的协同来提高城市的紧凑性，优化区域公共交通计划，提高公共交通的便利性，促进居民增加公共交通出行。另一方面，将通过改善人行道的舒适性和便利性，为居民营造"舒适和愉快的步行空间"。根据《促进使用自行车法》，发展自行车停放设施，推广共享自行车。

（二）绿色住宅——ZEH住宅

ZEH是 Net Zero Energy House 的简称，其在居民日常生活中产生的能量多于消耗的能量，例如，通过太阳能发电、安装节能设备、在外部使用高隔热材料等减少能耗。在2021年10月内阁批准的《第六个基本能源计划》中，明确提出"确保2030年之后新建住宅的节能性能达到ZEH水平"和"到2030年60%的新建独立住宅配备太阳能发电设备"。为鼓励居民购买环境友好型住宅，一些银行推出特别贷款，实行1.5%左右的优惠利率，在普通住房贷款利率的基础上下调0.05个百分点。

（五）强化资源循环利用，提升资源利用效率

一是加大闲置物交易。据恒州诚思（YH Research）统计，2022 年全球二手商品交易平台市场规模约 5.10 万亿元人民币，到 2029 年市场规模将接近 18.19 万亿元，复合增长率为 19.7%，其中欧洲和北美分别占有大约 30%、20% 的市场份额。[①] 德国 eBay Kleinanzeigen 交易平台涉及的二手闲置物包括电子产品、日用家电、居家服饰、汽车房子等。二是强化衣物及纺织品循环利用。联合国环境规划署数据显示，纺织服装业的碳排放量占全球碳排放总量的 10%，超过所有航班和海运的碳排放量总和，同时带来不可忽视的污染问题。[②] 纺织品的可持续、可回收转型，成为气候危机之下的必然趋势。美国泛美贸易公司年处理 1200 万磅过剩纺织品，按其款式、尺寸及材质分成 300 多个类别，其中 30% 的纺织品制成工业吸水抹布，25% 回收成纤维，用于室内装潢、绝缘材料的填充和纸类制品。三是推行餐余垃圾再利用。日本建立了食物垃圾再资源化的有效方式：人不可食用但是动物可以食用的，用于喂养家畜和其他动物；人和动物均不可食用的，用于有氧自堆肥或集中堆肥，以促进餐饮垃圾向农业肥料资源转变；将再生利用较为困难的餐饮垃圾用于产生热量。四是加强电池及电器回收。德国杜森菲尔德（Duesenfeld）公司通过将电池完全放电，并在密闭的磨碎机中充入氮气等处理方式，可以回收利用电池中 96% 的材料。美国 Best Buy 店内可以免费回收多种小型、可携带式电子产品、家用电器等，包括电视、电脑、平板等；对大型家用电子产品、家电则收取一定费用。五是重视使用循环包装。韩国水原市居民购买商品后，商超使用可回收包装材料包裹物品，通过配送中心配送，消费者收到货物后将包装放在

---

① 恒州诚思.2023 年全球及中国二手商品交易平台行业头部企业市场占有率及排名调研报告［R］.2023.

② 全球每年生产的服装数量达到 1000 亿件，其中 50% 在一年内就可能被遗弃，平均一件衣服要排放 12 千克二氧化碳。

家门口，配送中心再将包装回收、清洗和再使用，据测算，每年可减少约13 万个一次性快递箱和 66 吨垃圾。

（六）扩大绿色消费比例，促进消费结构升级

一是推动新能源汽车消费[①]。国际能源署报告指出[②]，2022 年全球电动汽车（包括纯电动汽车和插电式混合动力车）销量突破了 1000 万辆，渗透率达到 14%（2021 年约为 9%、2020 年不到 5%），较上年增长 56%，其中，欧洲、美国电动汽车销量分别增长 15% 和 55%，印度、泰国和印度尼西亚电动汽车销量较 2021 年翻了一番以上。挪威是全球电动汽车普及率最高的国家，截至 2023 年 3 月，挪威新车注册量达 1.94 万辆，电动汽车份额达到近 87%，创历史新高。[③] 二是提高节能家电消费。国际能源署数据显示，家用电器是居民能源消耗的第二大来源，占住宅总能耗的 20% 以上。世界各国都在采取行动推动家电消费提质升级。2021 年，欧盟规定所有在欧洲销售的电子电器产品必须达到 ErP 检测或者 ErP 认证要求（欧洲能耗有关联的产品节能要求）。[④] 希腊政府 2022 年向近 20 万个家庭发放 1 亿欧元的补贴，用于更新空调、冰箱等家用电器，每户家庭根据年收入不同，将获得 30% ~ 50% 的补贴额，最多可更换 3 个电器。三是绿色食品[⑤]需求旺盛。美国有机贸易协会（OTA）报告显示，2022 年美国有机食品销售额首次突破 600 亿美元，达到 617 亿美元，同比增长 4.3%。其中，农产品销售额达到 220 亿美元，占所有水果蔬菜总销售额的 15% 左右；有机饮料销售额为 90 亿美元，同比增长 4%；乳制品和蛋类销售额为 79 亿

---

① 据中国汽车中心测算，电动汽车全使用周期比燃油汽车减少碳排放 17.3 吨/辆，按照燃油车平均碳排放 39.7 吨的标准计算，可减少 43.58% 的排放。

② 数据来源于 Global EV Outlook 2023: Catching up with Climate Ambitions，2023 – 05.

③ 数据来源于挪威公路联合会（OFV）。

④ ERP 认证是欧盟的能效认证，属于强制性认证项目，分成 A—G 级。凡在使用过程中对能耗有直接/间接影响的产品都包含在该指令内，目的是提高市场上产品的能效和减少其对环境的影响。

⑤ 有机食品的生产和加工，不使用化学农药、化肥、化学防腐剂等合成物质，也不用基因工程生物及其产物，既健康又减少生产过程中的碳排放。

美元，同比增长超过7%。四是推广可再生能源的生活使用。瑞典斯德哥尔摩自20世纪50年代以来利用电加热系统逐步取代燃煤和燃油锅炉为住宅楼宇供热，同时居民采用海水制冷系统调节室温，所有新建建筑一次能源最大使用量为100千瓦时/平方米，城市能源利用要求60%的用电量和20%的一次能源消费来自可再生能源。澳大利亚有超过四分之一的家庭使用屋顶太阳能发电，2021年屋顶太阳能总容量达170亿瓦，共有300多万个屋顶太能阳系统，预计到2030年，家庭太阳能发电的增加将使可再生能源在主要电网发电中的比例从2019年的23%跃升至69%。①

二、对居民绿色环保生活方式转型的金融支持

（一）健全金融支持居民绿色生活政策体系

例如，在绿色住房方面，2021年爱尔兰推出《2021年气候行动计划》，指出新的国家住房改造计划引入与政府赠款结合的低成本贷款，到2030年将完成50万套住房的热力系统改造，以进一步推动减排。② 英格兰银行通过政策支持，鼓励劳埃德银行、苏格兰皇家银行等商业银行对节能的房屋提供更多额度、更低利率的贷款。③ 在新能源汽车方面，2021年，韩国《环境技术与产业支持法》要求金融机构努力进行环境责任投资，其中将投资111亿美元扩大电动汽车和氢燃料汽车的供应。④

（二）创新绿色消费信贷产品和服务

一是绿色住房贷款。加拿大温哥华城市银行推出家庭能源贷款，该贷

---

① https：//k. sina. com. cn/article _ 2808105537 _ a7604a4102000vvvxd. html.

② 爱尔兰2021气候行动计划将耗资1250亿欧元［EB/OL］. （2022 – 02 – 14）. https：//baijiahao. baidu. com/s？id = 1724750939924827937&wfr = spider&for = pc.

③ 巴曙松，彭魏倬加. 英国绿色金融实践：演变历程与比较研究［J］. 行政管理改革，2022（4）：105 – 115.

④ 中央财经大学绿色金融国际研究院，https：//iigf. cufe. edu. cn/info/1012/4451. htm。

款以较低的利率为家庭节能升级装修提供资金，最利率为1%，期限最长达15年，可贷额度为3500～50000美元。荷兰银行为鼓励个人住宅的可持续性改造，推出可持续住房抵押贷款，在符合条件的情况下，对个人抵押贷款给予利息0.2%的折扣，同时，提供有关改进房屋可持续的措施建议。二是绿色汽车贷款。澳大利亚本迪戈银行创设有担保的绿色个人汽车贷款，对个人购买每公里二氧化碳排放量小于130克的A级车辆提供优惠贷款，最低贷款额2000美元，期限为1～7年，并享受相较一般利率低0.42个百分点的固定利率，并且为用户提供在线能源认证顾问服务。三是绿色能效贷款。主要针对个人、家庭购买绿色环保和高能效设备而发放贷款，应用于小型分布式能源设备、绿色照明或空调设备等。花旗银行同太阳能销售公司签署联合营销协议，为居民购置民用太阳能技术给予便捷的融资服务；新能源银行曾与光伏供应商SunPower合作，以房屋净值抵押贷款的方式推出了"一站式融资"项目，为个人用户安装太阳能光伏设备提供融资，融资期限与设备质保期限一致。四是绿色信用卡。通过发行与绿色消费主题相关的信用卡，采取积分定期等方式引导消费者践行绿色消费。英国巴克莱银行推出的信用卡为用户在购买绿色产品和服务时提供优惠借款利率，信用卡利润的50%将用于资助全球减排项目。荷兰合作银行曾推出气候信用卡，该银行将使用此卡的消费者每年购买能源密集型产品或服务的一定金额捐献给世界自然基金会。

表8-1 国际绿色消费信贷主要产品

产品	产品类型	金融机构
绿色住房抵押贷款	可持续住房抵持贷款。通过这项贷款，客户能够以优惠的条件和较低的利率实行家庭节能措施。	荷兰银行
	绿色房屋贷款（Green House Loan）。针对符合住户所在州或领地所要求的最低环境标准，或安装特定节能减排装置的自住用房建设或改造行为，贷款减息1.10%，并不收取月服务费。	澳大利亚本迪戈银行

续表

产品	产品类型	金融机构
绿色住房抵押贷款	巴克莱绿色房屋抵押贷款。从巴克莱银行的合作伙伴房屋建筑商处购买预测能源评估（PEA）能效等级 A 或 B 的房屋则有机会、有资格获得绿色住房抵押贷款。	英国巴克莱银行
	家庭能源贷款。为家庭节能升级装修提供资金，并给予客户较低的利率。这项个人贷款最高利率为 1%，期限最长达 15 年。	加拿大温哥华城市银行
绿色汽车消费贷款	本迪戈个人绿色汽车贷款。针对每公里排放少于 130 克二氧化碳的 A 级车辆，用户可享受的固定利率为 6.79%（可比的一般利率为 7.21%），该银行为用户提供在线能源认证顾问服务。	澳大利亚本迪戈银行
	汽车贷款。符合低排放车辆（LEV）标准的车辆有资格免除 150 美元的设施费并获得 1% 利率折扣。	澳大利亚联邦银行
	清洁空气汽车贷款。该贷款为混合动力汽车提供优惠利率，覆盖所有低排放车型。	加拿大温哥华城市银行
绿色能效贷款	与光伏技术供应商 SunPower 合作，推出的"一站式融资"项目，为个人用户安装太阳能光伏设备提供融资。	美国新能源银行
	同 Sharp Electronics Corporations 签署联合营销协议，对于居民购置民用太阳能技术给予便捷的融资服务。	美国花旗银行
绿色信用卡	Air Miles My Planet 计划。持有 Gold Air Miles 万事达卡的用户可将 140 多种环境可持续产品和服务兑换成空中旅行奖励里程。	加拿大蒙特利尔银行
	推出首张绿色信用卡，客户可凭借积分兑换指定的环保礼品，汇丰银行捐出该卡签账额 0.1% 的款项用于汇丰"绿色学校屋顶"计划。	英国汇丰银行
	推出气候信用卡，该卡将使用者每年购买能源密集型产品或服务的一定金额捐献给世界野生动物基金会（WWF）。	荷兰合作银行
	推出 Barday Breathe Card，为用户在购买绿色产品和服务时提供优惠和较低的借款利率，信用卡利润的 50% 将用于资助全球减排项目。	英国巴克莱银行

资料来源：兴业研究绿色消费贷课题组.金融机构绿色消费信贷发展实践与建议研究[R].2019.

（三）发展居民绿色保险

绿色保险不仅具有风险保障的基本功能，而且在培育居民绿色环保意识方面发挥重要作用。一是推广新型车险。主要为 UBI 车险①，该产品基于使用量确定保险的保费，据不完全统计，目前全球有超过 300 家保险机构推出 UBI 车险产品，其中美国、英国、意大利的渗透率持续增加。英华杰集团推出根据汽车年排放量计算的保费抵减政策，混合动力及节油型汽车可享受 10% 的保费优惠；瑞银集团与险企联合推出汽车维修优惠，若维修使用回收零部件，客户可享受 20% 的保费优惠。二是创新绿色建筑保险或碳中和房屋保险。美国加利福尼亚州"消防员基金"保险公司推出 Green-Gard 绿色建筑置换和更新险种，为客户在新的节能型/节水型住宅及现有建筑的绿色改造中的投资提供保险；英国环境运输协会推出碳中和房屋保险，可减抵住房温室气体、提供房产更新的绿色方案和维修替代设备的收益损失。三是推出绿色建筑贷款保证保险。《加拿大银行法》规定，首付款少于房屋价值 20% 或贷款额超过房屋价值 80% 的购房抵押贷款须有相应贷款保证保险。为促进绿色建筑的发展，加拿大抵押贷款与住房公司对绿色住房项目提供 15% ～25% 的保费优惠，借款项目可以是购买、建造节能房屋或以节能为目的而进行的住房翻新。四是开发绿色人寿保险产品。2021 年，新加坡大东方保险公司推出首个绿色人寿保险产品②（GREAT Green SP），该产品是为期 3 年的单一保费储蓄计划，保证收益率为 1.55%，客户可投资最低 5000 新加坡元至最高 100000 美元，并从产品收益中每筹集 100 万新加坡元向慈善机构捐赠 1000 新加坡元，用以支持教育和倡导居民践行低碳行为。

（四）探索建立个人碳账户及碳交易机制

个人碳交易既正向激励减排者，也负向约束高排放者，有助于引导居

---

① UBI 车险可理解为一种基于驾驶行为的保险，其保费取决于驾驶时间、地点、驾驶方式等综合指标考量。通过价格的调节，改善安全驾驶行为，缓解城市交通拥堵，具有明显的减碳作用。

② 该产品募集资金主要投资减缓气候变化的项目，并支持不同领域的全球和地方举措，如可再生能源生产商、绿色建筑和电动汽车（EV）充电站的部署。

民提升绿色低碳意识，主动践行节能减碳行为。目前，主要包括可交易能源配额（TEQ）、个人碳配额（PCA）、上限与份额（C&S）等交易方案（见表8-2）。2007年，英国科进集团为其员工推出个人碳排放跟踪系统，主要跟踪员工的家庭能源使用、旅行和上班通勤的碳排放情况，按季度进行进度监测；集团承诺在每年年底为完成碳减排目标的员工提供经济奖励，并对超过碳排放限额的员工实施最高100英镑的罚款。韩国光州自2008年起推行"碳银行制"，以家庭为单位，将家庭日常生活中节约的水电气转化为碳积分，兑换银行提供的现金以及享受水电气企业的优惠折扣。该活动开展5年内吸引33万个家庭、150万个居民参与，覆盖光州市约62%的家庭，温室气体排放减少13.5万吨。2010年，澳大利亚诺福克岛试行个人碳交易，每个参与者拥有一个碳账户和一定数量的配额，购买能源将消耗配额，剩余碳配额可兑换现金，透支配额将被罚款。2019年，荷兰拉赫蒂市推行个人碳交易，参与者使用手机应用软件记录个人日常交通行为；政府根据当地碳减排目标设定碳排放上限，向参与者分配碳配额，应用程序根据参与者出行数据扣除配额，剩余配额可兑换奖励，配额不足需额外购买。2020年，法国巴黎银行在APP上线"我的碳足迹"功能，不仅能够评估客户消费、投资等行为的碳足迹和提供减排方案，而且可根据减排状况给予贷款利率优惠；美国创办碳足迹计量平台Joro APP，通过绑定信用卡或借记卡量化日常生活的碳足迹，同时允许用户缴纳特定金额的费用来抵销自己产生的碳足迹，其获取的部分收益会用于投资特定的环保项目。①

---

① 该APP通过用户回答的问卷问题估算碳足迹从而建立个人碳排放账户，问题包括但不限于住房面积、住房人数、食物内容和数量、交通出行、穿衣材质等。根据统计，该APP用户平均每月扣款约25美元，平台收取20%的运营费，80%用于与公益项目合作，主要用于林业项目、土壤补偿和少量的生物油项目。

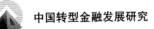

表 8 – 2   部分个人碳交易方案与特点

交易方案	范围	特点	推出时间
可交易能源配额（TEQ）	整体经济	由国内可贸易配额（DTQ）发展而来。该方案由设定碳预算、分配和放弃排放权三部分组成。TEQ 将每年碳预算分配给个人（40%）和组织（60%），个人购买能源时扣除相应配额，排放盈余可交易。	2007 年
个人碳配额（PCA）	整体经济	仅限个人碳排放，覆盖英国 40% 以上的碳排放。	2004 年
上限与份额（C&S）	整体经济	由可持续经济基金会（Feasta）提出，是爱尔兰为促进低碳发展建立的计划之一，个人从政府和燃料供应商处获得排放权证书，证书可出售、交易。	2008 年
可交易消费配额	整体经济	个人碳配额由国家每年平均分配，当个人消费时，按产品碳标签扣除配额，剩余配额可放弃或出售给生产企业。	1997 年
家庭碳交易	部门计划	由国家设定住宅能源年度碳配额上限，通过公共事业部门平等分配、存入用户账户，并根据能源使用情况扣减、交易。	2008 年
可交易运输碳许可证	部门计划	有关部门为个人运输设定碳配额上限，津贴免费分配给所有个人。购买燃料时扣除相应津贴，参与者可购买和出售许可证。	2005 年

资料来源：中国人民银行研究局课题组. 建立和完善个人碳减排的激励约束机制［R］. 2022.

（五）构建多层次融资机制

一是设立居民节能改造基金。自 2001 年起，英国政府每年向"能源效率基金"划拨 5000 万英镑，鼓励企业和家庭购买节能设备，并资助 130 万户家庭安装节能锅炉；2022 年，英国推出名为"eco plus"的 10 亿英镑节能减排改造基金，该计划覆盖 7 万多户家庭，符合条件的家庭将获得资金对房屋进行节能减排改造，包括安装阁楼、隔热板以及先进的恒温器和恒温阀等智能供暖控制装置。二是发行绿色 MBS。气候债券倡议组织（CBI）数据显示，2020 年全球绿色债券资金有近三成投向关联绿色建筑，其中房产抵押贷款绿色资产支持证券（以下简称绿色MBS①）已经成为全球绿色 ABS 市场中的主要组成部分。如美国房利美相继推出了基于整栋公寓住宅抵押贷款的多户绿色 MBS 和基于独立住宅抵押贷款的单户绿色 MBS，要求其底层资产绿色贷款所对应的抵押建筑应符合绿色标准。三是发行绿色车贷 ABS。2014 年，日本丰田公司发行了第一只资产支持型（ABS）绿色债券，金额为 17.5 亿美元，为消费者购买和租用丰田电动车、混合动力汽车和低排放汽车提供贷款。两年后，丰田公司再次发行绿色债券 16 亿美元，同样是用于促进低油耗汽车的销售。

第三节　中国居民绿色低碳生活方式转变及金融支持

居民个人碳排放是全部碳排放的重要来源。近年来，我国在居民绿色生活方式转型方面采取了一系列措施，取得了明显成效。

一、居民绿色低碳生活方式转型的探索

（一）完善政策支持体系，引领绿色低碳生活方式转型

一是倡导绿色生活方式。1997 年出台《节约能源法》，推动全社会节约能源，提高能源利用效率。2015 年 4 月，《中共中央　国务院关于

---

① MBS 指房产抵押贷款资产支持证券，包含 RMBS（住房抵押贷款支持证券）和 CMBS（商业地产抵押贷款支持证券）。

加快推进生态文明建设的意见》明确提出推动全民衣、食、住、行、游等方面的转型要求。2015 年 11 月，国家环保部发布《关于加快推动生活方式绿色化的实施意见》，要求推进居民衣、食、住、行等领域绿色化，全面构建推动生活方式绿色化全民行动体系，积极搭建绿色生活方式的行动网络和平台。2019 年，中央全面深化改革委员会第十次会议通过的《绿色生活创建行动总体方案》提出开展节约型机关、绿色家庭、绿色学校、绿色社区、绿色出行、绿色商城、绿色建筑等创建行动。2021 年，《反食品浪费法》正式施行，防治食品浪费从此有法可依；同年 10 月，《粮食节约行动方案》发布，进一步强化制度规范和监督检查力度，坚决遏制"舌尖上的浪费"。二是推动循环经济发展。2017 年，国家发展改革委等 14 个部门联合印发《循环发展引领行动》，提出把循环发展作为生产生活方式绿色化的基本途径。2021 年，国家发展改革委印发《"十四五"循环经济发展规划》，明确提出完善废旧物资回收网络、规范发展二手商品市场。三是推广绿色出行。2019 年，交通运输部等部门联合制定《绿色出行行动计划（2019—2022 年）》，提高绿色出行水平。2020 年，交通运输部和国家发展改革委印发《绿色出行创建行动方案》，明确通过开展绿色出行创建行动，整体提升我国绿色出行水平。同时制定出台《绿色交通"十四五"发展规划》《绿色交通标准体系》等，有序发展共享交通，健全绿色交通标准规范体系。四是提高绿色消费比重。2016 年，国家发展改革委等 10 部门联合发布《关于促进绿色消费的指导意见》，明确了促进绿色消费的主要目标、任务和政策措施，首次提出研究建立绿色消费积分制。2020 年，国家发展改革委等部门发布《关于加快建立绿色生产和消费法规政策体系的意见》，2022 年发布《促进绿色消费实施方案》，系统设计了促进绿色消费的制度政策体系。

表 8 - 3 我国促进绿色低碳消费相关政策

实施时间	相关政策措施
2003 年至今	家电能效标准升级。能效标准历经多轮升级，例如，冰箱能效标准制定于 2003 年，并于 2009 年、2016 年升级；空调能效等级制定于 2005 年，并经历 2008 年、2010 年、2013 年、2020 年多次更新；平板电视能效等级制定于 2010 年，并于 2013 年、2021 年升级，等等。
2007 年 12 月至 2013 年 12 月	家电下乡。为提升农民生活质量、扩大农村消费，2007 年 12 月开始财政补贴试点，2008 年推广至全国，2013 年末补贴结束。
2009 年 1 月至 2022 年 12 月	新能源汽车财政补贴政策。2009 年在公共服务领域和部分城市试点，2010 年开始对私人购买进行补贴，2015 年推广至全国，2020 年将补贴政策延长至 2022 年底；并多次更新产品技术要求、退坡机制和补贴方案。中央财政重点补贴节能与新能源汽车购买，地方财政重点补贴配套设施建设及维护。
2009 年 6 月至 2011 年 12 月	家电"以旧换新"。为扩大消费需求，提高资源能源利用效率，促进节能减排和循环经济发展，2009 年开始财政补贴试点，2010 年推广至全国，2011 年末补贴结束。
2009 年 6 月至 2013 年 5 月	"节能惠民"。为扩大内需、提高终端用能产品能源效率，以财政补贴加快高效节能产品推广。第一批节能惠民工程于 2009 年 6 月至 2011 年 12 月实施，覆盖一级、二级能效定频空调及电机；第二批补贴于 2012 年 6 月至 2013 年 5 月实施，范围逐步扩大至高效节能平板电视、家用电冰箱、电动洗衣机、家用热水器、微型计算机以及各类零部件。
2014 年 9 月至今	新能源汽车免征购置税。2014 年首次实施该项政策，并于 2017 年和 2020 年分别延期 3 年和 2 年；2022 年 7 月，为推动有效投资、增加消费，2023 年将进一步延续该项政策。
2022 年 1 月至今	《促进绿色消费实施方案》。两项发展目标：2025 年，绿色消费理念深入人心，绿色低碳产品市场占有率大幅提升，重点领域消费绿色转型取得明显成效，绿色低碳循环发展消费体系初步形成；2030 年，绿色消费方式成为公众自觉选择，绿色低碳产品成为市场主流，重点领域消费绿色低碳发展模式基本形成，绿色消费制度政策体系和体制机制基本健全。促进绿色消费措施覆盖八大重点领域：绿色食品、绿色衣着、绿色居住、绿色交通、绿色家电等用品、绿色文旅、绿色电力、公共机构绿色转型。扩大绿色低碳产品有效供给、为绿色消费提供服务支撑，如推广先进绿色低碳技术、完善绿色供应链、发展绿色物流配送、拓宽闲置资源共享利用和二手交易渠道、构建废旧物资循环利用体系等。

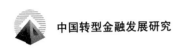
续表

实施时间	相关政策措施
2022 年 7 月至今	扩大新能源汽车消费政策措施。发布《关于搞活汽车流通扩大汽车消费的若干措施》，包含开展新能源汽车下乡、加快充电设施建设、引导企业适当下调充电服务费等措施。
2022 年 7 月至今	促进绿色家电消费措施。印发《关于促进绿色智能家电消费若干措施的通知》，补充强化全链条服务保障、完善基础设施等多项措施，鼓励有条件的地方通过现有资金渠道给予支持，以市场化手段补齐短板、增强弱项，推动绿色家电消费可持续发展。

资料来源：作者根据相关资料整理。

（二）加大宣传引导，倡导低碳节能理念

一是开展节能低碳宣传。持续开展全国节能宣传周、世界水日、中国水周、全国城市节约用水宣传周、全国低碳日、世界地球日等主题宣传活动，丰富宣传形式，提高宣传参与度，扩大宣传覆盖面，强化居民低碳节能意识。二是加强绿色环保教育。2022 年，教育部印发《绿色低碳发展国民教育体系建设实施方案》，要求将绿色低碳发展融入教育教学和校园建设。北京市已经完成 6 个中小学生节能和资源高效利用教育实践基地建设，通过中小学教育实践活动，有效提高居民节能减排意识。三是倡导绿色出行。交通运输部等四部门确定每年 9 月为绿色出行宣传月，并在此期间开展公交出行周宣传活动，倡导绿色出行、公交出行。北京市举办"清洁空气·绿色驾驶"宣传推广活动，普及"绿色驾驶"理念，让公众在选车、用车、养车、行车等多个方面自觉养成"绿色驾驶"习惯。四是引导居民绿色消费。为了提振市民消费信心，释放绿色消费潜力，推动市民绿色低碳生活方式转型，北京市开展"2022 北京绿色生活季"，以"绿色消费 低碳生活"为主题，参与主体包括百余家门店及电商平台。天津市启动 2023 年天津绿色消费季暨第二届品质生活节活动，以"倡导绿色消费 乐享品质生活"为主题，全面展示绿色消费新场景、新模式、新理念，充分激发和释放绿色消费需求。五是广泛开展绿色生活创建活动。截至 2022 年末，全国 70% 县级及以上党政机关建成节约型机关，近百所高校实现了水电能耗智能监管，109 个城市高质量参与绿色出行创建行动。

（三）践行绿色低碳生活，培育节能降耗习惯

一是践行"光盘行动"。江西省景德镇市机关食堂通过提供"小份菜、半份菜"服务，倡导"光盘行动"，采取在食堂餐具回收处增加监控设备、安排专门的督导员等节约用餐措施。二是减少一次性餐具使用。2017—2022 年，累计超过 3 亿美团外卖用户在点餐时选择过"无需餐具"功能。据中国环保产业协会统计，2021 年 1—6 月，餐饮外卖领域减少一次性塑料餐具约 8.85 亿套。三是创新节约用水方式。浙江省舟山市建设合源新村小区节水主题公园，设置雨水回收利用系统，安装草坪节水灌溉装置，年均利用雨水 2000 余吨进行灌溉和景观用水。北京通州居民家庭节水器具实现 100% 全覆盖，每年可节约用水 70 余万立方米，预计到 2025 年，节水型社区（村庄）覆盖率将达到 50%。四是开展社区节能降耗改造。扬州市南河下低碳社区，安装太阳能集热系统，低建筑楼顶均装有太阳能集热系统用于洗浴，部分建筑屋面装有光伏电板，光伏发电系统提供的电能用于室外公共照明，同时安装地源热泵空调系统，该系统比空气源热泵节省能源 40% 以上，比电采热节省能源 70% 以上。该项目于 2014 年获得建筑奥斯卡"LEED 铂金奖"。

（四）建设绿色交通体系，推广低碳出行方式

一是倡导拼车出行。嘀嗒出行采用云计算、定位导航、高级算法及移动技术等前沿科技，通过私家车主顺路分享空座、减少空载和绕路，带动人均出行碳排放值的降低。据测算，嘀嗒顺风车 2021 年全年为 2.05 亿用户提供服务，总减碳量约为 114.5 万吨，相当于建设 200 万亩造林绿化工程。二是推广共享骑行服务。截至 2021 年 9 月，美团单车及电单车用户累计减少二氧化碳排放量 118.7 万吨，相当于减少 27 万辆私家车行驶一年的二氧化碳排放量；同时，美团以低碳出行为核心场景，启动数字人民币试

点活动，通过数字人民币红包免费使用共享单车。上线半年，试点活动吸引超过 1000 万用户，累计产生超过 7000 万绿色骑行公里数。三是完善城市慢行系统。厦门市架设全国首条、世界最长的空中自行车专用道，设计峰值流量为单向 2023 辆/小时，设计时速为 25 千米/时，全长 7.6 千米，包含 11 处出入口、7 个平台、355 个公共自行车停车位和 253 个社会自行车停车位。四是优选公交出行。北京市 2021 年公共交通客运量达到 53.5 亿人次，成为市民出行首选。天津市仅 2023 年五一假期期间公交出行就超过 500 万人次。五是推进航空绿色低碳发展。南方航空实行全流程飞行节能模式，测算出 19 个飞行节油点，覆盖起飞、巡航、下降等各个阶段，实现飞行全流程精细化管理，吨公里油耗从 0.2018 千克下降到 0.1824 千克。厦门航空联合兴业银行推出"碳中和机票"，该类机票在航程最低价的基础上加收 10 元，抵消与飞行有关的碳排放。旅客可自愿选择购买，以此减少自身行程对环境的影响。"碳中和机票"采用碳补偿机制，对应的碳补偿由兴业银行厦门分行委托厦门产权交易中心通过"蓝碳基金"购入的海洋碳汇，以此抵消旅客旅程的碳排放。

（五）探索循环利用方案，强化资源高效利用

一是加大二手闲置物品交易。目前，闲置交易已经成为我国低碳循环的重要组成部分，已有闲鱼、转转、爱回收等数十家二手交易平台。根据 QuestMobile 发布的《2022 闲置经济洞察报告》，2022 年我国闲置交易月活用户约 1.45 亿。以闲鱼为例，总体用户规模超 3 亿户，每年挂在闲鱼上的物品超过 10 亿件；闲鱼 2023 财年（2022 年 4 月 1 日至 2023 年 3 月 31 日）碳减排量数据显示，用户通过闲鱼平台参与闲置交易，全年累计减碳超 300 万吨，相当于 224.8 万户家庭一年用电产生的碳排放量。二是推行衣物回收利用。例如，上海"飞蚂蚁"环保平台推出旧衣回收活动，鼓励居民将闲置衣物进行环保回收，主要服务高校毕业生闲置衣物的环保回收。截至 2021 年，参与回收超过 400 万人次，总回收重量超过 5 万吨，相当于

减少碳排放超过 26.7 万吨。三是开展废旧物资绿色回收处理。上海城投环境公司试点连锁餐饮企业低值可回收物资源化利用，对肯德基、必胜客餐饮企业门店的低价值可回收物，如吸管、淋膜纸、餐垫等按照不同品类进行规范化收运。在末端处置方面，经二次分拣的低价值可回收物进入不同的末端处置渠道，使低价值可回收物得以循环利用，如塑料杯盖、纸杯（PET）经过分类、清洗、切片、重塑等工序制成塑料颗粒，淋膜纸、纸杯、餐垫变身为再生纸浆。美团 2017 年推出"青山计划"，截至 2022 年 8 月，累计孵化并投放 30 款共计 191 万件绿色包装制品，在厦门、上海、杭州、青岛、苏州等地超过 1500 个社区和单位开展规模化垃圾分类及餐盒回收项目，回收塑料餐盒超过 5400 吨，大约回收餐盒 2.2 亿个，减碳超过 7000 吨。[①]

（六）加快消费行为转变，扩大绿色消费比例

一是积极选购新能源汽车。2022 年我国新能源汽车销售量占全部汽车销售规模的 25.6%，产销量连续 8 年全球第一。据卓创资讯测算，2022 年我国新能源汽车替代汽油量超 1300 万吨，汽油替代占比已近 8%。二是扩大清洁能源消费比重。截至 2022 年底，我国已建成全球最大的清洁发电体系，发电总装机达到 25.6 亿千瓦。例如，三峡集团依托重大水电工程，全面建成世界最大清洁能源走廊，发电装机容量突破 1.2 亿千瓦，其中清洁能源装机占比超过 96%，可再生能源年发电量稳居世界第一，为绿色低碳发展提供强劲动力。截至 2022 年底，我国清洁能源消费比重由 2012 年的 14.5% 升至 25.9%，较 2021 年上升 0.4 个百分点。三是推动购买绿色节能电器。2022 年 6—10 月，北京在京东、苏宁、国美等线上平台发放绿色节能消费券，线上线下均可使用，每月在同一参与企业线上平台可领取 1 份券包，包含 8 张消费券，总金额 1500 元，适用空调、电视机、热水器

---

① 数据来源于《美团青山计划五周年进展报告》。

等 21 类商品。奥维云网监测数据显示，2021 年全年家电市场中，新一级能效冰箱与空调的销售额线上同比分别增长 12.1% 和 42.3%，线下同比分别增长 7.3% 和 52.4%。京东家电数据显示，2021 年，二级以上能效家电成交额占比超过 65%。

二、对居民绿色低碳生活方式转型的金融支持

（一）健全金融支持政策体系，引导金融机构积极支持绿色生活方式转型

一是健全金融支持政策框架。2016 年 3 月，中国人民银行、中国银监会联合发布《关于加大对新消费领域金融支持的指导意见》，要求加大对绿色消费等新消费重点领域的支持力度。2016 年 8 月，中国人民银行牵头七部门联合发布《关于构建绿色金融体系的指导意见》，推动绿色产业发展，为居民绿色生活转型奠定基础。2017 年 10 月，中国人民银行、中国银监会发布修订《汽车贷款管理办法》，自用新能源汽车贷款最高发放比例为 85%，商用新能源汽车贷款最高发放比例为 75%。2021 年 4 月，中国人民银行等三部门发布《绿色债券支持项目目录（2021 年版）》，其中明确对高效节能家电、绿色建材、新能源汽车、节能建筑、有机农产品和绿色食品的购置消费活动提供金融支持。二是创设碳减排支持工具、支持煤炭清洁高效利用专项再贷款两项结构性货币政策工具，有效推动相关行业快速发展，有利于满足居民对清洁能源、节能产品等的消费需求。三是推动绿色金融改革试验区建设，一些试验区在绿色消费金融产品开发、碳普惠机制建设等方面形成了一批可复制、可推广的经验做法，有力地推动了居民绿色生活方式转型。

（二）探索建立个人碳账户，加强个人碳减排标准建设

一是探索个人碳账户。2018 年，中国人民银行衢州市分行全国首创

"个人碳账户"，指导辖区银行机构运用金融科技手段，综合折算个人碳减排量，计算碳积分，推动银行个人碳账户的场景应用，实现个人碳账户在金融场景应用领域的创新。中信银行于2022年4月推出"中信碳账户"，该平台经授权后采集用户在不同生活场景下的低碳行为数据，计量用户碳减排量并计入个人碳账户。平安银行于2022年推出银联全卡碳账户平台——"低碳家园"账户体系，依托此体系核算用户日常交通出行全场景碳减排量。二是探索个人碳减排标准。2022年，中国节能协会发布《基于互联网平台的个人碳减排激励管理规范》团体标准，首次提出通过互联网进行个人碳减排量化和激励的基本框架，重点强调数字化技术的有效使用，为各类主体更好地通过互联网平台对个人绿色低碳行为进行识别、量化、激励、评估、考核等体系化管理提供服务指引。

（三）搭建碳普惠平台，拓展个人碳账户应用场景

广东省搭建全国首个城市碳普惠平台，对居民的节能、节水、可再生能源利用、垃圾分类回收、低碳出行等减碳行为进行量化并发放碳币，碳币可用于兑换优惠和服务。青岛市于2021年上线全国首个用数字人民币结算的碳普惠平台"青碳行"，平台在地铁公共交通基础上核算居民出行的碳减排量，鼓励市民更多绿色出行。成都市在2020年首创提出"公众碳减排积分奖励、项目碳减排量开发运营"双路径碳普惠建设思路，建立绿色公益平台"碳惠天府"。目前，该平台已推出燃油车自愿停驶等线上低碳场景18个，线下认证低碳消费场景44个，上架普惠商品82种，通过积分兑换商品或服务，有效引导公众践行绿色低碳生活理念。北京市交通委与高德地图于2020年合作搭建北京MaaS平台，市民在平台进行出行打卡可获取一定的碳减排量，用户个人收集碳能量可用于公益性活动或兑换礼品，而由平台企业收集统计的碳减排量可出售给相关企业；2021年，高德地图与北京市政路桥建材集团有限公司签订了1.5万吨碳减排量交易，实现了北京市绿色出行碳普惠活动首笔碳交易。

表 8－4　　　　　　　　　　我国代表性个人碳减排项目

类型	项目名称	主导主体	推出时间
地方政府主导	碳普惠平台	广东省碳普惠创新发展中心	2019 年 12 月
	"我的南京" APP	南京市政府	2016 年
	"绿色生活季" 小程序	北京市发展改革委、北京节能环保中心	2022 年 8 月
	"低碳星球" 小程序	深圳市生态环境局、深圳排放权交易所、腾讯	2021 年 12 月
	"绿芽积分" APP	泸州市生态环境局、泸州银行	2020 年 12 月
	"青碳行" APP	中国人民银行青岛市中心支行、青岛市发展改革委、青岛市大数据局等	2021 年 6 月
	"碳碳星球" 小程序	湖北碳排放权交易中心、长江日报	2021 年 8 月
	"碳惠天府" 小程序	成都市生态环境局	2021 年 10 月
	"碳时尚" APP	无锡市生态环境局	2020 年 7 月
	MaaS 交通平台	北京市交通委、高德地图	2020 年
银行主导	浦发银行个人碳账户	浦发银行	2021 年 11 月
	衢江农商银行个人碳账户	衢江农商银行	2021 年 11 月
	个人碳账户平台	日照银行	2022 年 1 月
	个人碳账本	建设银行	2022 年 3 月
	昆仑银行个人碳账户	昆仑银行	2022 年 3 月
	中信碳账户	中信银行	2022 年 4 月
	低碳家园账户	平安银行	2022 年 5 月

资料来源：中国人民银行研究局课题组. 建立和完善个人碳减排的激励约束机制［R］. 2022.

（四）丰富绿色消费金融产品，满足绿色消费资金需求

一是绿色信用卡。浦发银行推出绿色低碳主题信用卡，采用可降解环保材质 PET 制作卡基，设置"节能减排新能源购车优惠""绿色低碳公交出行享立减"等权益。二是绿色住房消费贷款。兴业银行推出"绿色按揭贷"，为个人客户和家庭购买绿色建筑、被动式建筑、装配式建筑的住房提供按揭贷款，贷款利率为普通按揭贷款利率的 97% ~98%。三是绿色汽车消费贷款。中信银行 2017 年与盼达用车开展国内首个"新能源共享汽车＋商业银行"的跨界合作，客户支付租车费用，并享受返息收益。四是

绿色光伏贷。诸暨农商银行面向辖内信用状况良好、具有稳定收入来源的个人和企业发放专项贷款，用于支付分布式光伏电站成套设备费用。五是绿色低碳贷。衢江农商银行面向个人客户推出"点碳成金贷"，根据碳积分将客户分成"深绿、中绿、浅绿"三个等级，并在"授信额度、贷款利率、办理流程"方面提供差异化优惠政策。六是推广绿色借记卡。2018年，马鞍山农商银行全国首发以绿色环保理念打造的限量版银行卡——绿金卡，客户可享受该行提供的绿色消费、绿色商品兑换、树苗认养等绿色金融和生活服务。

表 8 – 5　　　　　　　　部分金融机构典型绿色信贷产品

名称	部分商业银行的产品实践与案例
绿色建筑按揭贷款	兴业银行"绿色按揭贷" 马鞍山农商银行"绿色住房按揭贷"
绿色汽车消费贷款	中信银行与特斯拉的汽车消费贷款 中信银行与新能源共享汽车的合作
绿色标识产品消费贷款	马鞍山农商银行绿色标识产品消费贷款
绿色低碳信用卡	兴业银行"中国低碳信用卡" 光大银行"绿色零碳信用卡" 中国农业银行金穗环保卡
绿色光伏贷款	华夏银行"光伏贷" 诸暨农商银行"光伏贷" 浙江金华成泰农商银行"光伏贷" 武义农商银行"光伏贷" 中国邮政储蓄银行淄博分行光伏小额贷
绿色普惠农林贷款	兴业银行首创的林权按揭贷款 马鞍山农商银行推出稻虾连作绿色贷款 中国农业银行江苏海门市支行发展生态农业信贷
绿色节能贷款	台州银行"绿色节能贷款" 安吉农商银行"锅炉改造贷"

资料来源：作者根据相关资料整理。

（五）构建多层次融资体系，拓宽绿色低碳生活方式转型的融资渠道

一是成立绿色消费基金。上海市消费者权益保护委员会联合欧莱雅成立"欧莱雅健康低碳专项基金"，这是国内首个"绿色消费"专项基金，该基金借鉴国际上的成功经验和做法，推动建立国内化妆品领域产品低碳科学评价体系与标签系统，为消费者提供可衡量可比较的信息，并助推化妆品行业在低碳绿色可持续方面的产业升级。二是利用资本市场募集资金补充新能源汽车贷款可贷资金。奇瑞徽银汽车金融股份有限公司在全国银行间债券市场成功发行 2023 年第一期绿色金融债券，系全国汽车金融公司首单绿色金融债券，发行规模 10 亿元，期限 3 年，票面利率为 5.20%，募集资金将用于发放新能源汽车贷款。比亚迪汽车金融有限公司发起、国泰君安证券股份有限公司牵头承销的"盛世融迪 2021 年第二期个人汽车抵押贷款绿色资产支持证券"在银行间债券市场成功发行，该项目是全国首单具有国际评级的个人汽车抵押贷款绿色资产支持证券，发行规模 20 亿元，入池基础资产全部是比亚迪汽车金融发放的新能源汽车抵押贷款债权及附属担保权益，募集资金全部投向新能源汽车贷款。

（六）强化财政金融联动，撬动更多贷款流入绿色消费领域

通过贷款贴息形式，激发居民购买大额绿色消费品的积极性。例如，2022 年安徽省发布《关于印发安徽省建筑节能降碳行动计划的通知》，规定"对绿色建材消费给予适当财政补贴或贷款贴息"。江苏省无锡市经济开发区规定 2022 年 6—12 月，对区内通过贷款购置新能源汽车的车主，给予单车最高贴息 2000 元，贴息补贴由新能源汽车销售企业先行补贴后，统一向区申报补贴。

（七）发挥金融激励功能，提升居民绿色环保意识①

中国太平洋保险 2022 年开展"你投保，我捐赠"活动，客户每一次

---

① 感谢北方新金融研究院院长陈文辉在本课题中期评审会上提出的重要意见。

投保人身险长险、车险等产品，中国太平洋保险就捐赠 0.3 元用于三江源种植公益林，倡导绿色行动。南太湖绿色金融与发展研究院和浙商保险湖州中心支公司联合开发"近零碳车险"产品，该项目引入"碳减排承诺"机制，鼓励用户少开车、开新能源车，并通过数据设备记录用户碳减排情况，实现全流程监督，承诺兑现后给予差别化车险费率优惠。用户参与项目产生的碳减排量按一定比例转化为碳积分，在公益平台兑换实物奖励。

第四节　促进中国居民绿色环保生活方式转型面临的挑战

与实现碳达峰碳中和目标的要求相比，我国居民绿色环保转型依然面临政策体系不健全、居民意识薄弱、绿色商品和服务供给不足以及金融支持力度偏弱等问题，亟需有效应对。

一、政策支持体系不健全

（一）现存法律法规主要针对政府和企业，对公众的约束力度不足

绿色环保生活方式的构建需要政府、企业以及公众等多方积极参与，但是我国现有涉及绿色环保生活方式的法律法规主要针对政府和企业，对公众行为的约束条文偏少。例如，大约有61%的食品浪费现象发生在日常家庭饮食中，占全球消费者食物总量的11%①，而《反食品浪费法》仅对食品生产企业与相关组织食品浪费行为确立了相应法律责任，对消费者的

---

① 数据来源：联合国环境规划署：*UNEP Food Waste Index Report* 2021。

消费行为缺乏具体规定。又如，《节约能源法》偏重于规范工业、建筑、交通运输、公共机构以及重点用能单位等领域的能源使用，对公众节约能源的规制不足。

（二）居民绿色环保生活领域的标准体系不健全，导致转型缺少参考依据

《国家标准化发展纲要》提出，要构建节能节水、绿色采购、制止餐饮浪费、绿色出行、绿色居住等绿色生活标准。但是，仅浙江省湖州市于2022年制定了首个绿色生活领域地方标准。[①] 绿色生活标准工作推进有待加速，居民绿色低碳行为尚缺乏科学、准确的量化评价。例如，植物基肉领域现有标准只有中国食品科学技术学会发布的《植物基肉制品》和《植物基食品通则》团体标准，我国食品安全法规与食品安全国家标准暂未对植物蛋白肉等新型植物基替代食品的基本概念与分类进行界定，也尚未在植物基替代食品领域建立国家统一推行的认证制度，导致公众对植物基肉类的安全性有顾虑，一定程度上制约了素食替代行为。

二、居民绿色环保生活意识有待提高

（一）居民对绿色环保生活认知不足

阿里巴巴和WIETOP发布的《中国年轻人低碳生活白皮书2023》显示，对于低碳生活仍聚焦在"少消耗"的生活方式，"再创造"尚未形成普遍认知，认为"消费以低碳方式制造的商品"属于低碳生活方式的年轻人占比仅为33%。这说明，居民对具备绿色化属性的新型产品缺乏足够认知。

（二）社会文化惯性制约居民生活方式绿色转型

中国的传统消费文化仍存在面子消费、关系消费、人情消费的特点，

---

① 即《绿水青山就是金山银山绿色生活评价通则》。

一定程度上制约绿色环保生活行为的转变，如大吃大喝、铺张浪费的现象依然严重。一次性用品因其便利性，反而成了"品质生活"的代名词。天津《今晚报》的调查显示，近八成受访者难以拒绝选购和使用一次性用品，超过半数的受访者曾通过网络购买一次性清洁用品。

三、居民绿色生活行为践行度依然偏低

（一）居民绿色消费规模偏小、行业不均衡

一是绿色消费规模较小。与普通消费品相比，绿色消费品价格相对较高，居民绿色产品需求不足。同时，绿色消费存在正外部性，消费者的积极性不够。埃森哲发布的《2022 年中国消费者洞察》报告显示，有 43%的国内消费者愿意为环保产品或包装支付溢价。而亚马逊广告与Environics Research 公司合作开展的一项全球调查①则表明，55%的美国消费者和 66%的欧盟消费者愿意为环保商品支付更多费用。二是绿色产品消费领域不均衡。我国居民绿色产品消费主要集中在节能家电、绿色有机食品、环保儿童用品、新能源汽车等方面，绿色消费领域仍需进一步拓展到可再生、可回收利用类产品等方面。

（二）居民生活中资源能源浪费现象仍较严重

在餐饮浪费方面，中国科学院地理科学与资源研究所等机构调研数据显示②，我国餐饮行业人均食物浪费量每人每餐可达 93 克，浪费率高达11.7%，大型聚会场合更是高达 38%；全国每年浪费的粮食约 3500 万吨，占全国粮食总产量的 6%，城市餐饮业仅餐桌上食物浪费就高达 1700 万～1800 万吨，相当于 3000 万～5000 万人一年的食物量。2021 年，我国纸质

---

① https：//advertising.amazon.com/zh-cn/blog/environmental-concerns-global-citizenship-consumers-shopping。

② http：//politics.people.com.cn/n1/2020/0812/c1001 - 31818819.html。

一次性餐具消费量惊人，增加了生产、处理环节中的碳排放量。生活用水"隐形浪费"问题仍较突出。《中国城乡建设统计年鉴》（2021）显示，2021 年全国城市和县城公共供水管网漏损水量达到 94.08 亿立方米，综合漏损率为 12.68%，而且这部分损耗是经调蓄、传输、处理各环节之后的优质水资源。电视机、冰箱、空调等待机耗电现象较普遍，消耗了大量电力资源。据中国节能中心统计，全国一年电器待机能耗总量高达 2000 亿千瓦时，相当于三个三峡水电站一年的发电量。

四、绿色产品供给体系存在短板

（一）"绿色产品"缺乏统一、明确的认证标准体系

2016 年，国务院办公厅发布的《关于建立统一的绿色产品标准、认证、标识体系的意见》提出，"到 2020 年，初步建立系统科学、开放融合、指标先进、权威统一的绿色产品标准、认证、标识体系，健全法律法规和配套政策，实现一类产品、一个标准、一个清单、一次认证、一个标识的体系整合目标。"截至目前，国内提出的三批绿色产品评价标准清单及认证目录涉及 19 类产品，涵盖范围仍需进一步扩展。其他绿色属性产品相关认证缺少监督管理，针对标识发生"认证"造假、渎职或滥用的惩罚机制不够完善，不利于绿色生产和消费的良性循环，也会影响金融机构开发相关绿色消费信贷产品的严肃性和风险水平。

（二）快递包装绿色治理仍需改进

目前，我国快递行业垃圾处理技术仍较为落后，尚未建立全面回收体系，在包装循环利用率较低的情况下，快递垃圾泛滥、资源损耗日益严重、环境污染不断加剧等问题凸显。以 2020 年为例，我国共产生快递包裹 830 亿件，其中 40% 是塑料袋、50% 是纸箱、10% 是文件封，如果按每个快递包装 0.2 公斤的标准计算，共产生 1600 多万吨"天量"固态垃圾，

快递塑料袋消耗聚乙烯48万吨，相当于耗费2000万吨石油。

（三）闲置资源回收利用难度较大

一方面，回收组织体系不完善。目前，国内大部分城市社区缺乏专业化、规范化的回收网络体系，无组织、无管理、不环保的小回收主体在整个回收行业中占较大比重，导致回收资源的利用效率较低。另一方面，二手交易维权困难。目前，我国对于个人卖家在经营者和非经营者身份判定上尚无明确规定。《消费者权益保护法》针对的是经营者的义务，不适用于非经营者。而对于个人卖家，应按照《中华人民共和国民法典》中关于买卖合同的规范进行规制，但是具体操作仍存争议，导致二手交易商品可能因质量问题产生纠纷。

五、金融支持居民绿色生活转型存在短板弱项

（一）金融支持绿色消费的标准覆盖面不够清晰完整[①]

目前商业银行贷款统计所依据的中国人民银行2019年底发布的《关于修订绿色贷款专项统计制度的通知》和2020年中国银保监会发布的《绿色融资统计制度》仅明确将个人经营性贷款纳入绿色贷款统计口径，不包含绿色个人消费贷款。目前对绿色建筑、新能源汽车、节能家电等"住、行、用"相关绿色消费领域的支持已经形成共识，因此对其他绿色消费行为和生活方式，如绿色纺织品、绿色旅游、绿色包装、二手回收等，是否应该纳入金融支持绿色消费的范围仍有待明确。

（二）金融机构缺乏绿色消费认定依据与技术手段[②]

绿色消费具有规模大、类别丰富、场景分散且复杂等特点，加之目

---

① 参考蚂蚁集团研究院《关于发展绿色消费金融的建议》，2023-04。
② 参考蚂蚁集团研究院《关于发展绿色消费金融的建议》，2023-04。

前绿色商品在流通和销售过程中对绿色认证信息的披露状况参差不齐，金融机构难以跟踪和认定消费者购买的具体产品或服务是否具有绿色属性。因此，目前多数金融机构的绿色消费金融服务仅限于在新能源车辆或节能建筑购置等少数领域，未能对节能家电、绿色食品、低碳出行、二手回收、绿色旅游等其他领域的绿色消费给予差异化的金融支持。

（三）财政与金融协同有待提高

一是财税政策支持范围有待提高。一方面，我国财政政策支持居民绿色环保生活的重点集中在绿色消费领域，如对智能家电、绿色建材、新能源车、节能低碳产品等消费品进行财政补贴，但对于居民节约能源、绿色出行等绿色环保生活行为的支持政策相对较少。另一方面，税费优惠政策也偏重于企业生产端，对居民绿色生活方式转型激励不足。例如，2022年7月国家税务总局发布《支持绿色发展税费优惠政策指引》，"享受主体"主要是践行绿色发展的企业，没有对居民绿色行为给予激励。二是财政金融工具缺少协调。在贷款贴息方面，目前多数地区主要通过财政直接补贴的形式鼓励居民绿色消费行为，仅个别地区出台了阶段性的财政贴息政策。在风险补偿方面，目前在新能源汽车、绿色建材等大额消费贷款方面尚未建立政策性风险补偿机制。

（四）碳普惠体系建设尚不完善

一是个人碳排放数据的采集与核算缺乏统一标准。当前，我国在个人碳账户领域仍处于探索阶段，在碳减排核算规则、数据获取与计量方面均未建立统一的方法与标准。部分平台自身并不具备数据计量及核算的能力，需依托第三方合作机构搭建专业的计量模型。例如，浦发银行个人碳账户依托上海环境能源交易所为其提供碳减排量计算支持，而淘宝88碳账户由中环联合认证中心、北京绿色交易所、中国标准化研究院、天津排放权交易所等碳排放领域的专业机构对其减排量进行测算。由于不同机构在数据采集方式、计量模型及计算规则方面不具有通用性，不利于进一步丰富和拓展碳账户应用场景。二是居民碳交易机制不健全。目前，我国碳市场包括全国碳交易市场和八个地方试点碳交易市场。但由于居民碳交易入市门槛高、方法学缺失等问题，全国碳市场尚未推出将个人纳入碳排放权交易体系的相关机制，地方交易市场中，仅北京、广东、深圳、重庆等少数地方允许核证居民碳减排量参与市场交易，其中仅北京有交易。三是个人碳账户安全保障水平需要进一步加强。碳账户采集的数据覆盖居民生活多个领域，数据泄露风险较高。而个人碳账户领域尚未出台相关法律法规，无法对数据采集、流转、应用及存储过程中的信息安全问题给予保障。随着实践的深入，数据安全问题将成为碳账户未来发展的一大掣肘，直接影响个人参与构建碳账户体系的积极性。

第五节　推动居民绿色环保生活方式转型的政策建议

习近平总书记指出，"到本世纪中叶，物质文明、政治文明、精神文明、社会文明、生态文明全面提升，绿色发展方式和生活方式全面形成。"实现这一战略愿景，需结合我国实际，借鉴和推广国内外先进经验，不断健全政策体系，强化宣传引导，切实发挥金融支持作用，着力推进我国居民绿色环保生活方式有序转型。

一、健全支持绿色环保生活方式的政策体系

一是建立健全相关法律法规，筑牢绿色生活法治基石。应将绿色消

费、低碳生活、绿色出行等纳入国家立法全过程，包括出台《绿色消费促进法》，清晰界定绿色消费各环节要求，明确政府、企业、社会组织、消费者等各主体责任义务；修订完善《循环经济促进法》《节约能源法》等，尽快建立和完善公民绿色生活法律法规和行为准则，明确个人的义务，充分发挥法律对居民践行循环利用、节约能源等绿色环保生活方式的规制作用。在此基础上，通过加强生态司法审判队伍建设和完善生态环境公益诉讼制度，维护绿色生活方式良好秩序；加强生态法治教育和创新生态法治宣传手段，增强公民生态守法意识。二是细化出台具体政策措施，完善政策体系。在政策范围上，要逐步建立覆盖居民衣食住行等不同层次、不同方面绿色转型的政策细则，形成完善的政策体系；在政策内容上，要逐步加大处罚力度，增加违法成本；在政策监督上，构建强有力的监督管理体系，以国家标准和政府政策法规为依据，形成政府、企业、行业协会、公众、媒体共同参与的全方位监督机制；在政策标准上，结合我国居民绿色生活方式转型的顶层设计，借鉴国内外探索实践经验，尽快制定覆盖居民衣食住行绿色转型的具体标准和方向，建立和明确时间表与路线图。

二、引导、支持居民增强绿色环保生活意识

一是充分利用"世界地球日""环境日""全国低碳日""生物多样性日""节能宣传周"等时间节点，大力开展以绿色环保生活为主题，覆盖校园、社区、乡村、公园、广场以及企事业单位等各类场所的绿色生活创建宣传活动，组织开展绿色环保生活专题讲座，向居民传播节能减排相关知识，指导居民更好地践行绿色环保生活，不断提升居民绿色环保生活意识。二是在运用报纸、电视、广播等传统媒介进行价值引导的同时，充分发挥微信公众号、微博等新媒体优势，加大绿色环保生活公益宣传，报道

践行绿色环保生活方式的典型人物、典型事迹、典型经验，强化榜样的示范引领作用，形成崇尚绿色环保生活的社会氛围；适时曝光反面事例，形成守法光荣、违法可耻的社会氛围。三是全面落实《绿色低碳发展国民教育体系建设实施方案》，切实将绿色低碳发展理念融入教育教学和校园建设，加快构建绿色低碳国民教育体系，全面提升国民绿色低碳理念，积极营造绿色低碳转型的良好社会氛围。

三、构建全民绿色环保行动体系

一是常态化开展绿色生活创建活动。深入贯彻落实党中央、国务院关于生态文明建设的各项要求，根据《绿色生活创建行动总体方案》，常态化开展绿色生活创建行动，推动绿色机关、绿色商场、绿色校园、绿色企业建设；鼓励各省市结合自身实际，印发绿色生活创建行动实施方案，让绿色生活方式在社会各领域得到普遍推广。二是探索建立《公民绿色环保生活方式指南》，参照《公民绿色低碳行为分类表》，分别从衣、食、住、行、用、办公、数字金融等七个领域对公众践行绿色环保生活方式的具体实践进行指导，提出践行绿色环保生活方式的具体措施。三是提高资源循环利用水平。以社区为平台，深入践行绿色循环理念，积极探索社区与社会组织、相关企业常态化合作机制，优化废弃物循环利用管理机制，进一步构建并完善社区循环利用体系，为全社会循环利用工作顺利开展奠定基础。四是培养绿色饮食习惯，重塑饮食行为。联合本地区餐饮行业实行"节俭消费提醒制度"，建立长效机制，加强监管；根据《反食品浪费法》对居民进行有效引导，规范居民饮食消费中的不良行为，形成"不想浪费、不愿浪费、不能浪费和不敢浪费"的良好氛围；结合居民生活习惯，为居民发放"合理饮食健康手册"，使居民养成正确的饮食方式和生活习惯。

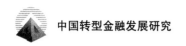

四、将绿色消费作为促进内需的重要着力点

一是积极倡导绿色消费。通过举办各种绿色消费节、绿色消费博览会等方式宣传绿色消费，着力培育形成绿色消费的全民共识；构建多元的绿色消费激励机制，通过兑换代金券、产品折扣等形式，激发居民绿色消费热情。二是不断增强绿色消费的能力。进一步增强低收入人群就业机会，稳步提高劳动生产率和工资水平，提高劳动者收入在初次分配中的比重；通过优化调整收入再分配方式，加大税收调节力度，破除居民区域流动阻碍，引导东部地区产业向中西部有序转移，进一步缩小人均收入差距、城乡和地区收入差距。三是扩大绿色消费场景。推动互联网和各类绿色消费业态紧密融合，支持传统商业企业加快数字化、智能化改造，鼓励发展无接触配送等新业态新模式；实施生活服务数字化赋能行动，有序发展在线教育、在线健康医疗服务、在线文娱、智慧旅游等，培育壮大"互联网＋服务"新模式。

五、加大绿色产品和服务供给

一是优化完善绿色产品标准认证体系。推动政府出台统一的绿色产品标识、标准清单和认证目录，逐步扩大绿色产品认证目录的范围，提升绿色标识覆盖面。加强对绿色产品标识使用的监督与管理，维护绿色产品认证的品牌信誉度，提升绿色产品的市场认可度。在此基础上，以产品全生命周期碳足迹评价机制为抓手，通过"碳标签""碳效码"等形式促进产品碳信息披露，引导消费者选择低碳产品，带动低碳产品认证和推广服务。二是把控生产环节，形成绿色供应链。积极培育一批绿色供应链主导企业，严格将绿色化落实到生产、包装、回收再加工等每一个环节，引导上中下游各主体、产供销各环节加快绿色化发展，打造覆盖产品全生命周期的绿色供应链；加大对前沿绿色科技的研发和应用，对生产各个环节进行绿色化改造与升级，提升上下游产品和服务的绿色化水平，为绿色生活转型提供绿色的产品供应链。三是推进绿色基础设施建设，增加绿色服务供给。加快发展公共交通，完善非机动车道、人行步道设置，保障绿色出行；加强新能源汽车充电、加气、加氢等设施建设，完善新能源汽车公共充电网络；加快推进农村能源革命试点县建设工作，加大乡村清洁能源建设力度，提升农村清洁能源供给能力；全面推进绿色建筑理念，结合实际情况，充分利用智能化、绿色化技术，力求资源可再生利用，力争最大限度减少资源和能源消耗。四是加快推进电商物流绿色转型。持续推进快递包装绿色认证工作，积极引导电商企业、快递企业优先使用绿色认证快递包装产品；积极开展城市绿色配送示范工程建设，并纳入文明城市评比考核，持续创新绿色低碳、高效节能配送模式。五是盘活闲置资源，推进循环利用。有序发展覆盖生活服务、交通出行、住宿餐饮、文体教育等领域共享经济，鼓励和支持发展城乡各种形式的二手交易市场，不断完善废旧物资循环体系，推进废旧物资回收与生活垃圾分类回收融合发展。六是探索建立全国性和区域性绿色产品信息发布平台，定期发布绿色产品清单和购买指南，提高绿色低碳产品生产和消费透明度，引导公众消费时选择绿色低碳产品。

六、强化居民绿色环保生活方式转型的金融支持

一是进一步完善金融支持的顶层设计。可考虑制定《金融支持居民绿色环保生活方式转型的指导意见》，进一步明确金融支持的目标和路径。二是持续加大绿色金融供给。考虑运用更多货币金融工具，引导金融机构加大对基础设施绿色升级、清洁能源、生态环境、节能环保等领域的支

持；积极丰富绿色金融产品和服务方式，探索发展基于碳排放权、排污权、用能权等各类环境权益的融资工具，拓宽绿色企业融资渠道。三是研究将绿色产品和服务的消费信贷纳入绿色信贷。编制统一、清晰、可执行的《绿色金融支持绿色消费目录》，将消费市场规模较大、体现产业升级方向以及环境综合效益突出的领域纳入该目录，涵盖个人消费贷款以及涉及绿色消费的供应、流通环节的个人经营性贷款。支持绿色消费信贷通过发行绿色 ABS 等方式获得融资优惠，进一步提升金融机构发展绿色消费金融的积极性。四是建立健全绿色消费信贷统计和评价机制。研究将个人绿色消费信贷指标纳入统计监测范围，探索将绿色消费信贷纳入银行业金融机构绿色金融评价，逐步提高绿色消费信贷权重，引导金融机构加大支持力度。五是推动丰富金融产品。鼓励金融机构加强与商贸企业和支付平台联动，通过大数据分析及信息共享，实时收集绿色产品标识数据及不同场景的绿色消费数据，利用金融科技开展绿色消费贴标和金融服务，逐步扩大绿色消费金融覆盖面，推动绿色消费金融的健康有序发展；支持金融机构开发绿色金融产品和服务，结合奖励金、积分兑换等形式，充分发挥金融正向激励作用，加强对居民绿色低碳意识的培育和引导。六是强化财政金融协同。一方面，认真落实促进节能降碳、鼓励资源综合利用或循环使用等一系列财政税收政策，加大对城乡居民购置绿色智能家电、绿色建材、节能低碳产品等绿色消费的补贴力度。另一方面，鼓励有条件的地区，对绿色消费贷款给予财政贴息，并设立风险补偿基金，分散贷款风险。

七、完善绿色生活方式的激励约束机制

一是在有条件的地区推行个人碳账户。借助大数据等科技赋能，推广实施个人碳账户制度，并搭建全国层面的碳排放数据平台，全面系统地记

录个人及家庭的碳足迹。二是健全个人碳交易机制。探索制定个人碳配额和碳交易方案，允许将核证的个人碳减排量作为补充抵销机制进入地方碳交易市场；积极为核算个人碳减排量的平台企业参与碳市场创造便利条件，鼓励个人委托核算平台企业集中交易，并按比例获取收益。三是完善家庭碳减排激励约束机制。扩大个人碳账户应用场景布局，进一步丰富激励形式和产品，探索基于个人碳减排量的税收抵扣政策；引入个人碳排放惩罚机制，有效约束负外部性行为。四是探索将碳排放信息纳入个人征信系统。鉴于个人征信系统的安全性、权威性、易用性，建议将个人碳账户中的信息纳入个人征信系统，根据碳足迹计算居民拥有的碳资产，作为金融机构评价居民绿色行为和提供金融支持的重要参考。五是不断完善价格调节机制。将价格调节机制由用水、用电、用气领域拓展到城市交通、厨余垃圾管理、城乡生活垃圾处理等领域，建立完善多层次、差别化价格体系，鼓励绿色低碳、节能环保行为。六是推行市场化激励措施。积极推行绿色消费积分制度，鼓励行业协会、平台企业、制造企业、流通企业、商品交易场所、金融机构等联合开展绿色消费支持计划，鼓励发放绿色消费券、以旧换新、折扣优惠、融资增信等活动，引导绿色消费行为。

八、积极贡献居民绿色生活方式的中国智慧

近年来，我国在鼓励居民践行健康绿色低碳环保生活方面有不少成功经验。可结合我国实际，提出与绿色环保生活方式或需求端管理相关的概念、倡议等，突出我国在推进相关工作中数字技术应用、绿色低碳技术创新等领先优势，并与相关国际组织、平台合作宣传我国最佳实践与成功经验。在多边机制下推广我国倡议，积极打造推动全球绿色低碳与可持续发展的负责任大国形象。

第九章　绿色低碳发展的能力建设

能力建设作为绿色低碳发展的重要基础和绿色金融国际合作的重要领域，近些年在全球范围内有了许多成功实践。许多国家、国际组织和平台积极开展能力建设活动，我国发起的能力建设平台，如全球绿色金融领导力项目（GFLP）也持续在国际上积极开展能力建设活动，受到相关国家政策制定部门、金融从业者和其他利益相关者的好评和欢迎。能力建设是2023年G20可持续金融工作组的重要议题之一，针对能力建设缺乏协同、内容碎片化、资金不足、缺乏适当的效果评估机制，以及针对性不强等问题，工作组提出了《技术援助行动计划》。这有利于推动国际范围内进一步加强可持续金融能力建设。

我国国内的绿色金融能力建设也取得了重要进展。绿色金融改革创新试验区（以下简称绿色试验区）是探索构建绿色金融体系的重要途径，申请和建设试验区的过程也是能力建设的过程，试验区建设与绿色低碳发展的能力建设相互促进。在全国范围内，相关行业协会、教育机构，以及金融机构日益重视绿色低碳发展的能力建设，开展各种宣传、培训、评估等工作，积累了宝贵经验。然而，相关能力建设也面临专业知识和认知不足、对转型金融工具和激励约束手段不熟悉、转型路径和规划制定不足、专业人才短缺等挑战。下一步，需要强化统筹和协调，加速推广绿色试验区有益经验，运用各类技术手段，提高绿色金融信息质量和传递效率，并强化国际交流与合作。

第一节　金融支持绿色低碳发展对能力建设的要求

绿色低碳发展、实现《巴黎协定》目标，离不开金融的支持。尽管国内外绿色和可持续金融发展迅速，取得了一定进展，但绿色投资及应对气候变化的资金需求仍面临巨大缺口。例如，随着更多经济体相继提出碳中和目标以应对全球气候变化和环境问题，越来越多的人开始意识到需要大力发展绿色金融和转型金融，支持更多绿色投融资活动，以及现有高碳行业的低碳转型。但是政策制定者、金融机构、实体企业和社会公众对绿色金融和可持续金融的认识与理解普遍存在不足。例如，对转型金融标准或原则不了解，对转型金融工具和激励约束手段不熟悉，缺乏制定转型路径和规划等能力，严重制约着转型金融的发展。多项研究显示，在全球范围内，特别是在发展中国家，绿色金融和可持续金融领域内部资源限制特别是专业人才短缺，以及金融部门和实体经济对于绿色金融和可持续金融认知不足，已成为可持续发展面临的重要挑战。即使对于经济金融资源较为充裕的全球性金融中心而言，其在可持续金融体系建设上也面临能力不足的挑战。联合国可持续金融中心网络（FC4S）发布的评估报告[①]指出，在全球各金融中心，可持续金融体系面临能力不足的挑战，可持续技能和人才需求巨大，但专业人才紧缺，需要开展相关能力建设。可见，加强绿色金融、可持续金融领域的人才培养和能力建设，对全球可持续发展、有效应对气候变化等各项可持续发展挑战意义重大。

[①] Leading Financial Centres Stepping up Sustainability Action—The FC4S Network 2021 State of Play Report，FC4S，Feb. 28，2022，https：//www. fc4s. org/publication/leading-financial-centres-stepping-up-sustainability-action/.

一、绿色金融能力不足已成为全球可持续发展的重要制约

根据世界银行和北京绿色金融与可持续发展研究院的研究[①]，印度尼西亚、马来西亚、泰国和菲律宾超过半数的受访金融机构表示，专业人才短缺等内部资源约束是可持续投融资面临的最重要挑战之一。30% ~ 40%的金融机构强调，金融部门和实体经济亟待提升绿色和可持续金融意识及能力，以便加强对市场的理解并推动可持续金融发展。印度尼西亚针对企业的调查结果显示，该国可持续金融发展的主要障碍是缺乏对绿色和可持续项目及适用融资工具的了解，如何在本地开展相关项目更是挑战，需要政府采取支持举措，提高相关主体的信息和技术能力。

一项覆盖26个中央银行和监管机构的亚太中央银行可持续性调查[②]指出，在能力建设和培训方面，中央银行和金融监管机构存在实质性需求。尽管亚太地区大多数中央银行和监管机构计划采取更多措施以支持可持续金融发展，但其在能力建设和培训方面急需更多支持。进行可持续金融专业知识相关能力建设，对于确保政策的正确实施、维护宏观经济和金融稳定，以及支持向低碳、可持续经济转型至关重要，对可持续金融发展相对薄弱的发展中国家而言更是如此。

在许多地区，不同利益相关方包括企业、银行、金融中介机构、投资者、监管机构和政府，这些利益相关方在可持续发展的道路上处于不同的阶段，存在着显著的技能与知识储备差异。这些因素决定了单一的能力建

---

① Tatiana Didier, Cheng Lin, Shahira Zaireen Binti Johan Arief Jothi, Liu Wei, et. al. Unleashing Sustainable Finance in Southeast Asia. World Bank, Institute of Finance and Sustainability (IFS), Nov. 28, 2022, https://www.worldbank.org/en/country/malaysia/publication/SFSEAreport.

② Augoyard, S, A Durrani, A Fenton and U Volz. Assessing the Effectiveness and Impact of Central Bank and Supervisory Policies in Greening the Financial System across the Asia-Pacific. Findings from the Second APAC Central Bank Sustainability Survey 2021. IFC Bulletin No. 56, Bank for International Settlements, 2022.

设方案无法完成不同地区对可持续金融能力建设的预期，这为全球可持续发展能力建设带来了挑战。

二、可持续金融能力建设对我国实现"双碳"目标至关重要

"双碳"目标对于我国而言既是挑战也是机遇。绿色低碳发展是我国经济社会转型升级的重要路径，过去几年我国可再生能源和电动汽车等领域的快速发展表明，绿色低碳发展不仅不会阻碍经济增长，而且会产生大量新的就业机会和经济增长点。然而，实现绿色与低碳转型，各方亟须提高认识并强化绿色金融和可持续金融相关能力建设。全面推进可持续金融能力建设需要社会各方面的共同努力，同时也面临着许多亟待提升的短板。

在绿色低碳发展过程中，政府机构引领可持续金融能力建设，但一些政府部门对绿色金融标准、碳核算和相关金融工具等方面的专业知识欠缺和认知不足，在推进绿色金融方面思路模糊、缺乏明确的实施路径。这些问题都会影响我国推进可持续金融能力建设的进度。

金融机构作为能力建设的关键角色，同样面临着一些挑战。

第一，金融从业人员和政策制定者虽然非常熟悉金融专业知识，但由于知识储备结构的限制，往往不甚了解涉及低碳转型和相关风险防范等领域的业务。同时，绿色金融理念和实践不断迭代更新，尽管许多金融从业人员的传统金融知识储备较为充分，但如果没有对绿色金融知识完全理解和不断学习，就无法有效地为客户提供最适合的绿色金融产品和服务。

第二，国内中小型金融机构在推进可持续金融能力建设时还普遍面临资源和资金不足的问题，难以保质保量、稳定地推进相关工作。相对于小型机构，大型金融机构在实施可持续金融能力建设上有一定优势。这些机构拥有更多的资源和资金，能更好地承担风险并推动丰富绿色金融产品和

服务。尽管如此，其在推动可持续金融能力建设过程中仍面临着诸如对绿色金融深度理解不足以及投入不够的问题。因此，这些大型金融机构需要加强对绿色金融的研究和投入，培养更多的专业人才，并加强与政府、企业及社会组织的合作，共同推动可持续金融能力建设。与此同时，政府也需要加强对绿色金融的政策支持，激励金融机构在绿色金融领域进行更多的投资和创新。

第三，教育行业对可持续性金融的关注也需提高，我国可持续金融相关专业开设相对稀少，这进一步限制了可持续性金融领域人才的培养以及相关知识的普及。反观国外，许多大学在本科阶段就已经开设了可持续性金融相关专业，这使其在可持续金融能力建设方面具备了明显的优势。

第四，在理念上，公众对可持续性金融的误解也是限制可持续金融能力建设的一大难题。许多企业和居民认为，绿色金融产品和服务的短期回报率低于传统金融产品和服务，导致对绿色金融的需求缺乏，这也使金融机构对绿色金融领域的投资和创新持谨慎态度。为了改变这一认知误区，需要加强绿色金融的宣传和普及，提升公众对绿色金融的认识和接受度。政府可以通过加大对绿色金融的政策支持和激励，引导公众在绿色金融领域进行投资和消费。同时，金融机构也需要丰富绿色金融产品和服务，提高其回报率和吸引力，以满足公众对绿色金融的需求。

为应对气候变化、实现碳中和目标，有关各方应加强相关能力提升，确保政策实施效果、维护金融稳定、实现绿色低碳发展。政府部门和监管机构在制定绿色金融与可持续金融发展政策框架时，应充分考虑能力建设的重要性和相关规划；金融机构要将绿色金融相关能力建设纳入年度培训计划，必要时还要向企业、居民客户提供协助。作为负责任的大国，中国还要特别关注发展中国家的可持续金融发展需求，为全球气候治理和可持续发展目标的实现贡献力量。

第二节 国际范围内绿色金融和
可持续金融能力建设实践

一、国际组织、平台的绿色金融和可持续金融能力建设

许多国际组织已采取一系列举措，包括二十国集团、央行与金融监管机构绿色金融网络、可持续银行和金融网络（SBFN）等国际合作机制或平台发起了一系列倡议，加强绿色金融能力建设。例如，能力建设被纳入2023年印度担任二十国集团主席国期间可持续金融工作组的三大核心议题之一，工作组通过组织专题研讨会、整理国际成功案例等方式，深入研讨能力建设需求、供给面临的挑战等，拟会同有关国际组织提出相关行动计划。

一些国际组织和平台计划深入开展可持续金融能力建设，并试图在世界范围内发挥更重要的协调、组织作用。例如，格拉斯哥净零金融联盟（GFANZ）有意启动一个全球联盟，在新兴市场经济体、发展中国家可持续金融能力建设中发挥协调、引领作用。表 9－1 为全球现有能力建设倡议和平台的示例。

表 9－1 部分全球现有能力建设倡议和平台

支持方	倡议名称	主题覆盖	主要特点
国际金融机构	IFC－可持续银行和金融网络（SBFN）联合国环境规划署金融倡议（UNEP FI）	金融机构的 ESG 风险管理和信息披露 可持续金融路线图/策略 其他议题	提供成员之间的交流 向成员提供分析工具和研究资料 分享可持续金融领域的国家和地区经验 实行会员制 通过闭门活动提供高水准的经验交流 面向监管机构、大型金融公司和国际组织

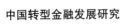

支持方	倡议名称	主题覆盖	主要特点
由政府主导	香港金融管理局认可的绿色与可持续金融中心	绿色与可持续金融领域的众多议题	开发能力建设框架 特别关注对年轻人进行培训
	印度政府对中小微企业的援助	可持续发展和气候变化	由中小微企业部门领导，提供量身定制的能力建设和专门培训，包括可持续发展议题
由研究机构或大学主导	剑桥可持续领导力研究所 牛津可持续金融研究小组 伦敦经济学院格兰瑟姆研究所 帝国理工学院气候金融和投资中心	绿色与可持续金融领域的众多议题	在可持续金融领域提供各种主题的培训 提供与气候、环境和可持续金融相关的全日制高等教育学位 为高管和职业人员提供短期培训课程
非营利组织和行业协会	全球绿色金融领导力项目（GFLP） 香港绿色金融协会 国际资本市场协会（ICMA）	绿色与可持续金融领域的众多议题	面向各国（尤其是发展中国家和地区）提供能力建设活动
专业培训和资格	CFA ESG 分析师 全球金融风险管理协会（GARP） 欧洲金融分析师协会（EFFAS） 英国特许银行家学会	ESG、合规、信息披露、气候风险分析	自我学习和考试 提供培训证书 主要涉及 ESG、气候风险分析、环境信息披露和报告等主题
专门/主题特定	可持续发展会计准则委员会（SASB） 负责人投资原则（PRI） 全球报告倡议组织（GRI）	相关披露和报告标准及会计准则	提供付费在线课程和学习材料 自我学习，提供课程完成证书
在线教育	Coursera 慕课（MooC）	气候变化、可持续发展、气候金融的基本知识	提供介绍性和通用课程 自我学习和考试

二、一些国家积极推进可持续金融能力建设

可持续银行和金融网络发布的全球进展报告①指出，其会员共同认识到，提高监管机构、行业协会以及金融机构的可持续金融意识，并加强能力建设至关重要。监管机构在推进金融机构监管合规和良好实践方面，需要注重内部能力建设，以确保金融业务的可持续性。该报告指出，各国在可持续发展的道路上处于不同的发展阶段，且在可持续金融相关政策和路线图的制定及实施方面存在显著差异。针对这种情况，各国应采取行动，积极探寻有效的能力建设路径，以应对不同阶段的可持续发展挑战。

（一）处于可持续金融发展初期的国家的能力建设

这些国家的金融监管机构或行业协会已经开始，或者承诺将在未来数年内，推动可持续金融的正式行业倡议。这些倡议主要目的在于，制定可持续金融国家路线图、框架、政策或自愿行业原则。这些国家已经在可持续金融建设的道路上迈出了重要步伐，包括进行研究调查，组织研讨会以及对金融业进行能力建设等。对这些处在发展初期的国家来说，当前目标主要集中在通过知识分享建立初步意识，制定实施框架与时间安排，并借鉴国际成功案例进行实践。以智利为例，该国于 2022 年提出了应对气候变化的行动，承诺积极推进可持续金融相关工作，并计划在未来开展强化能力建设、加强国际合作、规范市场行为等相关工作。

---

① 可持续银行和金融网络．共同加速可持续金融——可持续银行和金融网络全球进展报告 [R]．2021．

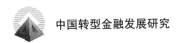

专栏 9-1　智利可持续金融发展中的能力建设

2022 年 4 月，智利金融市场委员会（CMF）在气候相关金融风险会议上发布了《金融市场委员会应对气候相关风险的路线图》，并启动了"气候变化战略倡议"。为应对气候变化带来的风险和挑战，CMF 提出了五个核心关注点，其中能力建设被视为优先任务。

为实现此目标，智利金融市场委员会承诺将积极向政府及相关机构推广气候风险管理策略，举办气候相关金融风险研讨会。同时，组建气候变化工作组，组织一系列可持续金融培训活动，包括对于 SASB（可持续发展会计准则委员会）和 TCFD（气候相关财务披露工作组）披露要求的监管培训，以及针对压力测试和情景分析的技能培训。

（二）绿色金融市场已有一定发展的国家的能力建设

这些国家已正式发布了可持续金融的路线图、框架、政策、法规或自愿行业原则等。这些可持续金融倡议已经得到了监管机构和行业的认可或支持，并设立了正式的工作组或机制着手实施。这些国家已经开展了一些能力建设活动，并在提高可持续金融意识方面取得了成效，如印度、埃及、巴西等。这些国家已经拥有了一些实施工具和倡议，如指南、报告模板、培训、在线工具和监管指令等，并覆盖金融系统的多个部分，尽管并未普及至整个金融系统。在这些国家中，部分金融机构会向金融监管机构或行业协会报告其路线图、框架、政策或自愿原则的实施情况，但目前还缺乏相关的监管规定以及统一的分类标准。

专栏 9-2　埃及可持续金融能力建设实践

2021 年，埃及央行在国际金融公司（IFC）的支持下，推出了面向埃及银行业的可持续金融指导原则，涵盖能力建设、发展可持续金融、

引入利益相关者等六个部分，有利于制定和落实可持续金融总体框架①。同年，埃及金融监管署成立了可持续金融区域中心（RCSF），旨在支持非银行金融机构可持续金融活动。RCSF 面向埃及和整个中东和北非地区，提供的服务包括技术咨询和可持续性相关伙伴关系，包括 ESG 整合、TCFD 和气候风险等方面，并鼓励私人资本流入可持续发展领域（SSE，2021b），这些活动有利于促进埃及、中东和北非地区（尤其是具有高增长潜力的国家）可持续金融素养提升。②

（三）绿色金融市场发展较快国家的能力建设

相关国家包括中国、哥伦比亚和印度尼西亚等。这些国家制定并实施了一套全面的国家绿色金融倡议和框架，覆盖整个金融系统。这些国家已经建立了一个完整的绿色金融倡议和框架的生态系统，并且已经实现管理机构和行业间可持续发展倡议的整合，形成了统一的分类标准（Taxonomy）。金融机构被要求或鼓励公开披露其在实施绿色金融过程中的相关信息。同时，监管机构和行业协会已经收集并分析了金融机构多年来实施可持续金融的数据，确保数据的一致性和可比性。这些数据可以帮助监管机构监督金融机构的可持续金融实施情况，分析包括风险和机会在内的各种对可持续金融发展有影响的信息，从而推动金融机构更好地实施和发展可持续金融。在这些国家中，可持续金融所能带来的利益已得到充分的验证和认可。在此过程中，这些国家也进行了大量的能力建设工作，积累了丰富的可持续金融能力建设经验，为其他国家提供了宝贵的参考。

---

① Central Bank of Egypt. CBE Guiding Principles on Sustainable Finance, 2021.

② Sustainable Stock Exchange Initiative. FRA Launches the Regional Center for Sustainable Finance, March 15, 2021.

专栏 9-3　印度尼西亚可持续金融发展历程

　　2015 年，印度尼西亚金融服务管理局（OJK）推出了可持续金融第一阶段路线图，鼓励将环境、社会和治理（ESG）因素纳入投资/融资决策，并推动支持低碳发展机遇的金融创新。2016 年，通过设立可持续金融发展奖项（SFA）等举措，提升金融行业的可持续发展意识。2017 年，OJK 发布政策规定，对金融机构和企业发展绿色金融提出要求，并对绿色债券进行管理。2019 年，OJK 发布了首个混合融资计划倡议，旨在将公共和私人资本结合起来，通过投资和融资来推动可持续发展项目的实施，包括但不限于清洁能源、可持续农业、基础设施和社会福利项目。2021 年，OJK 再次发布了可持续金融第二阶段路线图，将未来数年工作重点放在建立共同分类标准，以及将 ESG 风险纳入风险规划等方面，并在 2022 年正式颁布了该国首套绿色分类标准。与此同时，OJK 和经济合作与发展组织（OECD）对一系列金融机构进行了全面调查，包括银行、国内机构投资者、融资公司、基础设施融资机构以及其他关键金融参与者，深入了解了印度尼西亚主流金融机构的可持续发展进程，为后续发展及相关工作提供支持。

三、GFLP 面向发展中国家开展能力建设

　　全球绿色金融领导力项目（GFLP）于 2018 年设立，现由北京绿色金融与可持续发展研究院主办。自成立以来，GFLP 已成功举办或支持了三十余次活动，覆盖来自 70 多个国家和地区的 4500 多名参会者，其中大多数是发展中经济体。除了举办大型能力建设活动之外，该项目还发表了多

份研究报告，与 140 多家机构合作，帮助政策制定部门、金融从业者和其他利益相关者增强与可持续金融相关的能力，促进其运营和业务向着可持续的方向发展。同时，GFLP 还通过其网站更新可持续金融动态、相关研究报告和 200 多个视频和音频产品。新冠疫情暴发前，绿色金融全球领导力项目分别在哈萨克斯坦、摩洛哥和中国举办了一系列线下能力建设活动，并实地考察了一些典型的绿色项目。

GFLP 已经涵盖了一系列绿色金融主题，包括环境和气候风险分析、系统性方法促进绿色金融、不同绿色金融实践工具和实施经验、生物多样性和可持续海洋的金融支持、绿色和可持续金融分类、气候和与自然相关的风险管理、转型金融、可持续性披露、可持续性金融产品创新以及金融机构的碳核算。其中，一个重点主题是转型金融。

G20 可持续金融报告指出，可持续金融市场只占全球金融市场的一小部分，这意味着绝大多数金融资产和基础活动尚不可持续，甚至是碳密集型的。转型金融对于实现气候转型以及避免金融和社会风险至关重要，GFLP 已将此作为重要议题。2023 年 6 月 14—15 日，北京绿色金融与可持续发展研究院在蒙古国总统办公室的支持下，联合蒙古国可持续金融协会（MSFA）、可持续银行和金融网络在蒙古国首都乌兰巴托成功举办题为"绿色与可持续的未来发展"的能力建设活动。本次活动组织了七场研讨会，深入探讨了全球和当地可持续发展面临的挑战，交流了可持续金融的国家最佳实践，以及可持续建筑、绿色能源、食品安全和环境污染等问题的应对措施，受到政府和金融机构的热烈欢迎。

在 GFLP 的支持下，蒙古国发布了首个绿色金融标准；基于蒙古国的经验，GFLP 帮助哈萨克斯坦开发了该国绿色金融标准。2023 年，GFLP 帮助斯里兰卡发布了绿色金融分类目录，重点参考中欧《可持续金融共同分类目录》。此外，GFLP 为巴基斯坦建立绿色信贷体系和建立国家级绿色金融标准提供了技术支持。

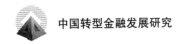

四、全球绿色金融能力建设的不足及面临的挑战

（一）绿色金融能力建设缺乏协同，存在碎片化问题

一是众多机构、组织和平台在开展能力建设活动时，缺乏高效的协同机制，不易产生规模效应，限制了相关活动的影响力和成效。二是部分平台的能力水平有限，难以提供高质量的培训和知识资源，进而无法为从业人员和其他利益相关者提供充分的支持。三是在国际协调不力的情况下，各平台之间还可能出现竞争与冲突，从而导致部分平台的能力建设活动未能得到充分利用和认可。四是在全球可持续发展和应对气候变化的大背景下，发展中国家与发达国家在绿色金融发展水平上的差距日益凸显。发展中国家在绿色金融方面面临严峻挑战，如融资渠道不足、金融专业知识有限以及监管框架不健全等。与此同时，发达国家已在绿色金融实践的采纳、可再生能源投资以及推动环境、社会和治理标准政策方面取得了显著成果。为实现全球共同的可持续发展目标，需要加强国际协调，提高发展中国家的绿色金融能力。通过共同努力，发达国家和发展中国家可以共享知识、专业技能和资源，共同打造一个更加可持续的全球金融体系。通过建立有效的协同机制，提高各机构、组织和平台在绿色金融能力建设方面的协作效率，减少重叠和碎片化现象。国际合作也有助于整合全球绿色金融资源，提高平台的培训和知识水平，为各利益相关者提供更有力的支持。

（二）可持续金融能力建设普遍存在资金不足的问题，严重制约相关工作的有效开展

当前，许多针对能力建设活动的资金支持仅限于一年期，随后年份的资金来源具有不确定性。这使许多机构无法持续开展相关培训。资金的短期性和不连续性也会导致能力建设议题缺乏连续性，无法持续产出针对性的知识成果。因此，有必要提供长期的资金支持，确保能力建设活动的连续性和可持续性。此外，相关资源较为缺乏，难以开展针对发展中国家的免费能力建设。尽管许多当地机构和人员亟须培训，但缺乏负担得起的、高效的、高质量的能力建设资源，不利于培养和提高该地区利益相关者在绿色金融和可持续金融领域的专业技能。

（三）各类能力建设网络缺乏适当的效果评估机制，且针对性不强

当前，国内外开展绿色金融相关能力建设的机构已有一定数量，而且活动形式多样，包括线上、线下课程培训等，但对于培训效果还缺乏一致的评估机制，不利于进一步查找能力建设方面存在的不足。比如，GFLP开展对部分专家的访谈，有专家建议积极采纳人工智能（AI）等方式，在协助开展能力建设的同时，自动开展效果评估和效果反馈。而企业、银行、金融中介机构、投资者、监管机构和政府在推行其各自可持续金融发展的道路上，有着不同的背景与需求，这更要求在进行能力建设时不能"一刀切"，需要加强对目标群体的针对性，因地制宜，对症下药。

第三节　中国绿色金融能力建设实践

我国也普遍面临着绿色金融能力不足的问题，一些地方政府部门、企业和金融机构对绿色金融标准、碳核算和相关金融工具等方面的专业知识和认知不足。比如，一些部门在推进绿色金融方面思路模糊、缺乏明确的实施路径，很多金融机构不清楚如何系统地开展绿色金融业务。针对这些问题，中国人民银行和有关机构正在积极探索开展能力建设的有效手段和方式，因地制宜地开展培训和教育。以绿色金融创新改革试验区为例，绿色金融能力建设在绿色试验区发展的全过程中发挥重要功能，绿色金融知

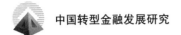

识的普及、能力的提高与绿色试验区建设相辅相成、相互促进。

一、绿色金融改革创新试验区发展与绿色金融能力建设

建设绿色试验区是中国探索构建绿色金融体系的重要途径。绿色金融能力的提升，是绿色试验区创设和发展的基础；绿色试验区发展，则有利于在更大范围、更深层次推动绿色金融能力建设。从中国情况看，绿色试验区能力建设需求较大。

一是地方政府部门、企业、金融机构等对绿色金融标准、碳核算、相关金融工具等缺乏专业知识和准确认知。2019 年重庆对 70 家企业和 100 名银行工作人员开展的专项调研显示，90% 的企业不清楚自身的项目是否"绿色"，95% 的信贷人员掌握的绿色金融专业知识有限。提升绿色金融认知能力和水平，是绿色试验区建设初期最迫切的现实需求。二是一些部门推进绿色金融的思路模糊，缺乏清晰可行的实施路径。2019 年重庆对 16 家银行和 3 个下辖区政府部门的典型调查显示，89% 的受访者不清楚"如何系统开展绿色金融业务"。三是绿色金融基础设施薄弱，缺乏专业化工作平台支撑。绿色试验区建设初期，绿色金融基础设施不健全，信息割裂分散，绿色项目识别及融资对接等基础性工作大量依靠手工完成。

面对上述问题，中国人民银行和有关组织根据绿色试验区建设所处的不同阶段，针对性地进行绿色金融能力建设活动，以提高各方在绿色金融方面的认知能力和水平，明确推进绿色金融的思路和实施路径，以及加强地方绿色金融基础设施建设，提高其业务能力和水平。

（一）申建阶段

一是制定切合实际的总体方案。中国人民银行积极作为，制定切合实际的总体方案。收到地方申建诉求即启动一对一辅导，会同有关部门和机构深入调研绿色试验区绿色金融工作基础，探寻当地绿色低碳发展路径和

绿色金融支持方案，确保申建地总体方案因地制宜、科学合理。以 2017 年设立的绿色试验区为例，浙江湖州、衢州侧重于中小城市绿色发展的金融服务，广东侧重于发展绿色金融市场，新疆侧重于绿色金融支持现代农业、清洁能源资源等比较优势产业。

二是大力培养绿色金融人才。中国人民银行为申建地政府和当地分支机构人员提供到总行学习和实践的机会，学习时间根据工作性质和绿色试验区申建进展灵活设定。各地主动到绿色金融发展较快的地区参观学习，借鉴良好的做法和经验。

三是设定绿色试验区申建基本门槛。中国人民银行设定的基本门槛既包括绿色贷款增速等量化指标，又包括当地金融风险方面的定性指标，已成为申建地寻找差距、明确努力方向的重要参考。中国人民银行定期梳理基本门槛达标情况，有效鼓励申建地"干中学""边申边建"，激励其投入人力、资金强化能力建设，学习掌握绿色金融标准，用好结构性货币政策工具等货币金融支持手段，建立绿色项目库，丰富、推广绿色金融工具。

四是充分发挥专业智库作用。中国金融学会绿色金融专业委员会（以下简称绿金委）、中国环境科学学会气候投融资专业委员会、"一带一路"绿色投资原则（GIP）、全球绿色金融领导力项目、"一带一路"银行间常态化合作机制（BRBR）等一批绿色金融研究机构和行业组织，通过开展课题研究、组织绿色金融培训、支持中外金融机构同业交流等工作，在传播绿色理念、开发绿色金融工具、支持政策落地、开展国际合作、培养专业人才等方面取得了积极成效。多个申建地设立了地方金融学会绿色金融专业委员会、绿色金融行业自律组织、绿色金融研究院等机构，极大地推动了当地绿色金融理论政策研究。深圳绿金委、广东绿金委、香港绿色金融协会和澳门银行公会共同发起设立粤港澳大湾区绿色金融联盟，推动解决粤港澳大湾区绿色供应链金融、绿色金融标准互认等问题。

五是推动成立绿色试验区建设领导小组。各地普遍成立了由党政负责人担任组长、相关部门参加的领导机制，有些地方还成立了省、市、区多级绿色试验区建设领导小组。领导小组统筹谋划，制定绿色试验区路线图和配套实施细则，建立工作督查问效机制，动员协调各方力量，有利于高位推动强化能力建设。

（二）建设阶段

一是及时召开绿色试验区建设启动会和推进会。绿色试验区经国务院批准同意设立后，中国人民银行联合有关部门，以国新办新闻发布会、绿色试验区启动会等多种形式，明确绿色试验区建设目标和重点任务，引导督促绿色试验区开好局、起好步。

二是推进绿色试验区交流互鉴常态化。中国人民银行推动建立自律性绿色试验区联席会议制度，由各绿色试验区轮流担任主席。截至 2023 年末，绿色试验区联席会议已召开 5 次，各绿色试验区开展了自评估，进行了经验交流和复制推广。中国人民银行牵头宣讲绿色金融政策标准，发布年度《中国绿色金融发展报告》，编写绿色金融案例汇编和《绿色金融动态》，及时推广绿色金融典型经验。

三是因地制宜开展专题研究。中国人民银行与绿色试验区有关部门联动，促进深度专题研究与绿色试验区建设有机结合。选题既具地方特色，又能反映全国乃至世界绿色金融发展的共性问题。中央部门和地方共同商定研究题目，共同开展研究，充分动员金融机构和研究机构的力量。省金融局、中国人民银行省级分支机构对研究质量负主体责任。

四是金融科技赋能绿色试验区建设。各绿色试验区均通过开发绿色金融数字化平台，或在已有数字化平台上新增绿色金融模块，提高绿色金融数据统计、绿色项目智能识别、环境效益测算和碳核算、金融机构绿色资产管理、绿色项目银企对接等的效率，提升绿色金融服务可得性。在业务开展过程中，相关主体较快地丰富了知识、积累了经验。其中，绿色金融信息管理系统已在长三角三省一市推广使用；湖州"绿贷通"银企对接服务平台累计帮助近 3.7 万家绿色中小微企业获得 4600 多亿元授信；重庆"长江绿融通"平台获得国家金融科技认证中心认证，为 1200 多个绿色项目累计办理贷款超过 1600 亿元。

五是开展中期评估。中国人民银行邀请第三方专家团队，对绿色试验区开展中期评估，对照总体方案为绿色试验区建设工作把脉，肯定绿色试验区建设的成绩、指出问题并提出改进建议，有针对性地帮助绿色试验区提升绿色金融发展能力。

六是攻关绿色金融突出问题。例如，在各方指导和推动下，绿色试验区在环境信息披露能力和质量上先行先试。与大部分非绿色试验区相比，绿色试验区披露环境信息的企业、金融机构占比更高，披露指标和内容更广泛、更深入。其中，浙江湖州和衢州已实现全市域银行业金融机构环境信息披露全覆盖；江西实现全省地方法人城市商业银行环境信息披露全覆盖；重庆、贵州将环境信息披露范围扩展到非银行金融机构。

七是积极主动参与国际交流合作。各绿色试验区积极参与国际交流合作，有力推动了国际先进经验、国际金融资源在中国的实践和运用，创新形成了一系列具有中国特色和国际影响力的典型案例。绿色试验区四家金融机构自愿参与中英金融机构环境信息披露试点，浙江湖州是中英金融机构环境信息披露唯一试点城市，这些机构和城市在环境信息披露框架和形式、情景分析和压力测试、碳中和路径研究等方面进行了有益探索，为中国环境信息披露标准的制定和中外接轨提供了有益经验。浙江湖州承办全球绿色金融领导力项目能力建设活动，为"一带一路"共建国家相关从业者生动展示湖州实践。绿色试验区多家金融机构自愿签署联合国《负责任银行原则》等。

（三）试点总结阶段

一是明确试点结束评估标准。中国人民银行给绿色试验区建设设定明

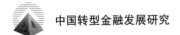

确目标和期限，并设置试点结束评估的细致标准，增强绿色试验区紧迫感，激励其持续提升绿色金融能力。

二是需要关注的是试点结束后的工作。绿色试验区应该及时结束试点，但这并不代表相关地区绿色金融工作的终点，而是进一步加强绿色金融能力、创造更为突出的业绩的新起点。为了确保试验区结束试点后的工作不减力度，中国人民银行将与有关部门合作，指导和支持结束试点地区探索具有区域特色的绿色金融发展和改革路径。同时，支持试验效果突出的绿色试验区升级，以点带面推动形成全方位绿色金融改革发展新格局。这一方面的工作至关重要，因为试点结束并不代表绿色金融工作的结束，而是应进一步深化和推进绿色金融的发展，为绿色经济的可持续发展作出更大的贡献。

三是强化试点经验的复制推广运用。坚持金融管理主要是中央事权、地方金融监管为有效补充的原则，推动绿色金融地方立法，加强绿色金融司法保障，提升试点经验。鼓励绿色试验区在本省具备条件的地方率先复制推广成熟经验。加强绿色金融宣传引导，便于更大范围掌握绿色金融知识和技能。

专栏9-4　湖州绿色金融能力建设主要做法

湖州市作为我国首批绿色金融改革创新试点地区，在推动绿色金融建设方面积累了丰富的经验，同时在能力建设方面也形成了可供借鉴的做法。

一、政府部门为绿色金融能力建设创设良好环境

（一）强化统筹，明确改革实施路径

2017年获批建设绿色试验区以来，湖州市委市政府将绿色金融发展纳入地方中长期发展规划，从宏观层面统一各方对绿色金融能力建设的

认识。建立了由地方党政主要领导人为组长、45 个部门为成员的绿色金融改革创新领导小组，加强环保、产业、金融等部门的协作。出台《湖州市国家绿色金融改革创新试验区建设实施方案》，探索建立区域性绿色金融服务体系，制定年度推进计划和重点任务，逐一分解压实压细责任，为绿色金融能力建设提供统一高效的领导和执行体系保障。

（二）构建全方位政策支持体系，营造良好的改革环境

2017 年，湖州市政府出台绿色金融改革 25 条政策，安排 10 亿元财政专项资金，用于奖补支持绿色金融专营机构、产品开发、人才引进、标准研制等绿色金融能力建设。比如，对金融监管部门批准设立的绿色金融事业部（业务中心）、绿色金融专营机构，给予单家银行一次性奖励 50 万元；对年度绿色金融创新典型案例给予 50 万元奖励；对绿色金融高端人才引进，按该人才个人所得税地方贡献额予以奖励，最高可达 5 年，已累计投入绿色金融能力建设奖补激励资金 2.5 亿元。2022 年，湖州出台《绿色金融促进条例》，以立法形式明确了绿色金融改革创新纳入财政专项支持。

（三）宣传推广改革经验，普及绿色低碳发展理念

湖州是"绿水青山就是金山银山"理念的诞生地。当地政府积极宣传贯彻"两山"理念，普及绿色金融知识，大力营造绿色金融发展氛围。定期发布《湖州市绿色金融发展报告》、绿色金融发展指数，出版《绿色金融在湖州》，全面总结推广绿色金融"湖州经验"。集中开展《湖州市绿色金融促进条例》宣传贯彻活动，开展碳普惠、绿金宝等个人碳账户应用，打造"垃圾分类信用积分""治水公益绿币"等金融公益典型案例，引导社会公众培养低碳生活习惯，推动绿色发展理念落地生根。"湖州经验"被收入联合国气候变化大会纪录片《2021 年全球行动倡议——气候变化》中。

二、金融管理部门为绿色金融能力建设提供制度与工具保障

（一）先行先试行业标准，因地制宜建设地方性标准

指导金融机构学习掌握《绿色金融术语》《金融机构环境信息披露指南》等行业标准，并在绿色金融统计、环境信息披露、发行绿色债券等方面规范化应用。围绕绿色融资主体认定、绿色专营机构建设、绿色金融发展评价等，因地制宜建设实施 14 项地方性规范，研制实施《银行业金融机构企业融资主体 ESG 评价与信贷流程管理应用指南》等标准，为浙江省银行机构绿色低碳与可持续发展提供方法支撑。

（二）建设绿色金融数据库，降低绿色识别成本

打破税务、环保、法院等部门间数据壁垒，建设绿色金融数据库，为银行机构绿色融资主体识别、碳核算降低信息成本，便利绿色项目或企业融资。构建"数智绿金"应用，打造"绿信通""绿贷通"等应用场景，提升绿色认定与绿色金融场景应用能力。截至 2023 年 3 月末，"绿信通"累计评定绿色企业 6945 家；"绿贷通"累计帮助 3.7 万家企业对接银行授信超过 4600 亿元，为 2468 家企业发放绿色贷款贴息政策补助等 9210 万元。

（三）充分应用金融科技，提供各类应用工具

2019 年，开发上线绿色金融信息管理系统，逐笔采集绿色贷款数据，开展绿色金融评价，目前已推广复制到长三角三省一市。2022 年，在该系统中增加金融机构环境信息披露报告编制模块，架设碳核算工具、标准化报告编制模板与案例，实现金融机构环境信息披露报告编制智能化。湖州还开发建设全市通用 ESG 评价模型与系统，为 ESG 在信贷流程的应用提供工具，累计开展 ESG 评价企业 1.95 万家；开发金融机构碳核算中心，建成 3 万余家企业碳账户，覆盖金融机构 80% 的企业客户和全市 80% 的生产端碳排放，为金融机构增强碳核算能力、强化气候与环境风险管理提供基础支撑。

（四）加强绿色金融评价，激励约束金融机构

从定性、定量两个维度全面评价金融机构绿色金融服务能力，定性方面关注金融机构绿色金融政策制定、执行及支持绿色产业发展能力，并将环境风险防控、金融科技赋能等能力建设纳入定性指标；定量方面关注绿色金融业务的发展。评价结果纳入央行金融机构评级等审慎管理工具应用。

三、金融机构自身积极开展绿色金融能力建设

（一）全面落实责任投资理念，开展专营机构建设

积极响应国家绿色低碳发展战略，制定绿色金融中长期规划，调整经营策略和目标，明确绿色金融的支持方向和重点领域。开设绿色专营支行，通过单列信贷规模、资金价格、风险指标、信贷审批、业绩考核、金融产品、内部运营碳中和的"七单"模式，提升绿色金融服务能力。16家在湖州的银行分支机构成为系统内绿色金融试点行、示范行。工商银行、农业银行、中国银行、建设银行、交通银行等银行和人保财险共8家总行（总公司）与湖州签订战略合作协议，"十四五"期间计划累计授信1万亿元。

（二）加强环境信息披露，提高绿色金融管理能力

将环境气候因素纳入信贷业务全流程，明确环境信息披露范围、口径、方法，梳理积累自身运营数据，定量测算绿色金融活动对环境的影响。湖州银行自愿参与中英金融机构环境信息披露试点。湖州实现全市域银行业金融机构环境信息披露全覆盖。参照国际通用情景，选择纺织、家具制造等行业进行压力测试，提升投融资活动中的气候风险管理能力。8家机构积极建设"碳中和"银行试点，部分机构聘请第三方提升碳核查能力。安吉农商行天荒坪支行成为全国首家内部运营碳中和银行网点。

（三）加快数字化布局，提供绿色金融高效服务

积极践行责任投资理念，依托当地金融管理部门发布的区域性融资主体 ESG 评价模型，探索将 ESG 评级纳入信贷管理全流程，优化金融资源配置，支持和推动经济绿色化转型和低碳发展。湖州银行建设信贷客户 ESG 违约率模型与数字化应用系统，从非财务角度对小微企业客群进行环境、社会、治理三大维度评价，通过 IT 系统流程设定将评价结果深度嵌入信贷全生命周期管理，提升银行全面风险管理能力。

（四）深化国际交流合作，参与国际可持续发展实践

主动开展绿色金融国际交流，持续深化与国际先进金融机构的合作交流，引入先进技术、理念与资金。湖州银行成为中国境内第三家赤道银行，是首家在可持续金融领域与亚洲开发银行合作的银行；安吉农商银行成为浙江省首家签署联合国《负责任银行原则》的法人银行；佐力小额贷款公司在全国率先启动绿色小额贷款公司试点建设，并获得全球气候伙伴基金的支持。

专栏 9-5　重庆绿色金融能力建设主要做法

作为我国目前唯一一个全域纳入绿色金融改革创新试验区的地方政府，重庆市在发展绿色金融方面坚持边申报、边改革、边开展能力建设的做法，取得了实质性进展。

一、坚持"学中干"，边学习、边申报、边提升

（一）学习在建绿色试验区经验，迅速凝聚各方共识

2019 年申建绿色试验区伊始，重庆以学习在建绿色试验区经验为"先手棋"，迅速凝聚各方共识。一是重庆市金融学会设立绿色金融专业

委员会，成立 10 个专项工作组。以开展务实性、国际化、前沿性绿色金融课题研究为切入点，提升金融机构绿色金融专业能力。二是市政府将绿色金融列为地方金融协调机制常态化议题，通过密集学习研讨，不断提升绿色金融领导能力和决策能力。三是金融部门编制绿色金融产品手册，制作"看得懂、用得上"政策解读海报，一目了然展示绿色金融改革政策。四是积极在《人民日报》等国家级媒体上发布专题报道，向社会公众宣传绿色金融理念。

（二）重点提升绿色金融规划和设计能力

2019 年末，绿色试验区建设初步框架和思路形成后，重庆开始系统接受中国人民银行等部门的申建辅导，历时 3 年。一是相关部委直接指导。在中国人民银行总行组织下，国家发展改革委、生态环境部、银保监会等部委及有关专家 4 次调研和指导重庆绿色金融改革，帮助重庆进一步明晰改革原则、路径和方向。二是引智攻关。2018—2021 年连续 4 年举办中新金融峰会绿色金融分论坛，吸收国际绿色金融发展先进经验。联合中国金融学会绿色金融专业委员会，完成中国首个金融支持碳中和研究课题"重庆碳中和与绿色金融路线图研究"，进一步明确重庆相关改革重点任务和目标。

二、坚持"干中学"，学以致用

获批建设绿色试验区后，重庆坚持问题导向，需要什么学什么、缺什么补什么，绿色金融行动和实践能力迅速提高。针对绿色标准体系不健全的问题，重庆研制"碳排放权质押融资业务指南"等 11 项标准，其中中欧《可持续金融共同分类目录》智能识别标准、以碳绩效为核心指标的绿色项目（企业）认定标准均为全国首个。针对环境信息披露难的问题，重庆成功开发基于绿色金融的企业碳账户系统，实时监测试点企业碳减排指标数据，为金融机构披露信息的真实性提供数据支持。针对绿色项目融资能力不足的问题，重庆在再贷款、再贴现中单列额度支持绿色融资，市级财政对碳减排贷款给予2‰财政贴息；设立绿色金融专业部门15个、特色分支机构24家；推出270余款绿色金融产品和服务；争取世界银行等多边机构向重庆绿色项目提供贷款；借鉴国外零碳示范园建设经验启动零碳示范工程建设。

三、持续提升信息化集成处理能力

重庆探索打造安全可控、持续迭代、开放共享的"长江绿融通"大数据综合服务系统，成为推进试验区建设的信息共享中心、安全连接中心、业务创新中心和监测评估中心，有效实现科技赋能绿色金融，提升数字化治理能力。一是实现绿色金融数据逐笔归集，便利信息深度挖掘。二是根据中欧共同目录等标准，运用人工智能实现绿色项目智能识别、环境效益测算和碳核算智能计算。三是实现绿色融资项目全流程跟踪对接。四是实现绿色货币政策工具精准投放。五是实现跨区域、跨部门和跨机构安全链接，共享分层次、分类别的绿色金融政策库、案例库、机构库、产品库、信用信息库。

2022年末，重庆绿色贷款余额超过5200亿元，是2019年初的2.9倍，占各项贷款的10.4%，较2019年初提高4.9个百分点。绿色债券余额超过420亿元（折合60.5亿美元），是2019年初的3.2倍，有力地支持了应对气候变化和可持续发展。

下一步，重庆将继续以办好绿色试验区为抓手，进一步聚焦认知能力、实践行动能力和数字治理能力，依托中新（重庆）互联互通示范项目等平台和中欧、中新等双边绿色金融合作机制，深入推进绿色金融发展能力建设，推动绿色金融与普惠金融、科创金融、转型金融深度融合。

二、社会各方绿色金融能力建设

除了前述政府牵头或主导的能力建设之外，社会上还有许多其他类型的能力建设活动，其中包括相关行业协会、教育机构，以及金融机构合作开展的活动。

一是金融学会类。绿金委及其成员单位积极组织可持续金融能力建设活动，如"银行业 ESG 创新与应用研讨会""全球投资向未来暨中英 ESG 领袖论坛"等活动，通过促进相关行业的国际交流，分享可持续金融前沿理念与实践经验。例如，2023 年中国金融学会举办绿色金融培训班，围绕绿色金融、转型金融、应对气候变化与发展转型等"双碳"领域热点议题，以专家授课、视频案例教学、实地调研等多种形式，为数百名参与者进行能力建设培训。中国银行间市场交易商协会、甘肃省金融学会、深圳市绿色金融协会等机构在绿色金融能力建设方面作出了重要贡献。这些机构组织了大量的讲座、培训、研讨会等活动，邀请国内外权威专家进行讲解，提升了金融机构和从业人员的绿色金融能力。

二是银行业协会类。中国银行业协会定期为金融机构开展可持续金融能力建设活动，强化银行业绿色金融人才队伍，未来还会作出更多的努力，帮助银行提升海内外投融资项目的管理能力和环境社会风险防控能力。山东省银行业协会、衢州市银行业协会等以"线下＋线上"形式举办了大量的绿色金融业务培训班，旨在提升各会员单位绿色发展的意识和能力，推动当地绿色经济发展。

三是继续教育类。上海交通大学、中国人民银行北京培训学院、中央财经大学、北京大学国家发展研究院、浙江大学、中山大学等教育学术机构在可持续金融能力建设方面作出了重要贡献。这些机构接受银行等各类金融机构的委托，举办各种绿色金融培训班，为中高层管理人员提供了国

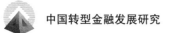
际前沿的绿色技术理念，强化金融支持绿色低碳发展意识。例如，中国人民银行北京培训学院于 2023 年 5 月实施了"绿色金融专业人才"培训项目；北京大学国家发展研究院推出"零碳金融＋"项目，为参与者搭建与知名学者和业界专家对话的桥梁。

总体来看，中国在绿色金融能力建设方面的实践具有全面而广泛的特点。各类机构积极响应，推动了我国绿色金融能力建设的全面发展。

值得注意的是，国内开展能力建设也面临一些挑战，包括培训内容更新慢、专业师资队伍不足、培训方式不够灵活多样等。未来有必要加强师资队伍建设，定期更新课程内容，创新培训方式，并增加实践操作环节。

第四节　绿色金融能力建设展望

为提升能力建设成效及效率，亟待在国际层面加强绿色金融能力建设领域的协调与合作，以实现资源整合、共享与高效利用的目标。同时，鉴于发展中国家与发达国家在绿色金融和可持续金融发展水平上的明显差距，加强国际间的绿色金融能力建设协调显得尤为重要。这将助力全球共同实现可持续发展目标，携手应对气候变化这一全人类共同面临的重大挑战。

一、加强我国绿色金融能力建设

为了更好地开展绿色金融相关能力建设，应强化统筹，加速推广绿色试验区有益经验，运用各类技术手段，提高绿色金融信息质量和传递效率，并强化国际交流与合作。

一是强化统筹，落实落细绿色金融能力建设主要目标、任务。坚持系统观念，统筹协调，以更明确的目标、更具体的工作任务，稳步开展金融机构碳核算、环境信息披露、气候相关金融风险评估等工作。支持构建覆盖大部分企业的碳核算及环境信息依法披露制度，推动金融机构与企业碳核算信息共享。在碳核算的基础上，在绿色金融和转型金融标准推广、生物多样性保护、气候风险识别与管理、引导高碳行业低碳转型、减污降碳协同增效等领域先行先试。

二是强化督导，深化绿色试验区绿色金融能力建设。面对绿色试验区数量增多、管理难度加大的现实，应进一步发挥绿色试验区联席会议的作用，加强绿色试验区经验交流，加速提升绿色试验区绿色金融能力。充分发挥政府部门和各地绿金委等社会组织、第三方机构的作用，加强能力建设。

三是强化运用，加速推广绿色试验区有益经验。推动绿色金融地方立法，全面加强绿色金融司法保障。鼓励绿色试验区中的国家级新区与省会城市融合发展，推动金融服务经济绿色低碳转型升级。加强绿色试验区优秀案例总结推广，强化绿色金融宣传引导。

四是强化科技赋能，提高绿色金融信息质量和传递效率。更多借助大数据、人工智能等金融科技手段，强化绿色试验区乃至全国碳核算、信息披露、金融工具开发应用、环境风险评估等方面的能力建设，提升环境信息披露报告等文书的撰写效率，降低相关信息搜寻成本。探索认知型人工智能在绿色金融领域的应用。

五是积极贡献可持续金融能力建设的中国方案和智慧，发挥牵头协调作用。积极参与 G20 可持续金融工作组（SFWG）重点研究和能力建设工作，推动 SFWG《技术援助行动计划》的落地实施。推进绿色金融和转型金融标准中外接轨，开发利用更多绿色金融工具，引导和支持绿色试验区金融机构结合实际加入绿色金融国际组织或倡议、参与绿色"一带一路"建设等，推动国际组织以成立中国分中心等方式对绿色试验区提供直接指导，推动绿色试验区政府和金融机构与第三方专业机构、高等院校合作培

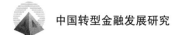

养具备金融、法律、环境等知识的综合性国际化人才。

二、促进形成绿色金融和可持续金融能力建设的全球合力

在国际上，需要形成绿色金融和可持续金融能力建设的全球合力，鼓励更多机构和项目投身于能力建设领域，加强对绿色金融的认知和理解，促进市场规模进一步扩大。在这个过程中，需要明确不同机构和项目的主要功能和特点，以及与其他机构的合作方式和目标，以实现更好的协同。

G20 应当更好发挥能力建设网络的国际协调作用。SFWG 作为全球可持续金融领域的重要协调机制，其在协调推动绿色金融能力建设方面具有巨大潜力。当前，全球绿色金融发展呈现出多元化的趋势，各国和地区的多边开发银行、非政府组织、研究机构和智库等已在开展各种形式的绿色金融能力建设项目，涵盖了碳减排、气候变化、绿色城市和乡村发展等多个方面。SFWG 可以发挥其在绿色金融领域的协调作用，引导构建全球绿色金融能力建设网络，以取得更大的能力建设成果。

具体来看，SFWG 可以通过搭建协调能力建设计划的全球网络，鼓励各国分享绿色金融发展的成功经验和最佳实践，以推动全球绿色金融能力建设取得更大的突破。在推进绿色金融能力建设的过程中，SFWG 可以调动多边开发银行、非政府组织、研究机构和智库等资源，协调联动各类机构及其开展的能力建设活动，促进各国间的绿色金融知识和技能传播，提升绿色金融能力建设的效益。此外，为了实现更具包容性的绿色金融发展，SFWG 还应关注发展中国家在绿色金融领域面临的挑战和需求，例如，通过 GFLP 等面向发展中国家的能力建设平台，为包括"一带一路"共建国家在内的广大发展中国家提供有针对性的支持和帮助，比如协助发展中国家完善绿色金融政策框架，开发绿色金融产品，以及为发展中国家提供必要的绿色金融培训和技术支持。

结　语

　　近年来，气候变化的形势更趋严峻，各国绿色低碳发展对金融支持提出了更高的要求，加之二十国集团（G20）等国际组织和平台的积极推动，转型金融进入发展快车道。我国是最大的发展中国家和《G20转型金融框架》的重要贡献者，国际社会对我国转型金融相关实践高度关注。本书上篇系统研究了转型金融标准、信息披露、支持转型的金融产品和工具、激励约束机制（着重于货币政策和金融监管政策）以及公正转型五大支柱；下篇主要涉及金融支持绿色低碳技术研发应用、居民绿色环保生活方式转型、能力建设和代表性高碳行业转型案例等专题，结合理论探讨，梳理国际国内最新实践，就发展转型金融提出政策建议。本书的政策要点汇总如下。

一、推动转型金融标准尽快出台

　　1. 充分吸收国际转型金融标准共识，明确转型金融定位。

　　2. 在支持对象上兼顾具体经济活动和企业层面转型的支持，结合我国实际，考虑将煤电行业纳入转型金融支持范围。

　　3. 采用目录式标准，分类目录中包含相应的技术规范，相关内容须动态审查更新。

　　4. 推动煤电、钢铁、建筑建材、农业四项行业标准尽快出台。及时制

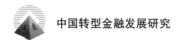

定其他行业的转型金融标准。鼓励有条件的地方进行转型金融标准先行先试，及时与全国标准进行对接、协调。

二、有序推动金融机构开展碳核算

坚持"高要求高标准、循序渐进、与国际通行规则接轨"原则，遵循"试验区先行并带动其他地区，由自愿逐步走向强制"的路径，逐步开展金融机构碳核算。

5. 统一金融机构碳核算标准，鼓励和支持金融机构通过多种方式参与国际通用的金融机构碳核算标准研究制定。

6. 推动相关部门建立国家温室气体排放因子数据库，推进排放因子测算，建立数据库常态化、规范化更新机制。

7. 推动建立企业碳排放数据公共平台或碳账户体系，建立与金融机构的数据共享机制，为金融机构合理估算碳排放、提高碳核算准确性提供数据和技术支持。

8. 完善碳核算人才培养机制，强化金融机构碳核算能力建设，加快培育一批优秀的、诚信的第三方专业机构。

9. 健全市场主体碳核算的激励约束机制，适时推动金融机构碳核算强制披露，研究将金融机构碳核算纳入绿色金融评价。

三、强化金融机构气候环境信息披露

相较绿色金融，转型金融支持项目和经济活动更为复杂，量化目标更多，需要更加严格的信息披露以防范"假转型"。

10. 探索制定适用于大部分金融机构的环境信息披露规范，细化披露指标，增强披露内容的科学性和可比性。

11. 针对气候环境风险识别、压力测试等内容出台指引，指导金融机构深入开展气候与环境风险压力测试。

12. 鼓励地方开发金融机构环境信息披露系统，夯实环境信息披露的数据基础。绿色金融改革创新试验区应走在前列。

13. 及时参考借鉴国际可持续发展准则理事会（ISSB）等国际组织和平台的信息披露要求，提升金融机构环境信息披露专业能力。

14. 健全环境信息披露的激励约束机制，提升环境信息披露在金融机构绿色金融评价中的权重。强化财政支持，充分发挥第三方机构对环境信息披露的评价、监督、引导作用。

四、丰富促进绿色低碳发展价格型和非价格型政策工具

充分考虑各项政策的效果、综合成本和社会可接受度，研究采取更多、力度更大的价格型和非价格型工具。

15. 强化对政策工具有效性的分析。借鉴国际经验，利用全经济等同碳价（ECPE）概念，评估政策工具的效果。

16. 积极完善碳定价机制，逐步实行碳排放权有偿分配机制，强化碳市场金融属性，鼓励和支持自愿碳减排市场的发展。适当调整其他补贴、税收等价格型工具，充分发挥碳定价在引导资源配置、促进绿色低碳发展方面的重要作用。

17. 强化宏观经济和各行业节能降碳目标与监管政策的约束性。

18. 完善和强化财税支持政策，充分发挥风险缓释机制的作用，动员更多社会资金支持绿色低碳发展。

19. 大力发展混合融资。加大公共资本投入，畅通慈善性资金参与绿色低碳发展的途径，充分发挥开发性资金的引导作用。

20. 完善风险分担机制。建立公共服务价格和补贴动态调整机制，坚

持补偿成本、优质优价、公平负担，保证社会资本和公众共同受益，实现不同参与主体之间风险的合理分担。建立多元化风险补偿机制，通过中央、地方各类专项基金提升社会资本收益。

五、科学制定支持绿色低碳发展的货币政策与金融监管政策

21. 完善货币政策和监管政策支持绿色低碳发展的理论基础。探索将气候变化因素纳入货币政策模型。

22. 完善支持绿色发展的货币金融政策和监管政策工具框架。考虑差异化货币政策工具，研究设置差别存款准备金率、再贴现利率、再贷款利率，探索对高碳贷款引入基于碳排放的逆周期资本缓冲等。

23. 发展完善绿色金融市场，畅通货币政策和监管政策的传导路径。

24. 深入研究可在中长期使用的货币政策工具及其搭配，货币政策力度可视碳价变化、财税政策力度、绿色金融市场发展等因素灵活进行调整。

25. 在气候相关金融风险压力测试、气候风险可能引发无序跨境资本流动等方面加强国际协调合作。

六、探索支持公正转型的投融资机制

26. 针对绿色低碳转型要求较迫切的能源、钢铁、建筑建材、农业等产业，加大金融支持其转型发展的力度，在货币政策工具、融资渠道和工具等方面给予充分考虑，避免"一刀切"抽贷断贷引发区域性、系统性金融风险。

27. 建立健全公正转型政策框架。将公正转型纳入绿色低碳转型顶层设计，适时将公正转型理念明确体现在我国自主贡献目标中，促进能源等

重点行业公正、平稳转型。在部分低碳转型重点地区、行业进行公正转型试点。

28. 协调重点产业、区域的公正转型。科学设计高碳行业/地区转型路径，推动高碳行业/地区低碳化改造和绿色技术升级。统筹协调推进东西部地区低碳转型，在中西部地区加快碳汇项目建设。

29. 加强财政与社会保障政策支持。推动建立国家公正转型基金。财政重点补偿企业养老金缺口、工人转岗培训以及因转型造成的经济损失等。对高碳企业进行绿色技术升级、绿色低碳产业发展等实施税收优惠减免政策。完善再就业培训、就业援助等政策。优化社保缴纳政策。

30. 加大金融支持公正转型力度。引导金融机构支持能源企业公正转型、资源富集地区发展替代产业等。大力引导转型金融发展。防范重点行业/地区转型中的金融风险。积极与多边开发性金融机构合作，协同支持我国公正转型。

31. 推动各国公平分担应对气候变化成本。敦促发达国家对发展中国家绿色低碳转型给予技术和资金支持。

七、加强金融对绿色低碳技术的支持力度

32. 建立健全绿色低碳技术认定标准及信息共享机制。明确各领域绿色低碳技术标准目录及国家标准，建立绿色低碳技术认证机制和绿色低碳技术项目库。

33. 鼓励金融机构在绿色低碳技术领域丰富产品和服务。创设长期低息贷款产品，重点支持绿色低碳关键领域核心技术攻关、绿色低碳初创企业融资。鼓励银行针对绿色技术创新开展投贷联动业务，加大创投资本对绿色低碳技术的投资。健全绿色低碳技术企业投资者退出机制。大力发展绿色保险。

34. 构建促进绿色低碳技术发展的政策支撑体系。增强金融财税政策联动效果，推动完善财政奖补、税收减免、财政贴息等政策，将绿色低碳技术产业纳入政府性融资担保体系的支持范围。充分运用结构性货币政策工具，引导金融机构加大对绿色技术创新、制造业企业绿色科技应用等领域的信贷投放。

八、推动居民绿色环保生活方式转型

35. 健全支持绿色消费、绿色出行等绿色环保生活方式的政策体系。考虑制定《金融支持居民绿色环保生活方式转型的指导意见》，进一步明确金融支持的目标和路径。

36. 引导、支持居民增强绿色环保生活意识。积极倡导绿色消费，扩大绿色消费场景，加大绿色产品和服务供给。

37. 建立健全绿色消费信贷统计和评价机制。研究将绿色产品和服务的消费信贷纳入绿色信贷。研究编制统一、清晰、可执行的《绿色金融支持绿色消费目录》。支持绿色消费信贷通过发行绿色 ABS 等方式获得融资优惠。探索将绿色消费信贷纳入银行业金融机构绿色金融评价。

38. 在有条件的地区推行个人碳账户。借助大数据等科技赋能，搭建全国层面的碳排放数据平台。扩大个人碳账户应用场景，进一步丰富激励形式和产品。积极推行绿色消费积分制度，鼓励各方联合开展绿色消费支持计划，引导绿色消费行为。

九、不断提升绿色金融能力建设

39. 加强我国绿色金融能力建设。强化绿色试验区绿色金融能力建设。充分发挥政府部门、企业、金融机构、社会组织在能力建设中的重要作用。加强能力建设的优秀案例总结推广，强化宣传引导。科技赋能，提高绿色金融信息质量和传递效率。探索认知型人工智能在绿色金融能力建设领域的应用。

40. 促进形成可持续金融能力建设的全球合力。推动 G20 可持续金融工作组《技术援助行动计划》的细化和实施。支持更多国际组织，以及政策性、商业性金融机构等开展更有针对性的能力建设，支持相关国际组织发挥协调作用。重点强化转型金融五大支柱相关能力建设，切实提高发展中国家绿色低碳转型发展能力。积极贡献可持续金融能力建设的中国方案和智慧，进一步发挥牵头协调作用。

由于时间和课题组自身的局限，本书还有许多待完善之处。下一步，有关绿色金融与转型金融的区别、联系，在考虑 ISSB 等国际组织建议的基础上如何结合国情深入推动实施气候环境信息披露，如何进一步开发、使用金融工具，各项工具之间如何有效搭配，如何及时根据效果进行调整，激励约束机制的时机、力度，公正转型如何有效开展等问题仍需深入研究。